Juristische Encyclopädie.

Von

Dr. Adolf Merkel,
zuletzt Professor in Straßburg i. E.

Zweite Auflage.

Nach dem Tode des Verfassers besorgt

von

Dr. R. Merkel,
Professor in Freiburg i. B.

Berlin 1900.
J. Guttentag, Verlagsbuchhandlung,
G. m. b. H.

Vorwort zur zweiten Auflage.

Leider war es meinem Vater nicht vergönnt, seine „Encyclopädie“ in einer neuen Auflage auszugestalten. Erst nach seinem im Jahre 1896 erfolgten Tode hat sich durch Erschöpfung der ersten Auflage der Anlaß zu einer solchen ergeben.

In dem Wunsche, sein Werk nicht vom Büchermarkt verschwinden zu sehen, habe ich der Aufforderung zur Herausgabe einer neuen Auflage entsprochen.

Zunächst galt es, die Litteratur-Angaben aus der Fülle der Erscheinungen innerhalb des fünfzehnjährigen Zeitraums seit der ersten Auflage (1885) zu ergänzen, wobei ich bestrebt war, besonders auf die sonstigen Arbeiten meines Vaters hinzuweisen, welche durch die von mir herausgegebene Sammlung seiner kleineren Schriften jetzt ja leichter zugänglich geworden sind.

In Bezug auf den Text schien vor allem der früher vielleicht überhaupt etwas knapp gehaltene privatrechtliche Abschnitt im Hinblick auf das inzwischen erfolgte Inkrafttreten eines deutschen Reichscivilgesetzbuchs mannigfacher Änderungen und Ergänzungen zu bedürfen. Aber auch in den anderen Spezialabschnitten schienen mir manche Modifikationen und Zusätze gerechtfertigt. Durch diese etwas breitere Ausführung, zumal des nun doch einmal im

Mittelpunkt des juristischen Studiums stehenden Privatrechts, hoffe ich dem Buche die Verbreitung unter den Studierenden erleichtert zu haben.

Dagegen glaubte ich mich hinsichtlich des Textes des „Allgemeinen Teils“ auf wenige, nicht eingreifende Änderungen beschränken zu sollen, um so dem Buche möglichst den individuellen Charakter zu erhalten, den ihm die Eigenart seines Verfassers aufgeprägt hat.

Freiburg i. B. im Januar 1900.

R. Merkel.

Inhalt.

Seite

Dritter Abschnitt.

Ihre Entstehung. §§ 206—310.

Drittes Kapitel.

Die Anwendung des Rechts und die Rechtswissenschaft. §§ 311—363.

Erster Abschnitt.

Die Anwendung des Rechts. §§ 311—357.

Zweites Kapitel.

Das Privatrecht. §§ 533—735.

Erster Abschnitt.

Im allgemeinen. §§ 533—554.

Zweiter Abschnitt.

Das deutsche Privatrecht hinsichtlich seiner Quellen. §§ 555—578.

Dritter Abschnitt.

Das Sachenrecht. §§ 579—637.

Vierter Abschnitt.

Das Recht der Schuldverhältnisse oder Obligationenrecht. §§ 638—696.

Seite

B. Das Kirchenrecht.

§§ 834—853.

Erstes Kapitel.

Im allgemeinen.

Zweites Kapitel.

Inneres Kirchenrecht.

Drittes Kapitel.

Äußeres Kirchenrecht.

C. Das Völkerrecht.

Erklärung der Abkürzungen und Zeichen.

Elemente = Adolf Merkel, „Elemente der allgemeinen Rechtslehre", in der 5. Auflage von Holzendorffs Encyclopädie, 1890.

Sammlung = „Gesammelte Abhandlungen aus dem Gebiet der allgemeinen Rechtslehre und des Strafrechts" von A. Merkel; nach des Verfassers Tode herausg. von R. Merkel. 2 Bde. (Straßburg, Trübner) 1899.

Lehrbuch = A. Merkel, „Lehrbuch des deutschen Strafrechts". (Stuttgart, Enke) 1889.

B. = Bürgerliches Gesetzbuch für das Deutsche Reich.

(§ 421) bedeutet, daß dieser § neu aufgenommen ist;

† § 507 „ daß der entsprechende § der 1. Auflage wesentlich umgestaltet ist;

* § 432 „ daß der entsprechende § der 1. Auflage weniger erhebliche Änderungen erfahren hat.

Einleitung.

1. Diese Schrift bietet einen Auszug aus den Hauptteilen der Rechtswissenschaft unter Hervorhebung der durch das Ganze des Rechts hindurchgehenden und dessen geistige Einheit begründenden Gedanken.

Sie will es dem Anfänger erleichtern, sich mit dem Rechte vertraut zu machen, dem schon Kundigen in der Richtung einer Vereinheitlichung unseres Wissens vom Rechte und einer Vereinfachung seines Ausdrucks Anregungen geben.

2. Die Gliederung ihres Inhalts entspricht der Gliederung der Rechtswissenschaft.

Diese aber scheidet sich in die „Allgemeine Rechtslehre" und die juristischen Spezialwissenschaften: Staatsrechts-, Privatrechts-, Strafrechts-, Prozeßrechts-, Kirchenrechts-, Völkerrechtswissenschaft.

Die letzteren haben die bezeichneten Teile des Rechts in ihrer Besonderheit, die erstere das den Teilen Gemeinsame zum Gegenstand.

Demgemäß zerfällt diese Encyclopädie in einen Allgemeinen Teil, der einen Auszug aus der Allgemeinen Rechtslehre, und einen besonderen Teil, der einen Auszug aus den juristischen Spezialwissenschaften enthält.

Von anderen juristischen Encyclopädien seien hervorgehoben: Arndts, j. Enc. und Methodologie 43, 9. A. bes. v. Grueber 95. Bluhme, Enc. des in Deutschland geltenden Rechts, 3. A. 63 ff. Walter,

j. Enc. 56. Enc. der Rechtswissenschaft in systematischer und alphabetischer Bearbeitung. Herausgegeben unter Mitwirkung vieler Rechtsgelehrter von F. v. Holtzendorff. Erster system. Teil, 5. A. 90 (darin von A. Merkel, „Elemente der allgemeinen Rechtslehre", aufgenommen in die „Sammlung" S. 577 ff.). Zweiter Teil: Rechtslexikon, 3 Bde., 3. A. 80 f. Das Gesamtwerk will eine Berichterstattung über das Ganze der Rechtswissenschaft geben. Gareis, Enc. und Methodologie der Rechtswissenschaft 87.

Allgemeiner Teil.

Die allgemeine Rechtslehre.

Ausgangspunkte.

§ 1.

Was ist das Recht?

Ein Fall mag es lehren.

Nachbarn geraten in Streit über die Grenzen ihres Gebietes. Ein Richter, von ihnen angerufen, stellt die streitigen Grenzen fest und läßt sie durch Marksteine erkennbar machen.

Geben wir uns Rechenschaft über die Bedeutung dieses Vorgangs. Die Elemente, aus welchen sich das Recht zusammenfügt, werden dabei in ihrer einfachsten Gestalt zum Vorschein kommen.

§ 2.

Die richterliche Entscheidung giebt den streitenden Nachbarn

1. Auskunft über die von ihnen zu respektierenden Grenzen ihrer Machtgebiete.

2. Beweggründe für ein entsprechendes praktisches Verhalten.

§. 3.

Diese Entscheidung enthält:

1. den Ausspruch: „Ihr sollt (und bzw. müßt) die von mir festgestellten Grenzen achten; Ihr seid hierzu verpflichtet.

2. Den Ausspruch: Ihr dürft (und bzw. könnt) innerhalb dieser Grenzen Euren Willen und Eure Interessen zur Geltung bringen; Ihr seid dazu befugt.

Sie stellt sich in der ersten Richtung als ein Befehl, in der zweiten als eine Gewährleistung dar.

§ 4.

Den bezeichneten Elementen entsprechend ist die Wirkung, welche von der richterlichen Grenzbestimmung ausgeht, zweifacher Art: beschränkend und hemmend in der Richtung des Befehls, befreiend und schützend in der Richtung der Gewährleistung.

Die gesicherte Grenze nämlich bildet eine Schranke für denjenigen, der geneigt sein könnte, das ihm zukommende Machtgebiet zu überschreiten, eine Schutzwehr für denjenigen, der sich innerhalb dieses Gebietes frei bewegen will.

§ 5.

Das unter einer solchen Einwirkung sich ordnende nachbarliche Verhältnis heißt mit Rücksicht auf diese Einwirkung ein

Rechtsverhältnis,

in welchem wir, dem Gesagten zufolge, eine Seite der Gebundenheit oder der Pflicht und eine korrespondierende Seite der Macht oder der Befugnis unterscheiden können.

Die Macht, von welcher hier die Rede ist, heißt unter bestimmten Voraussetzungen, welche in der Folge zu bestimmen sein werden, ein „Recht", „Recht im subjektiven Sinne" (§ 153 ff.).

§ 6.

Der Zweck, der vom Standpunkt des Richters aus durch eine solche Wirksamkeit erreicht werden soll, ist dieser: eine Voraussetzung friedlichen und geordneten Nebeneinander- und Miteinanderlebens der Beteiligten zu verwirklichen und dem Willen und den Interessen derselben ein Gebiet freier Bethätigung zu sichern.

§ 7.

Der Richter erscheint hierbei als der Vertreter eines einheitlichen Interesses der Parteien.

Denn beide sind dabei interessiert, innerhalb gesicherter Grenzen ihren Willen und ihre Interessen ungehemmt bethätigen zu können.

§ 8.

Von dem Geiste aber, in welchem diese richterliche Grenzregulierung erfolgt, hängt es ab, ob sie allseitig und dauernd zu befriedigen vermöge.

Dieses kann sie nur, wenn sie in unparteilicher Weise und nach einem Maßstabe ausgeführt wird, der nicht willkürlich an die Sache herangebracht, sondern ihr gemäß ist, und zu dem die Parteien sich gleichmäßig bekennen können. Mit anderen Worten, sofern sie sich als eine gerechte darstellt.

§ 9.

Diese richterliche Wirksamkeit fällt hiernach einerseits unter den Gesichtspunkt der Zweckmäßigkeit (§ 6), andererseits unter den der Gerechtigkeit (§ 8).

Sie erfolgt um des Zweckes willen, dem der Richter dient, aber sie erfüllt diesen Zweck nur als eine gerechte.

§ 10.

Betrachten wir jenen Vorgang nun im Zusammenhang eines entwickelten Rechtslebens, wie es innerhalb der modernen Staaten uns vor Augen steht, und von welchem bisher absichtlich abstrahiert worden ist.

Hier gewinnt derselbe eine Bedeutung über den Kreis der Nächstbeteiligten hinaus, ohne daß im Uebrigen diese Bedeutung sich ändert.

§ 11.

Der Richter erscheint hier nicht bloß als der Vertreter eines einheitlichen Interesses der Parteien des einzelnen Falls, sondern Aller, welche in Konflikte ähnlicher Art oder in Mitleidenschaft bei solchen geraten können.

§ 12.

Der Richter hat hier ferner den Maßstab für seine Wirksamkeit sich nicht erst zu bilden. Derselbe ist ihm vielmehr in einem Systeme von Bestimmungen und Regeln,

„Rechtssätzen", „Rechtsnormen",

an welche er gebunden ist, gegeben.

§ 13.

Diese Bestimmungen werden nicht lediglich durch die Vermittlung richterlicher Entscheidungen wirksam, vielmehr zugleich auf direktere Weise, indem sie unmittelbar das Verhalten derjenigen bestimmen, deren Machtgebiete sie begrenzen.

§ 14.

Die geistige Macht, welche sich in dieser Wirksamkeit äußert, heißt das Recht,

Recht im objektiven Sinn.

Ihr eigentümliches Wesen ist in jener richterlichen Grenzregulierung allseitig zum Ausdruck gelangt. Was von dieser gesagt worden ist, läßt sich daher in allgemeinerer Fassung auf das Recht überhaupt anwenden.

Das eigentümliche Wesen des Rechts findet in der richterlichen Thätigkeit überhaupt seinen verständlichsten Ausdruck. In ihr ist zugleich die geschichtlich erste Form gegeben, in welcher es zur Entfaltung seiner spezifischen Merkmale gelangt ist.

§ 15.

So können wir am Recht überall wie bei jener richterlichen Entscheidung (§ 2) ein theoretisches und ein praktisches Element unterscheiden. Denn jede seiner Bestimmungen giebt irgend welche Auskunft über Grenzen menschlicher Machtgebiete, welche respektiert sein wollen, und jede ist darauf gerichtet, Beweggründe für ein dieser Auskunft entsprechendes Verhalten wirksam werden zu lassen. Das Recht wendet sich an unser Wissen und an unseren Willen, es wirkt als Lehre (§§ 24—41) und als Macht (§§ 42—59).

§ 16.

So kommt dem Rechte überall die zweifache Bedeutung jener richterlichen Grenzbestimmung (§ 3) zu: es hat in allen seinen Teilen in bestimmter Richtung die Bedeutung eines Gebotes, in einer anderen die einer Gewährleistung, es wirkt dort beschränkend, hier schützend, begründet in der ersten Richtung ein Sollen und Müssen, in der zweiten ein Dürfen und Können, in der ersten Pflichten, in der zweiten Befugnisse.

Vgl. Elemente § 1.

§ 17.

Was jene richterliche Entscheidung ferner den streitenden Nachbarn gegenüber (§§ 6, 7), das leistet das Ganze des Rechts für alle Glieder der Gemeinschaft und das gesamte Leben, welches sie einschließt, und leistet es unter der gleichen Voraussetzung (§ 8).

Indem es den Menschen eine befriedete Sphäre der Macht und Freiheit, dieselbe begrenzend, verbürgt, gleicht es dem Terminus, jener römischen Gottheit, welche die Grenzen behütet.

§ 18.

Unter seinem Einfluß gestalten sich die Lebensverhältnisse innerhalb einer Gemeinschaft zu Rechtsverhältnissen (§ 5). Die hierin sich begründende Ordnung der Gesamtverhältnisse dieser Gemeinschaft aber heißt deren Rechtsordnung.

§ 19.

Die Begriffe des **Rechts** und der **Rechtsverhältnisse** sind die centralen Begriffe unserer Wissenschaft.

Der Inhalt der letzteren fällt mit der Auskunft zusammen, welche sie über das Recht als die ordnende Macht und über die Rechtsverhältnisse als die ihrem ordnenden Einflusse unterliegenden Lebensverhältnisse zu geben hat.

§ 20.

Wir werden im Weiteren handeln
vom Rechte,
von den Rechtsverhältnissen,
von der Anwendung des ersteren auf die letzteren
und von der Rechtswissenschaft.

Über den Charakter der allgemeinen Rechtslehre, oder, was das Gleiche, des allgemeinen Teiles der Rechtswissenschaft, oder endlich, wie wir jene auch benennen können, der Rechtsphilosophie (s. jedoch § 363), von welcher in diesem allgemeinen Teile ein Auszug gegeben wird, vgl. A. **Merkel**, Über das Verhältnis der Rechtsphilosophie zur „positiven" Rechtswissenschaft und zum allgemeinen Teil derselben; in der Grünhutschen Zeitschr. f. d. Privat- und öffentl. Recht der Gegenwart I, S. 1 ff., (Sammlung S. 291 ff.).

Erstes Kapitel.

Das Recht.

§ 21.

Wir betrachten das Recht

1. bezüglich seiner **Merkmale**,
2. bezüglich seiner **Einteilungen**,
3. bezüglich seiner **Entstehung**.

Jeder der entsprechenden Abschnitte wird seine Ergänzung finden in dem korrespondierenden Abschnitt über die (Merkmale, Einteilungen, Entstehung der) Rechtsverhältnisse.

Werke von allgemeinerer Bedeutung für die in diesem Kapitel behandelten Materien, welche zugleich die hauptsächlichsten Richtungen der heutigen Wissenschaft in betreff der allgemeinen Rechtslehre vertreten: R. v. Jhering, Der Zweck im Recht, I. Bd. 77, 2. A. 84, II. Bd. 83, 2. A. 86; derselbe, Geist des römischen Rechts auf den verschiedenen Stufen seiner Entwicklung, 4 Bde., 52—84, die einzelnen Bände in verschiedenen Aufl. Trendelenburg, Naturrecht auf dem Grunde der Ethik, 2. A. 68. Lasson, System der Rechtsphilosophie 82. Geyer, Geschichte und System der Rechtsphilosophie 63, und Übersicht über die Geschichte der R.= und Staatsphilosophie in Holtzendorffs Enc. (ergänzt von A. Merkel). Ahrens, Naturrecht oder Philosophie des Rechts und des Staates, 6. A. 70. v. Kirchmann, die Grundbegriffe des Rechts und der Moral 69. Arnold, Kultur und Rechtsleben 65. Post, Bausteine für eine allgemeine Rechtswissenschaft auf vergleichend=ethnologischer Basis 81. Binding, die Normen und ihre Übertretung I 72, 2. A. 90; II 77 (hierzu Merkel, Sammlung S. 689). Bierling, Zur Kritik der juristischen Grundbegriffe 77, 83 (hierzu Merkel, Sammlung S. 481); derselbe, juristische Prinzipienlehre 94. Thon, Rechtsnorm und subjektives Recht. Untersuchungen zur allgem. Rechtslehre 78. Merkel, Rechtsnorm und subjektives Recht, mit Beziehung auf das gleichnamige Werk von Thon 79 (in Grünhuts Zeitschr. VI und Sammlung S. 373). Schuppe, Grundzüge der Ethik und Rechtsphilosophie

81; derselbe, Begriff des subjektiven Rechts 87 (hierzu Merkel, Sammlung S. 537). Schein, Unsere Rechtsphilosophie und Jurisprudenz 89 (hierzu Elemente § 6). — Austin, Philosophie of the Positive Laws 5th ed. 86.

Ältere Werke, welche noch gewissen Einfluß im Kreise der heutigen Wissenschaft äußern: Hegel, Grundlinien der Philosophie des Rechts 21, 33 (herausg. v. Gans). Stahl, Philosophie des Rechts auf der Grundlage christlicher Weltanschauung 30 ff., 5. A. 78.

Vgl. ferner: Kuno Fischer, Geschichte der neueren Philosophie, 4. A. 97 ff. Windelband, Geschichte der neueren Philosophie 78, 80; derselbe, Geschichte der Philosophie, 2. A. 98. Simmel, Einleitung in die Moralwissenschaft 92 f.

Erster Abschnitt.

Seine Merkmale.

I. Das Recht als Lehre und Macht.

§ 22.

Das Recht ist charakterisiert durch seine Wirksamkeit. Es wirkt aber (§ 15)

1. als Lehre,
2. als Macht.

Als Lehre, indem es Auskunft darüber giebt, wie die Grenzen menschlicher Machtgebiete sich bestimmen sollen.

Als Macht, indem es die Beachtung dieser Grenzen fordert und verbürgt.

§ 23.

Welche Gesichtspunkte beherrschen diese Lehre?

Wie äußert sich diese Macht?

Jene Frage soll hier sub 1, diese sub 2 ihre Beantwortung finden.

1. Das Recht als Lehre.

§ 24.

Wenn das Recht darüber Auskunft giebt, wie die Machtgebiete der Nachbarn, der Familienangehörigen, der in Handel und Wandel Zusammentreffenden, der Bürger und der Behörden, der verschiedenen Behörden, des Staates und der Kirche, der verschiedenen Staaten 2c. 2c. sich im Verhältnis zu einander begrenzen sollen, so erscheint der Inhalt dieser Auskunft abhängig:

1. von dem Zwecke, welchem das Recht dient,
2. von den herrschenden Vorstellungen über das Gerechte (s. § 9).

§ 25.

Das Recht ist Mittel zum Zweck, es dient der Herstellung einer befriedeten Ordnung und den Interessen, welche innerhalb derselben die Möglichkeit einer freien Bethätigung finden, und richtet sich nach diesem Zweck.

Sein Inhalt läßt sich demjenigen von Friedensverträgen vergleichen, welche die Machtsphären verschiedener Staaten gegen einander abgrenzen und dies in solcher Weise thun, wie es dem Friedensbedürfnis der beteiligten Staaten und den Bedingungen einer nicht blos momentanen Befriedigung desselben entspricht.

Der Inhalt des Rechts unterliegt aber zugleich einem Einfluß in der Richtung einer Herstellung oder Wahrung seiner Übereinstimmung mit herrschenden ethischen Anschauungen, speziell den Anschauungen über das Gerechte, und nimmt überall neben der Eigenschaft der Zweckmäßigkeit diejenige der Gerechtigkeit für sich in Anspruch.

Die Feststellung des Verhältnisses beider zu einander ist eines der Grundprobleme der allgemeinen Rechtslehre.

Elemente § 9 (Recht nicht Selbstzweck), 10 (R. als Organ gesellschaftl. Interessen), 12 (Rechtsgedanke und Rechtswille in ihrem Verhältnis zu einander).

§ 26.

Die Gesichtspunkte der Zweckmäßigkeit und der Gerechtigkeit fallen logisch nicht zusammen.

Es besteht jedoch unter den Bedingungen, unter welchen der Inhalt des Rechts dem einen und dem anderen Gesichtspunkte entspricht, ein bestimmtes Verhältnis, kraft dessen jener sich im Ganzen und Großen nur insoweit als ein zweckmäßiger darstellt, als er zugleich ein gerechter ist.

Wir betrachten hier diese beiden Qualitäten des Rechts

I. in ihrer logischen Selbständigkeit (§ 27 ff.),
II. in ihrem kausalen Zusammenhange (§ 35 ff.).

§ 27.

1. Der Inhalt jeder Rechtsbestimmung läßt sich von zwei verschiedenen Standpunkten betrachten:

1. von dem Standpunkte des in ihr sich äußernden Subjekts und seines Zweckes, und

2. von dem Standpunkte der von ihr Betroffenen, der passiv Beteiligten, deren Verhältnisse ihre Ordnung von ihr empfangen und welchen daran liegt, daß dies nicht nach einem willkürlich an diese Verhältnisse herangebrachten Maßstabe und nicht auf Grund unwahrer Voraussetzungen bezüglich ihrer thatsächlichen und moralischen Beschaffenheit geschehe.

Dort fragen wir, ob die Rechtsbestimmung den Zwecken ihres Subjekts dienlich sei, hier, wie sie sich zu ihrem Gegenstande und dem, was uns bezüglich desselben als Wahrheit gilt, verhalte.

Das letztere aber ist die Frage nach ihrer Gerechtigkeit.

In gleicher Weise können wir in Bezug auf jede menschliche Meinungs- und Willensäußerung, welche dritte Personen zum Gegenstande hat, unterscheiden. Wir können dieselbe einerseits mit dem Zwecke, um dessen willen sie erfolgt, vergleichen, und andrerseits untersuchen, ob sie ihrem Gegenstande gerecht sei. Wenn jemand z. B. das politische oder moralische Verhalten eines anderen einer öffentlichen Kritik unterzieht, so wird niemand die Verschiedenheit dieser beiden Fragen verkennen:

Ist die Kritik zweckmäßig, d. h. führt sie die von dem Kritiker bezweckte Wirkung (z. B. Diskreditierung eines politischen Gegners) herbei?

Ist die Kritik gerecht, d. h. entspricht sie der thatsächlichen und moralischen Beschaffenheit des beurteilten Verhaltens?

Von dem Subjekte aber, welches im Rechte zu uns spricht, wird im § 43 spezieller die Rede sein.

§ 28.

Man denke an die ehedem verbreiteten Rechtsinstitute der Sklaverei und der Leibeigenschaft.

Man hat dieselben vielfach einer Prüfung unterzogen:

1. Vom Standpunkte des Subjektes, welches in den betreffenden Rechtssätzen sich äußerte, das ist hier des im Staate herrschenden Willens aus, indem man untersuchte, ob die Aufrechterhaltung dieser Institute dem dabei vorschwebenden Zwecke wirklich entspreche, ob nicht vielleicht der gleiche Zweck sich auch in andrer Weise erreichen lasse.

2. Vom Standpunkte der passiv Beteiligten, derer aus, welche als Sklaven oder Leibeigene, d. i. gleich Sachen, oder als

ein Zubehör zu Sachen behandelt wurden, indem man untersuchte, ob diese Behandlung ihrer menschlichen Natur gemäß sei. Man hielt sich hierbei an die in solcher Behandlung zum Ausdruck gelangenden Urteile und prüfte deren Wahrheit.

Von dem letzteren Standpunkte geht z. B. Aristoteles bei seiner bekannten Erörterung über die Sklaverei aus.

§ 29.

Man denke ferner an die Wirksamkeit unserer Gerichte.

Steht deren Zweckmäßigkeit in Frage, so prüfen wir die Ergebnisse derselben mit Rücksicht auf den Zweck des Rechts, dessen Organ die Gerichte sind, oder, was auf das Gleiche hinausläuft, mit Rücksicht auf den Zweck des Subjektes, das im Rechte sich äußert. Steht dagegen deren Gerechtigkeit in Frage, so vergleichen wir die Beschaffenheit der Personen, Handlungen und Verhältnisse, welche den Gegenstand der gerichtlichen Urteile bilden, mit diesen Urteilen.

In welchem Sinne aber diese Beschaffenheit hier überall in Betracht komme, das ist näher darzulegen.

§ 30.

Untersuchen wir die Gerechtigkeit eines Rechtssatzes oder eines richterlichen Urteils, so richtet sich die Prüfung:

a) auf ihre thatsächliche,

b) auf ihre moralische Wahrheit.

§ 31.

So würde uns ein Strafurteil, das etwa jemanden wegen Diebstahls zum Tode verurteilte, nur dann als ein gerechtes gelten,

ad a) wenn wir annähmen, daß die That, welche seinen Gegenstand bildet, wirklich von dem Verurteilten begangen worden sei und zwar in der Weise, wie es im Urteile vorausgesetzt wird;

ad b) wenn der Inhalt des Strafurteils mit unserer moralischen Schätzung solcher Handlungen, anders ausgedrückt, mit unseren ethischen Werturteilen, im Einklang stünde.

§ 32.

So gilt uns die ehedem häufige Verurteilung alter Frauenzimmer wegen Hexerei als ungerecht, weil es keine Hexerei giebt, den Urteilen also die t h a t s ä c h l i c h e W a h r h e i t mangelte; die ehedem ebenfalls häufige Verurteilung von Ketzern zum Feuertode als ungerecht, weil sie unseren ethischen Werturteilen widerstreitet, weil den betreffenden Urteilen also nach unseren Anschauungen die moralische Wahrheit fehlte.

Die ethische Beurteilung von Handlungen, Verhältnissen und Personen zeigt bei verschiedenen Völkern wie bei verschiedenen Individuen große Verschiedenheiten und unterliegt bei dem einzelnen Volke ebenso wie bei dem einzelnen Individuum einer Entwicklung. Das Recht ist von den ethischen Werturteilen abhängig, welche sich bei einem gegebenen Volke zu einer gegebenen Zeit als die herrschenden erweisen. S. § 39 ff., § 49 Anm.

§ 33.

Die Merkmale der Gerechtigkeit erscheinen uns ferner nur in einem Rechte verwirklicht, welches den kollidierenden und konkurrierenden Interessen gegenüber, deren Machtansprüche seinen Entscheidungen unterliegen, ein gleiches und für dieselben gleichmäßig gültiges Maß zur Anwendung bringt.

Mit anderen Worten: zur Gerechtigkeit des Rechts gehört es, daß es sich als den bestehenden gesellschaftlichen und individuellen Gegensätzen und Rivalitäten an sich fremd, als ihnen gegenüber neutral, den Beteiligten aber und dem, was ihnen als Wahrheit gilt, als gleichmäßig nahestehend erweise.

§ 34.

Demgemäß würde uns eine Justiz als ungerecht erscheinen, welche an die Handlungen und Ansprüche von Prozeßgegnern, oder an die Verschuldungen verschiedener Personen vor den Gesetzen ein verschiedenes Maß anlegte. Ebenso eine Gesetzgebung, welche ihren Maßstab den religiösen Überzeugungen eines bloßen Bruchteils der Bevölkerung entnähme, den Trägern konkurrierender Überzeugungen daher sich als parteiliche und ihrem Geiste nach fremde Macht erwiese.

Hinsichtlich des neutralen und für alle gültigen Maßes ist übrigens im heutigen Staate ein Unterschied zwischen den Feststellungen des Gesetzgebers und denjenigen des Richters. Für jenen ist dies Maß in den gemeinsamen Überzeugungen und Interessen, für den Richter in der Verkörperung dieser Überzeugungen und Interessen in Gestalt der Gesetze gegeben. S. den 3. Abschnitt. --

Der Begriff des Gerechten ist, wo er in seiner Selbständigkeit anerkannt wurde (§ 41 Anm.), meist zu eng gefaßt worden. Man hat einzelne Anwendungen desselben hervorgehoben. Hierher gehört es, wenn man das Wesen desselben in der gleichen Behandlung des Gleichen, der ungleichen Behandlung des Ungleichen gegeben fand. Daß damit dieses Wesen nicht erschöpfend charakterisiert sei, ist leicht zu zeigen. Wir finden die strafgerichtliche Verurteilung eines Unschuldigen ungerecht ganz ohne Rücksicht auf das, was in gleichartigen Fällen geschehen ist, einfach weil sie ihrem Gegenstande nicht entspricht, ihm nicht „gerecht" wird, weil sie unwahre Vorstellungen über ihn zu einem praktisch bedeutsamen, für den Betroffenen empfindlichen, Ausdruck bringt. Gerechtigkeit ist praktische Wahrhaftigkeit, was die Sprachen der Kulturvölker erhärten, indem sie in mannigfachen Wendungen die Worte für die Begriffe des Gerechten und Wahren und bezw. des Rechts und der Wahrheit promiscue zu gebrauchen gestatten.

Den hervorgehobenen Merkmalen der Gerechtigkeit entspricht die populäre Vorstellung von einer Göttin, welche mit verbundenen Augen (Neutralität) in derselben untrüglichen Wage (Gleichheit und Giltigkeit des angelegten Maßes, Wahrheit der Entscheidung) die Handlungen und Ansprüche der Träger konkurrierender Interessen gegen einander abwägt.

§ 35.

II. Der kausale Zusammenhang aber zwischen Zweckmäßigkeit und Gerechtigkeit im Bereiche des Rechts bestimmt sich so, daß der im Rechte sich äußernde Wille seine Zwecke im allgemeinen nur unter der Voraussetzung erreicht, daß seine Bestimmungen der Natur der geordneten Verhältnisse entsprechen und den darin stehenden Menschen als gerecht erscheinen.

Dieser Wille bringt das Recht hervor als ein Mittel zum Zweck; weil von ihm die Befriedigung der Interessen, deren Organ er ist, abhängt. Aber dies Mittel ist ein zum Zwecke taugliches nur, weil und sofern an ihm die Merkmale der Gerechtigkeit hervortreten (s. § 8 und 9).

Die Klarstellung und Sicherung der Grenzen menschlicher Machtgebiete erfolgt nicht um der Gerechtigkeit willen, aber sie erfüllt ihren Zweck nur als eine gerechte. Der treibende Grund liegt in den Übeln des Streits, der Unordnung und Unsicherheit, aber dauernd abzuhelfen vermag diesen Übeln nur eine Ordnung, welche nach Maßgabe der herrschenden Anschauungen jedem das Seine zuerkennt, und jene Grenzen nach einem Maßstabe feststellt, der allen als ein gültiger erscheint. Ähnlich verhält sich im Bereiche der Wissenschaft die Richtigkeit der angewendeten Methode zu dem Zweck einer Untersuchung, verhält sich die Richtigkeit einer Behauptung oder Mitteilung in praktischen Angelegenheiten zu ihrem Zweck, verhält sich im ganzen Bereiche des gesellschaftlichen Verkehrs die Wahrheit zu dem Motor der praktischen Lebensinteressen und den von ihm gesetzten Zwecken. Wie hier die Wahrheit ihr eigenes Maß hat, und sich kontrolieren läßt ohne Rücksicht auf die Frage der Zweckmäßigkeit, so die Gerechtigkeit der Funktionen des Rechts. Ob jemand gerechter Weise wegen eines Verbrechens verurteilt oder freigesprochen worden ist, das läßt sich feststellen, ohne daß man die Wirkungen des Urteils auf den Bestand des öffentlichen Friedens, auf die Macht des Rechts und der ihm anvertrauten Interessen, kurz seine Bedeutung für die Zwecke der Justiz in Erwägung zieht, ganz so wie die Wahrheit der Behauptungen eines Redners ohne Rücksicht auf dessen Zwecke beurteilt werden kann. Aber wie hier Wahrheit und Zweckmäßigkeit durch ein kausales Band verknüpft sind, so im Gebiete des Rechts Gerechtigkeit und Zweckmäßigkeit.

§ 36.

Diesen Merkmalen kommt aber zugleich unseren moralischen Anschauungen und Gefühlen gegenüber eine selbständige Bedeutung zu, indem die Ungerechtigkeit einer Maßregel unabhängig von allen Zweckmäßigkeitserwägungen unser Mißfallen erregt, die Gerechtigkeit dagegen einen uninteressierten Beifall findet.

Die geistige Kraft, welche durch diese Äußerungen charakterisiert ist — die Gerechtigkeit als eine menschliche Eigenschaft — macht sich im Rechtsleben in einer selbständigen Weise zu Gunsten der Bewahrung und bzw. Ausbildung der besprochenen Merkmale des Rechts, sowie zu Gunsten seiner Herrschaft geltend (s. § 47—49).

Der Einfluß dieser Kraft tritt in der Geschichte des Rechts selten ungemischt hervor. Wo irgend eine Reform im Namen der Gerechtigkeit durchgeführt wird, da pflegen neben ihr andere Faktoren beteiligt zu sein. Gleichwohl ist diese Geschichte, wenn wir von jenem Einfluß absehen, nicht zu verstehen. So ist bei den Kämpfen gegen Sklaverei und Leibeigenschaft, wo immer dieselben siegreich durchgeführt worden sind, dieser Faktor zwar nicht allein im Felde, und wohl meist nicht die stärkste Kraft gewesen, gleichwohl ist der Einfluß desselben aus der Geschichte dieser Kämpfe nicht wegzudenken.

Die psychologischen sowie die entwicklungsgeschichtlichen Fragen, welche sich hier anknüpfen lassen, müssen unerörtert bleiben.

§ 37.

Die Gerechtigkeit des Rechts ist jedoch überall und notwendig eine unvollkommene.

Die Bedingungen seiner Wirksamkeit, sowie diejenigen seiner Entstehung und Fortbildung bringen es mit sich, daß es stets mit einem gewissen Maße von Ungerechtigkeit behaftet ist, deren Formen sich verändern lassen, deren Wesen aber nicht zu bewältigen ist.

§ 38.

Zu den Bedingungen einer bestimmungsgemäßen Wirksamkeit des Rechts gehört:

1. hinsichtlich der Rechtssätze die Ausbildung eines thunlichst einheitlichen und stabilen Systems durchgreifender, scharf bestimmter und unschwer anwendbarer Regeln,
2. hinsichtlich der konkreten Feststellungen Bestimmtheit und Unanfechtbarkeit, auch dort wo die Wahrheit nicht mit Sicherheit erkennbar ist.

Denn nur bestimmte, klare, gleichmäßige und jeden Widerspruch ausschließende Regeln und Entscheidungen sind geeignet, Konflikten vorzubeugen und für ein friedliches und gedeihliches Zusammenleben sichere Grundlagen herzustellen.

Bei der Kompliziertheit, Vielgestaltigkeit und Veränderlichkeit der Lebensverhältnisse ergiebt sich hieraus, daß der Inhalt des Rechts vielfach das Ungleiche als gleich, das Unwahre als wahr behandeln und so die Gerechtigkeit verleugnen müsse.

Wenn z. B. die deutsche Reichsverfassung den Deutschen männlichen Geschlechts das Wahlrecht zum Reichstage zuerkennt, sobald sie das 25. Lebensjahr überschritten haben, so liegt darin eine Ignorierung großer und relevanter Verschiedenheiten in Bezug auf geistige Reife und Selbständigkeit. Gleichwohl leuchtet es von selbst ein, daß wir eine durchgreifende Regel solcher Art nicht entbehren können.

Das Maß, in welchem diese Seite des Rechts zur Ausbildung gelangt ist und in welchem hierbei Opfer in Bezug auf Wahrheit und Gerechtigkeit gebracht sind, kann indessen ein sehr verschiedenes sein. Man unterscheidet in dieser Hinsicht „strenges“ und „billiges“ Recht. Von dem ersteren gilt das „summum jus summa injuria“, insofern die Vollkommenheit, welche dasselbe in den im Texte hervorgehobenen Beziehungen zeigt, eine Unvollkommenheit in Bezug auf gerechte Behandlung der einzelnen Verhältnisse und Konflikte zur Kehrseite hat. —

Die hier in Kauf zu nehmende Ungerechtigkeit bezeichnet übrigens eine Unvollkommenheit auch unter dem utilitären Gesichtspunkte. Denn ohne Zweifel würde das Recht die ihm gesetzten Zwecke vollkommener erfüllen können, wenn die Natur der Dinge ihm gestattete, Kraft und Klarheit überall mit individuellster Wahrheit zu verbinden. Aber es muß, wie die Dinge liegen, will es seine Zwecke nicht gänzlich verfehlen, auf ein vollkommenes Erreichen derselben verzichten.

§ 39.

Die Gerechtigkeit des Rechts könnte ferner eine vollkommene nur sein, wenn eine allgemeine Übereinstimmung der Anschauungen über die thatsächliche Beschaffenheit und moralische Qualifikation der Verhältnisse, Personen und Handlungen existierte, welche einer

Beurteilung und Einwirkung seitens des Rechts unterliegen. Denn nur unter dieser Voraussetzung würde der von dem Rechte angelegte Maßstab die gleiche Gültigkeit für alle besitzen (§ 33 ff.).

§ 40.

Eine solche Übereinstimmung besteht jedoch überall nur innerhalb veränderlicher Grenzen, und die Verschiedenheit der menschlichen Individuen und der Bedingungen, unter welchen sich ihre Anschauungen entwickeln, schließt die Möglichkeit aus, daß dieselbe jemals eine vollkommene sein werde (§ 122 ff.).

Bedeutsam für die Geschichte des Rechts sind hier insbesondere gewisse allgemeinere Gegensätze, z. B. bezüglich des Verhältnisses der Autorität des überlieferten Rechts zu dem neuen Inhalte, welcher im Leben eines Volkes hervortritt; bezüglich des Verhältnisses der Einzelpersönlichkeit und der Geltung ihres Willens zu dem staatlichen Ganzen, seinem Einheitsbedürfnis und dem Recht seiner Repräsentanten; bezüglich der allgemeinen Eigenschaften und Ansprüche des menschlichen Individuums in ihrem Verhältnis zu den unter den Menschen und ihren Leistungen bestehenden Verschiedenheiten und deren Bedeutung für das Gemeinleben.

In mannigfaltigen Äußerungsformen, aber ihrem Wesen nach beharrend, machen diese Gegensätze sich in immer wieder aufs neue entbrennenden Kämpfen um den Inhalt des Rechts geltend, und unter dem Einfluß dieser Kämpfe nimmt das Recht, bald der einen bald der anderen Anschauungsweise einen überwiegenden Einfluß gestattend, Elemente der Parteilichkeit und also Ungerechtigkeit in sich auf.

Der bezeichnete Sachverhalt bringt es mit sich, daß der Inhalt des Rechts überall in zahlreichen Bestandteilen die Natur eines Kompromisses zwischen kollidierenden Interessen und bezw. Überzeugungen an sich trägt, und zwar eines Kompromisses, der den im gesellschaftlichen Zustande sich beständig vollziehenden Änderungen gegenüber immer aufs neue Modifikationen und Revisionen fordert. Diese aber vollziehen sich in Abhängigkeit von Machtentscheidungen zwischen den Trägern jener Interessen und Überzeugungen, welche, wie hoch immer das Machtelement im Leben der Gesellschaft geschätzt werden mag, nur eine unvollkommene Bürgschaft für die Gerechtigkeit dieser Modifikationen bieten. Vgl. Merkel, Recht und Macht, in Schmollers Jahrbuch für Gesetzgebung rc. V, 1 (Sammlung S. 400) — Elemente § 11 („Über die Kompromißnatur des Rechts").

§ 41.

Aus dem bisher Ausgeführten erhellt, daß bezüglich aller Teile und Bestimmungen des Rechts diese Fragen sich aufwerfen und unterscheiden lassen:

Welche Zwecke oder welche Interessen liegen ihnen zu Grund und inwiefern entsprechen sie denselben?

Inwiefern sind sie gerecht, d. i. inwiefern entsprechen sie der Beschaffenheit der Verhältnisse, welche ihren Gegenstand bilden, und bzw. dem, was uns in thatsächlicher und ethischer Beziehung als Wahrheit bezüglich derselben gilt?

Eine Durchführung dieser dualistischen Betrachtung ist hier jedoch nicht beabsichtigt. Vielmehr soll regelmäßig nur auf die Interessen hingewiesen werden, welche für die Gestaltung der einzelnen Teile des Rechts maßgebend sind. Nachdem das Verhältnis zwischen dem utilitären und dem ethischen Gesichtspunkt im allgemeinen bestimmt worden ist, erscheint es nicht als erforderlich, im einzelnen überall darauf zurückzukommen.

In Bezug auf das Verhältnis von Zweckmäßigkeit und Gerechtigkeit zu einander, und bezw. das der letzteren zum Rechte lassen sich, von der hier entwickelten Ansicht abgesehen, die nachfolgend bezeichneten Auffassungen unterscheiden:

1. Die Identifizierung beider Begriffe. Genauer wird hierbei das Gerechte als das der Gesellschaft Nützliche betrachtet und der Inhalt des Rechts in allen seinen relevanten Eigenschaften restlos unter diesen Begriff gezogen.

Hierbei kommt die Verschiedenheit und selbständige Bedeutung der Beziehungen, in welchen das Recht steht, nämlich einerseits zu seinem Subjekte (§ 43), andrerseits zu seinem Objekte (§ 27 ff.), und was damit zusammenhängt, die Verschiedenheit der an seinem Leben teilhabenden Faktoren nicht zu gebührender Beachtung. Die Gesellschaft, welche mittelst des Rechts einen beherrschenden Einfluß ausübt, fällt nicht einfach zusammen mit denjenigen, welche diesem beherrschenden Einfluß unterliegen. Den letzteren aber ist es natürlich, danach zu fragen, wie sie dazu kommen, in einer gegebenen Weise beeinflußt zu werden, und wie sich diese Weise zu dem in entwickelteren Menschen lebendigen Verlangen verhalte, nicht als ein bloßes Mittel für fremde Zwecke zu fungieren und nicht nach einem Maßstabe behandelt zu werden, der ihrem eigenen Wesen fremd ist und in ihrem Bewußtsein keine Sanktion findet. Diese Betrachtungsweise aber gewinnt eine selbständige Bedeutung den Zwecken des in der Gemeinschaft herrschenden Willens gegenüber, weil das diesen Zwecken Entsprechende keineswegs notwendig mit ihr in allseitiger Harmonie steht (§ 37 ff.), und weil Volksteile, welche dieselbe nicht den jeweils herrschenden Faktoren gegenüber zu vertreten wissen, stets Gefahr laufen, zu einem bloßen Mittel für fremde Zwecke herabzusinken. Demgemäß gehen in der Geschichte der Rechtsinstitute die Erörterungen über die Frage, was als zweckmäßig, und über die Frage, was als gerecht zu betrachten sei, neben einander her, oder folgen sich auch, wie z. B. hinsichtlich der Sklaverei die Gerechtigkeit des Instituts früher in Zweifel gezogen worden ist als dessen Zweckmäßigkeit. Und diese Erörterungen stehen unter dem Einfluß verschiedener psychischer Faktoren. So lassen sich in der Gegenwart hinsichtlich der Frage, ob unschuldig Verurteilten von Staats wegen der materielle Schaden zu ersetzen sei, welchen sie erlitten haben, leicht die Äußerungen des Gerechtigkeitsgefühls, welche die Frage bejahen, von den auf andere Faktoren hinweisenden Zweckmäßigkeitserwägungen der Staatsmänner, welche die Frage zumeist verneint haben, unterscheiden.

Der Einfluß der Gesellschaft auf die Entwicklung der Vorstellungen und Empfindungen, auf welche das Wort Gerechtigkeit hinweist, ist allerdings ebensowenig zu bestreiten, wie der Zusammenhang dieses Einflusses mit den Zwecken der Gesellschaft. Aber die letztere ist nicht ein so einheitliches Wesen, wie manche annehmen, und ihre Kräfte machen sich vielfach von einander entgegengesetzten Standpunkten aus und im Streite mit einander geltend.

2. Eine Auffassung, für welche kein Zusammenhang zwischen Gerechtigkeit und Zweckmäßigkeit besteht, ein Zusammentreffen ihrer Merkmale daher als zufällig erscheint.

Diese Auffassung macht sich in unserem Gebiete in zweierlei Formen geltend.

a) Man stellt das gesamte Recht entweder einseitig unter den Gesichtspunkt der Zweckmäßigkeit und lehnt denjenigen der Gerechtigkeit vollständig ab, oder umgekehrt ganz unter den Gesichtspunkt der Gerechtigkeit mit Ablehnung des utilitären Gesichtspunktes.

b) Man nimmt eine äußerliche Koordination der beiden Gesichtspunkte in der Beherrschung des Rechtsinhaltes an, entweder derart, daß gewisse Teile des Rechts ganz unter den Gesichtspunkt der Zweckmäßigkeit fallen sollen, andere ganz unter den der Gerechtigkeit, z. B. das Vermögensrecht unter den ersteren, das Strafrecht unter den zweiten — oder in der Art, daß die Elemente der einzelnen Einrichtungen, Rechtssätze und Entscheidungen überall unter die beiden Gesichtspunkte aufzuteilen sein würden. Eine zweijährige Zuchthausstrafe, welche jemand wegen eines Diebstahls zu verbüßen hätte, würde z. B. zu $^2/_3$ auf das Konto der Zweckmäßigkeit, zu $^1/_3$ auf das der Gerechtigkeit zu setzen sein. — Es würde dem ähnlich sein, wenn man die Forschungen, welche zur Lösung einer Preisaufgabe führen sollen, zur einen Hälfte unter den Gesichtspunkt der Wahrheitsergründung, zur anderen unter den der Zweckmäßigkeit stellen wollte. Oder, wenn man den Tadel, den man gegen ein faules Kind ausspricht, zu $^2/_3$ mit dem (erziehlichen) Zweck, zu $^1/_3$ mit der Wahrheit und Gerechtigkeit des Tadels begründen wollte, da doch der Tadel ganz und gar zweckmäßig sein will, dies aber vollständig nur sein kann, wenn er zugleich ganz und gar wahr und gerecht ist.

Merkel, Über vergeltende Gerechtigkeit (Anhang zu seinen „Kriminalistischen Abhandlungen“, I 67 — Sammlung S. 1), Elemente § 13 (Geschichte der Anschauungen vom Gerechten), 14 (Begriff des Gerechten),

Lehrbuch § 69 f. (die Strafe als gerechte Vergeltung). Besprechung des Lehrbuchs des d. Strafrechts von H. Meyer (Sammlung S. 361).

G. Rümelin, Über die Idee der Gerechtigkeit in „Reden und Aufsätze“ n. F. 81. H. Meyer, Die Gerechtigkeit im Strafrecht 81. Schmoller, Die Gerechtigkeit in der Volkswirtschaft, in seinem Jahrb. f. Gesetzgebung 2c. 81. Jellinek, Die sozialethische Bedeutung von Recht, Unrecht und Strafe 78 Jhering, Zweck im Recht I, 234. Laas, Vergeltung und Zurechnung, in der Vierteljahrsschrift für wissenschaftl. Philosophie von Avenarius V, 137, 296, 448, VI, 187 295.

2. Das Recht als Macht.

§ 42.

Die Satzungen des Rechts sind Willensäußerungen, welche unserem Handeln zur Richtschnur dienen wollen, auch dort wo sie unser Denken nicht beherrschen: „stat pro ratione voluntas“.

Über die Willensnatur des Rechts [und die Ursachen der irrigen Ansicht, daß irgend welchen Teilen des Rechts das „imperative Element“ fehle] Elemente § 4, Lehrbuch S. 18 ff. Thon, Rechtsnorm und subjektives Recht, S. 1 ff. Bierling, Kritik II, 305 ff.

§ 43.

In ihnen äußert sich ein Wille, der in einer Gemeinschaft sich als Macht bewährt, und der den Gliedern der Gemeinschaft Beweggründe zu einem seinen Weisungen entsprechenden Verhalten auch in dem Falle giebt, wo der Inhalt dieser Weisungen ihren individuellen Interessen nicht entspricht.

Wer spricht zu uns in den Satzungen des Rechts? Wer ist mit anderen Worten das Subjekt des Rechts?

1. Ein Wille. Nur ein solcher kann gebieten und erlauben, binden und gewährleisten.

2. Ein Wille, welcher nicht identisch ist mit dem Willen desjenigen, dem geboten oder erlaubt, eine Schranke gezogen oder Schutz verheißen wird. Der eigene Wille kann mir andern gegenüber keine Befugnisse und bezw. Rechte verleihen, und meine Pflichten jenen gegenüber nicht zu Rechtspflichten erheben.

3. Ein Wille, der über die im weiteren zu charakterisierenden ethischen und materiellen Machtmittel verfügt, ein Wille, dessen Gebote denjenigen, an welche sie sich wenden, in der zu bezeichnenden Weise Motive zu einem entsprechenden Verhalten geben, und zwar unabhängig davon, ob ihr Inhalt mit ihren Sonderinteressen im Einklang steht.

Im übrigen kann dieser Wille sich sehr verschieden bestimmen. Ebenso verschieden, wie die Bedingungen, unter welchen eine Wirksamkeit der bezeichneten Art möglich ist. Von dem Subjekte des Rechts läßt sich keine andere allgemeine Charakterisierung geben, als daß es der Wille sei, welcher in einem, gleichviel wie näher bestimmten, Gebiete des gesellschaftlichen Lebens eine Wirksamkeit äußert, welche die in diesem Abschnitt und bezw. dem entsprechenden Abschnitt des 2. Kap. besprochenen Merkmale an sich trägt.

Es kann dies in einer gegebenen Gemeinschaft der Wille eines Einzelnen, z. B. in einer unbeschränkten Monarchie der Wille des Monarchen, sein; oder der Wille einer Mehrzahl bestimmter und in bestimmten Formen sich äußernder Personen, z. B. der Mitglieder eines Kollegiums oder einer Körperschaft oder der Gesamtheit der Vollbürger eines Staates, insofern dieselbe in gewissen Formen thätig wird; oder auch der Wille einer unbestimmten Vielzahl, der sich formlos, jedoch konstant in einer den Einzelnen zu einem gewissen Verhalten, z. B. zur Befolgung gewisser Regeln der Sitte und des Gewohnheitsrechts (§ 112 ff.), nötigenden Weise geltend macht.

Über die Machtqualität des Rechts, deren Elemente und deren Entwicklung vgl. Elemente § 7. Merkel, Recht und Macht l. c. v. Jhering, der Zweck im Recht I, Kap. 7 u. 8, II, Kap. 9. Thon, Der Rechtsbegriff, in Grünhuts Zeitschr. 80.

§ 44.

Das Recht bewährt sich als Macht in doppelter Richtung, in der Richtung seines Schutzes und in der Richtung seiner Gebote, in der Richtung, in welcher es Befugnisse begründet und in derjenigen, in welcher es Pflichten auferlegt. In der einen Richtung verleiht es Kraft, in der anderen bindet es. So stärkt es im Verhältnis von Gläubiger und Schuldner den ersteren und bindet den letzteren. So verleiht es im Verhältnis von Obrigkeit und Verbrecher der ersteren Macht und bindet den letzteren. So verleiht es dem Kaiser den Armeebefehl und bindet die Armee seinem Befehle gegenüber.

§ 45.

In beiden Richtungen übt es eine unmittelbare Wirksamkeit aus. Aber seine Machtnatur kommt am greifbarsten zum Ausdruck in der Richtung seiner Gebote. Nur in dieser Richtung, nur denjenigen gegenüber, welchen es Pflichten auferlegt, geht eine Nötigung von ihm aus.

Man hat behauptet, daß das Recht unmittelbar überall nur durch seine Gebote und also nur auf diejenigen einen Einfluß ausübe, welchen es Pflichten auferlegt, niemals in der Richtung, in welcher es Befugnisse begründet. Dies aber ist ein Irrtum. Vielfach wirkt das Recht in einer unmittelbaren Weise und gleichzeitig in beiden Richtungen: auf denjenigen, dem es Befugnisse zuerkennt und auf denjenigen, welchem es Pflichten auferlegt. Ersteres in evidentester Weise dort, wo es jemanden zu einer

Machtstellung oder einer Wirksamkeit beruft, die der Betreffende nicht einnehmen bezw. ausüben würde, wenn ihm nicht das Recht den Weg dazu eröffnete und Beweggründe zum Beschreiten desselben gäbe. Man denke an die Stellung, welche das Reichsrecht dem Kaiser, das nämliche den Deutschen männlichen Geschlechts in Bezug auf die Wahlen zum Reichstage einräumt 2c. Das Recht giebt hier Bestimmungsgründe zu einem bestimmten Verhalten, ohne zu demselben zu verpflichten und zu nötigen.

Merkel, Rechtsnorm und subjektives Recht (s. zu § 21), Elemente § 4 Z. 5.

§ 46.

Die vom Rechte ausgehende Nötigung ist im allgemeinen zweifacher Art.

Von seinen Geboten leitet sich nämlich im allgemeinen

1. ein Sollen her: diejenigen, an welche die Gebote sich richten, sehen sich moralisch genötigt, ihnen zu gehorchen; (ethische Macht des Rechts, § 47 ff.);
2. ein Müssen, eine sinnliche Notwendigkeit zu einem entsprechenden Verhalten (materielle Macht, § 50 ff.).

§ 47.

ad 1. Das Recht findet kraft der ihm zukommenden Eigenschaften (§ 24 ff.) eine Stütze in dem Gewissen derer, welchen es sich gebietend und beschränkend zuwendet. Dieses adoptiert seine Gebote, verleiht ihnen so eine moralische Sanktion und wird zu Gunsten einer freiwilligen Erfüllung dieser Gebote wirksam.

Wir erfüllen im allgemeinen die Gebote des Rechts freiwillig, und zwar auch dort, wo unsere selbstischen Interessen auf ein entgegengesetztes Verhalten hinweisen. Es geschieht dies, weil das Recht, Gehorsam von uns fordernd, eine Unterstützung seitens der moralischen Faktoren unserer Natur findet. Dies aber ist nur möglich, weil und sofern das Recht seinerseits dem Gesamtcharakter seiner Wirksamkeit nach im Einklang steht mit dem, was unsere moralische Natur an die Hand giebt. Es ist also von den Äußerungen der letzteren abhängig. Jedoch ist die Abhängigkeit eine wechselseitige, insofern die moralischen Gefühle und Urteile jeder neuen Generation unter dem Einflusse des überlieferten Rechts sich entwickeln. — Vgl. im übrigen § 49 Anm.

§ 48.

Das Recht findet diese Stütze auch bezüglich solcher Vorschriften, welche als ungerechte die moralischen Empfindungen verletzen (§ 37 ff.), so lange der Gesamtcharakter seiner Wirksamkeit im Einklang mit den moralischen Urteilen und Empfindungen der Beteiligten steht, d. i., so lange es Recht ist (§ 24 ff.).

§ 49.

In dem bezeichneten Einklange des Rechts mit den moralischen Faktoren begründet sich, und in der Art, wie die letzteren zu seinen Gunsten wirksam werden, liegt die ethische Macht oder, was dasselbe:

„die verpflichtende Kraft" der Rechtsvorschriften.

Die Rechtsvorschriften können eine verpflichtende, d. i. moralisch bindende Wirksamkeit nur äußern, sofern gewisse Eigenschaften bei ihnen vorausgesetzt und anerkannt sind, die ihnen unsere Achtungsgefühle zuwenden und die moralischen Kräfte unserer Natur für sie thätig werden lassen.

Von den Eigenschaften, welche hierbei in Betracht kommen, ist oben gehandelt und zugleich darauf hingewiesen worden, daß für verschiedene Völker wie für verschiedene Individuen und resp. für die gleichen Völker und Individuen auf verschiedenen Entwicklungsstufen bezüglich dieser Eigenschaften nicht durchaus das Gleiche gelte (§ 32 Anm.). Hier ist beizufügen, daß auch die gleichen Momente, welche bei verschiedenen Völkern ꝛc. sich wirksam zeigen, im Bewußtsein der Beteiligten sich verschieden spiegeln können. Daher ist die Rechenschaft, welche Völker und Einzelne sich selbst über den Grund und die Voraussetzungen der verpflichtenden Kraft der Rechtsnormen gegeben haben, sehr verschieden ausgefallen.

Im Kindheitsalter der Völker hängt die moralische Nötigung, welcher dieselben bestimmten Normen gegenüber unterliegen, also die verpflichtende Kraft dieser Normen, im allgemeinen davon ab, daß sie von einem bestimmten Subjekte herrühren oder als herrührend vorgestellt werden. Man sieht in der Vorschrift etwa eine Willensäußerung der Gottheit oder der berufenen Organe und Interpreten des göttlichen Willens: der Priester, oder des durch den göttlichen Willen eingesetzten Herrschers, oder der einen Gegenstand der Verehrung bildenden Vorfahren, und leitet aus solchem Ursprunge ihre Verbindlichkeit her. Die Achtung, welche jene einflößen, überträgt sich auf die von ihnen wirklich oder vermeintlich ausgehenden Satzungen. Das Individuum findet bei den betreffenden Völkern in sich nicht leicht die Kraft und nicht die Aufforderung, die thatsächliche und ethische Wahrheit (§ 30 ff.) dessen, was bei ihnen als Recht, Sitte, Religion ꝛc. Geltung in Anspruch nimmt, einer Prüfung nach eigenen Maßen zu unterziehen. Aehnlich wie Kinder die verpflichtende Kraft einer Vorschrift aus dem Willen der Eltern herleiten, wie bei ihnen zwischen dem Gebote und dem objektiven Maße seines Wertes, dieses vertretend, die Autorität einer bestimmten Persönlichkeit steht, so können jene Völker auf die Frage nach dem Grunde, aus welchem sie sich an irgend eine Norm gebunden fühlen, nur mit einem Hinweis auf irgend eine Autorität antworten. Kein stärkeres Argument existiert hier, als das von einem Indianerhäuptling gegen die Annahme der christlichen Religion geltend gemachte: „es würde lächerlich und schändlich sein, wollte ich anderes glauben und anders handeln wie meine Vorfahren".

Bei Völkern, in welchen ein Geist der Untersuchung und Kritik lebendig ist, gestaltet sich die Sache minder einfach. Der Hinweis auf ein bestimmtes Subjekt, als von welchem die Rechtsvorschriften ausgegangen seien, erledigt hier die Frage ihrer Verbindlichkeit und der Quelle dieser letzteren im allgemeinen nicht. Man unterwirft den Inhalt dieser Vorschriften einer Prüfung, und meint, daß der Wert, welchen dieselben in Anspruch nehmen, irgendwie in diesem Inhalte selbst eine Begründung finden müsse, so gewiß ein verkehrter Inhalt nicht dadurch gut und weise werde, daß er von einem bestimmten Subjekte herrühre. Hierbei gelangt man bewußt oder unbewußt dazu, das eigene Gefühl und Urteil als eine zu obersten Entscheidungen berufene Instanz geltend zu machen. Die Vorstellungen aber, welche sich hinsichtlich jenes Wertes und der für ihn entscheidenden sachlichen Merkmale entwickeln, verdichten sich in der Theorie von einem „natürlichen", von dem geltenden „positiven" Rechte zu unterscheidenden Rechte, und bezw., in der dem letzteren gegenüber zu einer selbständigen Bedeutung gelangenden Idee der Gerechtigkeit. Es wird die Frage möglich, ob das vom Rechte, d. i. von den maßgebenden Autoritäten Gebotene, denn auch das Gerechte sei. Fortan tritt die ethische Macht des Rechts in eine Abhängigkeit von den Urteilen über das den Verhältnissen in thatsächlicher und moralischer Beziehung Entsprechende, welche im Volksbewußtsein Macht gewinnen und mit welchen es sich in Einklang halten muß.

Alles Gesagte gilt auch hinsichtlich der Stellung jener Autoritäten selbst und hinsichtlich der obersten Rechtsgrundsätze, welche die Frage beantworten, wer berufen sei, neues Recht zu schaffen und das überlieferte zu reformieren. Auch hier überwiegt von Haus aus die dem ersterwähnten Standpunkte entsprechende Ableitung. Von den Autoritäten geringeren Ranges geht man auf eine höhere Autorität zurück, bis man bei dem göttlichen Willen anlangt und bei diesem stehen bleibt. Entwickelteren Kulturverhältnissen entsprechen dagegen die Versuche, sachliche Gründe für die Geltung jener obersten Grundsätze aufzufinden, solche, welche dem in ihnen zum Ausdruck kommenden Willen unsere Achtungsgefühle zuwenden unabhängig davon, welchen Namen dieser Wille führe, oder auf welches höhere Subjekt er seine Autorität zurückführen möge. Wenn etwa der oberste Rechtsgrundsatz lautet: „als Recht ist anzusehen, was der König dafür erklärt", so entspricht es einem naiven Standpunkte, sich bei dem Glauben zu beruhigen, daß dieser Grundsatz einer irgendwie kundgewordenen göttlichen Sanktion teilhaft sei, während ein kritischerer Sinn nach objektiven Gründen für die Geltung des Grundsatzes forschen und einen solchen etwa darin finden wird, daß der König als ein über den Parteigegensätzen des gesellschaftlichen Lebens stehender, neutraler, Faktor die meisten Garantieen dafür biete, daß von ihm ausgehende Rechtssätze den neutralen Charakter gerechter Normen an sich trügen. —

Man hat die verpflichtende Kraft der Rechtsnormen allgemein aus einer Anerkennung derselben seitens derjenigen, für welche sie gelten sollen, herleiten zu können gemeint. Aber es ist hier zu unterscheiden.

Der Begriff der verpflichtenden Kraft enthält das Moment der Anerkennung. „Eine Vorschrift hat verpflichtende Kraft für mich" heißt so viel wie: „ich erkenne ihr Eigenschaften zu, welche sie zu einer Richtschnur für mein Verhalten erheben". Selbstverständlich kann von dieser Anerkennung jene verpflichtende Kraft nicht hergeleitet werden, so gewiß man eine Erscheinung nicht von sich selbst herleiten kann.

Von ihr sind die Thatsachen zu unterscheiden, welche dafür bestimmend sein können, daß eine Regel die verpflichtende Kraft, welche sie bis dahin nicht besaß, pro futuro erlange. Zu diesen Thatsachen gehören auch Willensäußerungen derer, welchen eine betreffende Regel Pflichten zuerkennt, Willensäußerungen, welche eine ausdrückliche oder stillschweigende Zusage künftiger Befolgung der Regel, oder, wenn man will, eine Anerkennung derselben als einer Richtschnur für die Zukunft, enthalten. Man vgl. was unten über die Entstehung von Rechtssätzen aus Verträgen gesagt wird (§ 121, vgl. § 129). Aber diese Willensäußerungen sind keineswegs die einzigen und keineswegs die wichtigsten Thatsachen dieser Art. Und sie setzen ihrerseits, sollen sie die bezeichnete Bedeutung haben, die Existenz von Grundsätzen, welche eine verpflichtende Kraft besitzen, bereits voraus. So kann durch Vertrag eine Regel zu einer verpflichtenden Rechtsregel nur erhoben werden, sofern unter den Vertragschließenden der Grundsatz bereits Geltung (oder, was hier dasselbe, verpflichtende Kraft) hat, daß Verträge gehalten werden sollen. Fragt man aber, woher denn dieser Grundsatz seine Geltung herleite, so sehen wir uns wieder auf die oben besprochene Alternative hingewiesen.

Vgl. Elemente § 8, Bierling, Kritik I.

§ 50.

ad 2. Neben der ethischen besitzt das Recht eine materielle Macht.

Gegen einzelne, welche in sich nicht genügende, sei es moralische sei es egoistische, Beweggründe für ein den Vorschriften desselben entsprechendes Verhalten finden, hält es physische Machtmittel bereit, durch welche die Erfüllung dieser Gebote, soweit dies möglich ist, erzwungen werden soll.

§ 51.

Wo eine Verletzung seiner Vorschriften durch diese Mittel nicht verhütet werden konnte, da verbindet das Recht mit der begangenen Verletzung in der Regel solche Folgen, welche geeignet und dazu bestimmt sind, die Bedeutung derselben in Bezug auf seine Herrschaft und deren Zwecke aufzuheben oder zu verringern.

§ 52.

Hierher gehört es, wenn derjenige, dessen Diebstahl nicht verhindert werden konnte, sich durch das Recht verpflichtet und gezwungen sieht, den Bestohlenen schadlos zu halten und eine Strafe über sich ergehen zu lassen.

§ 53.

Diese Folgen heißen „Rechtsfolgen" der begangenen Rechtsverletzung.

Es sind Machtäußerungen des Rechts, welche den Charakter von Gegenwirkungen gegen die in Gestalt der Rechtsverletzung gegen es selbst und die von ihm Geschützten sich richtende Wirksamkeit haben und welche der letzteren inhaltlich entgegengesetzt, nach Energie und Tragweite, so weit dies erreichbar ist, proportional sind.

Spezielleres über diese Rechtsfolgen begangener Rechtsverletzungen s. in den §§ 274—310 und 239—243.

§ 54.

Das Recht bezeichnet bei der Aufstellung seiner Gebote im Voraus die Rechtsfolgen, welche mit deren Verletzung verbunden werden sollen.

Daher lassen sich an seinen Vorschriften in der Regel zwei Bestandteile unterscheiden, wovon der eine an die Hand giebt, wie wir in bestimmten Verhältnissen im Einklang mit dem Rechte bleiben, der zweite, welche Folgen mit einem gegenteiligen Verhalten sich verknüpfen sollen. Nennen wir jenen die „primäre" oder „Hauptbestimmung", diesen die „sekundäre" oder „Nebenbestimmung" oder auch die „Sanktion" der ersteren.

Primäres Gebot: Du sollst nicht stehlen.

Sekundäres Gebot: Wer stiehlt soll Gefängnisstrafe erleiden ꝛc.

Der Gegensatz zwischen beiderlei Bestimmungen ist kein absoluter. Die sekundären Gebote können ihrerseits wieder Sanktionen haben, mit Beziehung auf welche sie sich als primäre Bestimmungen darstellen. So findet z. B. das sekundäre Gebot: wer stiehlt, soll den Bestohlenen entschädigen, eine Sanktion in Strafbestimmungen gegen denjenigen, der sich der Erfüllung von Entschädigungspflichten solcher Art auf betrügerische oder gewaltsame Weise zu entziehen sucht. —

Man hat die primären Gebote im Gegensatze zu den sekundären Geboten (bezw. einem Teile der letzteren) „Normen" genannt. Diese Bezeichnungsweise empfiehlt sich jedoch nicht, weil der Begriff, welcher überall mit dem Worte Normen verbunden wird, beide Arten von Geboten umfaßt.

Vgl. Merkel, Rechtsnorm und subjektives Recht, l. c. Elemente § 5, Lehrbuch S. 171. Binding, Normen I. Thon, Rechtsnorm und subjektives Recht.

§ 55.

Diese Sanktionen, welche im voraus die Folgen etwaiger Rechtsverletzungen feststellen, verstärken im allgemeinen die Beweggründe zur Vermeidung von Rechtsverletzungen und wirken so in dieser Richtung vorbeugend.

So verbinden sich moralische und sinnliche, mechanische und psychologische Nötigung, vorbeugende und ausgleichende Maßregeln zu Gunsten der Herrschaft des Rechts und der Erfüllung seiner Zwecke.

§ 56.

Das Recht zeigt jedoch nicht überall und nicht in allen seinen Teilen die gleiche Kraft, und seine äußere Macht nicht überall eine gleich vollkommene Organisation. Was die letztere bei höherer Ausbildung charakterisiert, ist in den Abschnitten über das Verhältnis des Rechts zum Staate (§ 64 ff.) und zu Sitte, Moral und Religion (§ 79) näher dargelegt (vgl. auch § 115 ff., 136 ff.).

In dieser Hinsicht wie in mancher anderen lassen sich vollkommenere und minder vollkommene Rechtssysteme und Teile von solchen unterscheiden. Auf derartige Abstufungen und Verschiedenheiten in der Ausbildung der dem Rechte eigentümlichen Merkmale wird mehrfach hinzuweisen sein. Es besteht die Aufgabe, diese innerhalb der Peripherie des Rechtsbegriffs liegenden Differenzen zu unterscheiden von den zwischen dem Rechte einerseits, der bloßen Sitte und den übrigen ethischen Potenzen andererseits bestehenden Verschiedenheiten. Zum Behufe ihrer Lösung sollen in diesem Abschnitt sub III diese letzteren Verschiedenheiten bestimmt werden.

Was speziell die äußere Macht des Rechts betrifft, so ist für das Maß ihrer Ausbildung vor allem das Verhältnis des Rechts zum Staate entscheidend. Hierüber Spezielleres sub II.

§ 57.

Einer einzelnen Norm, welche durch die Herkunft von dem in der Gemeinschaft herrschenden Willen und den Zusammenhang der Bestimmungen, welchem sie angehört, getragen wird, ist um deswillen nicht der Charakter der Rechtsvorschrift abzustreiten, weil ihr etwa die Sanktion (das sekundäre Gebot) fehlt.

U. a. fehlt wichtigsten Bestimmungen unseres deutschen Verfassungsrechts jegliche Sanktion. Gleichwohl zweifelt niemand an ihrem Rechtscharakter. — Gleichgiltig für diesen Charakter ist es selbstverständlich, ob jemals Anlaß gegeben ist, die Sanktion einer Rechtsnorm zu praktischer Anwendung zu bringen. In einem idealen Rechtszustande würde dieser Anlaß überall entfallen und die gesamte materielle Macht des Rechts hinter der ethischen Macht desselben zurücktreten. Ein Begriffsmerkmal des Rechts würde dadurch nicht (wie manche angenommen haben) in Wegfall gebracht.

§ 58.

Fassen wir zusammen, was über das Recht als Lehre und als Macht gesagt worden ist, so ergiebt sich:

Das Recht stellt sich einerseits dar als ein Ganzes von Urteilen über das, was in Bezug auf die Grenzverhältnisse des gesellschaftlichen Lebens als zweckmäßig und gerecht zu erachten ist. Es zeigt in dieser Hinsicht einen theoretischen Charakter und läßt ein Bestreben erkennen, unter diesen Urteilen eine möglichst vollkommene Harmonie zu verwirklichen.

Das Recht stellt sich andererseits dar als ein System von Willens- und Machtäußerungen, bei welchen es letztlich nicht darauf abgesehen ist, Wahrheiten zu verkündigen und Lehrmeinungen zu einer Geltung zu verhelfen, sondern darauf, die reale gesellschaftliche Welt in bestimmter Weise zu gestalten, und deren Ziel und Ursprung nicht auf theoretischem, sondern auf praktischem Gebiet liegt.

Die Zweiheit von logischer und realer Seite, Wissen und Wollen, Inhalt und imperativischer Form desselben prägt sich im Leben und in der Wissenschaft des Rechts in mannigfachster Weise aus.

1. Die Faktoren, welche an der Bildung und Anwendung der Rechtssätze teil haben, stehen vielfach in einem verschiedenen Verhältnisse zu den bezeichneten Seiten. Während einige als berufen erscheinen können, dasjenige, was als Rechtsinhalt Geltung erlangen soll, zu erforschen, zu bezeugen oder in autoritärer Weise festzustellen, können andere berufen sein, das von jenen Gefundene, Bezeugte, Festgestellte in der Form des Gebotes dem Volke zu verkündigen, und ihm zu machtvoller Wirksamkeit zu verhelfen. Die Geschichte des Rechts kennt Sonderungen dieser Art von verschiedenster Form und Bedeutung, und zwar sowohl bezüglich der Bildung der Rechtssätze des abstrakten Rechts, wie bezüglich des aus richterlichen Urteilen hervorgehenden konkreten Rechts.

Es ist jedoch zu beachten, daß dem Wissen hier überall eine selbstständige Bedeutung nicht zukommt, und daß die Feststellung des Inhaltes, welchen das zu bildende Recht haben soll, immer zugleich einen Willensentscheid enthält, und nur kraft desselben eine maßgebende Bedeutung besitzt. Derjenige, der mit dieser Feststellung betraut ist, erscheint daher als ein Organ des herrschenden Willens ganz ebenso wie derjenige, dem es obliegt, das von jenem Festgestellte in die Form des Gebotes zu kleiden und für seine praktische Verwirklichung Sorge zu tragen. — Elemente § 12.

2. In der Wissenschaft sind sehr verschiedene Auffassungen des Verhältnisses der unterschiedenen Seiten des Rechts zu einander und der

Bedeutung, welche der einen und der anderen beizumessen sei, hervorgetreten, und es lassen sich Irrungen in der Richtung einer Unterschätzung des logischen Momentes ebenso konstatieren wie solche in der Richtung einer Überschätzung desselben. Jene Unterschätzung (vgl. v. Kirchmann, Grundbegriffe) hängt zusammen mit einer Verkennung des logischen Elementes in den Anschauungen über das Gerechte (§ 30 ff.) und resp. mit einer Verkennung der Bedeutung dieser Anschauungen für die Bestimmung des Rechtsinhaltes und für dessen verpflichtende Kraft. Die weitaus häufigere und im Bereiche der Wissenschaft unendlich viel einflußreichere Überschätzung des logischen Momentes dagegen hängt teils mit einer Verkennung des Wesens der in jenen Anschauungen hervortretenden „ethischen Wahrheit" zusammen — ihrer geschichtlichen Bedingtheit, subjektiven Natur, unvollkommenen Einheitlichkeit 2c. —, teils mit einer Verkennung der Kompliziertheit und Veränderlichkeit der sonstigen Faktoren, unter deren Einfluß der im Rechte zum Ausdruck kommende Wille sich bildet, teils und vor allem mit einem Ignorieren der Gegensätze, welche unter den Faktoren des Rechts bestehen, und welche es ausschließen, daß das letztere jemals den logisch anstößigen Kompromißcharakter (§ 40) abstreife, welcher seine wichtigsten Teile charakterisiert, und die geschlossene Einheit eines, die Konsequenzen eines obersten Prinzips rein und restlos umfassenden logischen Ganzen erlange. Vgl. über und gegen diese Überschätzung des logischen Elementes Ihering, Geist III, S. 303 ff.

§ 59.

Auf dies Verhältnis, auf das Primat des Willens im Rechte, wird hingewiesen, wenn von der „Positivität" oder der „positiven Natur" des Rechts die Rede ist. Wir drücken damit aus, daß seine Bestimmungen Geltung in Anspruch nehmen als Äußerungen eines bestimmten Willens, unabhängig davon, ob die in ihnen enthaltenen Urteile im einzelnen mit unseren Überzeugungen im Einklang stehen; zugleich aber, daß es so in Ordnung ist, weil die Wirksamkeit dieses Willens weder entbehrt, noch überall in Einklang mit Wahrheit und Gerechtigkeit und den bestehenden Meinungen über das, was geschehen sollte, gebracht werden kann.

II. Sein Verhältnis zum Staate.

* § 60.

Recht kann sich in jeder Gemeinschaft bilden, welche die Macht und die Organe besitzt, ihre Verhältnisse den ihrer Existenz zu Grunde liegenden Interessen gemäß in selbständiger Weise zu ordnen.

Die eigentliche Heimat des Rechts aber ist der Staat.

Vgl. die Ausführungen über das Kirchenrecht und das Völkerrecht im besonderen Teile. — Elemente § 2.

§ 61.

Was den Staat in anderen Beziehungen charakterisiert, das wird im besonderen Teile dargelegt werden.

Die vornehmste Aufgabe aber, deren Lösung ihm obliegt, ist diese: innerhalb seiner Machtsphäre für die Existenz einer rechtlichen Ordnung und eines obersten Richteramtes zu sorgen.

§ 62.

Bestimmt wird diese Machtsphäre durch die Beziehung des Staates auf ein bestimmtes Volk — den Inbegriff seiner Angehörigen —, und durch seine Beziehung auf ein bestimmtes Gebiet. Wie das moderne Volk, so steht der moderne Staat samt der von ihm getragenen Ordnung in einem festen Verhältnis zu einem bestimmten Lande.

§ 63.

Was sich innerhalb seines Gebietes befindet, das steht unter der von ihm getragenen rechtlichen Ordnung: Prinzip der Territorialität.

Mit seinen Angehörigen aber ist er zugleich durch ein persönliches Band verknüpft, dessen Bestand und Bedeutung nicht davon abhängt, wo der Einzelne sich jeweils befindet: Personalitätsprinzip.

Die Herrschaft des Staates über seine Angehörigen wird durch einen Aufenthalt derselben im Ausland nicht in Wegfall gebracht. Es ist daher nicht richtig, wenn man das Territorialitätsprinzip, wie es bisweilen geschieht, als das bei Abgrenzung der rechtlichen Machtsphären der Staaten allein entscheidende behandelt. Modifikationen erleidet indessen jene Herrschaft des Staates seinen im Auslande befindlichen Angehörigen gegenüber dadurch, daß dieselben kraft des Territorialitätsprinzips zugleich unter der Herrschaft des Aufenthaltsstaates stehen. Vgl. § 326 ff. und § 427 ff.

§ 64.

Jene Aufgabe, für die Existenz einer rechtlichen Ordnung und eines höchsten Richteramtes innerhalb seiner Sphäre zu sorgen, kann von ihm gelöst werden, weil und sofern er die höchste Macht innerhalb dieser Sphäre besitzt.

§ 65.

Dieser Aufgabe dient der Kern seiner Einrichtungen, welcher eine Organisation zum Behufe geordneter Fortbildung, Anwendung und zwangsweisen Geltendmachung der Rechtsnormen darstellt.

§ 66.

Das Recht, welches andere Gemeinschaften [z. B. die Kirche] für ihr eigenes Lebensbereich entwickeln, ist, soweit dieses letztere in das Gebiet eines Staates hereinreicht, von dem Rechte und der Macht dieses Staates hinsichtlich der Abgrenzung seiner Herrschaftssphäre sowie hinsichtlich seiner kraftvollen Verwirklichung abhängig.

§ 67.

Gliedern des Staates (Provinzen, Gemeinden) und unter seiner Herrschaft stehenden Verbänden (Familien des hohen Adels) kann die Befugniß gewährt sein, für bestimmte Verhältnisse Rechtssätze aufzustellen, deren Befolgung der Staat gewährleistet. Man spricht hier von einer „Autonomie" der betreffenden Verbände.

Auf privatrechtlichem Gebiet (§ 85) sind solche autonomen Satzungen heute nur von ganz geringer Bedeutung im Gegensatz zum deutschen Mittelalter.

III. Sein Verhältnis zu Moral, Religion und Sitte.

§ 68.

Die vom Rechte geordneten Verhältnisse unterliegen dem Einflusse noch anderer, dem Rechte ihrem Ursprunge nach verwandter Mächte.

Dahin gehören Moral, Religion und Sitte, welche sich mit dem Rechte als „ethische Mächte" zusammenfassen lassen.

Jhering, Zweck im Recht. Gierke, Deutsches Privatrecht I 95, S. 112 ff., sowie die Litt. zu § 21.

§ 69.

Diese Mächte stehen unter einander in mannigfacher Wechselwirkung; zugleich ergänzen sie sich in der Herstellung von Bedingungen eines friedlichen Neben- und Miteinanderlebens.

Eine besondere Abhängigkeit besteht auf der Seite des Rechts den herrschenden moralischen Überzeugungen und Empfindungen gegenüber bezüglich der verpflichtenden Kraft seiner Vorschriften (§ 49).

§ 70.

Fragen wir, von diesem Zusammenhange absehend, was das Recht von seinen ethischen Geschwistern unterscheide, so haben wir

1. seinen Inhalt,
2. die Formen, in welchen derselbe zur Erscheinung und Verwirklichung gelangt,

mit Inhalt und Formen der Moral 2c. zu vergleichen.

Hierbei handelt es sich um den Stand der Dinge bei den modernen Kulturvölkern, in welchem wir das Resultat eines vielhundertjährigen Prozesses der Entwicklung und Auseinandersetzung der Elemente einer ursprünglich einheitlichen geistigen Macht vor uns haben (s. § 125 ff.).

§ 71.

1. In Bezug auf den Inhalt seiner Wirksamkeit ist für das Recht jenen anderen Mächten gegenüber charakteristisch:

jene Doppelseitigkeit, kraft deren es sich überall nach einer Seite hin als eine Schranke, nach einer andern als eine Schutzwehr darstellt und einerseits Pflichten, andrerseits korrespondierende Befugnisse, bezw. Rechte, begründet (§§ 16, 146 ff.);

sowie der Umstand, daß jene Pflichten sich als das Sekundäre darstellen, und sich nach den in jenen Befugnissen zum Ausdruck kommenden Interessen bemessen (§§ 6, 17, 25).

§ 72.

Die Satzungen der Religion und Moral wenden sich im allgemeinen nur nach einer Seite, sie gebieten und beschränken, und ihre Gebote und Beschränkungen stellen sich nicht als eine bloße Konsequenz einer, Dritten zugewendeten, Gewährleistung dar. Ihr Kardinalbegriff ist derjenige der Pflicht, und die von ihnen begründeten Pflichten sind nicht die bloßen Schatten von Befugnissen.

§ 73.

Wenn z. B. Religion und Moral das Gebot aufstellen: „Liebe Deinen Nächsten", so sagen sie nicht dem letzteren: „Du hast ein Recht auf diese Liebe." Sie wenden sich nur der einen Seite zu, derjenigen, für welche eine Pflicht begründet wird.

So entspricht ferner dem Gebote, die linke Wange darzureichen, wenn die rechte geschlagen wird, keine Gewährleistung zu Gunsten des Schlagenden! Das „Du sollst" ist hier nicht die Kehrseite eines einem anderen zugewendeten: „Du darfst", „ich verleihe Dir die Macht zu solchem Thun".

Wenn das Recht dagegen dem Schuldner befiehlt: „Bezahle Deine Schulden", so geschieht dies im Hinblick auf ein Recht des Gläubigers und lediglich um der in diesem Rechte direkt und indirekt geschützten Interessen willen. Der an den Schuldner gerichtete Befehl ist hier die bloße Kehrseite einer dem Gläubiger zugewendeten Gewährleistung.

§ 74.

Das Recht sagt: beachtet die Grenzzeichen, die zwischen Euch von mir gesetzt sind, damit Friede unter Euch bestehen, und jeder der ihm zukommenden Macht und Freiheit sich erfreuen könne.

Die Moral: seid redlich, barmherzig und treu, erweiset Euch als achtungswert und gut. Ihre Forderungen zielen auf die Übereinstimmung des persönlichen Wesens und Wollens mit einem bestimmten Ideale, bezüglich welcher jene Freiheit und Macht nur die Bedeutung von Bedingungen besitzen.

Für die moralischen Werturteile und Achtungsgefühle, wie sie in der modernen Kulturwelt sich geltend machen, ist im allgemeinen nicht die Beziehung der konkreten Handlung auf die Interessen Dritter, bezw. des Volks oder der menschlichen Gesellschaft überhaupt, das unmittelbar Entscheidende, sondern die Beziehung der Handlung auf eine bestimmte Gesinnung. Mildthätigkeit z. B. erzeugt unsere Achtung, insofern sie uns als ein Ausdruck humaner Gesinnung erscheint, unsere Achtungsgefühle schwinden, wenn die Voraussetzung einer solchen Gesinnung sich als hinfällig erweist. Unser moralisches Interesse geht hier über die einzelne That hinaus, auf deren im Grunde der Persönlichkeit liegende und als etwas Konstantes vorgestellte Quelle zurück und seine Befriedigung ist von den Eigenschaften dieser letzteren abhängig. Das juristische Interesse dagegen haftet an dem, was die einzelne That für die anderen bedeutet. — Dies ist der faktische Sachverhalt, über dessen Charakterisierung hier nicht hinausgegangen werden soll. Der Ethik und bezw. der Soziologie liegt es ob, zu erforschen, unter welchen Einflüssen derselbe sich in der Entwicklungsgeschichte des geistigen Lebens in dieser Weise gestaltet hat. Bedeutsame Anfänge sind in dieser Richtung gemacht. Daß nur von solchen gesprochen werden kann, hat seinen Grund darin, daß die Wissenschaft in dieser Sphäre nur sehr allmählich zu der Selbstbescheidung gelangt ist und resp. gelangt, sich vor allem mit der Wirklichkeit vertraut zu machen und nicht der ihr obliegenden Erforschung dessen, was ist, beständig — Theorien über ein angeblich *Seinsollendes* zu substituiren.

§ 75.

Mit dem bezeichneten Gegensatze hängen Verschiedenheiten in der Abgrenzung der von diesen Mächten auferlegten Pflichten zusammen.

§ 76.

Die vom Rechte auferlegten Pflichten bemessen sich nach den Interessen Dritter, um deren willen sie begründet werden. Was daher diese Interessen und bzw. die Befugnisse, in welchen sie ihren Ausdruck finden, nicht berührt, das liegt außerhalb dieser Pflichten, und ist nicht geeignet, im Sinne des Rechts eine Verschuldung, und ebensowenig ein Verdienst, zu begründen.

So ist für die Frage, ob ein Schuldner seiner Rechtspflicht Genüge gethan habe, sein inneres Verhalten, da durch dasselbe die Interessen und Ansprüche des Gläubigers weder befriedigt noch verletzt werden, für den Standpunkt des Rechts gleichgültig. Hat er rechtzeitig gezahlt, so ist er seiner Pflicht ledig, gleichviel aus welcher Gesinnung heraus er gehandelt hat, und ob er etwa zuvor den Vorsatz gefaßt hatte, sich seiner Verpflichtung zu entziehen. Umgekehrt sind gute Vorsätze, welchen nicht die That nachfolgt, für diesen Standpunkt ein absolutes Nichts.

§ 77.

Die von Moral und Religion begründeten Pflichten schließen dagegen ein bestimmtes inneres Verhalten des Verpflichtelen in sich, und der Wert einer Leistung desselben bemißt sich von ihrem Standpunkte aus unmittelbar nicht nach der Bedeutung der Leistung für die Interessen und Ansprüche Dritter, sondern nach der Gesinnung, welche in ihr sich ausspricht.

So hat die Zahlung des Schuldners vor ihrem Forum einen höheren Wert, wenn sie aus Pflichtgefühl, als wenn sie aus Furcht vor Zwangsmaßregeln erfolgte, und der böse Vorsatz eines Schuldners, sich seiner Verbindlichkeit zu entziehen, hat eine Bedeutung für sie bereits vor und unabhängig von dem Versuche seiner Verwirklichung.

§ 78.

Zwischen den Normen des Rechts und denjenigen der Sitte oder des Herkommens besteht in den hervorgehobenen Beziehungen eine geringere Verschiedenheit. Doch überwiegt auch bei den letzteren, soweit sie sich nicht zu Rechtsvorschriften erheben (§ 112 ff.), im allgemeinen das beschränkende Element, und es ist für sie die scharfe Ausprägung jener Doppelseitigkeit, die beständige Gegenüberstellung von Sollen und Dürfen, Pflichten und Befugnissen nicht in der Weise wie für die Rechtsvorschriften charakteristisch.

Man denke etwa an die Anforderungen, welche die Sitte an den Einzelnen in Bezug auf sein Erscheinen in der Gesellschaft (Kleidung, Reinlichkeit rc. betreffend) und in Bezug auf die Formen des geselligen Verkehrs stellt. Dem: „Du sollst diesen Anforderungen entsprechen", steht hier zwar ebenfalls ein den andern zugewendetes: „Ihr dürft die Erfüllung dieser Anforderungen fordern" gegenüber, aber der Schwerpunkt liegt auf jenem Sollen, nicht auf diesem Dürfen. — Vgl. im übrigen bezüglich des Verhältnisses von Sitte und Herkommen zum Rechte § 125 f.

§ 79.

2. Hinsichtlich der Formen, in welchen der Inhalt des Rechts zur Erscheinung und Verwirklichung gelangt, ist für das letztere jenen anderen Mächten gegenüber charakteristisch:

die geregelte Weise der Betheiligung bestimmter Organe der Gemeinschaft an der Feststellung und Verwirklichung jenes Inhalts,

bei entwickelterem Rechtsleben: — bestimmter Organe für die Feststellung der Rechtssätze, für die richterliche Anwendung derselben und für die Anwendung des Zwangs, der sich als erforderlich zur Wahrung der Herrschaft des Rechts und zur Erfüllung seiner Zwecke darstellt (§ 64, 102—121).

§ 80.

Mit der Eigentümlichkeit seines Inhalts und seiner Formen hängt die ausgeprägte Positivität (§ 59) des Rechts zusammen.

Auch den Normen jener anderen Mächte läßt sich eine positive Natur zuerkennen, aber ihre Abhängigkeit von den bewußten Äußerungen eines sich als maßgebendes Prinzip geltend machenden und hierbei auf eine äußere Macht stützenden menschlichen Willens ist nicht die gleiche.

Die Eigentümlichkeiten des Rechts den anderen ethischen Mächten, sowie sonstigen Elementen des gesellschaftlichen Lebens gegenüber werden selten korrekt bestimmt. Hauptirrtümer:

1. Das Recht ordne das äußere Zusammenleben der Menschen, während das innere Leben jenen anderen Mächten zufalle. Jenes ist wahr, aber übersehen ist erstlich, daß die Sitte ebenfalls und zwar ausschließlich das äußere Dasein zum Gegenstand hat. Man denke etwa an die Regeln und Formen des geselligen Verkehrs, welche von der Sitte bestimmt werden. Zweitens, daß die Normen der Moral auch ihrerseits sich auf das äußere Zusammenleben erstrecken, und mit den Geboten des Rechts hier meist zusammentreffen, ja diesem eine im großen für es wesent-

liche Kraft zuführen (§ 47 ff.). Auch sie fordern die Erfüllung rechtlicher Verbindlichkeiten, die Nichtbegehung von Verbrechen, Gehorsam der rechtmäßigen Obrigkeit gegenüber!

2. Das Recht sei durch das Element der äußeren Macht von jenen anderen Potenzen unterschieden (so z. B. Cohn, „Grundlegung der Nationalökonomie" 85). Auch die Sitte macht sich vielfach als eine äußere Macht geltend, von welcher nicht selten eine unwiderstehliche Nötigung zu einem bestimmten Verhalten ausgeht. Die Verletzungen ihrer Vorschriften werden durch die Gesellschaft z. B. durch Ausschluß des Schuldigen aus bestimmten Kreisen oder Vereinen, also durch eine Verwirklichung äußerer Nachteile, gerügt. Selbst bei den Geboten einer herrschenden Religion und bezw. Moral ist ein derartiges Machtelement vielfach zu konstatieren. Das Unterscheidende liegt nicht in dem Vorhandensein, sondern in der Organisation dieses Elementes.

3. Das Recht sei ausreichend charakterisiert als eine „gemeinsame Überzeugung der in Gemeinschaft Lebenden". Einerseits giebt es gemeinsame Überzeugungen, und zwar das Handeln betreffende, welche mit dem Rechte nichts zu thun haben. So diejenigen, welche in der Sitte, der herrschenden Moral und Religion einen Ausdruck finden. Gemeinsame Überzeugungen können auch die Unentbehrlichkeit der Erwerbung von Kolonien, die Notwendigkeit eines Krieges u. a. betreffen. Andrerseits entspricht der Inhalt des Rechts keineswegs überall gemeinsamen Überzeugungen. Vielfach zeigt derselbe vielmehr die Merkmale eines Kompromisses zwischen einander bekämpfenden Überzeugungen. Vielfach auch entspricht er lediglich der Überzeugung einer Mehrheit, sei es im Volke, sei es unter denjenigen, welche an der Macht sind. Wesentlich ist ihm nur, daß es bezüglich seines obersten Imperativs („gehorche meinen Vorschriften") und, was hierfür entscheidend ist, bezüglich des Gesamtcharakters seiner Wirksamkeit im Einklang mit herrschenden Überzeugungen und durch die moralischen Faktoren unterstützt sei.

4. Das Recht sei ausreichend charakterisiert als „Allgemeiner Wille", oder als „Volkswille" oder endlich als „Staatswille". Abgesehen davon, daß der im Rechte sich äußernde Wille durch keinen dieser Ausdrücke exakt bezeichnet ist (vgl. § 43), lassen sich jedem dieser Willen Äußerungen zuschreiben, welche mit dem Rechte offenbar nichts zu schaffen haben. So äußert sich der Staatswille u. a. in Krieg und Frieden dem Auslande gegenüber, ohne daß sein, sei es feindliches, sei es freundliches Wollen in dieser Richtung sich als Recht bezeichnen ließe. Wenn ferner der Wille eines Staates sich in dem Betriebe von Bergwerken oder in der Fabrikation und dem Verkaufe von Zigarren äußert, so hat dies ohne Zweifel eine Bedeutung auch für das objektive Recht. Aber es ist leicht einzusehen, daß der Gehalt und die Bedeutung dieser Willensbethätigung nicht aufgeht in dem, was daran Juristisches ist. Das Recht läßt sich nicht definieren mit Beiseitelassung der Funktionen, welche ihm im vorhergehenden beigelegt worden sind. Will man das Willensmoment in seiner Definition voranstellen, so läßt sich nur sagen: Recht ist der Wille, der sich in jenen Funktionen äußert.

5. Das Recht sei durch die Form der Gesetzgebung von jenen anderen Mächten unterschieden. Hierüber vgl. den 3. Abschnitt.

6. Das Recht sei der Inbegriff derjenigen Normen, deren Befolgung die fortdauernde Existenz eines bestimmten Gesellschaftszustandes möglich mache, also das „ethische Minimum", oder das Ganze der Erhaltungsbedingungen der Gesellschaft, soweit dieselben vom menschlichen Willen abhängig sind. Verkannt ist hier zunächst, daß auch jene anderen ethischen Mächte Erhaltungsbedingungen der Gesellschaft verwirklichen. Rom und Griechenland würden sich keinen Tag auf der von ihnen erreichten Höhe nationalen Lebens behauptet haben, wenn nicht über das Maß der vom Rechte formulierten Pflichten hinaus Vaterlandsliebe, Opferwilligkeit &c. sich geltend gemacht hätten, und wenn nicht dem Rechte die Sitte und die Religion in Bezug auf die Wahrung der Bedingungen jenes Lebens zugesellt gewesen wären. Nicht einmal für die Fortdauer der gegebenen Zustände innerhalb einer einzelnen, eine gewisse Höhe geistigen Lebens vertretenden Familie stellt das Recht für sich allein die sämtlichen Bedingungen her, geschweige denn für die Fortexistenz des gesamten Gesellschaftszustandes! Ignoriert ist hier ferner der geschichtliche Differenzierungsprozeß, welcher qualitative Verschiedenheiten zwischen jenen Mächten zur Ausbildung gebracht und dem gesellschaftlichen Interesse, welches am Leben aller teilhat, nicht bloß verschiedene Träger und verschiedene Formen der Bethätigung, sondern auch verschiedene Ziele und einen verschiedenen Inhalt (§ 126) gegeben hat.

Dem Verhältnis der besprochenen Mächte entspricht das Verhältnis der betreffenden Wissenschaften zu einander. Speziell ergiebt sich aus jenem, wie die Wissenschaft des Rechts, und bezw. ihr allgemeiner Teil (die allgemeine Rechtslehre oder Rechtsphilosophie) mit der Wissenschaft der Moral oder Ethik im engeren Sinn dieses Worts zusammenhänge. Insoweit spezifisch moralische Kräfte an der Ausbildung und dem Bestande der dem Rechte wesentlichen Eigenschaften teilhaben (§§ 36, 47 ff.), ist ein für beide Wissenschaften gemeinsames Objekt, in der Erforschung des Wirkens dieser Kräfte eine beiden gemeinsame Aufgabe gegeben. Insoweit sie auf diese Bezug hat, ist daher die ethische Litteratur derjenigen zur allgemeinen Rechtslehre beizugesellen. Aus jener seien hervorgehoben:

H. Spencer, Die Thatsachen der Ethik, deutsche Ausgabe von Vetter 79. E. v. Hartmann, Phänomenologie des sittlichen Bewußtseins 79. Laas, Idealistische und positivistische Ethik 82. Schopenhauer, Die Grundprobleme der Ethik, 2. A. 60. R. Landmann (Herbartianer), Hauptfragen der Ethik 74. von Oettingen, Die Moralstatistik in ihrer Bedeutung für eine christliche Sozialethik, 2. A. 74; derselbe, Die christliche Sittenlehre 74. J. J. Baumann, Handbuch der Moral 79. J. St. Mill, Utilitarianism, 7. A. 64. F. Jodl, Geschichte der Ethik in der neueren Philosophie I 82, II 89. M. Guyau, La morale Anglaise contemporaine, morale de l'utilité et de l'évolution, Paris 78 f. Gaß, Geschichte der christlichen Ethik I 81, II 86 f. Th. Ziegler, desgl., 2. A. 92. Wundt, Ethik, 2. A. 92; derselbe, System der Philosophie, 2. A. 97, S. 646. Paulsen, System der Ethik mit einem Umriß der Staats- und Gesellschaftslehre, 3. A. 94.

Zweiter Abschnitt.

Seine Einteilungen.

§ 81.

Man unterscheidet die Rechtssätze

1. mit Rücksicht auf die Verschiedenheit der Subjekte, von welchen sie ausgehen,
2. mit Rücksicht auf die Verschiedenheit ihres Inhaltes,
3. mit Rücksicht auf die verschiedene Weise ihrer Entstehung.

I. Einteilungen mit Rücksicht auf die Subjekte.

§ 82.

Mit Rücksicht auf die Subjekte, von welchen die Rechtssätze ausgehen, scheidet sich das Recht jedes Staates von dem Rechte jedes anderen Staates, von dem Rechte jeder selbständigen kirchlichen Gemeinschaft, und von dem Völkerrechte, sondert sich in Deutschland das von der Reichsgewalt ausgehende Recht von dem Rechte der deutschen Gliedstaaten 2c.

§. 83.

In einem größeren Gemeinwesen können mehrere rechtsbildende Subjekte derart nebeneinander existieren, daß eines von ihnen für das Ganze, die anderen nur für bestimmte Glieder desselben (z. B. für bestimmte Provinzen eines Staates) Rechtssätze zu schaffen berufen sind. Die von jenem ausgehenden Rechtssätze heißen „gemeines Recht", die anderen „partikuläres Recht" dieses Gebietes.

II. Einteilungen mit Rücksicht auf den Inhalt.

1. Öffentliches und Privatrecht.

§ 84.

Der Inhalt der Rechtssätze ist von der Beschaffenheit der Verhältnisse abhängig, welche ihre Ordnung von ihnen empfangen.

Hierbei kommt vor allem die Beschaffenheit der Interessen und bzw. Interessenten in Betracht, welche sich in diesen Verhältnissen gegenüberstehen, und deren Machtgebiete gegeneinander abzugrenzen sind.

Vgl. zu II: v. Savigny, System des heutigen römischen Rechts, I, 40. Thöl, Einleitung in das deutsche Privatrecht, 47. Thon, Rechtsnorm und subjektives Recht, S. 108. Bierling, Kritik II, 149.

§ 85.

Einen wichtigen Gegensatz bilden hier Privatverhältnisse und öffentliche Verhältnisse.

Dort stehen individuelle Interessen und Machtgebiete eben solchen gegenüber. Man denke an Verhältnisse zwischen Gutsnachbarn, zwischen Käufern und Verkäufern auf dem Markte, zwischen Mietern und Vermietern, zwischen den Mitgliedern einer Handelsgesellschaft.

Hier stehen zum mindesten auf einer Seite öffentliche Interessen (Interessen des Staates, der Kirche 2c.), welchen auf der anderen Seite wiederum öffentliche Interessen, oder auch individuelle Interessen gegenüberstehen können. Man denke an die Verhältnisse zwischen Staat und Kirche, König und Parlament, Gemeinde und Staat, Staat und Verbrechern, Gerichten und Angeklagten, Polizei und Bürgern.

§ 86.

Diesem Gegensatze entspricht die Scheidung des Privatrechts (Civilrechts oder bürgerlichen Rechts), welches die Privatverhältnisse, vom öffentlichen Rechte, welches die öffentlichen Verhältnisse zum Gegenstande hat und zu Rechtsverhältnissen erhebt

Diese Einteilung ist um ihrer fundamentalen Bedeutung willen näher zu betrachten.

§ 87.

Für das öffentliche Recht ist charakteristisch, daß an demselben öffentliche und gemeinsame Interessen in einem zweifachen Sinne und zwar unmittelbar teilhaben.

Erstlich in der aktiven Rolle, welche diesen Interessen nach der Natur des Rechts in dem gesamten Gebiete desselben, als dem für die Funktionen desselben überall maßgebenden Prinzip, zufällt.

Zweitens als ein Gegenstand dieser Funktionen, in der passiven Rolle von Interessen, deren Machtgebiete durch das Recht einerseits beschirmt, andererseits begrenzt werden.

§ 88.

Die Bestimmungen des öffentlichen Rechts über die Bestrafung von Verbrechen — man denke etwa an Hoch- oder Landesverrat — mögen zum Beispiel dienen.

An ihnen haben einerseits diejenigen öffentlichen und gemeinsamen Interessen (und bzw. Überzeugungen) Anteil, welche in allem Rechte wirksam sind und diesem seinen spezifischen Charakter als einer über den Gegensätzen und Kollisionen des gesellschaftlichen Lebens stehenden und einem jeden einerseits Schranken ziehenden, andrerseits das Seine zuerkennenden Macht verleihen.

Öffentliche und gemeinsame Interessen kommen hier aber zugleich als ein Gegenstand dieser schützenden und beschränkenden Funktionen des Rechts in Betracht. In dem Streitverhältnis, welches durch diese Funktionen seine Ordnung empfängt, fordern öffentliche Interessen als unmittelbar beteiligte Faktoren ihr Recht dem Verbrecher gegenüber. Sie erscheinen hier gleichsam als die klagende Partei, deren Ansprüche in den Rechtsbestimmungen ihre Anerkennung und zugleich ihre Begrenzung finden. [Ihnen stehen andere öffentliche Interessen gegenüber, welche in der häufig obligatorischen Verteidigung zum Ausdruck kommen, vgl. § 824].

In dem einzelnen Prozeßfall erscheint der Richter als das Organ jenes zuerst charakterisierten, der öffentliche Kläger (der Staatsanwalt) als das Organ des zuletzt charakterisierten öffentlichen Interesses.

In dem bezeichneten Sachverhalte findet es zum Teile seine Erklärung, daß das öffentliche Recht langsamer zu voller und gesicherter Ausbildung gelangt und die dem Rechte zukommende Eigenschaft einer überparteilichen Macht nicht in dem Maße zu reiner Entfaltung zu bringen vermag, als das Privatrecht.

§ 89.

Im Privatrechte treten dagegen öffentliche Interessen im allgemeinen nur in der ersterwähnten aktiven Rolle, als Seele der ordnenden, friedenverbürgenden Funktionen der Schiedsmacht, welche das Recht heißt, in einer unmittelbaren Weise hervor.

Als passiv beteiligte Faktoren, auf welche diese Funktionen sich beziehen, stellen sich hier Privatinteressen vor Augen.

§ 90.

Diesem Gegensatze entsprechen Verschiedenheiten in der Weise, in welcher das Recht den Privatverhältnissen gegenüber einerseits, den öffentlichen Verhältnissen gegenüber andrerseits seine, an sich überall gleiche, Aufgabe zur Lösung bringt.

§ 91.

Privatverhältnissen gegenüber beschränkt sich das Recht vielfach darauf, den Beteiligten die gleiche Geltung ihres Willens und die Bedingungen einer freien Wirksamkeit im Verhältnis zu einander in einer Sphäre des Friedens zu verbürgen.

Die Voraussetzung dabei ist, daß die beteiligten Interessen im übrigen ihre natürlichen Sachwalter in den beteiligten Privatpersonen haben, und daß sie ihre Befriedigung entweder allein oder am besten durch die freie Bethätigung der individuellen Kräfte zu finden vermögen.

§ 92.

Öffentlichen Verhältnissen gegenüber macht sich im allgemeinen die entgegengesetzte Voraussetzung geltend, daß nämlich die Vertretung der beteiligten Interessen nicht in die Willkür einzelner gestellt und von deren freien Vereinbarungen abhängig gemacht werden könne, daß dieselbe vielmehr einer allseitigen und bindenden Regelung bedürfe.

So sind die Beziehungen staatlicher Behörden zu einander und deren Arbeiten dieser Voraussetzung gemäß allseitiger durch bindende Rechtsnormen bestimmt als etwa die Beziehungen zweier Geschäftshäuser zu einander und deren geschäftliche Wirksamkeit.

Genauere Auskunft darüber, was hiernach für die privatrechtlichen Verhältnisse einerseits, die öffentlich-rechtlichen andrerseits charakteristisch sei, in dem von den Rechtsverhältnissen handelnden Theile. S. die §§ 191—199.

§ 93.

Der Gegensatz zwischen Privatrecht und öffentlichem Recht ist jedoch kein absoluter. Bei der Ordnung der Privatverhältnisse erscheinen überall neben den Interessen der einzelnen, welche unmittelbar durch dieselbe betroffen werden, zugleich, in näherer oder entfernterer, und in einer bald mehr bald minder fühlbaren Weise die gemeinsamen Interessen als passiv beteiligt. Damit hängt

1. der gemischte Charakter mancher Teile des Rechts,
2. die Veränderlichkeit der Grenzen zwischen Privatrecht und öffentlichem Recht zusammen.

Die Ordnung aller Privatverhältnisse berührt die Gesamtheit nicht blos insofern, als es für sie bedeutsam ist, daß dieselben der allgemeinen Friedensordnung eingefügt seien, sondern auch kraft der fördernden oder hemmenden Einwirkung, welche diese Ordnung auf die beteiligten Privatinteressen ausübt, da ja das Wohl des Ganzen nicht unabhängig ist von dem Wohle der einzelnen, seiner Glieder. Man nehme etwa die Verhältnisse zwischen Arbeitern und Unternehmern. Die Gesamtheit hat hier nicht blos das formale Interesse, daß dieselben in friedlicher Weise sich regeln und daß bei etwaigem Streit eine unparteiische richterliche Entscheidung gefunden werden könne, sondern auch das sachliche Interesse, daß diese Verhältnisse überall inhaltlich so geordnet werden, wie es dem Wohle der Beteiligten am besten entspricht. Wenn gleichwohl die Regelung solcher Verhältnisse im einzelnen den freien Vereinbarungen der beteiligten Privaten überlassen wird, und wenn überhaupt irgend welche Verhältnisse, trotz des überall bestehenden Zusammenhangs mit den öffentlichen Interessen als Privatverhältnisse geordnet werden, so kann der Grund davon liegen und lag nicht selten

a) darin, daß hinsichtlich des Zusammenhangs dieser Verhältnisse mit den öffentlichen Interessen kein deutliches Bewußtsein existiert,
b) darin, daß man annahm, die zweckmäßigste Gestaltung dieser Verhältnisse sowohl für die nächstbeteiligten Privaten wie für die Gesamtheit werde am ehesten erreicht werden, wenn man sie den freien Entscheidungen und Vereinbarungen jener Nächstbeteiligten überlasse,
c) in dem Selbständigkeitsstreben der einzelnen und der Bedeutung, welche demselben auch für die Gesamtheit zukommt.

Diese Gründe geben, wie leicht einzusehen, keine allgemeine Entscheidung der Frage, wie die Grenze zwischen Privatrecht und öffentlichem Recht zu ziehen sei, an die Hand, erklären aber die in den folgenden Paragraphen hervorgehobenen Erscheinungen.

„Über die soziale Aufgabe des Privatrechts“ vgl. Gierke, Vortrag 89. Sohm, Über den Entw. eines B., Vortrag 95.

§ 94.

ad 1. **Bei der Ordnung derjenigen Verhältnisse, welche im übrigen als Privatverhältnisse gelten, werden vielfach hinsichtlich einzelner Fragen öffentliche Interessen als direkt beteiligt erachtet und zum Maßstab für deren Behandlung genommen. Das Ganze der auf betreffende Verhältnisse bezüglichen Rechtsnormen erhält hierdurch einen gemischten Charakter.**

Einen solchen hat insbesondere das Familienrecht (s. § 195, 697 ff.).

§ 95.

ad. 2. **Änderungen in den Verhältnissen, sowie Änderungen in der bloßen Auffassung von solchen können dahin führen, daß Verhältnisse, welche bis dahin als Privatverhältnisse behandelt worden waren, jetzt, weil nach der zur Herrschaft gelangten Auffassung gemeinsame Interessen als direkt und in bedeutsamer Weise** beteiligt erscheinen, als öffentlich-rechtliche Verhältnisse normiert werden, oder auch umgekehrt, daß bisherige öffentlich-rechtliche Verhältnisse unter die Herrschaft des Privatrechts gerückt werden.

§ 96.

So sind die Gegenwirkungen gegen zahlreiche Verbrechen, z. B. gegen Diebstähle, bei vielen Völkern zuerst im Sinne des Privatrechts, erst später im Sinne des öffentlichen Rechts geregelt worden. Die Gesamtheit sah sich hier zuerst nicht als direkt beteiligt, und die verletzten Privaten als die natürlichen und allein berufenen Sachwalter der in Frage stehenden Interessen an, während sie gegenwärtig sich selbst als unmittelbar in ihren Interessen getroffen und als den Hauptinteressenten bei der Bestrafung des Verbrechers betrachtet (§ 291 ff.).

§ 97.

Umgekehrt ist bei vielen Völkern die Bebauung des Bodens in bestimmten Perioden im Sinne einer gemeinsamen Angelegenheit, und also den Grundsätzen des öffentlichen Rechts gemäß, geregelt gewesen, später aber dem privaten Betrieb überlassen und unter die Herrschaft privatrechtlicher Grundsätze gezogen worden.

Vgl. in betreff der Relativität des Gegensatzes zwischen Privat- und öffentlichem Recht auch die §§ 195 f., 252—59, 281, 287 ff., 305 f.

§ 98.

Die Teile des öffentlichen Rechts — Staatsrecht, Strafrecht, Prozeßrecht, Kirchenrecht —, sowie diejenigen des Privatrechts — Vermögensrecht, Familienrecht — werden im besonderen Teile charakterisiert werden.

2. Ergänzendes und zwingendes Recht.

§ 99.

Man unterscheidet Rechtssätze, welche diejenigen, deren Verhältnisse sie ordnen, nur binden wollen, sofern dieselben nichts Abweichendes vereinbaren — „ergänzende“ Rechtssätze, „jus dispositivum“, und

Rechtssätze, welche unbedingt zur Anwendung kommen wollen — „zwingendes Recht“, „jus cogens“ in dem engeren Sinne dieser Worte.

Das Privatrecht besteht dem vorher bezeichneten Charakter gemäß vorzugsweise aus „ergänzenden" Rechtssätzen, das öffentliche Recht wesentlich aus jus cogens.

Die meisten auf Kauf, Tausch, Miete und andere auf die Vermögensverhältnisse bezüglichen Rechtsbestimmungen sind ergänzender Natur. Beispiele in dem Abschnitt über den Kauf im Privatrechte. — Übrigens fällt diese Einteilung keineswegs vollkommen mit der unter 1 besprochenen Unterscheidung von Privatrecht und öffentlichem Recht zusammen. Speziell fordern nicht wenige Privatrechtssätze eine unbedingte Anwendung, indem sie den beteiligten Individuen einen Schutz unabhängig von ihrer eigenen Einsicht und ihrem Willen gewähren wollen. Hierher gehört z. B. der Grundsatz, welcher demjenigen einen Anspruch auf Schadensersatz zuerkennt, der von einem anderen böswillig und rechtswidrig geschädigt wird.

3. Gebietendes und erlaubendes Recht.

§ 100.

In der wörtlichen Fassung der Rechtssätze tritt häufig die gebietende, häufig auch die gewährleistende, Befugnisse begründende, Funktion des Rechts einseitig hervor.[1]) Man hat mit Rücksicht hierauf „gebietende" und „erlaubende" Rechtssätze unterschieden.

Wo hier nicht eine Zufälligkeit der Ausdrucksweise vorliegt,[2]) hat die einseitige Fassung ihren Grund darin, daß in der einen oder anderen Richtung das dringlichere Interesse an der Klarstellung des dem Rechte Gemäßen besteht.[3]) Oder auch darin, daß ein Rechtsverhältnis sich kürzer und einfacher durch die Bezeichnung der zu gewährenden Befugnisse als durch diejenige der korrespondierenden Pflichten, oder umgekehrt leichter durch die Bezeichnung der Pflichten charakterisieren läßt.[4])

Ein Gegensatz bezüglich des Inhalts der Rechtssätze ist hier also in Wahrheit nicht vorhanden.

1. Häufig auch weder das eine noch das andere; es wird einfach der entscheidende Vorgang, durch welchen die Befugnis auf der einen Seite, die Beschränkung auf der andern zur Erscheinung gelangt, beschrieben. Ein Beispiel: „die Beleidigung wird mit Geldstrafe . . . bestraft".

2. Häufig kann man die gebietende Form in eine erlaubende (zuerkennende) umwandeln, oder die erlaubende in eine gebietende, ohne daß dies irgend eine Bedeutung hätte. Z. B. statt: „dem Auslande gegenüber haben alle Deutschen gleichmäßig Anspruch auf den Schutz des Reiches", könnte man ebenso gut sagen: „dem Auslande gegenüber ist allen Deutschen der Schutz des Reiches gleichmäßig zu gewähren".

3. Man denke an die Auferlegung von Steuern, an die Verpflichtung desjenigen, der fremde Sachen unbefugt zerstört, dem Eigentümer Ersatz zu leisten, an polizeiliche Beschränkungen des Straßenverkehrs, des Verkaufs von Gift 2c. Hier überall kommt es vor allem darauf an, denjenigen, welchen Beschränkungen auferlegt werden, dies zu wissen zu thun.

4. Beispiele: „dem Kaiser steht es zu, den Bundesrat und den Reichstag zu berufen". „Der Reichstag hat das Recht . . . Gesetze vorzuschlagen". Wollte man hier die Form des Zuerkennens durch die Form von Geboten ersetzen, also die den Befugnissen korrespondierenden Pflichten beschreiben, so würde dies zu großen Weitläufigkeiten und resp. stilistischen Sonderbarkeiten führen. Außerdem macht sich hier der zuvor bezeichnete Gesichtspunkt geltend. — Noch sei bemerkt, daß die Form des Erlaubens häufig dort angewendet wird, wo man besonders hervorheben will, daß ein Verbot sich auf bestimmte Fälle nicht erstrecke. Es subsumiert sich dies entweder dem ad 3 oder dem ad 4 erwähnten Gesichtspunkte.

Elemente § 4 Z. 4.

III. Einteilungen mit Rücksicht auf die Entstehungsformen.

§ 101.

Mit Rücksicht auf die Entstehungs- und bzw. Erscheinungsformen der Rechtssätze unterscheidet man „Gesetzesrecht", „Gewohnheitsrecht" 2c. Hierüber Spezielleres im nächsten Abschnitt.

Es handelt sich hierbei nicht bloß, wie angenommen zu werden pflegt, um eine verschiedene Entstehungsweise. Vielmehr entsprechen der verschiedenen Entstehung Verschiedenheiten der Merkmale, an welchen wir das Vorhandensein der Normen und ihre Eigenschaft, verbindliche Rechtsnormen zu sein, erkennen. So besteht der im Wege der Gesetzgebung entstandene Rechtssatz in der Form des Gesetzes fort, und diese Form ist bestimmend für die Art seiner Auslegung (s. § 104).

Dritter Abschnitt.

Seine Entstehung.

I. Entstehungsformen (Lehre von den „Rechtsquellen").

§ 102.

Die normale Weise, in welcher im heutigen Rechtsleben Rechtssätze zur Entstehung kommen, ist die der Gesetzgebung.

In ihr äußert sich der in der Gemeinschaft herrschende Wille mittelst besonderer Organe und in bestimmten Formen nach Maßgabe der in der Gemeinschaft bestehenden Verfassung.

Zur Lehre von den Rechtsquellen überhaupt vgl. Savigny, Vom Beruf unserer Zeit zur Gesetzgebung und Rechtswissenschaft 14. Derselbe, System des heutigen römischen Rechts, I. Bluhme, Übersicht der in Deutschland geltenden Rechtsquellen, 2. A., 54 (1. Teil der in § 2 zit. Encyclopädie). Adikes, Zur Lehre von den Rechtsquellen 72. E. Meier, Die Rechtsbildung in Staat und Kirche 61. Sturm, Recht und Rechtsquellen 83. Kohler, in Grünhuts Ztschr. 86. A. S. Schultze, Privatrecht und Prozeß in ihrer Wechselbeziehung. Zugleich ein Beitrag zur Lehre von den Rechtsquellen, insbesondere zur Lehre vom sogenannten Gewohnheitsrecht. — Zur Lehre von der Gesetzgebung Laband, Staatsrecht des Deutschen Reichs, I § 54 ff. Hinsichtlich der Analogie und des Gewohnheitsrechts s. unten. — Über Gesetzgebung s. auch § 417 f.

§ 103.

Zu diesen Formen gehört überall eine Aufzeichnung und Kundbarmachung des Rechtssatzes.

Das so entstandene Recht — das Gesetzesrecht — ist daher seiner wesentlichen Erscheinungsform nach „geschriebenes Recht" (jus scriptum).

§ 104.

Aus dem gesagten folgt:

1. Nur das ist Gesetz oder ein Bestandteil eines solchen, was in einer verfassungsmäßig zu Stande gekommenen und publizierten Urkunde einen, gleichviel ob vollkommenen oder unvollkommenen, Ausdruck gefunden hat.

2. Was der Wortlaut der publizierten Urkunde an die Hand giebt, ist nur unter der Voraussetzung Gesetz, daß es der Willensmeinung des Gesetzgebers zum Ausdruck dient, nicht etwa aus bloßem Versehen in die Urkunde gelangt ist.

Wir können an den Gesetzen wie an allen Rechtsbestimmungen eine äußere und eine innere Seite, corpus und animus unterscheiden. Fehlt eines dieser Momente, so ist kein Gesetz vorhanden. Hiernach ist u. a. die Bedeutung der bei der Redaktion von Gesetzen vorkommenden Versehen zu beurteilen.

Zu unterscheiden von dem Falle, wo die Willensmeinung des Gesetzgebers keinen Ausdruck gefunden hat, oder der vorliegende Wortlaut nicht gewollt war, ist der andre, wo das gewollte und richtig zum Ausdruck gebrachte in der Anwendung Konsequenzen hervortreten läßt, welche nicht vorgesehen waren, oder in seinen Wirkungen den Voraussetzungen, Wünschen und Endabsichten des Gesetzgebers nicht entspricht. Derartige Mängel schließen das Vorhandensein eines verbindlichen Gesetzes nicht aus, sondern enthalten nur ein Motiv für den Gesetzgeber zur Korrektur seiner Arbeit. Merkel, im Handbuch des deutschen Strafrechts, herausg. von v. Holtzendorf II, 65 ff. IV, 73 ff., die Litt. zu § 348.

§ 105.

Die gesetzgeberische Thätigkeit bringt aber zugleich Rechtssätze zur Entstehung, welche nicht selbst Bestandteile eines Gesetzes sind, und bezüglich welcher die aufgestellten Sätze keine Geltung haben, Rechtssätze, für deren Existenz nicht der Inhalt der gesetzgeberischen Willensäußerungen, sondern deren Voraussetzungen entscheidend sind.

Merkel, l. c. Jhering, Geist des römischen Rechts I (3. A.) S. 28 ff., II (3. A.) S. 334 ff. v. Wächter, Über Gesetzes- und Rechtsanalogie im Strafrechte, im Archiv des Strafrechts 1844, S. 413, 535. Binding, Die Normen I § 11. Sohm, Institutionen des römischen Rechts, § 7 f.

§ 106.

Eine gesetzliche Bestimmung nämlich stellt sich, logisch betrachtet, als eine Anwendung eines allgemeineren, als giltig vorausgesetzten, Urteils auf besondere Verhältnisse dar. Dieses allgemeinere Urteil nun — der Obersatz in dem Syllogismus, welcher jener Bestimmung zu Grund liegt — nimmt unter gewissen Bedingungen selbst die Bedeutung eines Rechtssatzes bzw. einer Quelle von Rechtssätzen in Anspruch.

§ 107.

Ein Beispiel! Die Unterscheidung von Mord und Totschlag im deutschen Strafgesetzbuch (s. § 759) enthält eine Anwendung des allgemeineren Urteils, daß das mit Ueberlegung ausgeführte Delikt unter sonst gleichen Voraussetzungen eine höhere Strafbarkeit begründe, als das ohne Überlegung (in heftiger Gemüthserregung) ausgeführte. Dies Urteil ist in seiner Allgemeinheit zu keinem gesetzlichen Ausdruck gelangt; gleichwohl wird ihm eine allgemeine Bedeutung zuerkannt, und das hervorgehobene Moment demgemäß auch bei Deliktsarten berücksichtigt, bei welchen der Gesetzgeber seiner nicht gedenkt, sofern nur das gesetzliche Strafmaß dafür Spielraum läßt.

§ 108.

Man spricht hier von einer „analogen Anwendung" derjenigen Bestimmungen, in welchen jenes allgemeinere Urteil zur Anwendung gelangt ist, also in unserem Beispiele von einer analogen Anwendung der Bestimmungen über Mord und Totschlag.

§ 109.

Diese analoge Anwendung gegebener Gesetze ist jedoch nur insoweit zulässig, als nicht der Inhalt oder die Voraussetzungen anderweitiger Gesetze sich entgegenstellen, daher nur mit Beziehung auf Verhältnisse, die nicht in andrer Weise bereits durch das Recht okkupiert sind, und bezüglich welcher sich ohne sie eine Lücke im Rechtssysteme herausstellen würde.

§ 110.

Z. B. sind dem allgemeinen Urteil, welches dem Strafgesetze über vorsätzliche und rechtswidrige Beschädigung fremder Sachen zu Grund liegt, auch gewisse andre Arten vorsätzlicher und rechtswidriger Beschädigung eines fremden Vermögens zu subsumieren, und es würden demgemäß die Bedingungen einer analogen Anwendung jenes Gesetzes auf diese anderen Beschädigungsarten vorliegen, wenn nicht der wichtige Grundsatz des geltenden Rechts sich entgegenstellte, daß nur solche Handlungen bestraft werden dürfen, welche der Inhalt eines Gesetzes für strafbar erklärt.

§ 111.

Die Rechtssätze, welche in dieser Form einer analogen Anwendung gegebener Gesetze wirksam werden, leiten ihre positive Giltigkeit aus allgemeinen, gesetzlich oder gewohnheitsrechtlich sanktionierten Grundsätzen her. Wo ein besonderer, diese Giltigkeit statuierender Rechtssatz nicht vorhanden ist, da ergiebt sie sich aus den Grundsätzen, welche für die Stellung der Gerichte zum objektiven Rechte bestimmend sind, und nach welchen diese die Entscheidung von Rechtsfragen nicht mit Berufung auf Lücken im Inhalte der Gesetzgebung ablehnen dürfen, den Maßstab für die Entscheidung dieser Fragen aber soweit immer möglich dem geltenden Rechte entnehmen sollen. Diesen Maßstab vermögen sie, wo der Inhalt der Gesetze versagt, auf dem bezeichneten Wege zu gewinnen.

§ 112.

Rechtssätze können sich ferner bilden und bildeten sich in älterer Zeit zumeist in der Form des Herkommens, d. i. in der Form einer konstanten und übereinstimmenden Befolgung einer Regel, worin die Thatsache ihrer verpflichtenden Kraft zum Vorschein kommt.

§ 113.

Ein solches Herkommen erhebt sich zum Recht, sobald die Merkmale an ihm hervortreten, welche als für die Wirksamkeit des Rechts charakteristisch bezeichnet worden sind, speziell sobald es als eine verbindliche Norm für gerichtliche Entscheidungen angerufen werden kann.

Dies ist das „Gewohnheitsrecht“.

Das formale Merkmal des Rechts (§ 79) wird hier stets in der hervorgehobenen Weise zur Verwirklichung kommen. Wo aber dieses gegeben ist, da sind auch die sachlichen Merkmale des Rechts (§ 71 ff.) vorhanden.

Puchta, Das Gewohnheitsrecht 28/37, Zitelmann, Gewohnheitsrecht und Irrtum, im Archiv f. d. civil. Praxis Bd. 56, 323, Eisele, l. c. 69, 298. G. Rümelin, Jher. Jahrb. 27, 225. Schuppe, Das Gewohnheitsrecht (hierzu Merkel, Sammlung S. 648). Brie, Lehre vom Gewohnheitsr. I, 99. Bruno Schmidt, D. Gewohnheitsr. als Form des Gemeinwillens 99.

§ 114.

Die Bedeutung einer verbindlichen Norm für gerichtliche Entscheidungen kann einer Regel des Herkommens durch ein Gesetz, sowie durch die Macht des Herkommens und der in ihm wirksamen Ueberzeugungen selbst zuerkannt sein.

Die Unterscheidung zwischen Gewohnheitsrecht und bloßem Herkommen oder bloßer Sitte hat eine praktische Bedeutung wesentlich nur bezüglich der Frage, ob betreffende Regeln eine bindende Richtschnur für gerichtliche Entscheidungen enthalten. Wenn zu Gunsten des Herkommens: Trinkgelder zu geben, die Gerichte angerufen werden könnten, so wäre dies Herkommen Recht.

Die erwähnte Frage aber kann ihre Beantwortung in der doppelten Weise finden, welche im Texte bezeichnet ist.

Es gab Zeiten in Deutschland und in anderen Ländern, wo nur dürftige Bruchstücke des Rechts in der Form der Gesetzgebung existierten, während das Herkommen in der Hauptsache die das Leben beherrschende Macht war. Niemand zweifelte hier, daß gewisse Teile dieses Herkommens auch für die Gerichte eine verbindliche Kraft besäßen, daß diese die betreffenden Regeln gegebenenfalls ihren Entscheidungen zu grund zu legen hätten. Soweit nun diese Überzeugung bestand und in einem entsprechenden Verhalten der Gerichte ihre verpflichtende Kraft bewährte, war das Herkommen Recht. Das Herkommen umfaßt in solchen Fällen die Anwendung bestimmter Regeln nicht bloß seitens derer, auf deren Verhältnisse sie ihrem Inhalte nach Bezug haben, sondern zugleich die Anwendung derselben seitens der Gerichte.

Das Gewohnheitsrecht ist seit lange ein Gegenstand zahlreicher Kontroversen. Während einige in ihm die vollkommenste Erscheinungsform des Rechts gegeben finden, bestreiten andere, daß es überhaupt als „Recht“

anzusehen sei. Die ersteren verkennen die Bedeutung der Thatsache, daß die fortschreitende Entwicklung und Verselbständigung des Rechts (den anderen ethischen Mächten gegenüber) überall zu einer Zurückdrängung des Gewohnheitsrechts durch das Gesetzesrecht geführt hat, die letzteren die Bedeutung der Thatsache, daß bei vielen, vermutlich bei allen, Völkern während langer Zeiträume das Gemeinleben beherrschende und für das Verhalten der Organe der Gemeinschaft bestimmende Normen beinahe nur oder auch ausschließlich in der Form des Gewohnheitsrechts existiert haben. Will man dieses als Recht nicht gelten lassen, so fragt es sich, ob man auch das von ihnen beherrschte Rechtsleben nicht als Rechtsleben, die aus ihnen sich herleitenden subjektiven Rechte nicht als Rechte gelten lassen will? Ob man etwa für jene Perioden die Existenz von Rechtsverhältnissen, subjektiven Rechten und Rechtsverbindlichkeiten, außer den durch gerichtliche Urteile festgestellten, überhaupt leugnet?!

Wahr ist nur, daß das Emporkommen des Gesetzesrechts u. a. die Bedeutung der Erreichung einer höheren Stufe der „Positivierung" des Rechts, d. i. der Ausbildung seiner technischen Seite und überhaupt derjenigen Momente, welche dem Rechte den anderen ethischen Mächten gegenüber eigentümlich sind, besitzt. —

Einige endlich nehmen an, daß die Normen des Gewohnheitsrechts den Charakter verpflichtender Rechtsnormen überall nur auf Grund einer gesetzlichen oder sonstwie bestimmten obrigkeitlichen Anerkennung besäßen und besitzen könnten. Aber auch diese Ansicht verträgt sich nicht mit dem geschichtlichen Thatbestande. Abgesehen davon, daß in der Beherrschung des Rechtslebens das Gewohnheitsrecht im allgemeinen dem Gesetzesrechte vorangeht, fehlt es an geschichtlichen Zeugnissen dafür, daß die verbindliche Kraft des Gewohnheitsrechts von den Völkern, bevor bei ihnen umfassende Gesetzeswerke zur Entstehung gelangten, irgendwo aus Akten der Gesetzgebung oder obrigkeitlicher Anerkennung hergeleitet worden sei. Vielmehr ist das normale Verhältnis zwischen der Autorität der Obrigkeiten und derjenigen des Herkommens von Haus aus dieses, daß die Abhängigkeit auf seiten der ersteren, nicht der letzteren, besteht.

Auch für das heutige Rechtsleben ist diese Theorie nur mittelst einer, keine Begründung enthaltenden, Fiktion zu vertreten.

Im übrigen ist hinsichtlich der Theorie des Gewohnheitsrechts die Auseinanderhaltung der folgenden Fragen wichtig: 1. Was ist und wie entsteht das Herkommen? 2. Welche Merkmale müssen zu demselben hinzukommen, damit es als Gewohnheitsrecht erscheine? 3. Was ist und worin begründet sich die verpflichtende Kraft des Herkommens und des Gewohnheitsrechts? Die Fragen sub 1 mögen hier auf sich beruhen. Die zweite Frage hat im Texte ihre Beantwortung gefunden. Wir erkennen das Recht an seinen Funktionen. Ein Herkommen, welches die Lebensverhältnisse in der Weise des Rechts beeinflußt, aus welchem Befugnisse und Pflichten derselben Art, wie sie aus Gesetzen entspringen, sich herleiten, ist Recht. Dies aber ist überall der Fall, wo es jemandem Befugnisse oder Ansprüche zuerkennt, bezüglich welcher die Gerichte angerufen werden können. ad 3 ist zu bemerken, daß bezüglich der verpflichtenden Kraft des Gewohnheitsrechts alles gelte, was oben über die verpflichtende Kraft des Rechts überhaupt ausgeführt worden ist. Die verpflichtende Kraft des Herkommens aber ist der letzteren verwandt; sie erfährt nur bei der Erhebung des Herkommens zu Gewohnheitsrecht eine Steigerung.

§ 115.

Wie jene Anrufung des Herkommens und die Berücksichtigung desselben seitens der Gerichte durch ein Gesetz gutgeheißen und bezw. geboten werden kann, so kann sie auch durch ein solches überhaupt oder für bestimmte Rechtsgebiete ausgeschlossen werden. Das letztere geschieht im modernen Staate häufig, in welchem die Form des Gewohnheitsrechts überhaupt ihre Bedeutung für die Fortbildung des Rechts mehr und mehr eingebüßt hat.

Man hat gegen jene Ausschließung des Gewohnheitsrechts prinzipielle Bedenken geltend gemacht, die gleiche Verbindlichkeit von Gewohnheitsrecht und Gesetzesrecht angerufen. Allein mit Unrecht. Es kann dem in der Gemeinschaft zuhöchst maßgebenden Willen nicht verwehrt sein, die Formen im voraus zu bezeichnen, in welchen er Rechtssätze produzieren will, und für seine Organe festzustellen, unter welchen Voraussetzungen sie eine Norm als für sie verbindlich anzusehen haben und bezw. ansehen dürfen. Schließt er hierbei das Herkommen aus, so ist damit ein Hemmnis für die Erhebung des letzteren zu Gewohnheitsrecht geschaffen — insolange als das betreffende Gesetz seine Geltung behauptet und nicht etwa selbst der Macht des Herkommens erliegt.

§ 116.

Diese Beschränkung der Bedeutung des Gewohnheitsrechts in moderner Zeit steht im Zusammenhange mit einer Erhöhung der Macht und Ausbildung der staatlichen Organisation. Die letztere Thatsache findet einen Ausdruck darin, daß der in der Gemeinschaft maßgebende Wille sich normaler Weise mittelst jener von ihm hierzu geschaffenen Organisation in den im voraus von ihm festgestellten Formen bethätigt. Ein Wiederhervortreten des Gewohnheitsrechts in unserem Gemeinleben würde ein Zurücksinken des letzteren auf eine niedrigere Organisationsstufe anzeigen.

Über das geschichtliche Verhältnis von Gesetzesrecht und Gewohnheitsrecht vgl. Jhering, Geist des römischen Rechts II, § 25.

§ 117.

Wo eine den Richter bindende, auf einen gegebenen Fall anwendbare Rechtsnorm nicht vorhanden ist, da sieht sich der Richter berufen, die seiner Entscheidung zu Grunde zu legende Norm direkt aus den allgemeinen Quellen des Rechts, (denselben, aus welchen der Gesetzgeber schöpft), zu entnehmen.

Die betreffende Norm erlangt durch die richterliche Entscheidung dem einzelnen Fall und zunächst nur diesem gegenüber die Bedeutung einer Rechtsnorm.

§ 118.

Wird aber die gleiche Norm in konstanter Weise richterlichen Entscheidungen zu Grunde gelegt, so ist ein „Gerichtsgebrauch“ vorhanden, der die Bedeutung des Gewohnheitsrechts erlangen, oder auch durch Gesetz eine verpflichtende Bedeutung pro futuro beigelegt erhalten kann.

§ 119.

Im modernen Staate ist für die bezeichnete schöpferische Thätigkeit der Gerichte nur ein geringer Spielraum gegeben. Dieselben sehen sich hier einem ausgebildeten, in umfassenden Gesetzeswerken (Kodifikationen) fixierten Rechte gegenüber, dessen Fortbildung dem Gesetzgeber, nicht ihnen zufällt. Sie sind Organe der Anwendung, nicht der „Setzung“ (Schaffung) der Rechtssätze.

Diese scharfe Scheidung von Rechtssetzung und Rechtsanwendung, und die Beschränkung der Gerichte auf die letztere, welche eine wichtige Seite des geschichtlichen Fortschritts in unserem Gebiete bezeichnet, setzt eine hohe Entwicklung des objektiven Rechts und der staatlichen Einrichtungen, speziell das Vorhandensein eines Gesetzgebers voraus, der befähigt und bereit ist, dem etwa hervortretenden Bedürfnis einer Vervollständigung oder Reform des geltenden Rechts zu entsprechen. Wo diese Bedingungen fehlen, da erscheinen die Gerichte als berufen, neben der Anwendung des geltenden Rechts zugleich in weiterem oder engerem Umfange die Vervollständigung und Reform desselben zu übernehmen. Sie haben hier erforderlichenfalls die ihren Entscheidungen zu Grund zu legenden Regeln sich erst zu bilden. Diese aber gewinnen durch jede Entscheidung, für welche sie maßgebend waren, eine höhere Bedeutung, und erlangen auf solchem Wege leicht die Kraft eines auch die Gerichte selbst bindenden Gewohnheitsrechts. In solchen Fällen geht der Schaffung des Rechtssatzes die Anwendung der in ihm enthaltenen Regel voran; oder, anders ausgedrückt, das (vom Richter geschaffene) „jus in hypothesi“ ist hier früher als das „jus in thesi“. Die Entscheidung konkreter Rechtsfragen bezeichnet hier den Weg der Bildung des abstrakten Rechts, und der Richter ist in beiderlei Beziehung das vornehmste Werkzeug der Rechtsbildung, die „viva vox juris“. Die deutsche Rechtsgeschichte enthält hierfür ebenso wie die römische bedeutsame Belege.

§ 120.

Auch heute indessen findet die gesetzgeberische Thätigkeit eine beständige Ergänzung durch die richterliche. Die Anwendung des durch die erstere geschaffenen Rechts in der Form dieser letzteren geht nicht spurlos an dem Rechte selbst vorüber, vielmehr gewinnt dasselbe vielfach erst durch die richterliche Wirksamkeit die ihm zukommende Bestimmtheit, sowie, u. a. in der Form der analogen Anwendung (§ 105 ff.), die volle Entfaltung seines Inhaltes. Hierauf und auf die Stellung der Wissenschaft hierzu ist im 3. Kapitel des allgemeinen Teils näher einzugehen.

§ 121.

Auch aus Vereinbarungen — Verträgen zwischen selbständigen und von einander unabhängigen Subjekten, insbesondere zwischen Staaten, — können Rechtssätze hervorgehen.

Beispiele bieten die internationalen Verträge, aus welchen der ehemalige Deutsche Bund mit seinem Rechte hervorging (s. das Staatsrecht), diejenigen, welche für die Zeit eines Krieges die Rechte der neutralen Mächte näher bestimmt haben 2c

Zu unterscheiden ist hier die Giltigkeit der betreffenden Rechtssätze für die Angehörigen der betreffenden Staaten einerseits, für die vertragschließenden Staaten selbst andererseits. Für die erstgenannten ist die Publikation der Verträge durch die gesetzgebende Gewalt der betreffenden Staaten maßgebend. Für diese Staaten selbst dagegen die verbindliche Kraft der zwischen ihnen geschlossenen Verträge. Diese bilden daher die Entstehungsform oder Quelle der erwähnten Rechtssätze, soweit deren Existenz für die Staaten in Frage kommt.

Die verpflichtende Kraft der Verträge setzt natürlich ihrerseits die Existenz einer Norm voraus, aus welcher sie sich herleitet. Diese Norm kann hier, da über den Staaten keine gesetzgebende Gewalt existiert, nur gewohnheitsrechtlicher Natur sein.

E. Meier, Über den Abschluß von Staatsverträgen 74. Jellinek, Über die Gültigkeit von Staatsverträgen 80. Nippold, Der völkerrechtl. Vertrag 94. Laband, Staatsrecht des D. Reichs I § 60 ff.— S. § 857.

II. Beteiligte Faktoren.

§ 122.

Das Leben der Menschheit schließt in allen Gebieten Keime von Zwietracht und ein thatsächliches Gegeneinanderwirken von Parteien, Individuen, Gesellschaftsklassen 2c. in sich ein, wovon der letzte Grund in der Verschiedenheit der Menschen sowie der Bedingungen liegt, unter welchen sie sich zu behaupten, zu entwickeln und das Leben ihrer Eigenart entsprechend zu gestalten vermögen (vgl. § 40).

Aus den verschiedenen Kategorien wissenschaftlicher Arbeiten, welche auf die sub II und III behandelten Materien Bezug haben, seien die folgenden als Repräsentanten hervorgehoben: A. Merkel, Über den Begriff der Entwicklung in seiner Anwendung auf Recht und Gesellschaft, in Grünhuts Zeitschr. III S. 626, IV S. 1 (aufgenommen in die „Fragmente zur Sozialwissenschaft", aus dem Nachlaß herausg. v. R. Merkel 98, S. 45; s. auch l. c. S. 36 ff.); — Recht und Macht (s. § 40). Jhering, Geist des römischen Rechts. — Zweck im Recht. — Der Kampf ums Recht, 10. A. 91. — Vorgeschichte der Indoeuropäer (aus dem Nachlaß herausg. 94). Merkel, R. v. Jhering, in Jher. Jahrb. XXXII, 93 (Sammlung S. 733.) Gierke, Das deutsche Genossenschaftsrecht 68 ff. Stammler, Wirtschaft und Recht 96. W. Arnold, Kultur und Rechtsleben 65; — Kultur und Recht der Römer 68. Bernhöft, Staat und Recht der röm. Königszeit im Verh. zu verwandten Rechten 82. Leist, Gräko-italische Rechtsgeschichte 84. A. H. Post, Bausteine f. eine allgem. Rechtswissenschaft auf vergleichend ethnolog. Basis 80 f. — Ursprung des Rechts 76. Anfänge des Staats- und Rechtslebens 78. — Die Grundlagen des Rechts u. d. Grundzüge s. Entwicklungsgeschichte 84. — Aufgaben e. allgem. Rechtswissenschaft 91. Grundriß d. ethnolog. Jurisprudenz 94. Harum, Von d. Entstehung d. Rechts 63. Tylor, Anfänge der Kultur. Aus dem Englischen von Spengel, Leipzig 75. Lotze, Mikrokosmus, Ideen zur Naturgeschichte und Geschichte der Menschheit, III 78. A. Comte, Cours de philosophie positive, VI 42. Laurent, Études sur l'histoire de l'humanité, Paris 51 ff. Maine, Ancient law, 11. ed. 87. Kohler, Shakespeare vor dem Forum der Jurisprudenz 84. Roscher, Gesch. d. deutschen Nationalökonomik 74. Knies, Die politische Ökonomie, 2. A. 83. Schäffle, Bau und Leben des sozialen Körpers 75 ff. Zeitschr. für vergleichende Rechtswissenschaft, herausg. v. Bernhöft u. a. seit 77.

§ 123.

Ueberall aber, wo Menschen in konstanten Verhältnissen sich berühren, da regen sich auch Kräfte und treten Bestrebungen hervor, welche auf die Vermeidung oder Schlichtung von Konflikten, auf die Erhebung gemeinsamer Autoritäten, auf die Ausbildung und Handhabung außerparteilicher Maßstäbe für die Entscheidung der hervortretenden Grenz- und Streitfragen, und auf die Herstellung und Behauptung neutraler geistiger Gebiete gerichtet sind.

§ 124.

Ihre Kraft schöpfen diese Bestrebungen aus den mit dem Streite verbundenen Übeln, sowie aus der Ergänzungsbedürftigkeit der menschlichen Persönlichkeit, welche die Bedingungen zuerst ihrer Entwicklung zu vollem Menschentume, dann der Befriedigung der höchsten Interessen des entwickelten Menschen nur in dem Zusammenhange eines befriedeten und einheitlichen Gemeinlebens findet.

§ 125.

Eine uralte Macht, welche, von den bezeichneten Kräften und Bestrebungen abhängig, eine Wirksamkeit im Sinne derselben äußert, ist das Herkommen oder die Sitte. Ihr beherrschender Einfluß stützt sich ursprünglich auf die Autorität der Vorfahren, sowie der zu Repräsentanten und Hütern der Sitte sich erhebenden Götter, und zu allen Zeiten auf die Gewohnheit.

§ 126.

Von der Sitte zweigen sich im Sinne einer eigentümlichen Ausbildung bestimmter Elemente derselben einerseits Religion und Moral, andererseits das Recht ab.

Jene repräsentieren eine eigentümliche Entwicklung vornehmlich in Bezug auf den Inhalt der aufgestellten Normen, dieses eine solche vornehmlich in Bezug auf die Formen, in welchen dieselben sich bilden und wirksam werden (§ 69 ff.).

Diese letztere Entwicklung steht im engsten Zusammenhange mit der Ausbildung der staatlichen Organisation und vornehmlich des staatlichen Richteramtes (§§ 64, 79, 112 ff.).

§ 127.

Nach der Seite seines Inhaltes verharrt das Recht unter dem Einfluß heterogener Interessen nnd Mächte und dem zwischen ihnen bestehenden Widerstreite (§§ 40, 121, 122).

Ein dahin gehöriger Gegensatz sei hier spezieller hervorgehoben.

§ 128.

Das Recht steht überall einerseits unter dem Einfluß eines Willens, welchem Herkommen, Glaube, die bestehende Verfassung oder überlegene Macht eine höhere Geltung sichern, und ohne welchen die aus den bestehenden Gegensätzen erwachsenden Hemmungen nur im Wege stets erneuter Kämpfe überwunden werden könnten. Mit Rücksicht hierauf können wir von einem „autoritären" Element alles Rechtes sprechen.

§ 129.

Das Recht steht andererseits unter dem Einfluß der von ihm Beherrschten, welcher in der Form des Vertrags, der Anerkennung oder Zustimmung, der Wahl von Mitgliedern eines gesetzgebenden Körpers, oder in verwandten Formen sich äußert, einem Einflusse also, kraft dessen jener Inhalt von dem Willen derjenigen abhängt, deren Machtgebiete er begrenzt.

Mit Rücksicht auf denselben können wir von einem autonomen, oder, wenn wir uns an diejenige Form halten, in welcher dieser Einfluß seinen prägnantesten Ausdruck findet, von einem vertragsmäßigen Elemente im Rechte sprechen.

§ 130.

Bei verschiedenen Völkern zeigt das Recht in Bezug auf Inhalt und Formen seiner Wirksamkeit trotz der Gleichheit ihres Endzwecks zahlreiche und tiefgehende Verschiedenheiten.

Dieselben sind in der Hauptsache auf die im folgenden bestimmten Gründe zurückzuführen.

§ 131.

Erstlich übt die besondere Natur der äußeren Lebensbedingungen, unter welchen ein Volk existiert, überall einen weitreichenden Einfluß auf den Inhalt seines Rechts, weil auf die für denselben maßgebenden Interessen, Verhältnisse und Werturteile, aus.

U. a. hat ein vom Ackerbau lebendes, seßhaftes Volk notwendig in vielen Beziehungen anderes Recht als ein wanderndes Hirtenvolk.

§ 132.

Zweitens bedingt der Charakter eines Volkes im Zusammenhang mit seiner Geschichte und dem Ganzen seiner diesen Charakter ausprägenden Kultur Eigentümlichkeiten im Inhalte seines Rechts. Daher werden Türken oder Chinesen niemals ganz nach demselben Rechte leben wie Deutsche oder Franzosen.

§ 133.

Drittens prägt in Inhalt und Formen des Rechts die Stufe sich aus, welche das Volk in seiner Gesamtentwicklung und welche speziell das Recht selbst erreicht hat. (Hierüber Spezielleres sub III.)

III. Die Allgemeingeschichte des Rechts.

§ 134.

Das Recht höher entwickelter Völker hat Eigenschaften, welche dem Rechte minder entwickelter Völker fehlen. So zeigt das Recht der modernen „Kulturvölker" Merkmale, welche dem Recht der sog. Naturvölker fehlen.

§ 135.

Völker, welche im übrigen in Bezug auf die Entwicklungsstufe ihres Kulturlebens einander nahe stehen, können ein Recht von verschiedener spezifischer Ausbildung und Leistungsfähigkeit besitzen.

So erreichte das Recht des römischen Volks eine höhere Stufe solcher Befähigung, als das Recht der griechischen Stämme.

§ 136.

Der Fortschritt von dem Rechte unentwickelter zu demjenigen hochentwickelter Völker und von einem unvollkommen ausgebildeten zu einem vollkommener ausgebildeten Rechte bezeichnet samt den ihn bedingenden und kausal mit ihm verbundenen Vorgängen den Inhalt der Allgemeingeschichte des Rechts.

Dieser Fortschritt ist nicht dahin zu deuten, daß das höher entwickelte Recht überall mehr und besseres für die gegebenen Verhältnisse leiste, als das unentwickelte Recht für die ihm vorliegenden Verhältnisse. Dieser Fortschritt enthält in wichtigen Beziehungen vielmehr nur eine Anpassung an kompliziertere Lebensverhältnisse. Die Lösung der dem Rechte gesetzten Aufgabe setzt diesen Verhältnissen gegenüber eine höhere Leistungsfähigkeit und ein höheres Maß absoluter Leistungen voraus, als sie einfacheren Verhältnissen gegenüber erforderlich sind, und mit Rücksicht auf die Steigerung jener können wir von einem Fortschritt sprechen, ohne damit die Frage zu entscheiden, ob relativ mehr oder nur das Gleiche für ein gegebenes Gemeinleben geleistet werde. — Vgl. Gierke, Über Jugend und Alter des Rechts, in der Deutschen Rundschau 79.

§ 137.

An diesem Fortschritte können wir unterscheiden:

1. eine äußere Seite, d. i. die Steigerung des Maßes (§ 136 Anm.) der für das Recht charakteristischen Leistungen für das Gesamtleben der Völker und gewissen damit theils als Bedingungen, theils als Folgen zusammenhängenden Veränderungen seiner äußeren Existenzformen. (§ 138 ff.)
2. eine innere Entwicklung, d. i. die Erhöhung des Wertes jener Leistungen unter dem Gesichtspunkte der Gerechtigkeit. (§ 142 ff.)

Die hier unterschiedenen Seiten des Fortschrittes im Rechte stehen in dem logischen und praktischen Verhältnis zu einander, welches bezüglich der Zweckmäßigkeit und Gerechtigkeit des Rechts oben dargelegt worden ist (§ 24 ff.).

§ 138.

ad 1. Zu jener äußeren Seite des Fortschritts gehört:

a) die Erweiterung des Bereichs der Verhältnisse, welche im Neben- und Nacheinander des gesellschaftlichen Lebens einer rechtlichen Ordnung teilhaft, zu Rechtsverhältnissen erhoben werden. Ein Beispiel giebt die langsam vorschreitende Ausdehnung jenes Bereichs auf die internationalen Verhältnisse.

* Die Verhältnisse eines Staates und der Angehörigen dieses Staates zu den demselben fremden Individuen sind einer Ordnung im Sinne des Rechts in umfassenderer Weise erst innerhalb der christlichen Zeitrechnung teilhaft geworden. Die Verhältnisse von Staat zu Staat haben ein gleiches Ziel im ganzen später noch als jene, zum Teile bis jetzt überhaupt nicht erreicht. Von Verhältnissen zwischen Angehörigen desselben Staates und resp. Volkes mögen die durch Mord, Raub und andere Missethaten begründeten hervorgehoben sein. — Vgl. das über den „Rechtsstaat" in § 410 sub a gesagte.

§ 139.

Zu jener äußeren Seite gehört ferner:

b) die Ausbildung der Funktionen, durch welche jene Verhältnisse die Eigenschaft von Rechtsverhältnissen erlangen, und was damit zusammenhängt, die Erhöhung der Bedeutung dieser Eigenschaft.

§ 140.

Unter den sub b in § 139 aufgestellten Gesichtspunkt fällt:

in Betreff der Rechts s e t z u n g: Fortgang vom Gewohnheitsrecht zum Gesetzesrecht (§ 116), die Ausbildung des Systems der primären und sekundären Gesetze (§ 54 ff.), die Regelung der gesetzgeberischen Thätigkeit im Sinne einer Wahrung der Kontinuität des Rechtslebens;

in betreff der Rechts a n w e n d u n g: die Ausbildung des Gerichtswesens im Sinne des Grundsatzes, daß, wo Rechtsnormen vorhanden sind, auch die Möglichkeit der Anrufung eines Gerichts zum Behufe der Verwirklichung dieser Normen gegeben sein soll, im Sinne einer umfassenden Regelung des hierbei zu beobachtenden Verfahrens und im Sinne einer Erhöhung der Macht und Unabhängigkeit der Gerichte;

ferner die scharfe Sonderung der genannten Funktionen der Rechtssetzung einerseits, der richterlichen Rechtsanwendung andrerseits (§ 119);

sowie die Organisation des gegen Widerstrebende sich richtenden Zwangs zur Unterwerfung unter die Rechtsvorschriften und bzw. die auf Grund derselben ergehenden richterlichen Urteile und

als Konsequenz dieser Fortschritte die Verdrängung der Selbsthilfe durch die obrigkeitliche Rechtshilfe.

Die Bedeutung der Fortschritte, welche unter diesen Gesichtspunkt fallen, kann man sich veranschaulichen, wenn man das Völkerrecht mit dem innerstaatlichen Rechte, speziell mit Privatrecht und Zivilprozeß vergleicht. S. die bezüglichen Kapitel. Vgl. auch § 318 ff., § 410 sub b.

§ 141.

Mit der charakterisierten Seite des Fortschritts steht in Zusammenhang:

das Emporkommen eines besonderen Juristenstandes als berufenen Interpreten des Rechts und hauptsächlichsten Trägers seiner Fortbildung, und

die Entwickelung der Rechtswissenschaft.

§ 142.

ad 2. Mit der sub 1 charakterisierten Entwicklung ist diejenige der ethischen Seite des Rechts aufs engste verbunden.

Sie enthält a) eine Annäherung an das überall vorschwebende Ideal, nach welchem das Recht sich als eine den bestehenden Gegensätzen an sich fremde, den Beteiligten aber befreundete Macht erweisen und einen Maßstab zur Anwendung bringen soll, welcher mit dem, was jenen in faktischer und ethischer Beziehung als Wahrheit gilt, im Einklang steht und so eine gleichmäßige Giltigkeit für sie in Anspruch nimmt,

b) eine Entwickelung des als Wahrheit Geltenden und vom Rechte als Wahrheit Vorausgesetzten in einer Richtung, welche, an dem Maße der Einsichten und Überzeugungen der höchststehenden Völker und Individuen gemessen, als eine Richtung des Fortschritts sich darstellt.

Hinsichtlich des ersteren Momentes mag auf die Behandlung hingewiesen werden, welche die unteren sozialen Schichten zu verschiedener Zeit seitens des Rechts erfahren haben. — In nahem Zusammenhang mit demselben steht das in § 138 Bezeichnete. Die fortschreitende Ausdehnung des Bereichs der unter der Herrschaft des Rechts stehenden Lebensverhältnisse ist davon abhängig, daß in den Rechtsbestimmungen Anschauungen zum Ausdruck gelangen, zu welchen sich alle bekennen können. So konnte unter der Herrschaft des Römischen Rechts seinerzeit eine, viele Völker umfassende, Rechtsgemeinschaft sich nur bilden und Bestand gewinnen im Zusammenhang mit einer Umbildung dieses Rechts in der bezeichneten Richtung, d. i. mit einer Aufnahme und Durchführung allgemein verständlicher und einer allgemeinen Urteils- und Empfindungsweise im Bereiche der beteiligten Völker entsprechender Grundsätze. Vgl. § 144.

Hinsichtlich des zweiten Momentes ist vor allem die Geschichte des Strafrechts und der im Bereiche desselben sich geltend machenden Irrtümer (Gottesurteile, die Voraussetzungen bei Anwendung der Folter) und Verkehrtheiten (Verbrechen der Hexerei, der Beleidigung Gottes durch Ketzerei 2c.) zu beachten.

§ 143.

Dieser Fortschritt schließt eine Minderung der Bedeutung in sich, welche der Verteilung materieller Machtmittel unter denjenigen, deren Verhältnisse das Recht ordnet, sowie den Schwankungen in dieser Verteilung, der Erprobung einer Überlegenheit im Punkte dieser Machtmittel und den durch Anwendung derselben geschaffenen thatsächlichen Zuständen hinsichtlich der Frage, wie jene Verhältnisse rechtlich zu ordnen seien, zukommt. Das Recht wird in höherem Maße ein Hort der Schwachen.

Ein instruktives Beispiel giebt u. a. die Geschichte derjenigen Rechtsnormen, welche die Verhältnisse zwischen den beiden Geschlechtern betreffen. Ferner die Geschichte des Einflusses, welchen Ungleichheiten des Besitzes auf die Rechtsstellung der einzelnen äußerten. Man vergleiche ferner die Bedeutung, welche Entscheidungen im physischen Kampfe unter verschiedenen Völkern für die Gestaltung ihrer Rechtsverhältnisse besitzen, mit derjenigen, welche bloßen Machtkämpfen und Machtentscheidungen zwischen privaten Nachbarn innerhalb der Grenzen eines Kulturstaates zukommt. Vgl. die §§ 221—26, 241, 242, sowie das Völkerrecht. — Hinsichtlich der Schranken, welche in dieser Hinsicht dem Fortschritte gezogen sind, s. § 40, § 127 und Merkel, Recht und Macht.

§ 144.

Mit dem zweifachen Fortschritt im Rechte verknüpft sich:

eine Annäherung der Rechtssysteme verschiedener, auf einer verwandten Entwicklungsstufe stehender Völker,

eine Änderung im Verhältnis des Rechts zu den anderen Kulturelementen im Sinne einer schärferen Abgrenzung seines Machtbereichs und einer teilweisen Ausdehnung, teilweisen Verengerung desselben, eine Änderung im Verhältnis der Teile des Rechts zu einander im Sinne einer fortschreitenden Differenzierung, und

eine Änderung in dem Charakter des von ihm ausgehenden Zwangs im Sinne einer Verfeinerung seiner Formen und eines Bindens an gesetzlich bestimmte und seinem Zwecke mit wachsender Besonnenheit angepaßte Maße.

Vgl. hinsichtlich des ersterwähnten Punktes v. Jhering, Geist des römischen Rechts, S. 5 ff.; hinsichtlich der anderen Punkte Derselbe, Das Schuldmoment im römischen Privatrechte 67. — Merkel, Zur Reform der Strafgesetze 69 (Sammlung S. 130). — Der Begriff der Strafe in seinen geschichtlichen Beziehungen 72 (Sammlung S. 236). — Über Akkreszenz und Dekreszenz des Strafrechts 73 (Sammlung S. 269). — Lehrbuch § 11, 72. — Über den Zusammenhang zwischen der Entwicklung des Strafrechts und der Gesamtentwicklung der öffentlichen Zustände und des geistigen Lebens der Völker, Straßburger Rektoratsrede 89 (Sammlung S. 536). — Vergeltungsidee und Zweckgedanke im Strafrecht (Straßb. Festschrift für Jhering) 92 (Sammlung S. 687).

Zweites Kapitel.

Die Rechtsverhältnisse.

§ 145.

Wir betrachten die Rechtsverhältnisse

1. bezüglich ihrer Merkmale,
2. bezüglich ihrer Einteilungen,
3. bezüglich ihrer Entstehung.

Erster Abschnitt.

Ihre Merkmale.

I. Im allgemeinen.

§ 146.

Rechtsverhältnisse (§§ 5, 18 ff.) zeigen in ihrer einfachsten Gestalt eine aktive und eine passive Seite: eine Seite rechtlicher Macht und eine Seite rechtlicher Gebundenheit.

Jene entspricht der schützenden und gewährleistenden, diese der befehlenden und beschränkenden Funktion des Rechts.

Elemente § 20 f. Jhering, Geist III. Neuner, Wesen und Arten der Privatrechtsverhältnisse 66. Die Lehrbücher des Pandektenrechts s. § 565.

§ 147.

Ein Beispiel: A schuldet dem B eine bestimmte Summe. Der erstere repräsentiert hier die passive Seite, die Seite der Gebundenheit, der letztere die aktive Seite, die Seite der rechtlichen Macht.

§ 148.

In zahlreichen Rechtsverhältnissen stehen auf beiden Seiten sowohl rechtliche Macht wie rechtliche Gebundenheit.

§ 149.

Hierher gehört das Rechtsverhältnis zwischen dem Vermieter und dem Mieter einer Wohnung. Jeder von diesen ist hier dem anderen zu bestimmten Leistungen verpflichtet und hat zugleich die Macht, bestimmte Leistungen seinerseits von dem anderen zu fordern.

§ 150.

Die Rechtsverhältnisse bieten nach der Natur der in ihnen geschützten Interessen in verschiedenem Maße Spielraum und Anlaß für eine regelnde und individualisierende Wirksamkeit des objektiven Rechts. Wir können demgemäß auf höherer und auf niedrigerer Stufe der Individualisierung und juristischen Ausgestaltung stehende Rechtsverhältnisse unterscheiden.

§ 151.

In den individueller gestalteten Rechtsverhältnissen steht die rechtliche Macht regelmäßig in fester Verbindung mit den Interessen und bezw. dem Willen bestimmter Subjekte (vgl. jedoch § 179 ff.) und erscheint in Bezug auf ihre Entstehung, ihren Fortbestand, ihre Begrenzung und ihre Geltendmachung als ein Gegenstand spezialisierender Bestimmungen.

§ 152.

So erscheint in dem Rechtsverhältnisse zwischen dem Mieter und dem Vermieter einer Wohnung die auf jeder Seite vorhandene rechtliche Macht in einer festen Verbindung mit den Interessen und dem Willen dieser Subjekte, als worin das Maß für die Bethätigung dieser Macht gegeben ist. Zugleich erhält dieselbe durch die Bestimmungen des objektiven Rechts über ihre Entstehung, ihren Fortbestand, ihre Begrenzung und Geltendmachung ein individuelles Gepräge.

§ 153.

Eine solche individualisierte rechtliche Macht heißt ein „subjektives Recht“.

§ 154.

Ein Gegensatz zu jenen individuell gestalteten Rechtsverhältnissen ist dort gegeben, wo das objektive Recht sich mit einem menschlichen Interesse nicht in anderer Weise befaßt, als daß es ihm einen generell bestimmten Schutz angedeihen läßt.

§ 155.

Dies ist u. a. der Fall bezüglich des Interesses der einzelnen: Studien machen, geselligen Verkehr pflegen, Ausflüge unternehmen [zu bestimmter Stunde zu Mittag essen] zu können.

Dieses Interesse ist eines rechtlichen Schutzes teilhaft, insofern willkürliche Störungen der Befriedigung desselben unter Anwendung gewisser Strafgesetze von allgemeinerem Inhalte (Gesetze über Beleidigungen, Freiheitsverletzungen 2c.) bestraft werden.

Die rechtliche Macht aber, die ihm hieraus erwächst, steht nicht in Beziehung zu dem besonderen Inhalte dieses Interesses, sondern zu Merkmalen, welche es mit vielen anderen gemein hat. Daher denn auch die Bedingungen und Modalitäten, unter welchen jemand der Befriedigung gerade dieses Interesses nachgehen darf, keinen besonderen Gegenstand von Rechtsbestimmungen bilden.

§ 156.

Ebenso fehlt jene individualisierte rechtliche Macht den gesellschaftlichen Interessen an der Wahrung gewisser Grundlagen unserer Gesittung, unserer Rechtspflege und eines geordneten Vermögensverkehrs. Das objektive Recht gewährt denselben einen Schutz teils vermittelst allgemeiner Bestimmungen polizeilichen Charakters, teils durch Strafgesetze gegen gewisse Handlungen wie Blutschande, Sodomie, Meineid, Urkunden- und Münzfälschung. Aber die ihnen hieraus erwachsende rechtliche Macht ist nicht in Beziehung gebracht zu bestimmten Subjekten und kein Gegenstand spezialisierender Bestimmungen. Es fehlt hier der Anlaß, die Bedingungen und Modalitäten, unter welchen diese Interessen zur Geltung zu bringen sind, speziell zu normieren.

Ein weiteres Beispiel bieten die Interessen, welche durch die Strafbestimmungen über Thierquälerei geschützt sind.

§ 157.

Die Merkmale der subjektiven Rechte kommen hier überall erst infolge von Verletzungen der geschützten Interessen zur Erscheinung, indem aus solchen Verletzungen dem Staate und vielleicht auch einem beteiligten Einzelnen Befugnisse erwachsen, welche diese Merkmale an sich tragen, z. B. die Befugnis, dem Schuldigen eine Strafe von bestimmter Art und Größe aufzuerlegen.

§ 158.

Hinsichtlich dieser Individualisierung der rechtlichen Macht, welche vom objektiven Rechte mit Beziehung auf bestimmte Interessen verliehen wird, giebt es zahlreiche Verschiedenheiten und Abstufungen.

Dies findet einen Ausdruck in der Unsicherheit und dem Schwanken des Sprachgebrauchs bezüglich der Grenzen, innerhalb welcher rechtliche Macht als Recht im subjektiven Sinne zu bezeichnen sei, sowie in den Streitfragen, welche sich bezüglich dieser Grenzen in der Wissenschaft erhoben haben.

So streitet man z. B. darüber, ob die sogenannten „Freiheitsrechte" oder „Grundrechte" mit Fug als Rechte bezeichnet würden. — Festzuhalten ist 1. daß alle Rechtssätze eine Beziehung auf Rechtsverhältnisse haben und resp. Rechtsverhältnisse hervorbringen, 2. daß an allen Rechtsverhältnissen eine Seite der rechtlichen Macht von einer Seite der Gebundenheit sich unterscheiden läßt, 3. daß jene rechtliche Macht eine mehr oder minder individualisierte Gestalt erhalten kann, 4. daß Begriff und Name des subjektiven Rechts auf eine Stufe dieser Individualisierung Bezug haben. Die Frage, wie diese Stufe genauer abzugrenzen sei, hat nicht die wissenschaftliche Bedeutung, welche man ihr beizumessen pflegt.

II. Das subjektive Recht insbesondere.

§ 159.

Das subjektive Recht ist dem Gesagten zufolge ebenso wie das objektive Recht: Macht, und zwar eine Macht, welche um bestimmter — vom objektiven Rechte vorausgesetzter — Interessen willen verliehen und ihnen gemäß als ein Werkzeug für ihre Befriedigung gestaltet ist.

Man hat darüber gestritten, ob das Recht Macht sei oder Interesse. An beides ist bei dem Worte zu denken: an eine Macht zu einem bestimmten Handeln oder Unterlassen, Wirken oder Genießen, und an bestimmte Interessen, um deren Willen diese Macht existiert, von welchen sie ihren Wert herleitet, mit Rücksicht auf welche sich ihre Form bestimmt, und welche sie zu geschützten macht. Aber das Recht an sich ist Macht. Es verhält sich zum Interesse wie die Festung zum geschützten Lande. — Thon, Rechtsnorm und subj. Recht 78. Merkel, desgl. (Sammlung

S. 373). Schuppe, Begriff des subj. R. 87. (Dazu Merkel, Sammlung S. 537). Jellinek, System der subj. öffentl. Rechte 92. A. S. Schultze, l. c. S. 50 ff.

§ 160.

Das vorausgesetzte Interesse kann das eines einzelnen Individuums oder das einer gleichviel unter welchem Namen verbundenen Vielheit von Personen sein (§ 186 ff.).

§ 161.

Dies Interesse kann ferner entweder durch sachliche Merkmale charakterisiert sein, als Interesse an der Erlangung oder Behauptung oder an dem Genusse bestimmter Gegenstände, Zustände oder Verhältnisse, oder aber die freie Willensbethätigung und persönliche Machtäußerung an sich zum Gegenstande haben. Häufig werden durch dasselbe Recht Interessen von beiderlei Art geschützt.

So bietet das Eigentumsrecht dem Eigentümer die Möglichkeit einerseits des Genusses der Sache, andrerseits der freien Willensbethätigung an und mittelst derselben. Bei der Einteilung der Rechte ist die hervorgehobene Interessenverschiedenheit nicht zu verwenden. Gleichwohl kommt ihr eine große Bedeutung zu, weil bei der Gestaltung der Rechtsverhältnisse die Rücksichten auf sachlich bestimmte Interessen einerseits, auf das Interesse freier Selbstbestimmung und Machtäußerung andrerseits sich beständig neben einander und vielfach gegen einander geltend machen. S. § 250 ff.

§ 162.

Das Recht kümmert sich aber um diese Interessen überall nur insofern, als ihre Befriedigung sich als abhängig von dem Verhalten Dritter darstellt.

§ 163.

Jedes subjektive Recht hat demgemäß eine Beziehung auf Dritte, von welchen ein bestimmtes Handeln, Dulden oder Unterlassen gefordert wird. Dies ist der im subjektiven Recht enthaltene „Anspruch“.

§ 164.

So ist die Herrschaft über eine Sache „Recht“ nur mit Beziehung auf Dritte, von welchen die Respektierung derselben verlangt wird.

Demgemäß ist beim Eigentumsrechte das Verhalten der Sache zu ihrem Eigentümer an sich für das Recht gleichgiltig. Das Recht kümmert sich nicht darum, ob jemandes Uhr richtig gehe, jemandes Hund ihm nicht entlaufe, jemandes Pferd seinen Herrn nicht abwerfe 2c. Störungen im

Genuß oder in der Benutzung unserer Sachen haben eine rechtliche Bedeutung überall nur, sofern sie auf ein zu verantwortendes Verhalten Dritter zurückführbar sind. — Das Gleiche wie bezüglich dieser Herrschaft über Sachen gilt bezüglich anderer Gegenstände rechtlichen Schutzes, z. B. unserer Ehre, unserer Gesundheit. Von einem Rechte der Ehre, der körperlichen Integrität sprechen wir nur mit Beziehung auf mögliche Verletzungen dieser Güter oder der in ihnen geschützten Interessen durch Dritte.

§ 165.

Die Macht des subjektiven Rechts begründet sich darin, daß das objektive Recht den Anderen jenes Verhalten zur Pflicht macht und die Erfüllung dieser Pflicht, eventuell die Ausgleichung ihrer Verletzung, durch die ihm eigentümlichen Machtäußerungen (§ 43 ff.) gewährleistet.

Jedem subjektiven Recht steht daher irgend eine Rechtspflicht gegenüber. Es gehört dies zu seinem Begriff. Nicht jeder Rechtspflicht steht dagegen ein subjektives Recht gegenüber, wohl aber jeder eine irgendwie bestimmte rechtliche Macht. — Man hat ehedem viel über die Frage gestritten, ob das Recht oder die Pflicht als das frühere, und ob jenes aus dieser oder diese aus jenem als abgeleitet zu betrachten sei. Ein verkehrtes Fragen! Man könnte ebenso gut fragen, ob die Winkel in einem Dreieck das frühere seien oder die ihnen gegenüber liegenden Seiten, oder ob in der Monarchie das Herrschen des Monarchen oder das Beherrschtsein der Unterthanen als das Prius zu gelten habe. Die Pflicht eines Darlehnsschuldners ist weder früher noch später als das korrespondierende Recht des Darlehensgläubigers, und es kommen beide gleichzeitig als Elemente eines durch dieselbe Rechtsnorm an dieselbe Thatsache geknüpften Rechtsverhältnisses zur Entstehung.

§ 166.

Zur individuellen Gestaltung dieser Macht gehört es, daß dem Berechtigten gewisse Mittel an die Hand gegeben sind, mittelst deren er die verheißene Rechtshilfe herbeiführen und insbesondere auf die Verwirklichung der ausgleichenden Rechtsfolgen einer Verletzung seines Rechts Einfluß üben kann. Zu diesen Mitteln gehört die „Klage“ und die „Beschwerde“.

§ 167.

Das wichtigste unter diesen Mitteln ist die „Klage“: eine Geltendmachung der Kraft des subjektiven Rechts vermittelst und in Form einer Anrufung der Gerichte mit Rücksicht auf eine angeblich erlittene oder zu fürchtende Rechtsverletzung.

Ein vollkommen ausgerüstetes Recht enthält die Befugnis zu dieser Anrufung, ist also ein „klagbares" oder „gerichtlich verfolgbares".

In Bezug auf das aus strafbaren Handlungen hervorgehende Recht auf Bestrafung substituiert sich der „Klage" die „Anklage" (s. § 794). — Hinsichtlich des Begriffs der Klage Degenkolb, Einlassungszwang und Urteilsnorm 77. Die Litt. zum Prozeßrecht §§ 786, 810.

§ 168.

Die „Beschwerde" ist ein Vertheidigungsmittel für gewisse Rechte in Bezug auf Verletzungen derselben durch Organe der Gemeinschaft. Sie enthält eine Anrufung übergeordneter Organe um Abhilfe.

§ 169.

Innerhalb gewisser Grenzen darf der Berechtigte dem Verpflichteten gegenüber sein Recht eigenmächtig und zwangsweise selbst zur Geltung bringen, und so durch eine vom objektiven Rechte sanktionierte „Selbsthilfe" die „obrigkeitliche Rechtshilfe" (§§ 33 ff., 101 ff.) entbehrlich machen.

† § 170.

Im modernen Staate ist die Unterscheidung der defensiven Selbsthilfe, d. i. der bloßen Abwehr rechtswidriger Angriffe, von der auf Durchsetzung rechtlicher Ansprüche gerichteten aggressiven Selbsthilfe wichtig.

Die erstere ist, soweit sie zur Abwehr erforderlich, allgemein zugelassen („Notwehr"), die letztere grundsätzlich nur in Notfällen, wenn Gefahr im Verzuge und obrigkeitliche Hülfe nicht rechtzeitig zu erlangen ist.

Ein Beispiel aggressiver Selbsthilfe: ein Gläubiger verschafft sich eine Befriedigung seines Anspruchs, indem er seinem Schuldner Wertgegenstände wegnimmt, dieselben veräußert und den Erlös für sich behält. Diese Handlung ist im allgemeinen strafbar; anders nur, wenn der Schuldner etwa im Begriffe stand, ein Schiff nach Amerika zu besteigen, sodaß ohne sofortiges Eingreifen die Befriedigung des Anspruchs wesentlich erschwert worden wäre, auch obrigkeitliche Hilfe nicht zur Stelle war.

Ein weitergehendes Selbsthilferecht hat der Besitzer, indem er sich des widerrechtlich entzogenen Besitzes eigenmächtig (aber nur sofort) wieder bemächtigen darf (s. § 602).

III. Die Ausübung des subjektiven Rechts insbesondere.

§ 171.

Bezüglich der aktiven Seite des Rechtsverhältnisses (§ 146 ff.), lassen sich überall diese Fragen aufwerfen:

1. Wessen Interessen bilden den Gegenstand des rechtlichen Schutzes?
2. Wem liegt es ob, die Handlungen vorzunehmen, von welchen die Befriedigung dieses Interesses abhängt und in welchen die ihnen gewährte rechtliche Macht zur Erscheinung kommt?

§ 172.

Als ein normaler Fall erscheint es, daß derjenige, dessen Interesse den Gegenstand des Schutzes bildet, zugleich die sub 2 erwähnten Handlungen vornimmt, also der Sachwalter dieses Interesses ist.

Hierher gehört es, wenn der Eigenthümer einer Sache, für welchen das Recht an derselben vorhanden ist, zugleich die Handlungen ausführt, durch welche die Sache seinen Interessen dienstbar wird und die Machtseite des Rechts zur Erscheinung gelangt.

Wir sprechen hier davon, daß das Recht und „die Ausübung" desselben in der nämlichen Person zusammentreffen.

§ 173.

In solchem Falle ist die Ausübung des Rechts innerhalb der Grenzen desselben in der Regel (§ 193 ff.) eine freie. Der Berechtigte bestimmt darüber nach seinem Ermessen.

So kann hier der Eigentümer die in seinem Rechte liegende Macht nach seinem Ermessen ausüben, oder auch diese Ausübung unterlassen.

§ 174.

Interessent und Sachwalter sind indessen nicht immer identisch, und dem Sachwalter fremder Interessen können Ausübungshandlungen in verschiedenem Umfange zufallen. Dabei kann sein Verhältnis zu den Interessenten einen verschiedenen Charakter haben.

*§ 175.

Es gehört hierher, wenn der Berechtigte ein Kind oder ein Geisteskranker ist. Wichtige, unter den Begriff der Ausübung des Rechts fallende Handlungen sind hier von Vertretern der Berechtigten vorzunehmen.

§ 176.

Die geschützten Interessen können ferner die einer Vielheit von Personen, z. B. der Angehörigen einer Gemeinde, sein, während die Ausübung des Rechts einzelnen, z. B. den Gemeindebeamten, zufällt.

§ 177.

Wo eine derartige Scheidung des geschützten Interesses und der Ausübung des für sie konstituierten Rechts stattfindet, da ist die letztere regelmäßig nicht in das souveräne Belieben des Handelnden gestellt, sondern an ein ihm gegenüber objektives Maß gebunden.

Dasselbe kann in Aufträgen derjenigen gegeben sein, um deren Interessen und Rechte es sich handelt. Es kann ferner unmittelbar in den zu wahrenden Interessen liegen. Endlich in Rechtsnormen, in welchen diese Interessen einen verbindlichen Ausdruck gefunden haben. In häufigen Fällen kommt in bezug auf die Ausübung bestimmter Rechte bald das eine, bald das andere dieser Maße in Betracht. So z. B. bei dem Gemeindebeamten in bezug auf die Ausübung der Rechte, deren Organ er ist, bald unmittelbar das von ihm zu erforschende Interesse der Gemeinde, bald irgend eine Rechtsvorschrift, welche feststellt, was in bestimmten Angelegenheiten als das Interesse der Gemeinde zu betrachten sei.

§ 178.

Der Beruf, fremde Rechte zur Ausübung zu bringen, kann sich in der Person des Handelnden selbst wieder zu einem Rechte gestalten. Dem Rechte des Interessenten stellt sich hier das Recht seines Sachwalters: jenes zur Ausübung zu bringen, an die Seite.

So hat der ordnungsmäßig eingesetzte Bürgermeister einer Gemeinde das Recht, bestimmte Rechte der Gemeinde auszuüben. So der angestellte Richter das Recht, bestimmte staatliche Rechte zur Ausübung zu bringen.

§ 179.

Eigentümlichkeiten zeigen derartige Verhältnisse bei den sogenannten „Stiftungen“, d. i. Einrichtungen, welche die im Rechte anerkannte Bestimmung haben, Vermögensobjekte in einer dauernden und individuellem Belieben entzogenen Weise für bestimmte Interessen fruchtbar zu machen.

§ 180.

Ein Beispiel giebt das „Städel'sche Institut" in Frankfurt a. M. Dasselbe stellt Einrichtungen dar, welche bestimmt sind, ein gegebenes Vermögen in einer dauernden Weise für künstlerische Interessen fruchtbar zu machen.

§ 181.

Die Interessen, um deren Befriedigung, Schutz und Vertretung es sich bei diesen Stiftungen handelt, sind hier nur objektiv bestimmt, gleich denjenigen, welche in §§ 155 und 156 erwähnt worden sind. Es sind nicht Interessen dieses oder jenes individuell bestimmten Subjektes, sondern die künstlerischen, wissenschaftlichen oder humanen Interessen, welche sich in einem bestimmten Gebiete und in bestimmten Formen geltend machen.

Eine Scheidung zwischen Interessenten und Sachwaltern ist hier selbstverständlich.

§ 182.

Das Besondere aber ist, daß bei diesen Stiftungen subjektive Rechte zur Ausübung kommen, für welche es, da die geschützten Interessen nur objektiv bestimmt sind, an einem Subjekte zu fehlen scheint.

Wer ist hier der Berechtigte? Wer ist das Subjekt der Eigentumsrechte, welche bei jener Städel'schen Stiftung für die Interessen einer unbestimmten und unbegrenzten Zahl von Menschen fruchtbar gemacht werden?

Sind es diese ungreifbaren Interessenten, oder sind es diejenigen, welche die Rechte ausüben, oder ist das Subjekt der Rechte hier außerhalb des Bereichs der Interessen, für welche sie da sind, und der Handlungen, durch welche sie zur Wirksamkeit gelangen, zu suchen?

Hierüber s. den folgenden Abschnitt.

Die Rechte haben hier trotz der bloß generellen Bestimmung der in Betracht kommenden Interessen die früher bestimmten Merkmale der individualisierten rechtlichen Macht. So sind die Eigentumsrechte der Stiftungen ein Gegenstand der gleichen individualisierenden Bestimmungen wie die Eigentumsrechte bestimmter Individuen. Fehlt es an der individuellen Bestimmung der Interessenten, so haben die Einrichtungen, durch welche die Ausübung des Rechts erfolgt, ein um so individuelleres Gepräge.

IV. Die Rechtssubjekte insbesondere.

*§ 183.

Nach modernem Rechte kann jedes menschliche Individuum Subjekt von Rechten und von Rechtspflichten sein: jedes besitzt „Rechtsfähigkeit“, ist im Rechtssinne „Person“.

Rechtsunfähige Menschen (Sklaven, Unfreie) kennt das moderne Recht nicht mehr.

† § 184.

In älteren Rechten begründete die Zugehörigkeit zu einem bestimmten Staate, Stande oder kirchlichen Verbande, das Geschlecht, Alter und andere Eigenschaften erhebliche allgemeine Modifikationen der Rechtsfähigkeit. Heute dagegen ist dieselbe auf dem Gebiete des Privatrechts (§§ 192 ff.) grundsätzlich unabhängig von all diesen Momenten, während solche im öffentlichen Recht auch jetzt Abstufungen bewirken.

Auf privatrechtl. Gebiet findet sich von solchen Unterscheidungen z. B. landesrechtlich die Notwendigkeit staatlicher Genehmigung für den Erwerb von Grundeigentum durch Ausländer.

§ 185.

In bezug auf ein bestimmtes Recht ist als das berechtigte Subjekt in der Regel der Träger des Interesses anzusehen, für welches die in jenem enthaltene Macht gewährt ist und welches die Richtschnur für die Ausübung des Rechts bildet; gleichviel ob diese Ausübung durch ihn selbst oder durch andere stattfindet (§§ 172 ff.).

Mit dem folgenden vgl. Ihering, Geist III 317 ff. Zitelmann, Begriff und Wesen der sog. juristischen Personen 73. Brinz, Lehrb. d. Pandekten. Demelius in Iherings Jahrb. IV. E. Bekker, eod. l. XII, 1. v. Lindgren, Die Grundbegriffe des Staatsrechts 69. Bierling, Kritik S. 74 ff. Gierke, Das deutsche Genossenschaftsrecht, insb. Bd. III (Staats- und Korporationslehre des Altertums und des Mittelalters) 81; derselbe, Die Genossenschaftstheorie u. die d. Rechtswissenschaft 87; derselbe, Personengemeinschaften und Vermögensinbegriffe 89. Laband in d. Zeitschr. f. Handelsr. XXX 469. Rosin, Recht der öffentl. Genossenschaft 86. Burckhard in Grünhuts Zeitschr. XVIII. G. Rümelin, Methodisches über jurist. Personen 91; derselbe, Zweckvermögen und Genossenschaft 92. Bernatzick im Archiv f. öffentl. R. V 169.

§ 186.

Auch Staaten, Gemeinden, kirchliche Gemeinschaften, Zünfte und andere „Korporationen“ sind Subjekte von Rechten.

§ 187.

Gegenstand des Schutzes sind hier die gemeinsamen Interessen, welche in der Korporation und durch deren Wirksamkeit Befriedigung suchen.

§ 188.

Trägerin dieser Interessen ist die Gesamtheit der Mitglieder in ihrer durch die Verfassung der Korporation näher bestimmten Einheit. Sie ist gemeint, wenn die Korporation genannt und derselben Rechte zuerkannt werden.

Da die Verbindung der Menschen im Staate nichts bloß Gedachtes ist, sondern in der Wirksamkeit vereinter Kräfte, in Verhältnissen der Über- und Unterordnung und gemeinsamer Abhängigkeit von den gleichen Quellen des Glücks und des Unglücks eine für jeden fühlbare Wirklichkeit besitzt, so ist es thöricht, den Staat, wie es vielfach geschieht, als eine bloße Abstraktion, ein bloß fingiertes Wesen zu bezeichnen. Da diese Verbindung ferner eine im Rechte anerkannte und in Gestalt unzähliger subjektiver Rechte individualisierte Macht beständig aufs wirksamste zur Geltung bringt, so ist es ebenso verkehrt, sie als ein bloß fingiertes Rechtssubjekt zu bezeichnen. — Gleichermaßen sind alle übrigen Korporationen nicht fingierte, sondern wirkliche Rechtssubjekte.

§ 189.

Die Korporationen werden in ihrer Eigenschaft, Subjekte von Rechten zu sein, „juristische Personen" genannt.

Den gleichen Ausdruck wendet man auf die „Stiftungen" (§ 179 ff.) an.

§ 190.

Weil bei den Stiftungen 'die Interessenten weder korporativ verbunden, noch von vornherein persönlich bestimmt sind, und demgemäß hinter den ihren Interessen dienenden Einrichtungen zurücktreten, so legt man die Rechte hier kurzweg diesen Eierichtungen selbst bei.

An die Stelle der Interessenten, für welche die Rechte da sind, tritt hier im Sprachgebrauch die Organisation, durch welche diese Rechte wirksam werden.

Diese Ausdrucksweise findet ihre zureichende Begründung in den hervorgehobenen Umständen. Statt zu sagen: „diese Güter gehören jetzigen und künftigen Armen, bei welchen die und die Voraussetzungen zusammentreffen und für welche diese Güter fruchtbar gemacht werden sollen durch die Einrichtungen des Armenstifts S. Marx nach Maßgabe der Statuten dieser Stiftung" sagen wir kurzweg, „diese Güter gehören dem Armenstift S. Marx". Das Rechtsverhältnis ist damit nach seiner aktiven Seite hin genügend charakterisiert. In dieser Richtung ist überall zur Kennzeichnung eines Rechtsverhältnisses nichts weiter erforderlich, als daß wir über die geschützten Interessen, sowie darüber Auskunft geben, durch wen und wie dieselben samt der ihnen zukommenden rechtlichen Macht zur Bethätigung gelangen. Speziell ist es müßig, hier neben Interessenten und Sachwaltern ein weiteres Subjekt ermitteln zu wollen, welches als der Träger des subjektiven Rechts zu betrachten wäre. Man hat dies gleichwohl gethan und, da sich in der Wirklichkeit ein solches Subjekt nicht entdecken ließ, ein solches fingieren zu müssen gemeint. Diese Fiktion aber hat hier ebensowenig wie bei den Korporationen unsere Einsicht in die Natur der vorliegenden Verhältnisse und der auf sie Bezug habenden Gesetze gefördert.

Zweiter Abschnitt.

Ihre Einteilungen.

I. Privatrechtliche und öffentlich-rechtliche Verhältnisse (und bzw. Rechte).

§ 191.

Den Einteilungen der Rechtssätze (§ 81 ff.) entsprechen Einteilungen der Rechtsverhältnisse.

Unter diesen ist die wichtigste Einteilung die in

1. privatrechtliche, d. i. den Privatrechtsnormen, und
2. öffentlich-rechtliche, d. i. den Normen des öffentlichen Rechts korrespondierende Verhältnisse. Die unterscheidenden Merkmale sind im allgemeinen in den §§ 85—97 bezeichnet worden, hier in bestimmten Richtungen spezieller zu entwickeln.

§ 192.

1. In den typischen Privatrechtsverhältnissen stehen sich Privatpersonen gegenüber, welchen im Verhältnis zu einander die Wahrung ihrer Interessen im Wege freier Verfügungen und Vereinbarungen überlassen ist.

Hierher gehören Mietverhältnisse zwischen Privatpersonen, welche von diesen durch freie Vereinbarungen geordnet werden, desgleichen Verhältnisse zwischen Käufern und Verkäufern, zwischen Darlehnsgebern und Darlehnsnehmern unter der gleichen Voraussetzung.

§ 193.

Es finden sich jedoch Abweichungen von diesem Typus, welche den Begriff der Privatrechtsverhältnisse nicht ausschließen, und zwar in doppelter Richtung.

Es können nämlich

a) die in solchen Verhältnissen stehenden Privatpersonen unter bestimmten Umständen Beschränkungen bezüglich der Ordnung ihrer Verhältnisse unterworfen sein, und

b) es können auch Staaten, Gemeinden rc. in Privatrechtsverhältnissen stehen.

§ 194.

ad a) Die betreffenden Personen können Beschränkungen unterliegen,

α) weil sie mit Rücksicht auf Alter, Geschlecht, eine ihre Freiheit beschränkende Notlage oder andere Umstände nicht als zuverlässige Sachwalter ihrer eigenen Interessen vom Rechte angesehen werden. Das letztere schützt ihre Interessen hier unabhängig von ihrem eigenen Willen und bzw. gegen denselben, indem es für sie nachteiligen Verfügungen und Vereinbarungen eine rechtliche Wirksamkeit versagt, oder auch die letztere an besondere Bedingungen knüpft. Hierher gehören u. a. Beschränkungen, welchen die Minderjährigen in Bezug auf die Eingehung privatrechtlicher Verpflichtungen unterliegen.

§ 195.

Ferner unterliegen sie Beschränkungen

β) in Verhältnissen, bei deren Ordnung in einer unmittelbaren Weise öffentliche Interessen als beteiligt erscheinen. Hierher gehören z. B. die Beschränkungen der Ehegatten in Bezug auf die Auflösung ihrer Ehe (§ 94).

§ 196.

ad b) Staaten, Gemeinden, kirchliche Verbände können bei Privatrechtsverhältnissen als berechtigte und als verpflichtete Subjekte, z. B. als Mieter oder Vermieter bestimmter Räumlichkeiten, als Käufer oder Verkäufer bestimmter Sachen in Betracht kommen.

Der privatrechtliche Charakter der betreffenden Verhältnisse wird hierdurch nicht ausgeschlossen, weil und sofern die Beziehungen zwischen den beteiligten Subjekten (den Mietern und Vermietern,

Käufern und Verkäufern rc.) hierbei nach denselben Grundsätzen behandelt werden, welche dort, wo lediglich Privatpersonen sich gegenüberstehen, platzgreifen.

Hinsichtlich derer, welche die genannten Subjekte hierbei vertreten, gilt das in § 177 ff. Gesagte.

§ 197.

2. Auch in den öffentlich-rechtlichen Verhältnissen hat die vom Rechte gewährte Macht zumeist die Form des subjektiven Rechts.

Die Natur dieser Verhältnisse bringt es dabei vielfach mit sich, daß in Beziehung auf das nämliche Recht in dauernder Weise zwei Subjekte in betracht kommen, nämlich der Träger des betreffenden Rechts selbst und derjenige, der die Berechtigung hat, dasselbe auszuüben (§ 174 ff.).

Einige haben behauptet, daß es im Bereiche des öffentlichen Rechts keine subjektiven Rechte geben könne. Die Besonderheiten dieses Rechtsteils, welche früher dargelegt worden sind (§ 87 ff., womit die Ausführungen im Staatsrecht zu vergleichen sind), haben sie zu dieser Annahme verleitet. Diese Besonderheiten enthalten jedoch in Wahrheit nichts, was mit der Natur der subjektiven Rechte in irgend einem Punkte im Widerstreit stände.

§ 198.

In diesem Falle ist die Ausübung des Rechts regelmäßig durch besondere Rechtsnormen geordnet und für den damit Betrauten zu einer Pflicht erhoben. Hierbei stellt sich dieser Gesichtspunkt als der prävalierende dar: der Betreffende ist zur Vornahme der Ausübungshandlungen berechtigt, weil er dazu verpflichtet ist.

So ist der richterliche Beamte, der Geschworene, der Schöffe zur Ausübung staatlicher Rechte befugt, weil und insoweit als er hierzu als verpflichtet erscheint. Sein Recht ist die Kehrseite seiner Pflicht.

§ 199.

Auch wo Recht und Ausübung im Bereiche der öffentlich-rechtlichen Verhältnisse zusammenfallen, ist die Verfügungsgewalt des Berechtigten wegen der hier überall in Betracht kommenden öffentlichen Interessen eine beschränkte.

Hierher gehören z. B. die Rechte der Angeklagten im Strafprozesse. Dieselben können nicht durch Verzicht beseitigt werden und gelangen zum Teile selbst gegen den Willen des Angeklagten zur Ausübung (s. den Strafprozeß).

II. Absolute (dingliche) und relative (persönliche) Rechte.

§ 200.

Privatrechtliche und öffentlich-rechtliche Verhältnisse lassen sich mit Beziehung auf die Richtung der gewährten Ansprüche in zwei Gruppen sondern.

Bei der einen Gruppe steht dem Berechtigten ein einzelnes bestimmtes Subjekt oder auch eine Mehrzahl bestimmter Subjekte gegenüber, von welchen ein bestimmtes, den Gegenstand des Anspruchs bildendes, Verhalten verlangt wird.

Bei der anderen Gruppe stehen dem Berechtigten alle anderen soweit die schützenden Rechtsbestimmungen eine verpflichtende Kraft, auf sie zu äußern vermögen, gegenüber.

*§ 201.

Das erste ist z. B. der Fall bei dem Gläubiger, der einem bestimmten Individuum gegenüber einen Anspruch auf Rückzahlung einer demselben geliehenen Geldsumme hat.

Rechte solcher Art nennt man „relative“ oder „persönliche“ Rechte, weil sie sich in concreto nicht charakterisieren lassen, ohne daß auf den Verpflichteten hingewiesen würde.

§ 202.

Das zweite ist z. B. der Fall bei dem Eigentümer einer Sache. Der in seinem Recht liegende Anspruch geht gegen alle; alle sind verpflichtet, seine Herrschaft über die Sache zu respektieren.

Rechte solcher Art nennt man „absolute“, „unpersönliche“ und bzw., soweit eine Herrschaft über Sachen in Frage steht, „dingliche“ Rechte (s. § 536).

Solche Rechte lassen sich in concreto ohne Bezugnahme auf die Verpflichteten charakterisieren.

III. Übertragbare und nicht übertragbare Rechte.

§ 203.

Privatrechtliche sowohl wie öffentlich-rechtliche Verhältnisse lassen sich ferner mit Rücksicht auf die Übertragbarkeit oder Nichtübertragbarkeit der dazu gehörigen Rechte und bzw. Pflichten unterscheiden.

† § 204.

Gewisse Rechte nämlich sind unlösbar mit dem Subjekte verbunden, für welches sie zur Entstehung gelangt sind.

Dahin gehören die Rechte, welche Eltern und Kinder, und diejenigen, welche die Ehegatten im Verhältnis zu einander haben (z. B. das Recht des Ehemanns am eingebrachten Gut der Frau bei der Verwaltungsgemeinschaft, § 712).

Das Gleiche gilt von manchen Verpflichtungen. So sind die gegenseitigen Verpflichtungen der oben genannten Personen unübertragbar; so die Pflicht eines Verbrechers, sich der im Gesetze für sein Verbrechen gedrohten Strafe zu unterwerfen.

† § 205.

Andere Rechte können auf andere Subjekte übertragen werden. So kann im allgemeinen das Eigentum an einer Sache auf andere übertragen werden (§ 592). Ebenso eine Forderung (§ 642).

Andererseits kann eine Succession im allgemeinen auch in Verpflichtungen eintreten. So geht die Verpflichtung zur Rückzahlung eines Darlehens von dem Empfänger desselben auf dessen Erben über. Aber auch bei Lebzeiten des Schuldners kann ein anderer in dessen Verpflichtung eintreten (§ 644).

Dritter Abschnitt.

Ihre Entstehung.

I. Im allgemeinen.

§ 206.

Soll ein Rechtsverhältniß bestimmter Art zur Entstehung kommen, so müssen gewisse vom objektiven Rechte bezeichnete Thatsachen — „juristische Thatsachen“ — gegeben sein.

Den Inbegriff dieser für die Entstehung eines Rechtsverhältnisses bestimmter Art entscheidenden Thatsachen nennt man einen juristischen „Thatbestand“, das entstehende Rechtsverhältnis eine „Rechtsfolge“ oder „Rechtswirkung“ desselben.

Elemente § 22 f. Zitelmann, Irrtum und Rechtsgeschäft 79. Bierling, Kritik II 256.

§ 207.

Die juristischen Thatsachen sondern sich in die zwei Hauptgruppen

I. der juristischen Handlungen,
II. der sonstigen juristischen Thatsachen.

§ 208.

I. Die hierher gehörigen **Handlungen** zerfallen wieder in zwei Hauptgruppen, nämlich in:

1. **Handlungen derjenigen**, welche bei den **entstehenden Rechtsverhältnissen** als Interessenten oder deren Vertreter **beteiligt sind**, und
2. **obrigkeitliche Handlungen** — Handlungen einer den Beteiligten übergeordneten Autorität.

§ 209.

1. Die **Handlungen der Beteiligten** zerfallen in
   a) Rechtsgeschäfte,
   b) Rechtsverletzungen,
   c) sonstige Handlungen.

§ 210.

a) **Rechtsgeschäfte** sind Handlungen der Betheiligten, welche darauf gerichtet und dazu geeignet sind, bestimmte Rechtsverhältnisse im Einklang mit dem objektiven Rechte zur Entstehung zu bringen (bzw. aufzuheben oder abzuändern).

Bei Rechtsgeschäften und ebenso bei Rechtsverletzungen denken wir zunächst an bestimmte Handlungen derjenigen, in deren Person Rechtspflichten und bezw. Rechte zur Entstehung kommen. Diese Entstehung ist jedoch stets an gewisse weitere, außerhalb der Willensbethätigung der Genannten liegende Voraussetzungen gebunden. So z. B. beim Kaufgeschäft an die Existenz eines Gegenstandes, über welchen durch Kauf verfügt werden kann (s. § 666). Die betreffenden Umstände gehören mit zum „Thatbestande" (§ 206) des betreffenden Geschäfts oder der betreffenden Rechtsverletzung. Streng genommen müßten daher der im Texte aufgestellten Definition der Rechtsgeschäfte die Worte beigefügt werden: „samt den Thatsachen, von welchen es abhängt, daß die Handlungen hierzu geeignet seien". Der Sprachgebrauch gestattet es indessen, das Wort „Rechtsgeschäfte" in der Weise, wie es oben geschehen, lediglich auf die Handlungen selbst zu beziehen.

§ 211.

Ein Beispiel bietet die Vereinbarung zwischen Mietern und Vermietern (Mietvertrag). Sie stellt Handlungen dar, welche darauf gerichtet sind, im Einklange mit dem objektiven Rechte Rechtsverhältnisse bestimmter Art zwischen den Handelnden hervorzubringen, und welche im Sinne des Rechts auch als geeignet erscheinen, eine solche Wirksamkeit zu äußern.

§ 212.

b) Rechtsverletzungen sind Handlungen, welche den Geboten des Rechts widerstreiten und um dieser Eigenschaft willen Rechtsverhältnisse hervorbringen.

Sie stehen im allgemeinen in zweifachem Gegensatz zu den Rechtsgeschäften, indem sie Zwecke des Handelnden im Widerspruch mit dem Rechte verfolgen, rechtliche Wirkungen aber im Widerspruch mit diesen Zwecken entstehen lassen.

Der letzte Satz ist nicht anwendbar auf Rechtsverletzungen, welche sich in bloßen Fahrlässigkeiten begründen (§§ 262, 264 ff.).

§ 213.

So ist der Diebstahl darauf gerichtet, Zwecke des Handelnden in einer dem Rechte widerstreitenden Weise zu verwirklichen, die Rechtsverhältnisse aber, die er hervorbringt — seine „Rechtsfolgen“ — sind darauf berechnet, die Zwecke des Rechts im Widerspruch mit den Intentionen des Diebs zur Erfüllung zu bringen (§ 53).

§ 214.

c) Mancherlei Handlungen, welche eine Bedeutung für die Interessen anderer haben, bringen Rechtsverhältnisse zwischen den letzteren und dem Handelnden hervor, obgleich weder die Merkmale eines Rechtsgeschäfts noch diejenigen einer Rechtsverletzung vorliegen. Beispiele s. in den §§ 673—83.

§ 215.

2. Die obrigkeitlichen Handlungen zerfallen in die zwei Hauptgruppen

a) der Regierungsakte,
b) der richterlichen Entscheidungen.

§ 216.

a) Ein Beispiel eines hierhergehörigen Regierungsaktes bietet die Übertragung eines richterlichen Amtes auf eine bestimmte Persönlichkeit. Hierdurch werden einerseits zwischen ihr und dem

Staate, andrerseits zwischen ihr und bestimmten Privatpersonen Rechtsverhältnisse hervorgebracht.

§ 217.

b) Richterliche Entscheidungen kommen in der Regel nur in Verbindung mit Handlungen der bisher erwähnten Art (§ 208 ff.) in Betracht, indem sie die durch solche Handlungen hervorgebrachten Rechtsverhältnisse feststellen und bzw. denselben ihre feste Gestalt geben.

§ 218.

So erhalten die durch Beleidigung, Raub, Brandstiftung begründeten Rechtsverhältnisse ihre feste Gestalt erst durch richterlichen Spruch (§ 342 ff.).

§ 219.

II. Unter den sonstigen juristischen Thatsachen seien Geburt und Tod als Quellen einer beständigen Bewegung in der Welt der Rechtsverhältnisse hier zuerst genannt.

Der Mensch ist von seiner Geburt an Subjekt von Rechten. So besitzt der Neugeborene Rechte seinen Eltern gegenüber.

Der Tod zerstört einen Teil seiner Rechte, einen größeren Teil läßt er auf Überlebende übergehen (s. § 721).

§ 220.

Eine große Bedeutung kommt hier ferner einer bestimmten thatsächlichen Gestaltung gewisser Verhältnisse, sowie einer bestimmten Dauer ihres Bestandes zu.

§ 221.

Besitz- und Machtverhällnisse finden auf verschiedenen Gebieten des Rechts einen Schutz mit Rücksicht auf Merkmale, die an ihnen selbst hervortreten, unabhängig von der Art ihres Zustandekommens.

Das Recht gewährt ihnen diesen Schutz seiner Aufgabe gemäß, gegebene Zustände, sofern sie hierzu als geeignet erscheinen, zu Elementen einer Friedensordnung zu erheben.

Vgl. den Abschnitt über den Besitz, § 601 ff., insbesondere 610.

§ 222.

Der Wert, welcher gegebenen Macht- und Besitzverhältnissen unter dem bezeichneten Gesichtspunkt zukommt, erhöht sich, wenn dieselben lange Zeit hindurch unangefochten bestehen und mit den Gesamtverhältnissen sich in solcher Weise verknüpfen, daß sie ohne weiterreichende Störungen nicht zu beseitigen sind.

§ 223.

So haben im öffentlichen Rechte aller Völker faktische Macht- und Besitzverhältnisse, auch solche, welche notorisch durch Gewaltakte begründet worden waren, sich zu Rechtsverhältnissen erhoben und im Laufe der Zeit alle Heiligkeit gewonnen, welche Rechtsverhältnissen zukommen kann.

Die Geschichte der Privatrechtsverhältnisse schließt bei allen Völkern ebenfalls derartige Vorgänge in sich.

§ 224.

Innerhalb einer befestigten Friedensordnung aber gelangen die Vorgänge, welche zur Begründung neuer, zur Abänderung alter Macht- und Besitzverhältnisse führen, samt den zwischen ihnen bestehenden Wertunterschieden zu vollerer Würdigung. Das Recht gewinnt eine selbständigere Stellung diesen Vorgängen gegenüber und eine erhöhte Macht, hier ablehnend oder bekämpfend, dort begünstigend einen kritischen Maßstab zur Anwendung zu bringen.

Auch hier erscheint es nicht als eine eigentlich produktive Macht. Es erzeugt nicht, sondern regelt die Bewegung des Lebens. Aber es erhöhen sich im Fortschritt der Entwickelung seine Fähigkeit und sein Beruf, diese Bewegung in solchen Formen und Richtungen festzuhalten, oder auch in solche hineinzuzwingen, welche den allgemeinen Interessen und sittlichen Überzeugungen entsprechen (§ 243).

§ 225.

So zeigt auf internationalem Gebiete, wo eine befestigende Friedensordnung nicht existiert, das Recht nur eine geringe Selbständigkeit den gegebenen Macht- und Besitzverhältnissen und den Formen ihrer Begründung gegenüber. Es verhält sich zu dem Usurpator nicht anders wie zu dem legitimen Herrscher, und wertet die durch einen Krieg geschaffenen Verhältnisse gleich, mag der Krieg bei dem Sieger den Charakter eines Raubkriegs oder den einer legitimen Rechtsverteidigung gehabt haben.

Dagegen unterscheidet das Recht im Lebensbereiche des einzelnen Staates überall zwischen Raub und ordnungsmäßigem Erwerb und zwischen dem faktischen Gewalthaber und dem legitimen Herrscher.

Merkel, Recht und Macht l. c.

§ 226.

In dem letzteren Bereiche muß derjenige, der zu seinen Gunsten nur eine thatsächliche Machtstellung geltend machen kann, solchen weichen, welche aus Thatsachen, die an dem Maßstabe des Rechts gemessen einen höheren Wert repräsentieren, einen Anspruch auf diese Stellung für sich herleiten können.

Lassen sich derartige Thatsachen nicht gegen ihn geltend machen, so ist der faktische Machthaber oder Besitzer auch hier Gegenstand eines rechtlichen Schutzes (s. §§ 598 ff.).

§ 227.

Auch das bestbegründete Recht aber kann untergehen, weil die in ihm enthaltene Macht während langer Zeit zu keiner Anwendung gelangt.

§ 228.

Die Bedeutung des Zeitablaufs für die Begründung (§ 222 ff.) und den Untergang (§ 227) von Rechten und Rechtsverhältnissen findet ihren Ausdruck in der Lehre von der „Verjährung“.

Diese wird in eine erwerbende (Aquisitverjährung) und eine zerstörende (Extinktivverjährung) geschieden.

In Bezug auf eine Hauptart der ersteren (die Ersitzung des Eigentums) s § 608 f., in Bezug auf eine Art der letzteren (Verjährung der Strafverfolgung) § 772.

In den auf Verjährung und auf die Rechtswirkung thatsächlicher Macht- und Besitzverhältnisse sich beziehenden Rechtsnormen kommt der bloß relative Wert der juristischen Thatsachen der vom Rechte zu lösenden Aufgabe gegenüber zum Ausdruck.

II. Rechtsgeschäfte und Rechtsverletzungen.

Was ihnen gemeinsam ist.

§ 229.

Rechtsgeschäfte und Rechtsverletzungen werden in wichtigen Beziehungen nach gleichen Gesichtspunkten behandelt, und zwar

1. rücksichtlich ihres Thatbestandes,
2. rücksichtlich ihrer Rechtswirkungen oder Rechtsfolgen.

1. In Betreff des Thatbestandes.

§ 230.

Zum Thatbestande gehört bei beiden ein Verhalten, welches vom Rechte geschützte Interessen Dritter, bzw. der Gesamtheit, berührt.

§ 231.

Demgemäß sind Gedanken und Vorsätze, Absichten und Gesinnungen in diesem Bereiche gleichgiltig, sofern sie nicht einen für rechtlich geschützte Interessen bedeutsamen Ausdruck finden (§ 77).

§ 232.

Andrerseits kommt eine Einwirkung auf diese Interessen hier nur insofern in Betracht, als sie mit dem inneren Verhalten der Person in ursprünglichem Zusammenhange steht und auf ihren Willen zurückgeführt werden kann.

Rechtsgeschäfte und Rechtsverletzungen sind „Handlungen". Ein Vorkommnis, an dem der Wille einer Person keinen Anteil hat — man denke an eine durch mechanische Gewalt erzwungene körperliche Bewegung — ist keine Handlung dieser Person, auch kein Bestandteil einer solchen.

Man wendet das Wort Rechtsverletzung bisweilen inkorrekter Weise auch auf Vorgänge an, bei welchen der Wille einer Person nicht beteiligt ist, und deshalb keine Handlung vorliegt. S. hierüber § 260 Anm.

§ 233.

Die Person muß ferner im Momente der That die faktische und rechtliche Bedeutung derselben zu erkennen im stande gewesen sein: sie muß „rechtliche Unterscheidungsfähigkeit" im allgemeinen wie in Beziehung auf das spezielle Vorkommnis gehabt haben.

§ 234.

Diese Unterscheidungsfähigkeit fehlt u. a. bei dem Kinde. Die im allgemeinen vorhandene kann im gegebenen Fall durch eine vollständige Betrunkenheit oder durch andere Umstände ausgeschlossen gewesen sein.

§ 235.

Die Person muß ferner Herr ihrer geistigen Kräfte und demgemäß im stande gewesen sein, ihrem Charakter entsprechend wirksam zu sein; sie muß, das gleiche anders ausgedrückt, die „Fähigkeit der

Selbstbestimmung" oder die „Freiheit ihres Willens" besessen haben.

Auch diese Voraussetzung fehlt bei dem Kinde. Auch sie kann durch besondere Umstände (Trunkenheit, Geisteskrankheit 2c.) ausgeschlossen sein.

Wenn wir von jemandem sagen, daß er mit „freier Selbstbestimmung" oder mit „Willensfreiheit" gehandelt habe, so ist damit behauptet 1. die Abwesenheit von äußeren und inneren Hemmungen für die Bethätigung der ihm eigentümlichen Kräfte, und 2. daß in der Handlung eine Machtäußerung dieser Persönlichkeit gegeben sei, welche ihre Erklärung in der geistigen Eigentümlichkeit derselben suche.

§ 236.

Liegen die bezeichneten Voraussetzungen bei einer Person vor, so behandelt das Recht das Geschehene als ihre That, welche samt den Konsequenzen auf ihre Rechnung zu setzen, ihr, sei es zum Verdienste, sei es zur Schuld, „zuzurechnen" ist.

Aus der umfangreichen Litt. zur Handlungs- und Zurechnungsfähigkeit: Merkel, Elemente § 22. Lehrbuch §§ 19, 26 ff. — Gutachten über den Entw. eines d. Strafgesetzb. für den 9. d. Juristentag 71 (Sammlung S. 205). — Zeitschr. f. d. ges. Strafrechtswissenschaft I, 580 (Sammlung S. 430). — „Rechtliche Verantwortlichkeit," in der „Aula" 98 (Sammlung S. 873). — Binding, Normen II, 11. Liepmann, Einleitung in das Strafrecht 1900. Berner, Grundlinien der kriminalist. Imputationslehre 43. Wahlberg, Grundzüge der strafrechtl. Zurechnungslehre, Ges. Schr. I, 75. Hrehorowicz, Grundlagen und Grundbegriffe des Strafr. 82. Rée, D. Illusion der Willensfreiheit 85. Glaser, Zurechnungsfähigkeit, Willensfreiheit, Gewissen und Strafe 87 (dazu Merkel, Sammlung S. 554). Bünger, Vorstellung, Wille u. Handlung 88. Pfenninger, Grenzbestimmungen der kriminalist. Imputationslehre 92. Thyren, Abhandl. aus Strafr. u. Rechtsphilosophie II, 94. Träger, Wille, Determinismus, Strafe 95. v. Liszt, D. strafrechtl. Zurechnungsfähigkeit, in seiner Zeitschr. XVII, 70 (dagegen v. Calcer, D. Juristenzeitung II, 25). Höfler, 7 Thesen zu Liszts Vortrag 97. Gretener, Zurechnungsfähigkeit als Gesetzgebungsfrage 97. — Herbart, Zur Lehre von der Freiheit des menschlichen Willens, in s. Werken IX, 241. Sigwart, Begriff des Wollens und sein Verhältnis zu dem Begriff der Ursache 79. Laas, Die Kausalität des Ich, und Vergeltung u. Zurechnung, in der Vierteljahrsschr. f. wissenschaftl. Philosophie IV, V, 80 f. Kuno Fischer, Die menschliche Freiheit 88. — Volkmann v. Volkmer, Lehrb. d. Psychologie II, 452, 76. Krafft-Ebing, Grdzüge d. Kriminalpsychologie 82. Groß, Kriminalpsychologie 98. Casper-Liman, Hdb. d. gerichtl. Medizin 8. A. 89. Wharton, a treatise on mental insoundness, Philad. 73. Maudsley, Zurechnungsfähigkeit d. Geisteskranken 75. Forel, Strafrechtl. Bedeutung des Hypnotismus, Liszts

Zeitschr. IX, 131. Lombroso, Der verbrecherische Mensch, deutsch von Fränkel 87. Endemann, „Einführung in das Studium des B.“ § 28 ff.

* § 237.

Die Person, welche die erwähnten Eigenschaften besitzt, ist im Sinne des Rechts „handlungsfähig“, d. i. fähig, durch ihre Handlungen rechtliche Wirkungen ihren Zwecken gemäß hervorzubringen, und bzw. „zurechnungsfähig“, d. i. ein Subjekt, welchem bestimmte Vorgänge möglicherweise im Sinne des Rechts „zuzurechnen“ (§ 236) sind.

Von Handlungsfähigkeit ist vornehmlich in Bezug auf Rechtsgeschäfte, deren Bestimmung gemäß, die Rede (deshalb spricht B. überhaupt nur von „Geschäftsfähigkeit“); von Zurechnungsfähigkeit vornehmlich in Bezug auf Rechtsverletzungen (§ 260), gemäß dem ihnen gegenüber bestehenden Interesse. Man spricht hier auch von „Deliktsfähigkeit“ im Sinne der Fähigkeit zur zurechenbaren (verantwortlichen) Vornahme unerlaubter Handlungen, Delikte.

Handlungs- und Zurechnungsfähigkeit sind wohl zu unterscheiden von der Rechtsfähigkeit (§ 183). Ein Kind und ein Geisteskranker sind zwar rechtsfähig, denn sie können Inhaber von Rechten und Rechtspflichten sein, nicht aber sind sie handlungs- und zurechnungsfähig; sondern die ihnen zustehenden Rechte müssen ausgeübt werden durch gesetzliche Vertreter (Vater, Vormund, § 175; 715), und Verletzungen fremder Interessen sind ihnen nicht zurechenbar.

* § 238.

Verständnis des Rechtslebens (§§ 233, 234) und Kraft der Selbstbestimmung (§ 235) unterliegen während des jugendlichen Alters einer Entwicklung, bezüglich welcher sich verschiedene Stufen unterscheiden lassen.

Welche Stufe hier erreicht sein müsse, damit von Handlungsfähigkeit und bzw. von Zurechnungsfähigkeit gesprochen werden könne, das ist nicht in einheitlicher Weise bestimmt. In Bezug auf Rechtsgeschäfte sind hier vielfach andere Voraussetzungen aufgestellt, wie in Bezug auf Rechtsverletzungen, in Bezug auf Geschäfte gewisser Art andere wie in Bezug auf Geschäfte anderer Art.

So wird nach B. die volle „Geschäftsfähigkeit“ erst mit der Volljährigkeit (mit 21 Jahren, § 716) erreicht, während vom 7. bis 21. Jahr nur eine beschränkte Geschäftsfähigkeit anerkannt ist, indem während dieser Zeit zu den meisten Handlungen die Zustimmung des gesetzlichen Vertreters des Minderjährigen notwendig ist; dagegen die volle Deliktsfähigkeit tritt schon mit vollendetem 18. Jahre ein.

2. In betreff der Rechtswirkungen oder Rechtsfolgen.

§ 239.

Die Rechtsfolgen von Rechtsgeschäften und von Rechtsverletzungen zeigen, soweit sie sich gegen den Handelnden selbst kehren und seinem Willen gegenüber sich geltend machen, gemeinsame Merkmale.

§ 240.

Die Abgrenzung dieser Folgen ist bei beiden in dem nämlichen Sinne von den gemeinsamen Interessen (und bzw ethischen Werturteilen § 41) abhängig, welche im Rechte ihren Ausdruck finden.

§ 241

Hinsichtlich der Frage, was diesen Interessen gemäß sei, fällt dem Gesetzgeber in Bezug auf Rechtsgeschäfte und Rechtsverletzungen eine gleichartige Aufgabe zu.

In Bezug auf beide handelt es sich in der Hauptsache für ihn nicht um neue Entdeckungen und nicht um eine schöpferische Thätigkeit; vielmehr darum: dasjenige, was Handlungen solcher Art gegenüber die freie Bethätigung der individuellen und gesellschaftlichen Kräfte an die Hand giebt, einer auswählenden, abgrenzenden und regelnden, sowie nach Umständen einer verfeinernden und veredelnden Behandlung im Sinne jener gemeinsamen Interessen zu unterziehen (s. § 224)

§ 242.

Das Band zwischen den in Betracht kommenden Handlungen einerseits und deren gegen den Handelnden sich kehrenden Folgen andrerseits ist daher nicht durch bloße Willkür geknüpft, und in seiner Existenz nicht von dem Eingreifen eines Gesetzgebers abhängig. Die Gewähr für den Eintritt dieser Folgen liegt vielmehr in dem gesetzmäßigen Verhalten der beteiligten individuellen und sozialen Kräfte, welches zugleich für den allgemeinen Charakter dieser Folgen bestimmend ist

Der auswählende und maßbestimmende Einfluß der Gesetzgebung und überhaupt des objektiven Rechts hebt diesen psychologischen Zusammenhang nicht auf, da er selbst von den bezeichneten Kräften abhängig ist

Wenn z. B in einem Lande unter dem Einfluß beliebiger Ereignisse die Strafjustiz ihre Wirksamkeit einstellte, so würde die Folge nicht sein, daß nun Verbrechen keine Gegenwirkungen mehr gegen den Verbrecher nach sich zögen, sondern nur, daß an Stelle geregelter, gleichmäßiger, den allgemeinen Interessen und ethischen Anschauungen angepaßter und durch die unparteilichen Organe der Justiz vermittelter: regellose, ungleichmäßige, bald alles Maß überschreitende, bald ohnmächtige, und von parteilicher Seite ausgehende Gegenwirkungen erfolgen würden. In manchen Fällen würde die Menge in den rohen Formen der „Lynchjustiz" das Richteramt ausüben, in anderen würde die „Privatrache" dem Verbrechen zu seinem Rechte verhelfen zc. Die Geschichte des öffentlichen Lebens läßt in dieser Hinsicht keine Zweifel bestehen.

Merkwürdigerweise hat man grade hinsichtlich der Verbrechen jenen natürlichen Zusammenhang zwischen Handlung und Handlungsfolge bestritten, obgleich die allgemeine Erfahrung ihn grade hier am greifbarsten vor Augen stellt. Lediglich durch den Willen des Gesetzgebers sollte hier der Zusammenhang zu stande kommen.

Aber ehe eine Strafgesetzgebung existierte, riefen Verbrechen Gegenwirkungen von bestimmter Art und Größe hervor, und der Einfluß der zur Ausbildung gelangenden Gesetzgebung betraf in der Hauptsache nur die Formen, nicht das Wesen dieser Gegenwirkungen. Hierher gehört es, daß mit ihrer Hilfe die Formen der Selbsthilfe durch die Formen geordneter Rechtsverwirklichung verdrängt worden sind zc. Auch ist heute noch weder die Thatsache noch die Energie der gesellschaftlichen Gegenwirkungen gegen Verbrechen in das Belieben eines Gesetzgebers gestellt.

Irregeleitet wird man durch die Wahrnehmung, daß die für einen bestimmten Diebstahl, Raub zc. passende Strafe sich nicht aus irgend einem abstrakten Prinzip heraus feststellen lasse. Man zog hieraus den falschen Schluß, daß es für die Bestrafung von Verbrechen kein natürliches Maß geben könne, und daß daher der ganze Zusammenhang zwischen Verbrechen und Strafen ein künstlicher sei.

Verhielte es sich so, so würde u. a. die Frage schwer zu beantworten sein, weshalb man nirgends den unter dieser Voraussetzung nächstliegenden Gedanken einer gleichen Bestrafung aller Delikte durchführe, weshalb man Mord und Hochverrat überall strenger bestrafe, als Beleidigungen oder Beschädigungen fremden Eigentums; und wie sich überhaupt die allgemeine Thatsache der Bestrafung, angesichts des unausgetragenen Streits über deren Zwecke, erkläre?

Das natürliche Band, welches in diesem ganzen Bereiche Handlungen und Handlungsfolgen verknüpft, ist freilich nicht in irgend einem theoretischen Prinzip, sondern in dem Einfluß realer Faktoren, mächtiger Interessen und von ihnen abhängiger Affekte gegeben.

Hinsichtlich der Rechtsgeschäfte erkennen die meisten an, daß Eintritt und Natur der Rechtsfolgen nicht lediglich in dem nicht weiter zurückführbaren gesetzgeberischen Willensakte ihre Erklärung finden könnten. Wäre doch, wenn der Gesetzgeber hier nirgends an einen sachlichen, in der beharrenden Natur der beteiligten Interessen und Kräfte begründeten Maßstab gebunden wäre, der innere Zusammenhang in dem großartigen Bau des Privatrechts unverständlich.

Einige vertreten freilich die Ansicht, daß auch hier das Gesetz das eigentlich und allein wirkende sei, daß lediglich dieses hier Handlungen und Folgen mit einander verbinde.

Sehen wir zu, was hieran Wahres ist.

Das was die Folgen eines Geschäftes oder einer Rechtsverletzung zu Rechtsfolgen macht, ist selbstverständlich das objektive Recht. Ganz ebenso wie das letztere allein ein Geschäft zu einem Rechtsgeschäfte macht, einer Übelthat die Eigenschaft einer Rechtsverletzung verleiht. Meint man bloß dieses mit jenen Sätzen, so sind dieselben nichts weiter als der fehlerhafte Ausdruck einer Tautologie. Denkt man dagegen an das Materielle jener Folgen, nicht bloß an ihre Eigenschaft, vom Rechte normiert und gewährleistet, d. i. Rechtsfolgen zu sein, so enthalten sie einen Irrtum. Die Gesetze und überhaupt die Normen des Rechts sind Formen, in welchen eine Summe zusammentreffender psychischer Kräfte in einheitlicher Weise wirksam wird. Fielen die Gesetze weg, so würde dadurch die Wirksamkeit dieser Kräfte im allgemeinen nicht beseitigt, sondern nur, wie schon bemerkt wurde, unsicherer und ungleichmäßiger gemacht und an andere Äußerungsformen gebunden. Diese Kräfte sind ferner nirgends allein in der Form der Gesetze, sondern überall zugleich in mannigfachen anderen Formen wirksam. Man denke an die bindende Kraft eines Leih-, Kauf-, Mietgeschäftes, eines Schenkungs-, eines Heiratsversprechens. Dieselbe ist offenbar bei der Mehrzahl der Menschen, jedenfalls bei allen Leuten von ehrenhafter Gesinnung, nicht von den Gesetzen abhängig. Indem sie mit jenen Handlungen die vom Gesetze geforderten Folgen verknüpfen, geschieht dies unter dem Einfluß von Imperativen, welche in den Gesetzen wohl eine Bekräftigung, Sanktionierung und Ergänzung finden, nicht aber ihren Ursprung haben. Folglich ist es falsch, zu sagen, daß die Gesetze bezüglich dieser Verknüpfung das allein wirkende seien.

Elemente § 23, Lehrbuch § 66 und die zum § 144 cit. Abhandlungen Merkels.

§ 243.

Der beherrschende Grundsatz, welchen die Wirksamkeit der bezeichneten Faktoren in Bezug auf den Inhalt der aus Rechtsgeschäften und Rechtsverletzungen entspringenden Verpflichtungen an die Hand giebt, ist dieser:

> **daß ein jeder handelnd und leidend die Bedingungen verwirklichen soll, unter welchen die von ihm ausgehende Wirksamkeit sich mit dem Wohle der anderen verträgt, und unter welchen die Herrschaft des Rechts bestehen und ihren Zweck erfüllen kann.**

Auf dies Prinzip läßt sich in der Hauptsache der Inhalt derjenigen Rechtsteile zurückführen, welche die Rechtswirkungen menschlicher Handlungen, soweit diese Rechtswirkungen sich gegen den Handelnden wenden und denselben in seiner Freiheit als beschränkt erscheinen lassen, zum Gegenstande haben.

Zugleich ist damit eine Maxime bezeichnet, welche die gleiche Giltigkeit dem Standpunkt der gemeinsamen Interessen wie dem ethischen Standpunkte gegenüber besitzt (s. § 41).

III. Speziellere Betrachtung der Rechtsgeschäfte.

1. Merkmale und Arten.

§ 244.

Das Recht kennt:

1. einseitige Rechtsgeschäfte, zu welchen eine Willensäußerung nur auf einer Seite, der aktiven oder passiven Seite des bezweckten Rechtsverhältnisses,
2. zweiseitige Rechtsgeschäfte oder Verträge, zu welchen eine übereinstimmende Willensäußerung von aktiver und passiver Seite gehört.

Litt. zur allgemeinen Lehre vom Rechtsgeschäfte: v. Savigny, System III. Karlowa, Das Rechtsgeschäft und seine Wirkungen 77. Zitelmann, Irrtum und Rechtsgeschäft, und in Bekkers Beitr. zur Erl. des Entw. eines B., H. 7—10, 89 f. Thon, Rechtsnorm u. subjektives Recht 350 ff. Pernice, Rechtsgeschäft und Rechtsordnung, in Grünhuts Zeitschr. VII, 465. Schloßmann, Der Vertrag 76; derselbe in Grünhuts Zeitschr. VII, 543. R. Schall, Der Parteiwille im Rechtsgeschäft 77. Windscheid, Wille und Willenserklärung 78. Lenel in Iherings Jahrb. XIX, 154. Enneccerus, Rechtsgeschäft, Bedingung, Anfangstermin 89. Die Pandektenlehrbücher.

§ 245.

1. Ein Beispiel eines einseitigen Rechtsgeschäfts ist in der Errichtung eines Testaments gegeben (§ 735).

§ 246.

2. Die Verträge stellen die wichtigere Form der Rechtsgeschäfte dar. Sie zerfallen wieder in zahlreiche Arten und Unterarten, wobei sich als Einteilungsgründe geltend machen:

a) die Verschiedenheit der Rechtsverhältnisse, auf deren Begründung die Verträge gerichtet sind,
b) die Verschiedenheit der Handlungen und Handlungsformen, von welchen die rechtliche Wirksamkeit derselben abhängt.

*§ 247.

a) Mit Rücksicht auf den ersten Einteilungsgrund unterscheidet man u. a. einseitige und zweiseitige Verträge. Die ersteren bringen nur auf einer Seite, die letzteren auf beiden Seiten Verpflichtungen zur Entstehung. Zu jenen gehört der Darlehensvertrag, zu diesen der Kaufvertrag.

Vgl. § 652.

*§ 248.

b) Mit Rücksicht auf den zweiten Einteilungsgrund unterscheidet man u. a. förmliche und formlose Verträge. Bei den ersteren hängt die rechtliche Wirksamkeit des Geschäfts von der Beobachtung besonderer Formen bei Abschluß desselben ab, bei den letzteren nicht. Zu jenen gehört nach B. der Vertrag über Verkauf eines Grundstücks, zu diesen der Vertrag über Verkauf beweglicher Sachen.

Auch einseitige Rechtsgeschäfte können an bestimmte Förmlichkeiten gebunden sein. So z. B. die Errichtung eines Testaments (s. § 736).

§ 249.

Die Förmlichkeiten bei Rechtsgeschäften haben zum Teile eine Bedeutung für die Intentionen der Handelnden selbst, indem sie diese Intentionen und deren Ernsthaftigkeit zu einem sicheren und künftigem Streite möglichst vorbeugenden Ausdruck bringen, zum Teile zugleich oder ausschließlich eine unmittelbare Bedeutung für öffentliche Interessen.

Jenes gilt u. a. von der schriftlichen Aufzeichnung, welche bei manchen Verträgen bezüglich des Vertragsinhalts gefordert wird (s. § 655), dies u. a. von den Förmlichkeiten bei Begründung einer Ehe (§ 705).

Die Bedeutung der Förmlichkeiten bei Rechtsgeschäften ist damit nicht erschöpfend bezeichnet, sondern nur das für die Gegenwart Wichtigste hervorgehoben. Förmlichkeiten können auch bestimmt sein, den Beweis gewisser sachlich relevanter Vorgänge oder auch diese Vorgänge selbst zu vertreten. Auf diese ihre stellvertretende Bedeutung, welche in der Geschichte des Rechtslebens eine bemerkenswerte Rolle spielt, ist hier nicht näher einzugehen. Über die Bedeutung der Formen bei Rechtsgeschäften s. v. Jhering, Geist II, 470.

2. Rechtsfolgen.

§ 250.

Die Bestimmung der Rechtsgeschäfte im Sinne des objektiven Rechts ist diese: dem Willen der Rechtssubjekte die Möglichkeit zu gewähren, auf den Bestand und Inhalt der Rechtsverhältnisse einen ihren Zwecken entsprechenden Einfluß auszuüben.

§ 251.

Demgemäß werden die Wirkungen der Rechtsgeschäfte in gewissen Grenzen und unter bestimmten Voraussetzungen so geordnet, wie es den zum Ausdruck gelangenden oder nach allgemeiner Erfahrung zu vermutenden Intentionen der Beteiligten gemäß ist.

§ 252.

Jedoch macht sich diesen Intentionen gegenüber in mannigfacher Weise ein objektives Prinzip geltend. Das Recht gewährleistet dem Willen der Rechtssubjekte eine deren Zwecken entsprechende rechtliche Wirksamkeit nur insofern, als es mit den unter seinem Schutze stehenden sachlichen (§ 161) Interessen verträglich erscheint und bzw. nur unter solchen Bedingungen, unter welchen dies der Fall ist.

§ 253.

Hierher gehört es

1. wenn den von den Handelnden bezweckten Wirkungen die rechtliche Anerkennung versagt wird,
2. wenn mit ihren Handlungen Wirkungen verbunden werden unabhängig von den Zwecken der Handelnden.

* § 254.

ad 1. Den bezweckten Wirkungen wird die Anerkennung unter Umständen versagt mit Rücksicht auf die eigenen sachlichen Interessen der Handelnden, unter Umständen mit Rücksicht auf öffentliche Interessen. Unter beiderlei Gesichtspunkte kann es fallen, wenn einem Geschäfte wegen Nichtbeachtung vorgeschriebener Formen eine rechtliche Wirksamkeit versagt wird (§ 248 f.).

Hervorgehoben sei hier noch die Nichtigkeit wucherischer (auf Ausbeutung des Leichtsinns, der Unerfahrenheit oder einer Notlage eines der Handelnden beruhender) Verträge, sowie überhaupt solcher Verträge, welche auf die Herbeiführung unsittlicher Handlungen oder Verhältnisse gerichtet sind oder gegen ein gesetzliches Verbot verstoßen.

§ 255.

ad 2. Ohne Rücksicht auf die Zwecke der Handelnden werden überall solche Folgen mit Rechtsgeschäften verbunden, von welchen es als abhängig erscheint, daß die mittelst ihrer ausgeübte Wirksamkeit sich mit den beteiligten und unter Rechtsschutz stehenden sachlichen Interessen verträgt.

Die allgemeine Charakterisierung des hier sich geltend machenden objektiven Prinzips s. in § 243.

§ 256.

So werden mit dem Abschluß einer Ehe wichtige Rechtswirkungen verbunden, unabhängig davon, ob sie in den Zwecken der die Ehe Eingehenden liegen (relative Unauflöslichkeit des geknüpften Bandes, s. § 707, Pflichten in Bezug auf etwaige Nachkommen ꝛc.). Es sind in ihnen die Bedingungen bezeichnet, unter welchen die Begründung eines solchen Verhältnisses vom Rechte als im Einklang stehend mit den seinem Schutze anvertrauten Interessen erachtet wird.

§ 257.

Vor allem aber ist die verpflichtende Kraft, welche das Recht unter gewissen Voraussetzungen einem angenommenen Versprechen beimißt, auf das bezeichnete objektive Prinzip zurückzuführen. Daher diese bindende Kraft davon unabhängig ist, ob die Erfüllung des Versprechens in der Absicht des Versprechenden lag.

Man denke an den Käufer einer Sache, welcher von Anfang an beabsichtigt, sein Versprechen: zu bestimmter Zeit den vereinbarten Kaufpreis zu zahlen, unerfüllt zu lassen. Dieser Umstand schließt nicht aus, daß das Recht den Käufer an sein Versprechen binde und ihn erforderlichenfalls zur Erfüllung desselben zwingen lasse. Für die Entstehung der Zahlungspflicht sind daher nicht die dem Zahlungsversprechen zu Grund liegenden Absichten, sondern objektive Merkmale des Versprechens und die in ihnen sich begründende Bedeutung desselben für die Interessen des andern, dem das Versprechen gegeben und dessen Verhalten durch dasselbe bestimmt wird, entscheidend.

§ 258.

Hierher gehört es ferner, daß der Fortbestand der aus einem angenommenen Versprechen erwachsenden Verpflichtung durch eine etwaige nachträgliche Sinnesänderung bei dem Verpflichteten nicht berührt wird.

Läge der Grund der Verpflichtung, wie viele annehmen, „in dem freien Willen, welcher sich selbst verpflichtet", so müßte eine entgegengesetzte Äußerung dieses freien Willens die Verpflichtung wieder aufheben! Das ist aber nicht der Fall. Jede Verpflichtung im Rechtssinne ist objektive Gebundenheit einer Person andern gegenüber, eine partielle Unfreiheit, deren Grund nicht in dem eigenen Wollen der Person gesucht werden kann, ohne daß man sich in einem Widerspruch verfängt. Wohl ist es in die Freiheit des einzelnen gestellt, sich in die Lage zu versetzen, in welcher jene Gebundenheit eintritt, allein was ihn gegen sein eigenes Wollen hierin festhält, kann nicht dies Wollen selbst sein! So wenig wie jemand sein eigener, ihn gegen seinen Willen in einer Zelle festhaltender Kerkermeister sein kann.

Es gilt von diesen Verpflichtungen hier nichts anderes wie von den in Rechtsverletzungen sich begründenden. Wie der Verbrecher frei ist in Bezug auf seine Handlung, nicht frei in Bezug auf deren gegen ihn gewendete Folgen, so der Aufnehmer eines Darlehens frei in Bezug auf das Leihen, nicht in Bezug auf die daraus entspringende Pflicht, das Geliehene zurückzuzahlen, und wie dort die That, nicht aber deren Rechtsfolge, in dem freien Willen des Thäters ihre zureichende Erklärung findet, so hier.

Die herrschende Theorie überspringt die That und überträgt auf den Willen, was nur von dessen ihm gegenüber zu selbständiger Bedeutung gelangenden Wirksamkeit gilt.

Elemente § 23 Z. 3.

*§ 259.

Die Verpflichtung kann ferner dem gleichen Prinzip entsprechend einen neuen und bzw. einen erweiterten Inhalt gewinnen unabhängig von dem Willen des Verpflichteten.

So in dem Falle eines der Verpflichtung widersprechenden Verhaltens.

Über solche Umwandlung von Rechtspflichten im Fall ihrer Verletzung Spezielleres im nächsten Abschnitt.

IV. Speziellere Betrachtung der Rechtsverletzungen.

1. Merkmale und Arten.

§ 260.

Jede Rechtsverletzung enthält ein Rechtsanforderungen widerstreitendes und also pflichtwidriges Verhalten.

Viele wenden das Wort Rechtsverletzung auch in Fällen an, wo von der Verletzung einer Rechtspflicht nicht die Rede sein kann. So in Bezug auf Verletzungen gewisser Interessen anderer durch Unzurechnungsfähige. Man denke an die Tötung eines Menschen durch einen Wahnsinnigen. Selbstverständlich kann hier von einem Zuwiderhandeln gegen die verpflichtenden Vorschriften des Rechts nicht gesprochen werden, da nicht einmal eine Handlung, geschweige denn eine pflichtwidrige Handlung vorliegt. Gleichwohl spricht man auch hier von einer Rechtsverletzung, indem man das Wort auf die äußerlichen Merkmale bezieht, welche die That des Wahnsinnigen mit Mord und Totschlag gemein hat. Trotz dieser Gemeinsamkeit ist aber die rechtliche Bedeutung der Vorgänge eine fundamental verschiedene. Von dem, was der That des Zurechnungsfähigen ihre eigentümliche Bedeutung für die Rechtsordnung verleiht und was Grund und Maß für die Gegenwirkungen enthält, welche sich mit ihr verknüpfen (s. hierüber die § 275 ff.), ist bei der That des Wahnsinnigen nichts vorhanden. Wenn man daher diese, juristisch betrachtet, so sehr verschiedenen Dinge mit demselben juristischen Namen bezeichnet, so ist dies nur erträglich unter der Voraussetzung, daß man sich dabei ihrer Verschiedenheit bewußt bleibe. Besser aber ist es, das begrifflich Verschiedene auch sprachlich auseinander zu halten. Bisher wenigstens hat hier die sprachliche Vermengung einer die Verschiedenheiten herausstellenden Bearbeitung der Begriffe lediglich Hindernisse bereitet. — In diesem Buch ist von „Rechtsverletzung“ stets nur in dem hier im Texte entwickelten Sinn die Rede.

Zur allgemeinen Lehre von den Rechtsverletzungen: Merkel, Kriminalistische Abhandlungen I, Gießen 67. Über das gemeine d. Strafrecht von Hälschner und den Idealismus in der Strafrechtswissenschaft, in der Zeitschr. f. d. ges. Strafrechtswissenschaft I, 580 (Sammlung S. 430). Binding, Normen und Handbuch des Strafrechts. Jhering, Schuldmoment im röm. Privatrecht 67. Hälschner, Die Lehre vom Unrecht u. seinen verschiedenen Formen 60. v. Bar, Grundlagen des Strafrechts 69. Heyßler, Das Civilunrecht und seine Formen 70 und in Grünhuts Zeitschr. 83 S. 14. Herz, Das Unrecht u. die allgem. Lehren des Strafrechts 80. — R. Löning, Der Vertragsbruch und seine Rechtsfolgen 79.

§ 261.

Seiner äußeren Seite nach kann dies Verhalten dadurch charakterisiert sein, daß, was einem Rechtsverbote gemäß unterbleiben sollte, gethan wird, oder dadurch daß, was einem Rechtsverbote gemäß geschehen sollte, unterbleibt.

S. § 755.

*§ 262.

Seiner inneren Seite nach kann dies Verhalten durch die Merkmale des Vorsatzes oder durch diejenigen der Fahrlässigkeit charakterisiert sein.

Die Rechtsverletzung ist vorsätzlich begangen, wenn die zur äußeren Thatseite gehörigen Merkmale mit Wissen und Wollen — fahrlässig begangen, wenn dieselben zwar nicht mit Wissen und Wollen, aber auf Grund pflichtwidriger, die im Verkehr erforderliche Sorgfalt außer acht lassender Unaufmerksamkeit oder Nachlässigkeit verwirklicht wurden.

§ 263.

Das erstere ist u. a. beim Diebe, beim Mörder, Verläumder, bei dem Schuldner, der sich durch die Flucht seinen Verpflichtungen zu entziehen sucht, der Fall. Das was dem Recht entgegen ist, wird hier mit Wissen und Wollen verwirklicht.

§ 264.

Das letztere ist u. a. bei demjenigen der Fall, der durch unbedachtsames Gebahren mit Gift, mit Feuer oder mit explosibelen Stoffen eine Schädigung anderer an Leib oder Leben oder am Vermögen herbeiführt.

Auch hier ist das Geschehene dem Willen des Handelnden zur Last zu legen, der zwar nicht die Schädigung der andern wollte, aber auch nicht so wie er sollte auf deren Vermeidung gerichtet war.

Die Unterscheidung von Vorsatz und Fahrlässigkeit ist derjenigen zwischen rechtswidrigem Thun und rechtswidrigem Unterlassen auf der äußeren Thatseite (§ 261) verwandt, insofern dem Willen des Schuldigen beim Vorsatze ein aktives, bei der Fahrlässigkeit ein passives Verhalten im Bereiche des eigenen Bewußtseins zur Last fällt.

§ 265.

Die Annahme einer Fahrlässigkeit setzt voraus, daß bei pflichtgemäßem Verhalten der Widerspruch mit den Anforderungen des Rechts vermieden worden wäre.

Wenn das letztere nicht der Fall ist, so liegt im Sinne des Rechts ein Zufall (casus) vor.

§ 266.

Hierher gehört es, wenn jemand durch unwiderstehliche Gewalt an der Erfüllung seiner Verpflichtungen gehindert oder wenn durch jemandes Handlungen auf Grund einer schlechthin unvorhersehbaren Verknüpfung von Umständen der schädliche Erfolg herbeigeführt worden ist.

Der letztere ist hier nicht auf den Willen der Person zurückzuführen und findet in der Beschaffenheit desselben nicht seine Erklärung. Er wird ihm daher nicht zur Last gelegt, ihm nicht „zugerechnet".

Vgl. § 692.

§ 267.

Jede Rechtsverletzung hat eine Bedeutung für Interessen, welche den Schutz des Rechts in Anspruch nehmen.

Betrachten wir zuerst diese Interessen, dann die Bedeutung, welche den Rechtsverletzungen bezüglich derselben zukommt.

§ 268.

Hinsichtlich dieser Interessen sind zu unterscheiden:

1. die besonderen öffentlichen und Privatinteressen, welche durch die einzelne Rechtsverletzung berührt werden, und

2. das allgemeine Interesse an der Autorität des Rechts und dem Gehorsam der einzelnen seinen Vorschriften gegenüber.

§ 269.

ad 1. Jede Rechtsverletzung hat eine Beziehung auf irgend welche besonderen Interessen, welchen sie wirklich oder angenommenermaßen widerstreitet und mit Rücksicht auf welche betreffende Handlungen verpönt sind.

§ 270.

Dieselben können zu den bloß objektiv geschützten Interessen gehören, deren in § 156 gedacht worden ist, oder einen Schutz in Gestalt subjektiver Rechte erlangt haben.

Im letzteren Falle enthält die Rechtsverletzung zugleich eine Verletzung subjektiver Rechte, im ersteren fehlt ihr dieses Merkmal. Z. B. enthält der Diebstahl die Verletzung eines subjektiven Rechts (des Eigentums- und Besitzrechtes des Bestohlenen), während die Blutschande eine solche nicht enthält.

§ 271.

Diese Interessen können wir regelmäßig in unmittelbar und mittelbar beteiligte unterscheiden. Auf jene weist der Begriff der betreffenden Art von Rechtsverletzungen hin, und es entspricht ihnen das subjektive Recht, das bei derselben etwa in Betracht kommt.

So verletzt die Beleidigung unmittelbar das in der Form eines subjektiven Rechts geschützte Interesse der Ehre. Dieses bildet den nächsten Angriffsgegenstand, auf welchen der Begriff dieser Art von Rechtsverletzungen hinweist. Mittelbar verletzen dieselben das Interesse an dem Bestande des bürgerlichen Friedens. So verletzt der Ehebruch unmittelbar das Interesse des beleidigten Ehegatten an der Treue des anderen Teils, mittelbar das gesellschaftliche Interesse an der Kraft des ehelichen Bandes; der Betrug unmittelbar das Vermögensinteresse des Betrogenen, mittelbar das öffentliche Interesse an Treue und Glauben im Verkehre; der Mord unmittelbar das Lebensinteresse des Angegriffenen, mittelbar die Interessen der Angehörigen desselben, sowie das öffentliche Interesse an der Sicherheit von Leib und Leben.

§ 272.

ad 2. Jede Rechtsverletzung enthält das Moment des Ungehorsams dem objektiven Rechte gegenüber, stellt demgemäß von bestimmter Seite her die Herrschaft des letzteren in Frage und berührt so das allgemeine Interesse an dem Bestande dieser Herrschaft. Dies gilt von der Verletzung privatrechtlicher Vertragspflichten ebenso wie von der Verletzung öffentlich-rechtlicher Verpflichtungen.

*§ 273.

Rechtsverletzungen können für die bezeichneten Interessen eine zweifache Bedeutung haben, nämlich:

1. insofern sie bezüglich derselben Übel und Gefahren hervorbringen, und auf die Bedingungen, unter welchen das Recht seine Aufgabe jenen Interessen gegenüber zu erfüllen und seine eigene Herrschaft zu behaupten vermag, einen Einfluß ausüben;
2. insofern sie jene Interessen bedrohende Mißstände und Gefahren erkennbar machen oder unter helleres Licht rücken.

Kraft dieser zweifachen (realen und symptomatischen) Bedeutung der Rechtsverletzungen können dieselben für Maßregeln von zweifacher Art bestimmend sein.

2. Rechtsfolgen.

a) Überhaupt.

§ 274.

Rechtsverletzungen gegenüber liegt es dem Rechte ob, die Bedingungen seiner Herrschaft und die Interessen, um deren willen sie besteht, zu wahren.

Nur insofern eine solche Wirksamkeit von ihm ausgeht, erweist es sich als die schützende und gewährleistende, Ordnung und Frieden verbürgende, Macht, als welche es charakterisiert worden ist.

Lehrbuch § 64 ff.

§ 275.

Diese Wirksamkeit ist im allgemeinen zweifacher Art (§ 273), indem das Recht

erstlich gegen die von Rechtsverletzungen hervorgebrachten Übel und Gefahren Gegenwirkungen eintreten läßt, welche bestimmt sind, die Ausbreitung jener zu hemmen und die schon eingetretenen, so weit die Natur der Dinge dies zuläßt, wieder zu beseitigen, oder auszugleichen;.

zweitens die durch Rechtsverletzungen **erkennbar gewordenen** Übel und Gefahren bekämpfen läßt.

§ 276.

Die zuerst genannten Gegenwirkungen finden ihre Begründung in der dem Recht widerstreitenden Wirksamkeit selbst und bemessen sich nach ihr. Es sind die „Rechtsfolgen" des Unrechts im engeren Sinne dieses Wortes, deren bereits gedacht worden ist (§§ 51—56).

Für die Maßregeln der zweiten Art bildet jene schuldhafte Wirksamkeit nur eine Gelegenheitsursache.

Zu diesen Maßregeln der zweiten Art gehören z. B. Gesetze, welche, infolge begangener Rechtsverletzungen bestimmter Art erlassen, der Wiederbegehung solcher Handlungen vorbeugen sollen, indem sie die Befugnisse der Polizei in bestimmter Richtung erweitern, den Vertrieb von Gegenständen, welche bei der Begehung jener eine Rolle spielten, z. B. von explosibeln Stoffen, Waffen, Gift rc., oder auch den Fremdenverkehr unter eine strengere Kontrole stellen rc.

Die Maßregeln beider Kategorien haben trotz des unter ihnen bestehenden Gegensatzes eine gemeinsame, nämlich eine *präventive*, Bedeutung. Auch die Rechtsfolgen der Rechtsverletzungen (man denke etwa an die Rechtsfolgen von Diebstählen, Beleidigungen, Mordthaten) wirken vorbeugend, und zwar nicht zufällig, sondern ihrer Bestimmung gemäß. Sie wirken vorbeugend, indem sie verhindern, daß die mit der rechtswidrigen Handlung sich verknüpfenden Übel sich behaupten und ausbreiten, indem sie die ansteckende Kraft des mit ihr gegebenen Beispiels einer Mißachtung des Rechts und der von ihm geschützten Interessen aufheben, indem sie den Reiz zu Friedensstörungen auf der Seite der von der Rechtsverletzung unmittelbar oder mittelbar Getroffenen, den Reiz zum Weiterschreiten im Wege des Unrechts auf der Seite des Schuldigen aufheben oder mindern, indem sie die vorbeugende Kraft der zur Anwendung kommenden sekundären Rechtsbestimmungen (§ 55) wahren, und durch alles dies eine Quelle künftiger Gefahren und Übel schließen.

Mit dem äußerlichen Abschluß einer Übelthat hat nicht auch deren Kausalität ihren Abschluß erreicht. Mit ihr ist vielmehr ein Element ins Leben getreten, welches weiter wirkt und für den gesellschaftlichen Körper eine ähnliche Bedeutung besitzt, wie eine giftige Substanz für den Organismus eines Menschen, in welchen sie eingedrungen ist. Die Rechtsfolgen gleichen den im letzteren Falle angewendeten Gegenmitteln. Sie sichern gleich diesen die Zukunft, indem sie ein in der Vergangenheit entstandenes und in der Gegenwart fortbestehendes Übel bekämpfen.

Damit ist aber zugleich das Unterscheidende bezeichnet. Die Rechtsfolgen wirken vorbeugend in innerem Anschluß an die begangene That, nach deren kausaler Bedeutung sich bemessend, in dieser ihre Begründung findend. In Bezug auf jene anderen Maßregeln dagegen giebt die begangene Rechtsverletzung nur den äußerlichen Anlaß, der auch in anderer Form, z. B. durch wissenschaftliche Arbeiten, hätte gegeben werden können. Läßt sich die Verwirklichung der Rechtsfolgen der Bekämpfung eines Brandes vergleichen, so diese anderweitigen Maßregeln der Anschaffung von Spritzen nach einem Brande.

Die Maßregeln beider Kategorien zeigen sich trotz alledem nicht überall scharf gesondert. Nicht selten vielmehr zeigen sich die Merkmale beider in eigentümlicher Weise mit einander verknüpft. Hierher gehört es z. B., wenn bei der Vollziehung einer Freiheitsstrafe dem Sträflinge mit Rücksicht auf die erkennbar gewordene geistige Verwahrlosung desselben nützliche Kenntnisse beigebracht werden. Die weiterhin darzulegende Natur der Strafen (§ 292 ff.) gestattet es im allgemeinen, daß in ihnen die Gegenwirkung gegen die durch ein Verbrechen *erzeugten* Übel sich mit einer Wirksamkeit verbinde, welche gegen die durch das Verbrechen bloß *erkennbar gewordenen* Übel gerichtet ist. Demgemäß gehören nicht wenige Strafen zugleich jener zweiten Kategorie an. So z. B. die Stellung eines Verbrechers unter polizeiliche Aufsicht, die gegen Ausländer wegen eines Verbrechens verhängte Landesverweisung, die Unterbringung bestrafter Vagabunden in einem Arbeitshause, die Konfiskation der Produkte und Werkzeuge eines Verbrechens 2c. Insoweit diese Maßregeln für den Verbrecher die Bedeutung einer Strafe haben, suchen sie ihre Begründung in seiner schuldhaften Wirksamkeit. Sie sind aber nicht bloß Strafen, sondern zugleich Vorkehrungen gegen Gefahren, hinsichtlich welcher die rechtswidrige Handlung nicht die Ursache, sondern lediglich einen Erkenntnisgrund enthält.

§ 277.

Die „Rechtsfolgen" des Unrechts, welche uns im weiteren allein beschäftigen sollen, haben die Form einer Begründung neuer oder einer Modifikation bestehender Rechtsverhältnisse, oder die Form einer Nötigung zur Erfüllung der zu diesen Verhältnissen gehörigen Verpflichtungen.

Ein Schuldner versucht es, in betrügerischer Weise sich seinen Verpflichtungen zu entziehen. Eine solche Handlung kann zur Folge haben 1. eine Modifikation des zwischen dem Schuldner und seinem Gläubiger bestehenden Rechtsverhältnisses, indem der Schuldner verpflichtet wird, neben der ursprünglich geschuldeten Leistung dem Gläubiger Ersatz für etwaige Nachteile zu bieten, die demselben aus dem rechtswidrigen Verhalten des Schuldners erwachsen sind; 2. die Entstehung neuer Rechtsverhältnisse, indem der Schuldner dem Staate gegenüber verpflichtet wird, bestimmte Strafen zu erleiden; 3. die zwangsweise Realisierung der alten und neuen Verpflichtungen des Schuldners.

§ 278.

Diese Rechtsfolgen kehren sich gegen denjenigen, der die Rechtsverletzung begangen hat, indem sie diesem Pflichten auferlegen oder ihn einem Zwange zur Erfüllung von solchen unterwerfen.

Sie kehren sich gegen ihn, weil es seine Wirksamkeit ist, der gegenüber das Recht und die von ihm geschützten Interessen sich zu behaupten veranlaßt sind.

Der allgemeine Grund der Verantwortlichkeit für unsere Thaten liegt lediglich darin, daß es unsere Thaten sind, welche Lust oder Unlust, Achtung oder Verachtung hervorrufen, und denen gegenüber andere sich veranlaßt sehen, die Bedingungen ihres Wohles und ihrer Selbstachtung im Einklang mit den allgemeinen Werturteilen zu wahren. Vgl. Merkel, Ueber das gemeine d. Strafrecht von Hälschner u. den Idealismus in der Strafrechtswissenschaft (§ 260); derselbe, Rechtliche Verantwortlichkeit (§ 236); Simmel, Einleitung in die Moralwissenschaft 92.

Liegt eine jenen ethischen Werturteilen widerstreitende und in Interessengebiete, welche unter dem Schutze des Rechts oder anderer ethischer Mächte stehen, verletzend eingreifende That vor, so sprechen wir von einer „Schuld" des Thäters. Hierbei wird dies Wort spezieller bald auf die mit den bezeichneten Eigenschaften behaftete That selbst („Schuld" gleich „normwidrige Kausalität") oder, korrekter, auf die durch die That begründete Verantwortlichkeit und Gebundenheit („Schuld" gleich „ethische Gebundenheit in Bezug auf ein jene Kausalität ausgleichendes Handeln oder Dulden") bezogen.

§ 279.

Dieselbe Rechtsverletzung kann vielerlei Rechtsfolgen nach sich ziehen; eine Verleumdung z. B. die Verpflichtung, Ersatz zu leisten für etwa verursachte Vermögensnachteile, bzw. zur Zahlung einer „Buße" an den Verletzten, den Zwang zur Erfüllung dieser Verpflichtung, die Zuerkennung und Vollziehung einer Gefängnisstrafe, die Veröffentlichung des gegen ihn ergangenen Strafurteils, die Verpflichtung und die Nötigung zur Tragung der Kosten einer Ausfertigung des Urteils für den Verletzten und zur Tragung der Prozeßkosten.

§ 280.

Wie sich bei den Rechtsverletzungen die Beziehung auf das allgemeine Interesse an dem Bestande der Herrschaft und Macht des Rechts von der Beziehung auf bestimmte besondere Interessen scheiden läßt (§§ 268—72), so bei den Rechtsfolgen.

§ 281.

Alle Rechtsfolgen haben eine Bedeutung für jenes allgemeine Interesse. Denn alle bekräftigen der begangenen Rechtsverletzung gegenüber die Giltigkeit und das Ansehen der verletzten Vorschriften; alle wirken zu Gunsten einer Wahrung und bzw. Wiederherstellung eines Zustandes, der mit diesem Ansehen und den Bedingungen seines Fortbestandes harmoniert.

§ 282.

Jede Rechtsfolge ist zugleich bestimmt, gewissen besonderen Interessen, solchen, welchen die betreffende Rechtsverletzung widerstreitet, zu dienen, und bezüglich ihrer in einem der Bedeutung der Rechtsverletzung entgegengesetzten Sinne wirksam zu werden.

Die Verschiedenheit der Rechtsfolgen entspricht einer Verschiedenheit dieser besonderen Interessen, und resp. einer Verschiedenheit der Bedingungen, unter welchen dieselben einer ihnen feindlichen Wirksamkeit gegenüber sich zu behaupten vermögen.

b) Ihre Arten.

§ 283.

Die Rechtsfolgen scheiden sich:

α) in privatrechtliche und öffentlich-rechtliche,

β) in Rechtsfolgen, welche unter den Begriff der Strafen fallen (strafrechtliche Unrechtsfolgen), und solche, welche nicht darunter fallen

In der Litteratur werden diese beiden Gegensätze nicht selten in der Weise mit einander vermengt, daß man die öffentlich-rechtlichen Unrechtsfolgen mit den Strafen und den Gegensatz zu jenen mit dem Gegensatz zu diesen identifiziert. Damit aber schneidet man sich die Möglichkeit ab, zu einer richtigen Auffassung der besonderen Natur der unterschiedenen Unrechtsfolgen zu gelangen. Weder sind alle öffentlich-rechtlichen Unrechtsfolgen Strafen (man denke etwa an den auf öffentliche Pflichten bezüglichen Erfüllungszwang, § 292), noch alle Strafen öffentlich-rechtlicher Natur. Diese beiden Begriffe haben an sich durchaus nichts mit einander zu thun. Die Thatsache, daß die Strafen des modernen Rechts zumeist mit den Merkmalen des Strafbegriffs diejenigen der öffentlichen Unrechtsfolgen vereinigen, beweist nichts gegen die Fehlerhaftigkeit und den verwirrenden Einfluß einer Vermengung dieser Begriffe.

α) Rechtsfolgen privatrechtlicher im Gegensatz zu Rechtsfolgen öffentlich-rechtlicher Natur.

§ 284.

Die privatrechtlichen Unrechtsfolgen bestehen in der Modifikation bestehender oder in der Begründung neuer Privatrechtsverhältnisse oder in der Nötigung zur Erfüllung dazu gehöriger privatrechtlicher Verpflichtungen.

Die öffentlich-rechtlichen Unrechtsfolgen in der Modifikation bestehender oder in der Begründung neuer öffentlich-rechtlicher Verhältnisse oder der Nötigung zur Erfüllung dazu gehöriger öffentlich-rechtlicher Verpflichtungen.

Eine privatrechtliche Unrechtsfolge: Zwang zur Zahlung einer Darlehensschuld; eine öffentlich-rechtliche Unrechtsfolge: Zwang zur Erfüllung der staatsbürgerlichen Pflicht, vor Gericht Zeugnis zu geben.

§ 285.

Die privatrechtlichen Unrechtsfolgen bemessen sich unmittelbar nach der Bedeutung der Rechtsverletzung für die beteiligten Privatinteressen, die öffentlich-rechtlichen Unrechtsfolgen unmittelbar nach der Bedeutung der Rechtsverletzung für die beteiligten öffentlichen Interessen.

§ 286.

Mit mancher Rechtsverletzung verbinden sich bloß privatrechtliche Folgen. So z. B. im allgemeinen mit der fahrlässigen[1]) Beschädigung fremder Sachen, mit der pflichtwidrigen Verzögerung vermögensrechtlicher Leistungen.

Man spricht hier von „bloßem Civilunrechte", bloß „privatrechtlichem Unrechte".

[1]) Anders bei der vorsätzlichen Beschädigung, auf welche unser Strafgesetzbuch eine öffentliche Strafe androht, s. § 293.

§ 287.

Die öffentlichen Interessen, welche bei diesen Rechtsverletzungen (§ 272, vergl. § 271) beteiligt sind, kommen hier zu keinem selbständigen Ausdruck.

Die privatrechtlichen Folgen haben aber eine Bedeutung auch für sie.

Indem das Recht mittelst ihrer die unter seinem Schutze stehenden Privatinteressen dem Schuldigen gegenüber triumphieren läßt, wahrt es zugleich die Autorität der schutzverheißenden Vorschriften und befriedigt die öffentlichen Interessen, welche von der Autorität dieser Vorschriften abhängig sind.

Wenn z. B. dem Eigentümer seine ihm rechtswidrig entzogene Sache im Wege Rechtens wieder verschafft wird (privatrechtliche Unrechtsfolge), so bewährt sich damit die Kraft der das Eigentum normierenden und ihm Schutz verheißenden Rechtsnormen. Dies aber hat eine Bedeutung 1. für diejenigen besonderen öffentlichen Interessen, welche in diesen Rechtsnormen ihren Ausdruck finden, für deren Ausbildung entscheidend waren, ihrer Aufrechterhaltung zu Grund liegen und von dieser abhängig sind; und 2. für jenes allgemeinste öffentliche Interesse: daß das Recht überhaupt sich als eine Macht bewähre und nicht vergeblich Schutz verheiße und Schranken ziehe. — Diese Bedeutung der privatrechtlichen Unrechtsfolgen ist häufig verkannt worden. Sie ergiebt sich aus der einfachen Erwägung, daß das Recht in allen seinen Teilen und bei allen seinen Funktionen als ein Organ gemeinsamer oder öffentlicher Interessen erscheint, daß demgemäß jede dieser Funktionen und also auch die Verwirklichung der privatrechtlichen Unrechtsfolgen eine Bedeutung für diese Interessen haben müsse, s. § 89 ff.

§ 288.

Bei manchen Rechtsverletzungen kommt umgekehrt die Verletzung von Privatinteressen und Privatrechten, welche sie enthalten, in den Rechtsfolgen zu keinem selbständigen Ausdruck.

So im allgemeinen nach modernem Rechte bei Mord und Totschlag. Soweit dabei nicht Vermögensinteressen der Angehörigen des Getöteten in Frage stehen, kommen nur öffentlich-rechtliche Verhältnisse zwischen dem Schuldigen und dem Staate als Rechtsfolgen der That zur Entstehung.

§ 289.

Der modernen Anschauung gemäß treten bei diesen Verbrechen die verletzten Interessen der beteiligten Privaten (der Familienglieder) hinter den allgemeinen Interessen zurück und haben in den Rechtsfolgen, für welche die letzteren maßgebend sind, zugleich ihre eigene Befriedigung, soweit eine solche in Frage kommen kann, zu suchen.

Hinsichtlich der Entwicklung jener Anschauung und der ihr entsprechenden Entwicklung des öffentlichen Strafrechts vgl. Merkel, Über den Zusammenhang zwischen der Entwicklung des Strafrechts und der Gesamtentwicklung der öffentl. Zustände &c. 89. Lehrbuch §§ 11, 72.

§ 290.

Bei zahlreichen anderen Rechtsverletzungen kommen beiderlei Interessen zu selbständigem Ausdruck in den Rechtsfolgen. Dahin gehören u. a. Diebstahl, Raub und Betrug. Dieselben bringen einerseits privatrechtliche Verhältnisse zwischen den Schuldigen und den in ihren Rechten verletzten Privaten, andrerseits öffentlich-rechtliche Verhältnisse zwischen den Schuldigen und dem Staate hervor.

β) Strafrechtliche im Gegensatz zu anderen Rechtsfolgen.

§ 291.

Die strafrechtlichen Folgen bestehen darin, daß ein Rechtsverhältnis zwischen dem Schuldigen und dem Staate, oder auch einem Privaten oder einer Korporation zur Entstehung gelangt, kraft dessen jener eine Strafe bzw. eine Mehrzahl von Strafen zu erleiden hat, und in dem wirklichen Erleiden derselben auf Grund dieses Rechtsverhältnisses.

Die Strafe ist „Privatstrafe", wenn jenes Verhältnis privatrechtlicher Art, „öffentliche Strafe", wenn es öffentlich-rechtlicher Natur ist.

§ 292.

Der Begriff der Strafe umfaßt vielerlei Unrechtsfolgen, welche aber trotz der unter ihnen bestehenden Verschiedenheiten einen Gegensatz zu allen übrigen Unrechtsfolgen bilden.

Als Strafen seien hier genannt die Todesstrafe, die Freiheitsstrafen, die Geldstrafen, die Entziehung öffentlicher Ämter und politischer Rechte, die Konfiskation der Werkzeuge und Produkte der Rechtsverletzung, die Stellung unter polizeiliche Aufsicht, die Landesverweisung (s. § 774 ff.)

Zur anderen Gruppe, für welche wir keinen passenden gemeinsamen Namen haben, gehören:

die nötigenfalls durch Zwang zu realisierende Verpflichtung zur Herausgabe von Gegenständen, welche man rechtswidrig im Besitze hat, sowie die Entziehung angemaßter Würden, Stellungen rc.;

die Nötigung zur Erfüllung privatrechtlicher oder öffentlich-rechtlicher Verpflichtungen, welchen nicht freiwillig entsprochen wurde;

die Verpflichtung und Nötigung zum Ersatze des Schadens, den man in rechtswidriger Weise dem Vermögen jemandes zugefügt hat.

Worin unterscheiden sich die beiden Gruppen?

Lehrbuch § 67 (Die Rechtsstrafe in ihrem Verhältnis zu anderen Unrechtsfolgen).

§ 293.

Man denke an eine vorsätzliche und rechtswidrige Zerstörung fremden Eigentums.

Eine solche Rechtsverletzung begründet eine Pflicht und eventuelle Nötigung zur Entschädigung des Eigentümers und eine öffentliche Strafe.

Diese Folgen mögen uns die in § 292 unterschiedenen Gruppen repräsentieren.

§ 294.

Entschädigung und Strafe unterscheiden sich

1. durch ihre Beziehung auf verschiedene Seiten der schuldhaften Wirksamkeit. Eine andere ist für die Entschädigung, eine andere für die Strafe unmittelbar maßgebend;
2. durch Merkmale, die an ihnen selbst hervortreten.

Die weiterhin darzulegenden Verschiedenheiten zwischen den genannten Rechtsfolgen kommen in den Rechtsnormen nur allmählich zu einem sicheren und bestimmten Ausdruck und zu allseitiger Berücksichtigung. Vgl. Merkel, Über den Begriff der Strafe in seinen geschichtlichen Beziehungen (s. § 144). Ihering, Schuldmoment.

§ 295.

1. Für die Entschädigung ist unmittelbar maßgebend die zurechenbare Verletzung des fremden Eigentums, dasjenige also, was hier in direktem Widerspruch mit den Rechtsvorschriften und den aus ihnen abgeleiteten Pflichten geschehen ist.

Hierbei handelt es sich um einen Erfolg, der seiner Natur nach eine spezifische Ausgleichung im Wege der Entschädigung zuläßt.

Man nehme an, daß das Vermögen des Eigentümers durch die Rechtsverletzung um einen Betrag von 100 Mark gemindert worden sei und nun durch die genannte Rechtsfolge um denselben Betrag wieder erhöht werde.

§ 296.

In solcher spezifischen Ausgleichung dessen, was eine Rechtsverletzung zunächst charakterisiert, liegt die besondere Bestimmung der ganzen Gruppe von Rechtsfolgen, als deren Repräsentantin die Entschädigung uns gilt.

§ 297.

Die kausale Bedeutung der in Betracht gezogenen Rechtsverletzung (§ 293) für die im Rechte anerkannten Interessen erschöpft sich aber in jener nächsten Wirkung, welche den Gegenstand der Entschädigung bildet, nicht, und auf den hier verbleibenden Rest bezieht sich die Strafe.

§ 298.

Die Wirkungen dieser Rechtsverletzung nämlich gehen, wie die Wirkungen der Rechtsverletzungen überhaupt, über den unmittelbaren Angriffspunkt hinaus, und haben eine Tendenz, die Sphäre des konkreten Rechtsverhältnisses zu überschreiten und sich in weiteren Kreisen privater und öffentlicher Interessen auszubreiten, einer Flamme vergleichbar, welche inmitten brennbarer Stoffe zunächst einen einzelnen Gegenstand ergriffen hat, die Tendenz zeigt, ihre Umgebung weiter und weiter schreitend ihrer Herrschaft zu unterwerfen.

§ 299.

Schon für die unmittelbar betroffene Persönlichkeit hat die Bedeutung der Handlung in dem Geldbetrage, welcher dem erlittenen Vermögensnachteil entspricht, und welcher den Gegenstand der Entschädigung bildet, keinen erschöpfenden Ausdruck gefunden.

Denn in der Handlung prägt sich eine Mißachtung dieser Persönlichkeit und ihres Rechtes aus, gleichviel ob sie zu dem Zwecke begangen wurde, ihr eine feindliche Gesinnung fühlbar zu machen, oder ob der Thäter beliebigen sonstigen Zwecken gegenüber diese Persönlichkeit und ihr Recht als ein bloßes Nichts behandelte. Die letztere sieht damit ihre Geltung in Frage gestellt und sich (von den verletzenden Wirkungen, welche für ihr Gefühl damit unmittelbar sich verbinden, abgesehen), der Gefahr erneuter Bethätigung einer gleichen Gesinnung ausgesetzt.

§ 300.

Diese Momente fanden in den Privatstrafen des älteren Rechts einen selbständigen Ausdruck. Dieselben hatten hiernach die besondere Bestimmung, dem Verletzten eine Genugthuung für die erlittene Kränkung darzubieten, und die Geltung seiner Persönlichkeit und ihres Rechts zu bekräftigen.

Im modernen Staate spielen diese Privatstrafen keine Rolle mehr.

In betreff der Privatstrafen und ihrer Bedeutung für das ältere Rechtsleben ist auf die deutsche und die römische Rechtsgeschichte zu verweisen.

§ 301.

Die in Betracht gezogene Rechtsverletzung berührt ferner gleich jeder anderen öffentliche Interessen. Sie verletzt das öffentliche Interesse an der Sicherheit des Eigentums und an dem Bestande des öffentlichen Friedens, sowie jenes allgemeinste Interesse an der Herrschaft des Rechts (§ 272).

Diese Momente sind es, welche in der mit jener Rechtsverletzung sich verbindenden öffentlichen Strafe zu selbständigem Ausdruck gelangen.

Mittelbar hat die öffentliche Strafe eine Bedeutung auch für die in den §§ 229 ff. bezeichneten Interessen der Einzelpersönlichkeit (s. § 289).

§ 302.

Für die Strafe ist, wie aus dem Gesagten erhellt, die nächste Wirkung der Handlung: die Zerstörung fremden Eigentums, in anderem Sinne bedeutsam als für die Entschädigung.

Bei der letzteren kommt dieser Erfolg unmittelbar als maßgebend, bei der Strafe dagegen nur insofern in Betracht, als sich mit ihm kraft seines Zusammenhangs mit dem Willen einer Person psychische Wirkungen bestimmter Art (§ 298 ff.) verknüpfen.

§ 303.

Die Beteiligung dieses Willens ist hiernach bezüglich der Strafe in einem umfassenderen Sinne bedeutsam als bezüglich der Entschädigung.

Bei der letzteren interessiert dieser Wille nur als Autor jenes nächsten Erfolgs, bei der Strafe um der weitergreifenden Bedeutung willen, welche diesem Erfolge aus solchem Ursprunge erwächst.

§ 304.

Demgemäß kommt es bei der Frage der Entschädigungspflicht nur darauf an, ob dem Handelnden dieser Erfolg zuzurechnen sei, während die speziellere Beschaffenheit seines Willens und der Beteiligung dieses Willens als gleichgiltig erscheint. So ist es in Bezug auf Existenz und Umfang der Pflicht gleichgiltig, ob aus Bosheit oder aus Mutwillen, ob mit Vorsatz oder aus Fahrlässigkeit gehandelt wurde, ob in Jugendlichkeit, gerechten Affekten oder in anderen Umständen Milderungsgründe zu finden seien.

Dagegen sind diese Unterschiede und Umstände für die Frage der Bestrafung wichtig. Denn die über jenen nächsten Erfolg hinausgreifende und für die Strafe maßgebende Bedeutung der Handlung ist größer, wenn mit Vorsatz als wenn aus Fahrlässigkeit, größer, wenn aus Bosheit als wenn aus Mutwillen gehandelt wurde, und hängt überall von der Gestaltung der inneren Thatseite in demselben Maße ab wie von der Gestaltung der äußeren.

§ 305.

Die Besonderheiten in der Bestimmung und Bemessung der Entschädigung einerseits, der Strafe andrerseits schließen nicht aus, daß gewisse Wirkungen beider, der gemeinsamen Natur aller Rechtsfolgen gemäß, in demselben Interessengebiete zusammentreffen.

Die Entschädigung hat vielmehr über die nächste, ihrer besonderen Bestimmung entsprechende Wirkung hinaus eine allgemeine Bedeutung sowohl für die benachteiligte Einzelpersönlichkeit wie für die Gesamtheit, eine Bedeutung, welche derjenigen der Strafe gleichartig ist.

Die Entschädigung, mag sie freiwillig dargeboten oder erzwungen sein, bietet dem Selbstgefühl des Verletzten eine Genugthuung, und ist geeignet, die bei ihm durch die That hervorgerufenen Affekte und das etwa erwachte Mißtrauen in die Macht des Rechts zu mindern, und trifft hierbei mit den Wirkungen zusammen, welche sich mit Privatstrafen verknüpfen. In der Richtung der öffentlichen Interessen hat die Entschädigung die Bedeutung, welche oben den Rechtsfolgen überhaupt (§ 281) und den privatrechtlichen, zu welchen die Entschädigung gehört, insbesondere (§ 287) beigelegt worden ist. Diese Bedeutung aber hat sie mit der öffentlichen Strafe (zwar nicht dem Maße, aber den begrifflichen Merkmalen nach) gemein.

Man denke sich, um hiervon eine Anschauung zu gewinnen, z. B. einen Wegfall der Strafen, welche sich mit Verletzungen des Lebens und der körperlichen Integrität von Rechtswegen verbinden. Ohne Zweifel würde eine Minderung der Bedeutung und des Wertes der in Betracht kommenden Normen, eine Minderung der Sicherheit jener Güter, ein Hervortreten der Selbsthilfe und eine Lockerung der Bande der Ordnung und des Friedens die Folge sein. Man denke sich dem gegenüber ein Wegfallen der Entschädigung und überhaupt der zur zweiten Gruppe gehörigen Rechtsfolgen (§ 292), welche sich mit Verletzungen von Vermögensrechten und vertragsmäßigen Pflichten von Rechtswegen verbinden. Auch hier würde unzweifelhaft eine Minderung des Wertes und der Bedeutung der betreffenden Rechtsnormen, eine Minderung der Sicherheit der unter ihrem Schutze stehenden Güter, ein Hervortreten der Selbsthilfe und eine Lockerung der Bande der bürgerlichen Ordnung die Folge sein. Die Bedeutung des Wegfalls dieser verschiedenen Unrechtsfolgen wäre also in gewissen Grenzen dieselbe. Folglich ist die Bedeutung ihres Eintritts in denselben Grenzen ebenfalls identisch.

§ 306.

In dem Gesagten findet die Thatsache ihre Erklärung, daß das Anwendungsgebiet der Strafen dort, wo für andere Rechtsfolgen Spielraum ist, als ein beschränkteres erscheint wie dort, wo jenes nicht der Fall ist.

Wo für andere Rechtsfolgen kein Spielraum ist, da bilden Strafdrohungen die Regel. Wenn hier von solchen ausnahmsweise abgesehen wird (man denke etwa an Delikte, welche von Souveränen begangen würden), da geschieht dies mit Rücksicht auf Umstände, welche die Anwendung von Zwangsmaßregeln überhaupt und also auch des Strafzwangs als undurchführbar oder als mit überwiegenden Inkonvenienzen verbunden erscheinen lassen.

Wo dagegen für andere Rechtsfolgen (nach der Natur der Unrechtsarten) ein Anwendungsgebiet gegeben ist, da gilt jene Regel nicht. So im Bereiche der Vermögensverhältnisse. Zahlreiche Arten von Rechtsverletzungen in und außer Vertragsverhältnissen ziehen hier keine Strafen, sondern nur Entschädigungspflichten und bezw. Exekutivmaßregeln nach sich. Auch im Bereiche des Familienrechts und verschiedener Teile des öffentlichen Rechts ziehen manche Pflichtverletzungen nur Exekutivmaßregeln nach sich. Vgl. Merkel, Krim. Abhandlungen I.

§ 307.

2. Die Rechtsfolgen von Rechtsverletzungen haben als Machtäußerungen des Rechts, welche sich gegen den Schuldigen richten, für diesen die Bedeutung eines Übels.

Dies Moment hat jedoch bei der Strafe eine höhere Bedeutung, als bei den übrigen Rechtsfolgen.

Alle Rechtsfolgen des Unrechts haben die Merkmale einer Freiheitsbeschränkung des Schuldigen und damit nach dem allgemeinen Maße menschlicher Werturteile die Bedeutung eines Übels für den von ihnen Betroffenen. Dies gilt von der Statuierung einer Entschädigungspflicht und von dem Zwange zur Erfüllung dieser und andrer Pflichten, ebenso wie von der Auferlegung einer Geld- oder Freiheitsstrafe.

§ 308.

Entschädigungspflicht und -Zwang und die ihnen verwandten Rechtsfolgen erfüllen ihre besondere Bestimmung (§§ 295, 296), unabhängig davon, daß sie von dem Betroffenen als Übel empfunden werden, während bei der Strafe das Gegenteil der Fall ist.

Die Ausgleichung, welche durch die Entschädigung im Bereiche der Vermögensinteressen des Verletzten bewirkt werden soll, ist schlechthin unabhängig von der Bedeutung, welche diese Rechtsfolge für die Interessen des Entschädigungspflichtigen hat.

Dagegen würden Gefängnisstrafen, welche von Gewohnheitsverbrechern nicht als Übel empfunden, in schlimmen Zeiten sogar im Sinne einer Versorgung herbeigewünscht würden, ihrer Bestimmung in keiner Weise entsprechen. Sie würden eher geeignet sein, die Macht des Verbrechertums, als diejenige des Rechts und der unter seinem Schutze stehenden Interessen zu wahren und zu erhöhen.

Dieser Gegensatz betrifft jedoch nur die besondere Bestimmung dieser Rechtsfolgen. Das was die Entschädigung und die ihr zur Seite stehenden Rechtsfolgen über ihren nächsten Zweck hinaus für die Rechtsordnung bedeuten und worin sie mit den Strafen zusammentreffen (§ 305 f), ist von der hervorgehobenen Eigenschaft ebensowenig unabhängig wie die Bedeutung der Strafen.

§ 309.

Ein fernerer Gegensatz besteht zwischen Entschädigung und Strafe bezüglich ihrer Formen.

In Bezug auf die Form der Entschädigung giebt der nächste Zweck: spezifische Ausgleichung einer Vermögensbeschädigung, bestimmtere Merkmale an die Hand, als sie in Bezug auf die Form der Strafe dem Zwecke der letzteren zu entnehmen sind.

Eine Vermögensbeschädigung im Betrage von 100 kann stets nur durch eine vermögensrechtliche Leistung, welche einen Wert von 100 repräsentiert, beglichen werden.

Die Seite der schuldhaften Wirksamkeit dagegen, auf welche die Strafe sich bezieht, giebt hinsichtlich der Form der letzteren im allgemeinen nichts Bestimmtes an die Hand. Die in Betracht kommende Bedeutung einer Sachbeschädigung, Beleidigung, Störung des öffentlichen Friedens 2c. läßt keine nähere Beziehung zu den Merkmalen irgend einer Strafart erkennen, so wenig wie Fieberzustände eine Beziehung auf die Form der anzuwendenden Heilmittel. Daher die große Wandelbarkeit in der Form der Strafe.

Mit dem letzteren ist natürlich nicht gesagt, daß hinsichtlich der Wahl der Strafarten die Willkür des Gesetzgebers das allein entscheidende Moment sei und sein könne! Die Bedingungen vielmehr, unter welchen die Strafen innerhalb einer gegebenen Gesellschaft bestimmungsgemäß zu wirken vermögen, ziehen hier gewisse Schranken, und lassen bezüglich einer Verbrechensart diese, bezüglich einer anderen Verbrechensart jene Strafart als die zweckmäßigere und bezw. der Gerechtigkeit mehr entsprechende erscheinen. So ist es z. B. nicht willkürlich, wenn unsere Gesetze mit Verbrechen, welche aus einer als verächtlich geltenden Gesinnung hervorgehen, Ehrenstrafen verbinden. So entsprechen dem privatrechtlichen Standpunkt (§ 300) im allgemeinen andere Strafarten als dem öffentlich-rechtlichen (§ 301). So dem Kindheitsalter der Völker andere als einem vorgerückteren Alter (§ 310 Anm. sub 3). So waren in Rom zur Zeit Konstantins nicht bloß zufällig andere Strafarten vorherrschend wie zur Zeit der Gracchen, in Deutschland im 17. Jahrhundert andere als heute. Das Band, welches das eigentümliche Strafensystem einer Zeit mit dem System der strafbaren Handlungen dieser Zeit verbindet, wird durch die sozialpolitischen Verhältnisse und die Kultur dieser Zeit gebildet. Vgl. § 242. — Merkel, Rektoratsrede (s. § 144).

Auf der anderen Seite gestatten Entschädigung und Erfüllungszwang einen gewissen Formenwechsel auch ihrerseits, und es ist ein solcher namentlich bezüglich des letzteren sowohl der römischen wie der deutschen Rechtsgeschichte bekannt. Der hier bezeichnete Gegensatz ist daher ebenso-wenig wie der in den §§ 307 und 308 besprochene ein absoluter.

§ 310.

Das über die Entschädigung und die ihr verwandten Rechtsfolgen Gesagte hat seine Ergänzung in den Kapiteln über Privatrecht und Civilprozeß, das über die Strafe Gesagte seine Ergänzung in den Kapiteln über Strafrecht und Strafprozeß zu finden.

In Bezug auf das Grundverhältnis zwischen den hier unterschiedenen Gruppen von Rechtsfolgen stellt sich der im Texte dargelegten Auffassung eine Vielzahl von Theorien gegenüber, welche sich ihrem Grundcharakter nach auf die nachfolgend bestimmten Auffassungsweisen reduzieren lassen. Die Entschädigung mag auch hier die Gruppe vertreten, zu der sie gehört.

1. Man findet hier überall keinen Zusammenhang und keine Übereinstimmung, sondern nur Gegensätze.

Nur die Entschädigung soll sich nach der Kausalität der schuldhaften Handlung bemessen und in deren Ausgleichung ihren Zweck haben, Maß und Bestimmung der Strafe dagegen sollen damit nichts zu thun haben. Für die Strafe hat daher die begangene Rechtsverletzung samt den aus ihr entspringenden Übeln und Gefahren nach dieser Auffassung nur die Bedeutung einer Gelegenheitsursache, gleich den im § 276 erwähnten und dort den Rechtsfolgen gegenüber gestellten Maßregeln.

Im übrigen bestehen hier diese zwei Möglichkeiten:

a) Man bezieht die Strafe auf Bedürfnisse, welche, gleichviel woher sie stammen, durch die Rechtsverletzung *erkennbar* geworden sind, wie z. B. auf eine erkennbar gewordene Besserungsbedürftigkeit des Schuldigen, oder auf ein etwa hervorgetretenes Bedürfnis, in einer abschreckenden Weise an die Macht des Rechts zu erinnern, wobei der Schuldige als ein zunächst zur Hand stehendes Objekt für eine Exempelstatuierung in Betracht käme. Daß die Strafe auch derartigen, durch die Rechtsverletzung nicht erzeugten, sondern nur evident gemachten Bedürfnissen dienstbar gemacht werden könne, ist oben ausgeführt worden. b) Man sieht auch von dem sub a bezeichneten Zusammenhange zwischen Rechtsverletzungen und Strafen ab. Hiernach würden die ersteren nur die Bedeutung von willkürlich gewählten Stichworten besitzen, auf die hin der Staat sich bestimmter Individuen bemächtigt, um sie als Mittel für seine Zwecke zu gebrauchen. Ein Mörder z. B. würde hiernach mit dem Tode bestraft, nicht weil dies der realen Bedeutung seiner That für das Recht und die demselben anvertrauten Interessen gemäß ist, auch nicht mit Rücksicht auf Bedürfnisse, welche durch die That erkennbar geworden sind, sondern etwa, weil die Todesstrafe als ein nützliches Institut betrachtet wird, und der Gesetzgeber in dem Mörder ein corpus vile gegeben findet, an dem er das Institut wirksam werden zu lassen für unbedenklich erachtet.

2. Man bezieht die Strafe ebenso wie die Enschädigung auf die begangene That, als worin beide ihre Begründung finden sollen, zerlegt aber diese That in ihre äußeren und inneren Merkmale und meint, daß für die Entschädigung ausschließlich die äußeren, für die Bestrafung ausschließlich die inneren Merkmale maßgebend seien. [Infolgedessen findet man Vollendung und Versuch eines Deliktes gleichwertig, s. § 765 Z. 1.] Hierbei irrt man in beiden Richtungen, da einerseits ein äußeres Geschehen, das nicht auf den Willen einer Person zurückführbar, ihm nicht zurechenbar ist, keine Entschädigungspflicht, und andrerseits böses Wollen, das nicht in einer für das Recht und die von ihm geschützten Interessen relevanten Weise wirksam wird, keine Bestrafung begründet. Beide Rechtsfolgen sind gleichmäßig an das Vorliegen sowohl der äußeren wie der inneren Merkmale der Rechtsverletzungen (§ 260 ff.) gebunden.

3. Man übersieht die im Texte dargelegten Verschiedenheiten, indem man beide Rechtsfolgen nicht bloß wie es der Wahrheit entspricht auf die schuldhafte Wirksamkeit, sondern überall auf die nämliche Seite der letzteren bezieht. Man denkt nämlich bei der Strafe ebenso wie bei der Entschädigung an die nächsten, in der Regel sinnenfälligen, Wirkungen der Handlung, welche unmittelbar den Rechtsvorschriften zuwider herbeigeführt worden sind (§ 295); so bei Mord und Totschlag, bei der Körperverletzung, der Zerstörung fremder Sachen an den Erfolg, auf welchen Name und Begriff dieser Rechtsverletzungen hinweisen. [Infolgedessen statuiert man einen prinzipiellen Gegensatz zwischen vollendetem Delikt und Versuch, bei welch letzterem nur ein schuldhaftes Wollen vorhanden sei, s. § 765 Z. 2]. Diese Auffassung hat zur Konsequenz, daß man bezüglich der Strafen Forderungen aufstellt, welche nur bezüglich der Entschädigung eine innere Berechtigung haben. Vor allem diese, daß die Strafe sich jener nächsten Wirkung soviel möglich anpassen, dem nächsten Übel der That ein spezifisch gleiches Übel entgegenstellen solle. „Wer Blut vergossen, dessen Blut soll wieder vergossen werden“; „Auge um Auge“; „Zahn um Zahn“; „wie du mir, so ich dir“. Diese Forderung hat in dem Rechte älterer Völker vielfach bezüglich bestimmter Arten von Rechtsverletzungen Anerkennung gefunden (Talionsprinzip). — Die ganze Auffassung harmoniert mit dem Standpunkt eines kindlichen Zeitalters, für dessen Urteil und Verhalten überall das in die Sinne fallende den Ausschlag giebt. Jenes nächste Übel, z. B. der Tod des Verletzten beim

Morde, vertritt hier die damit sich verknüpfenden weitergreifenden Wirkungen des Verbrechens, denen gegenüber das Recht seine Herrschaft und die ihm anvertrauten Interessen zu wahren hat, und die Gleichheit der Strafe mit diesem Übel vertritt die Proportionalität zwischen jenen Wirkungen des Verbrechens und der Energie der vom Rechte ausgehenden Gegenwirkungen, auf welche es ankommt. In dieser spezifischen Gleichheit zwischen dem malum actionis und dem malum passionis findet das Prinzip der ausgleichenden Gerechtigkeit seinen für jugendliche Völker wie für Kinder verständlichsten und deshalb befriedigendsten Ausdruck.

Vgl. hierüber Lehrbuch § 10 und die ob. bei § 144 cit. Schriften Merkels, insbes. „Vergeltungsidee und Zweckgedanke im Strafrecht". — Hinsichtlich der Natur der Strafe noch J. Bentham, Grundsätze der Zivil- und Kriminal-Gesetzgebung, herausg. v. Dumont, deutsch v. Beneke II, 30. Wahlberg in Holtzendorffs Handb. d. d. Strafr. II, 429. Die Citate bei §§ 260 u. 782.

Drittes Kapitel.

Die Anwendung des Rechts und die Rechtswissenschaft.

Erster Abschnitt.

Die Anwendung des Rechts.

§ 311.

Wir betrachten im folgenden gewisse Bedingungen und Formen der Anwendung gegebener Rechtssätze und Rechtssysteme, und zwar solcher Bedingungen und Formen, welchen eine allgemeinere, nicht auf einzelne Teile des Rechts beschränkte Bedeutung zukommt.

I. Das Anwendungsgebiet der Rechtssätze (Kollision der Gesetze).

1. Im allgemeinen.

§ 312.

Jeder Rechtssatz hat in dem Nach- und Nebeneinander des Rechtslebens nur ein beschränktes Anwendungsgebiet, jenseits dessen andere Rechtssätze die Herrschaft führen. Soll er auf einen gegebenen Rechtsfall zur Anwendung zu bringen sein, so muß erhellen, daß der letztere seinen konkreten Merkmalen nach in dieses Anwendungsgebiet falle.

*§ 313.

Möglicherweise können verschiedene Rechtssätze, oder, um uns auf das Wichtigste zu beschränken, verschiedene Gesetze ihren sachlichen Voraussetzungen nach auf den Fall passen und gleichsam um die Herrschaft über denselben streiten. So in Bezug auf ein Kaufgeschäft ein älteres und ein neueres, ein gemeinrechtliches und ein partikularrechtliches, ein deutsches und ein französisches Gesetz über Kaufgeschäfte.

Für derartige Fälle bedarf es der Regeln, nach welchen zu entscheiden ist, welches unter den kollidierenden bzw. konkurrierenden Gesetzen zur Anwendung zu bringen sei.

Bei genauerer Betrachtung liegt hier überall gar keine wirkliche „Kollision" vor, sondern es handelt sich lediglich um die Ermittelung, welches von mehreren konkurrierenden Gesetzen auf einen gegebenen Fall Anwendung zu finden hat.

§ 314.

Zwei Hauptformen einer solchen Konkurrenz oder Kollision von Gesetzen sind zu unterscheiden, nämlich:

1. zwischen Rechtssätzen, welche in der Zeit einander folgen: zeitliche Kollision,
2. zwischen Rechtssätzen, welche gleichzeitig in Geltung stehen: räumliche Kollision.

2. Zeitliche Kollision.

§ 315.

Unter mehreren, den gleichen Gegenstand betreffenden Rechtssätzen, welche in der Zeit einander folgen, geht der später zur Geltung gelangte vor. „Lex posterior derogat priori".

§ 316.

Dieser Grundsatz giebt jedoch keine Entscheidung für Fälle an die Hand, wo ein Geschäft zum Abschluß gelangt oder eine Rechtsverletzung begangen worden ist zur Zeit, da noch das ältere Gesetz gegolten hat, wo aber das Geschäft oder die Rechtsverletzung zu einem Gegenstande gerichtlichen Verfahrens erst geworden ist zur Zeit, da bereits das neue Gesetz in Kraft war.

Welches Gesetz hat hier der Richter zur Anwendung zu bringen? Das alte, weil die zu beurteilenden Vorgänge unter seiner Herrschaft stattgefunden haben, oder das neue, weil es die jetzt giltige

Rechtsweisung, den Ausdruck der jetzt maßgebenden Ueberzeugungen und Interessen enthält?

v. Savigny, System, VIII. Berner, Wirkungskreis des Strafgesetzes nach Zeit, Raum und Personen, 53. Lassalle, System der wohlerworbenen Rechte, I, 2. A. 80. Seeger, Über die rückwirkende Kraft neuer Strafgesetze, 62. R. Schmid, Die Herrschaft der Gesetze nach ihren räumlichen und zeitlichen Grenzen, 63. **Meyne, Essai sur la rétroactivité des lois répressives, Brüssel, 63. Aloria, della retroattività delle leggi, 68.** Gabba, **della retroattività in materia penale, Pisa 69.** Binding, Normen, I. Göppert, Das Prinzip „Gesetze haben keine rückwirkende Kraft" geschichtlich und dogmatisch entwickelt, hrsg. von Eck, 84. Die Lehrbücher der Pandekten und des Strafrechts.

§ 317.

Für den Richter ist hier überall das maßgebend, was der Gesetzgeber selbst bezüglich der Frage bestimmt. Will dieser das neue Gesetz auch auf bereits abgeschlossene Geschäfte bezw. begangene Rechtsverletzungen angewendet haben, legt er ihm in diesem Sinne eine „rückwirkende Kraft" bei, so ist demgemäß zu verfahren.

Aber wie verhalten sich die Gesetze thatsächlich zu unserer Frage?

Das Einführungsgesetz zum B. giebt eingehende „Übergangsvorschriften" für die einzelnen Rechtsverhältnisse.

§ 318.

Im allgemeinen geben uns dieselben bezüglich dieser Frage eine durch Ausnahmen beschränkte Regel an die Hand.

Die Regel aber lautet, daß das ältere Gesetz, d. i. dasjenige, unter dessen Herrschaft das Geschäft abgeschlossen, die Rechtsverletzung begangen wurde, zur Anwendung zu bringen, dem neuen also eine rückwirkende Kraft nicht beizulegen sei.

Diese Regel hat keine Beziehung auf Fälle einer sogenannten „authentischen Interpretation" des älteren Gesetzes, d. i. einer gesetzlichen Bestimmung darüber, wie jenes Gesetz auszulegen sei. Einer solchen Bestimmung ist im Zweifel rückwirkende Kraft beizumessen.

§ 319.

Diese Regel ist auch dort als giltig anzusehen, wo die Gesetze die Frage nicht speziell beantworten, weil sie im allgemeinen dem Sinn der Rechtsbestimmungen und der richterlichen Funktionen und folgeweise den vorauszusetzenden Intentionen des im Rechte sich äußernden Willens mehr als ihr Gegenteil entspricht.

Dies aber ist hier näher darzulegen.

§ 320.

Rechtsgeschäfte und Rechtsverletzungen bringen dem bestehenden Rechte gemäß Rechtsverhältnisse hervor. Die Funktion des Richters aber, der bezüglich ihrer in Thätigkeit versetzt wird, ist normaler Weise diese: die zur Entstehung gelangten Rechtsverhältnisse festzustellen, nicht etwa, solche erst zu produzieren.

Die Frage nun, welche Rechtsverhältnisse durch jene Handlungen zur Entstehung gebracht worden seien, weist auf das Recht hin, das für diese Entstehung maßgebend war, d. i. das Recht, unter dessen Herrschaft die Handlungen vorgenommen worden sind.

§ 321.

Sollten die Handlungen nach dem neuen Rechte beurteilt werden, so würde dies nicht zu einer Feststellung der von ihnen seinerzeit hervorgebrachten Rechtsfolgen, sondern zu einer Annullierung dieser Folgen zu Gunsten derjenigen, welche dem neuen Gesetze gemäß sind, führen.

Auch dieses kann gerechtfertigt sein und vom Gesetzgeber angeordnet werden. Allein eine Vermutung dafür, daß der Gesetzgeber dies bei seinen Reformen bezwecke, ist nicht begründet, weil es nicht der allgemeine Sinn der Fortbildung des Rechts ist, daß dasselbe die unter seiner Herrschaft bisher entstandenen Rechtsverhältnisse als nichtig behandle und so die eigene Wirksamkeit beständig wieder zerstöre.

Dies ist der Sinn der Reformen um so weniger, je mehr das Recht die Befähigung erlangt hat, das Gemeinleben in seinem Neben- und Nacheinander zu beherrschen, und je allseitiger es der ihm gesetzten Aufgabe gerecht zu werden sucht: allen in Bezug auf die Gestaltung ihrer Verhältnisse und die Folgen ihrer Handlungen einen objektiven, ohne Rücksicht auf einzelne Fälle den gemeinsamen Ueberzeugungen und Werturteilen entnommenen, zuverlässigen Maßstab darzubieten. Demgemäß hat die im Texte aufgestellte Regel im Zusammenhang mit dem Fortschritt des Rechts in den hervorgehobenen Beziehungen eine erhöhte Bedeutung gewonnen. In Bezug auf die Bestrafung schuldhafter Handlungen hatte sich lange die Anschauung behauptet, daß die Gesetze lediglich für die Richter gegeben seien, nicht für die Bürger, um deren Pflichten es sich gegebenenfalls handelt. Ihnen gegenüber sollte es in der Schwebe bleiben, welche Rechtsverhältnisse strafrechtlichen Charakters an etwaige wirkliche oder vermeintliche Übelthaten angeknüpft werden würden. Es gehört zu den Merkmalen des modernen Staates, diese Auffassung samt ihren Konsequenzen überwunden zu haben, und den Anforderungen, welche im allgemeinen an ihn bezüglich der Ordnung der Rechtsverhältnisse zu stellen sind, auch bezüglich der Strafrechtsverhältnisse gerecht geworden zu sein.

§ 322.

Die aufgestellte Regel gilt nicht bloß in Beziehung auf Rechtsgeschäfte und Rechtsverletzungen, sondern auch in Beziehung auf andere juristische Thatbestände, an welche die Entstehung subjektiver Rechte und entsprechender Pflichten geknüpft ist.

Man denke z. B. an die Frage, ob ein richterliches Urtheil ordnungsmäßig zu stande gekommen und rechtskräftig geworden, ob irgend eine sonstige Amtshandlung in rechtswirksamer Weise vorgenommen worden sei. Oder an die Frage, ob jemand die Rechte eines Volljährigen erlangt habe. — Die Regel hat keine Beziehung auf Fälle, wo unter der Herrschaft des älteren Rechts nur gewisse Elemente eines juristischen Thatbestandes zur Verwirklichung gelangt sind. Z. B. es hat jemand der von dem älteren Gesetze gezogenen Grenze der Volljährigkeit sich angenähert, dieselbe jedoch zur Zeit, da das neue Gesetz in Kraft trat, noch nicht erreicht gehabt; oder ein gerichtliches Verfahren war bereits dem älteren Gesetze gemäß eröffnet worden, hatte jedoch noch keinen Abschluß durch ein rechtskräftiges Urteil gefunden, als ein neues Prozeßgesetz in Kraft trat. Hier ist in Bezug auf die Vollendung des juristischen Thatbestandes und dessen rechtliche Wirkungen im allgemeinen lediglich das neue Gesetz maßgebend. Ausnahmsweise wird indessen auch in derartigen Fällen dem älteren Gesetze der Vorrang eingeräumt.

§ 323.

Ausnahmen von dieser Regel aber erscheinen dort als begründet und finden sich dort gemacht, wo der Fortbestand der unter dem älteren Gesetze entstandenen Rechtsverhältnisse sich als unvereinbar mit den dem neuen Gesetze zu Grunde liegenden, nun zur Herrschaft gelangten ethischen Anschauungen und Interessen darstellt.

Man denke an Reformen der Art, wie sie in der Aufhebung der Leibeigenschaft sich vollzogen haben. Die Anschauung, welche sich in ihnen Geltung verschaffte, ging dahin, daß betreffende Verhältnisse ethisch verwerflich und gemeinschädlich seien. Eine solche Anschauung aber gelangt nur in solchen Gesetzen zu einem befriedigenden Ausdruck, welche nicht bloß die Neubildung betreffender Verhältnisse, sondern auch den Fortbestand der bereits zur Entstehung gelangten unterdrücken.

Die Achtung vor der Autorität des früheren Rechts und vor den auf Grund desselben entstandenen subjektiven Rechten findet in solchen Fällen häufig einen Ausdruck in Bestimmungen, welche denjenigen, die durch die bezüglichen Reformen in Rechten vermögensrechtlicher Natur getroffen werden, eine Entschädigung, sei es aus öffentlichen Mitteln, sei es aus

Mitteln derjenigen, deren Interessen unmittelbar durch die Reformen gefördert werden, zusichern.

§ 324.

Die umfassendste unter den Ausnahmen, welche unter den aufgestellten Gesichtspunkt fallen, enthält das moderne Strafrecht, indem dasselbe neuen Gesetzen, welche milder sind als die von ihnen verdrängten, eine rückwirkende Kraft beilegt.

Vgl. Reichsstrafgesetzb. § 2.

Diese rückwirkende Kraft erstreckt sich jedoch regelmäßig nicht (nach dem geltenden deutschen Rechte nie) auf solche strafrechtliche Verhältnisse, welche bereits durch richterliches Urteil ihre definitive Gestalt erhalten haben.

3. Räumliche Kollision zwischen gleichzeitig existierenden Rechtssätzen.

* § 325.

Zu unterscheiden sind hier

1. **die Kollisionen zwischen Rechtssätzen verschiedener Staaten,**
2. **die Kollisionen zwischen Rechtssätzen desselben Staates.**

Man spricht in Bezug auf diese räumlichen Kollisionen üblicher Weise von „Statutenkollisionen“. Dieser Ausdruck erklärt sich daraus, daß solche Kollisionen zuerst praktische Bedeutung gewannen im Verhältnis zwischen verschiedenen partikulären und lokalen Rechten desselben Staates, welche der ältere Sprachgebrauch als „Statuten“ bezeichnete. Erst später wurden die für solche Statutenkollisionen entwickelten Grundsätze übertragen auf die Kollision von Rechtssätzen verschiedener Staaten unter einander, wobei sich aber der frühere Name erhielt. Die Gesamtheit der Rechtssätze zur Entscheidung solcher Kollisionen bezeichnet man als „internationales“ (Privat-, Straf-) Recht.

§ 326.

1. Eine Kollision zwischen Rechtssätzen zweier oder mehrerer Staaten kann sich daraus ergeben, daß die Verwirklichung eines juristischen Thatbestandes und bezw. seiner Rechtsfolgen eine Bedeutung für die Rechtsordnung jedes dieser Staaten hat.

Außer den zu § 316 Citierten: v. Bar, Das internationale Privat- u. Strafrecht 62. Theorie u. Praxis des internat. Privatrechts 89. Lehrbuch des int. Privatr. 92. v. Mohl, Die völkerrechtl. Lehre vom Asyl in s. Staatsrecht, Völkerrecht u. Politik I. Binding, Entwurf eines Strafgesetzbuchs f. d. Norbd. Bund 69 S. 116. Wharton, A treatise on the conflict of laws, Philad. 72. v. Rohland, Das internationale Strafrecht 77. Laurent, Le droit civil international 80 f. Autry s Rau, Cours de droit civil § 31. Lammasch, Auslieferungsrecht und

Asylrecht 87. v. Martitz, Internat. Rechtshilfe in Strafsachen 88. Meili, Geschichte u. System des internat. Privatr. 92. Zitelmann, Internat. Privatrecht 97 f. Niemeyer, Das internat. Privatr. im Entwurf eines B. 96. — Zeitschrift für internat. Privat- u. Strafrecht hrsg. von Böhm seit 90.

*§ 327.

Rechtsgeschäfte und Rechtsverletzungen, welche auch hier vor allem in Betracht kommen, können für die Rechtsordnung eines Staates bedeutsam sein:

a) weil die Verwirklichung ihres Thatbestandes auf seinem Gebiete stattgefunden hat, und bezw. (bei Rechtsgeschäften) weil die bezweckten Rechtsfolgen daselbst ihre Verwirklichung finden sollen, also wegen der territorialen Beziehungen dieser Vorgänge,
b) weil ihm die beteiligten Subjekte angehören, also wegen der persönlichen Beziehungen dieser Vorgänge,
c) unabhängig von den bezeichneten Verhältnissen wegen der besonderen Natur des Inhaltes der Rechtsverhältnisse.

§ 328.

Als beteiligte Subjekte erscheinen diejenigen, deren Handlungen, und diejenigen, deren rechtlich geschützte Interessen bei dem Vorgange in Frage stehen.

§ 329.

Z. B. kann der Abschluß einer Ehe die Rechtsordnung unseres Staates berühren:

ad a) weil derselbe auf deutschem Gebiete stattgefunden hat, oder

weil auf deutschem Gebiete die bezweckten Rechtsfolgen ihre Verwirklichung finden sollen,

ad b) weil die Ehegatten Deutsche sind.

§ 330.

So kann ein Verbrechen der Münzfälschung die Rechtsordnung unseres Staates berühren:

ad a) weil die rechtswidrige Handlung auf deutschem Gebiete begangen worden ist,

ad b) weil der Fälscher ein Deutscher ist, oder

weil das Verbrechen die Grundlagen des diesseitigen Geldverkehrs (man denke an eine Fälschung deutschen Papiergeldes) und damit Interessen und Subjekte verletzt, welche dem Schutzbereiche unseres Staates angehören.

§ 331.

Aus dem Gesagten erhellt, daß und wie das nämliche Geschäft und die nämliche Rechtsverletzung für die Rechtsordnung mehrerer Staaten bedeutsam sein kann.

In den territorialen Beziehungen dieser Vorgänge kann sich eine Bedeutung derselben für den Staat A, in den persönlichen eine Bedeutung für den Staat B begründen.

Möglicherweise auch können die territorialen Beziehungen für sich allein schon auf mehrere Staaten hinweisen (Abschluß der Ehe in Frankreich, Bestand derselben in Deutschland), und das Gleiche kann bezüglich der persönlichen Beziehungen der Fall sein (der Urheber einer Rechtsverletzung ist Franzose, der durch sie in seinen Rechten Verletzte ein Deutscher; der Käufer einer Ware Franzose, der Verkäufer ein Deutscher).

§ 332.

Was in Beziehung auf Rechtsgeschäfte und Rechtsverletzungen, gilt analog in Beziehung auf andere juristische Thatsachen. —

Welches Staates Gesetze nun sollen die Gerichte in solchen Fällen zur Anwendung bringen?

Unter den außer Rechtsgeschäften und Rechtsverletzungen hier möglicherweise in Betracht kommenden juristischen Thatsachen seien die obrigkeitlichen Akte hervorgehoben. Man denke etwa an richterliche Akte deutscher Konsuln im Oriente. Dieselben haben eine Bedeutung für die Rechtsordnung des Aufenthaltsstaates und eine solche für die Rechtsordnung des Staates, dem die Konsuln als seine Organe, und bzw., dem die bei ihren richterlichen Akten passiv beteiligten Personen angehören.

§ 333.

Für die Gerichte eines bestimmten Staates ist hinsichtlich der aufgeworfenen Frage selbstverständlich dasjenige maßgebend, was die Gesetze dieses Staates darüber an die Hand geben.

Reichsstrafgesetzbuch §§ 3—8. Einführungsgesetz zum B. §§ 7—31.

§ 334.

Die Regeln aber, welche die Gesetzgebungen der civilisierten Staaten bezüglich dieser Kollisionen an die Hand geben, sind, unter Berücksichtigung der unter diesen Staaten bestehenden Verhältnisse, im Einklang mit der gegenseitigen Anerkennung ihrer Rechtsordnung und mit dem völkerrechtlich sanktionierten Grundsatze der Gleichberechtigung (§ 860) zur Ausbildung gelangt.

§ 335.

Nach diesen Regeln gilt im allgemeinen, dem Territorialitätsprinzip gemäß (s. § 63), in Bezug auf Rechtsgeschäfte und Rechtsverletzungen das Gesetz desjenigen Staates als das nächststehende und zur Anwendung zu bringende, auf welchen die territorialen Beziehungen jener Vorgänge hinweisen.

Doch finden neben diesen territorialen Beziehungen auch die persönlichen in einem gewissen, nicht gleichmäßig bestimmten, Umfange überall Berücksichtigung.

Mit der Frage, welches Staates Privat- oder Strafrecht zur Anwendung zu bringen sei, ist nicht überall die andere entschieden, vor welches Staates Gerichten die betreffende Sache zum Austrag zu bringen sei. Vielmehr gelten bezüglich der letzteren Frage zum Teil besondere Regeln.

§ 336.

Z. B. sind nach deutschem Recht strafbare Handlungen, welche auf deutschem Gebiete, gleichviel ob von Inländern oder von Ausländern, begangen werden, auf Grund und nach Maßgabe der deutschen Strafgesetze zu bestrafen.

Daneben aber kommen diese Gesetze auch auf mancherlei Handlungen zur Anwendung, welche außerhalb des deutschen Gebietes, sei es von Deutschen, sei es gegen deutsche Institutionen oder gegen diesseitige öffentliche Interessen begangen worden.

In den letzterwähnten Fällen, also dort wo im Auslande und von Ausländern betreffende Handlungen gegen die diesseitigen Einrichtungen 2c. begangen werden (man denke an einen von Ausländern und vom Auslande aus gegen das Deutsche Reich unternommenen Hochverrat), hat die auf Grund der deutschen Gesetze erfolgende Bestrafung den Charakter einer (legitimen) Selbsthilfe, weil der zur Bestrafung kommende Ausländer der diesseitigen Staatsgewalt nicht unterthan ist, die Bethätigung der letzteren ihm gegenüber daher keinen obrigkeitlichen Charakter hat.

§ 337.

Mehr noch prävalieren die territorialen Beziehungen bezüglich der Rechtsgeschäfte.

Z. B. genügt bezüglich der Formen eines Rechtsgeschäfts im allgemeinen die Beobachtung des Rechts des Staates, auf dessen

Gebiet das Rechtsgeschäft zum Abschluß gelangt ist („locus regit actum"); bezüglich der Folgen eines Rechtsgeschäfts entscheidet bald dasselbe Recht, bald dasjenige des Staates, in dessen Gebiet sie praktisch werden sollen.

Für sachenrechtliche Geschäfte (§ 536, z. B. Übertragung des Eigentums eines Grundstücks) ist regelmäßig das Recht des Ortes maßgebend, wo die Sache sich befindet (die „lex rei sitae"), und wo also die Rechtsfolgen praktisch werden sollen. (Nach Einführungsges. zum B. gilt dies sogar hinsichtlich der Form solcher Geschäfte.)

* § 338.

Bezüglich anderer juristischer Thatsachen läßt sich keine beherrschende Regel bezeichnen. Doch kommt bei vielen den persönlichen Beziehungen eine überwiegende Bedeutung zu. So bei amtlichen Handlungen, insofern für den Beamten bei Vornahme derselben das Recht des Landes maßgebend ist, als dessen Organ er fungiert, gleichviel wo die Vornahme stattfindet. So bezüglich der für die allgemeine Rechtsstellung einer Person (Volljährigkeit, Staatsangehörigkeit ꝛc.) entscheidenden Thatsachen.

In neuerer Zeit ist das (zeitweise dominierende) Territorialitätsprinzip auf dem Gebiete des internat. Privatrechts vielfach zurückgedrängt worden durch die Betonung der Staatsangehörigkeit. So läßt auch Einführungsges. zum B. für das Personen-, Familien- und Erbrecht das Recht desjenigen Staates entscheiden, welchem die Person angehört („Nationalitätsprinzip").

§ 339.

2. Ähnliche Kollisionen wie zwischen Rechtssätzen verschiedener Staaten können sich zwischen koexistierenden Rechtssätzen desselben Staates ergeben.

So dort, wo in verschiedenen Provinzen oder sonstigen Teilen eines Staates verschiedene Rechtssysteme Geltung haben.

Vgl. hierzu den Abschnitt über die Quellen des deutschen Privatrechts § 59 ff.

S. § 325 Anm.

§ 340.

Bei der Erledigung dieser Kollisionen sind dieselben territorialen und persönlichen Momente entscheidend, wie bei der Erledigung der zuvor besprochenen internationalen Kollisionen.

§ 341.

Andere Gesichtspunkte machen sich bei den Kollisionen zwischen dem „gemeinen" Rechte eines Staates und dem in irgend welchen Teilen desselben giltigen „partikulären" Rechte (§ 83) geltend. Unter diesen besteht überall ein Rangverhältnis, kraft dessen entweder das gemeine oder das partikuläre Recht den Vorrang behauptet.

Vgl. hier bezüglich der Verhältnisse in Deutschland § 466.

II. Die Anwendung des Rechts durch die Gerichte.

1. Das richterliche Urteil.

§ 342.

Die Anwendung des Rechts erfolgt in zahllosen Fällen durch Vermittlung eines von ihm selbst geregelten Verfahrens, des „prozessualischen" Verfahrens.

Die hierbei zu lösende Aufgabe besteht im allgemeinen darin:

von Fall zu Fall, wo ein anerkanntes Interesse dafür vorliegt, in maßgebender Weise festzustellen, was dem Rechte gemäß ist, und

die Verwirklichung des dem Rechte Gemäßen, soweit erforderlich, mit den Machtmitteln der Gemeinschaft durchzuführen.

Degenkolb, Einlassungszwang und Urteilsnorm 77. A. S. Schultze, Privatrecht und Prozeß in ihrer Wechselbeziehung 83. Litt. zur Lehre v. d. Rechtsquellen § 102 ff. Die allgemeinen Werke über Prozeßrecht §§ 786 u. 810. Ihering, Zweck im Rechte I, 377 ff.

§ 343.

In jener Feststellung liegt die spezifisch richterliche Funktion.

Das Verfahren, das dieser Feststellung zu Grund liegt, ist in dem das Prozeßrecht behandelnden Abschnitt (§ 783 ff.), hier dagegen die allgemeine Bedeutung dieser Funktion zu charakterisieren.

§ 344.

Der Gesetzgeber stellt fest, daß mit Thatbeständen einer gewissen Art Rechtsfolgen von bestimmter Art und Größe sich verknüpfen sollen. Er bestimmt z. B.: „die Beleidigung wird mit Geldstrafe bis zu 600 Mark . . . . bestraft".

Das Gericht dagegen stellt in einem gegebenen Falle fest, ob ein Thatbestand der betreffenden Art sich verwirklicht habe — A.

hat den B. beleidigt — und im Bejahungsfalle, welche bestimmten Rechtsfolgen nach dem Gesetze mit demselben verbunden seien — A. hat 100 Mark als Strafe zu zahlen

* § 345.

An dieser gerichtlichen Feststellung lassen sich spezieller die folgenden Elemente unterscheiden.

1. Die Feststellung der in Betracht kommenden thatsächlichen Vorgänge — A. hat zu dem B. gesagt, er sei ein Trunkenbold (Entscheidung einer Thatfrage, quaestio facti);
2. die Anwendung des einschlagenden Rechtsbegriffs auf diesen festgestellten Thatbestand — die Äußerung des A. enthält die Merkmale des Rechtsbegriffs der Beleidigung (Entscheidung einer Rechtsfrage, quaestio juris);
3. die Feststellung der Rechtsfolgen.

§ 346.

Indem das Gericht in den hervorgehobenen Beziehungen Ungewißheit und Streit beseitigt und an die Stelle der abstrakten Norm des Gesetzes die konkrete des richterlichen Urteils setzt, verhilft es dem Rechte in Bezug auf den einzelnen Fall zu der ihm wesentlichen Bestimmtheit und ergänzt so die gesetzgeberische Arbeit in Bezug auf die Entwicklung der dem Rechte zukommenden Eigenschaften.

§ 347.

Diese gerichtliche Leistung hat die gleiche autoritäre Bedeutung wie die des Gesetzgebers. Was der richterliche Spruch für Recht erklärt, das hat für die Parteien des einzelnen Falls dieselbe positive Giltigkeit, wie sie den Aussprüchen des Gesetzgebers für ihren Bereich allgemein zukommt. In ihm äußert sich die ordnende Macht des Rechts zwar in einer beschränkten Richtung, aber nach der Gesamtheit der für sie charakteristischen Merkmale.

Vgl. §§ 120, 807. Das richterliche Urteil baut die Rechtsordnung, die Arbeit des Gesetzgebers in dessen Geiste fortführend, an einem bestimmten Punkte fertig. In diesem Sinne hat man das Urteil mit Recht eine „lex specialis" genannt. Seiner inneren Verwandtschaft mit dem Gesetze gemäß lassen sich in Beziehung auf seine Merkmale und seine Genesis analoge Unterscheidungen machen wie in Bezug auf die Merkmale und die Genesis des Gesetzes (Inhalt und Befehl, Gebot und Gewährleistung, ethische und materielle Macht, Findung und Verkündigung) und sind bezüglich seiner Herstellung Formen der Arbeitsteilung zur Ausbildung gelangt, denjenigen verwandt, welche bezüglich der Gesetzgebung Bedeutung gewonnen haben (s. § 58).

2. Die Interpretation.

§ 348.

Die Entscheidung der Rechtsfragen seitens der Gerichte erfolgt auf Grund der Interpretation oder Auslegung des Rechts, d. i. der Erforschung und Entwicklung seines Inhalts.

Die hierbei zu lösende Aufgabe kann sich in dreifacher Gestalt darstellen.

Merkel in Holtzendorffs Handb. d. d. Strafr. II, 65 ff., IV, 73 ff. Jhering, Geist II, 2. Savigny, System I. Schaffrath, Theorie der Auslegung konstitutioneller Gesetze 42. Sontag, Die Redaktionsversehen des Gesetzgebers 74. Bierling, Zeitschrift für Kirchenrecht X, 141. Pfaff und Hofmann, Kommentar zum öster. allgem. bürgerl. Gesetzb. I, 166. Kohler in Grünhuts Zeitschr. XIII, 86. G. Rümelin, Werturteile und Willensentscheidungen 91.

§ 349.

1. Es kann sich bezüglich gegebener **Verhältnisse** darum handeln, die Rechtssätze aufzusuchen, welche Geltung für sie haben.

Eine Bedeutung kommt hier speziell dem Falle zu, wo die Gesetze ihrem Inhalte nach über jene Verhältnisse nichts bestimmen, auch ein Gewohnheitsrecht in betreff derselben nicht existiert.

Der Richter sieht sich hier auf die Analogie hingewiesen, von welcher in dem Abschnitt über die Entstehung der Rechtssätze gehandelt worden ist (§§ 105—111).

§ 350.

2. Es kann sich bezüglich gegebener **Grundsätze** darum handeln, zu erforschen, ob denselben die Bedeutung geltender Rechtssätze, überhaupt und in Beziehung auf zeitlich, örtlich und persönlich bestimmte Verhältnisse gewisser Art, zukomme.

Für die Lösung dieser Aufgabe ist maßgebend, was über die Entstehungs- und Erscheinungsformen des Rechts (§ 102 ff., insbes.

§ 104), und über das Anwendungsgebiet der Rechtssätze (§§ 313 bis 341) gesagt worden ist.

§ 351.

3. Es kann sich bezüglich gegebener Grundsätze, welche als geltende Rechtssätze für ein zeitlich, örtlich und persönlich bestimmtes Gebiet anerkannt sind, um die Abgrenzung der Thatbestände handeln, welche denselben zu subsumieren, sowie der Rechtsfolgen, welche mit jenen zu verknüpfen sind.

Dies ist die Aufgabe der Interpretation im engeren Sinne dieses Wortes.

§ 352.

Die Interpretation i. e. S. heißt „grammatische" Interpretation, sofern sie die bezeichnete Aufgabe einem Gesetze gegenüber durch Erforschung des Sinnes der gebrauchten Worte an der Hand des (allgemeinen und eines etwa bestehenden besonderen, technischen) Sprachgebrauchs zu lösen sucht; „logische" Interpretation, sofern sie die Beziehungen des Gesetzes zu anderen Gesetzen, sowie die Bedingungen und Gründe der Entstehung desselben in Betracht zieht.

§ 353.

Grammatische und logische Interpretation gehören überall zusammen, insofern eine Deutung des Gesetzes, welche durch den Wortsinn schlechthin ausgeschlossen wird, als ebenso unhaltbar erscheint, wie eine Deutung, welche mit dem logischen Zusammenhange, dem das Gesetz angehört und der hieraus zu erschließenden gesetzgeberischen Willensmeinung nicht in Einklang zu bringen ist.

Die vom Interpreten zu beantwortende Frage läßt sich in dieser Weise fassen: wie sind die Gesetzesworte in dem Zusammenhang, dem sie angehören, und nach den zur Zeit der Entstehung des Gesetzes gegebenen Umständen zu verstehen? Diese Frage ist eine einheitliche, sie läßt sich nicht in eine selbständig zu beantwortende grammatische und eine ebensolche logische Frage zerlegen.

§ 354.

Der Wortlaut der Gesetze erscheint überall nur als eine unvollkommene und unvollständige Verkörperung des gesetzgeberischen Gedankens. Dem Interpreten liegt es ob, denselben in seiner

Ganzheit und in möglichster Bestimmtheit zum Bewußtsein und zum Ausdruck zu bringen.

Bisweilen werden juristische Thatbestände nur mit einem bestimmten Namen bezeichnet, ohne daß dem letzteren eine Definition beigefügt wird. So bedroht unser Strafgesetzbuch die „Beleidigung“, ohne zu sagen, was darunter zu verstehen sei. In der Regel freilich werden die Thatbestände definiert. Aber mögen die gesetzlichen Definitionen noch so sorgsam redigiert und auf Vollständigkeit und Exaktheit angelegt sein, so werden sie doch regelmäßig Ausdrücke in sich schließen, welche mehrdeutig und ihrerseits wieder einer, dem Interpreten zufallenden, Definierung bedürftig sind. Ein Beispiel: das Strafgesetzbuch bedroht die Gotteslästerung und definiert sie als die Handlung desjenigen, der dadurch Ärgernis giebt, daß er öffentlich in beschimpfenden Äußerungen Gott lästert. Was heißt hier „Ärgernis geben“? Was „öffentlich“? Was „beschimpfend“? Und vor allem, was heißt hier „Gott“? Handelt es sich um den Gottesbegriff der christlichen Religion? Oder um den Gottesbegriff der Philosophie (wenn hier von einem Begriff die Rede sein kann)? Oder um alles das, was von den Menschen irgendwo diesem Begriff subsumirt wird? Oder will hier vielleicht nur der Mißbrauch des Namens Gottes verpönt werden? Die Antwort auf die letzteren Fragen ist dem Zusammenhang des Paragraphen, in welchem die Bestimmung steht und anderweitigen Momenten abzugewinnen, welche uns darüber Auskunft zu geben vermögen, welcherlei Interessen der Gesetzgeber hier einen Schutz zuwenden will.

§ 355.

Die Aufgabe des Interpreten beschränkt sich indessen nicht darauf, die Gedanken zu rekonstruieren, welche die maßgebenden Faktoren bei dem Erlaß des Gesetzes gehabt haben. Vielmehr liegt es ihm ob, die Konsequenzen des Gesetzes und die etwaigen Modifikationen derselben durch andere Gesetze ꝛc. klarzulegen, mögen dieselben jenen Faktoren zum Bewußtsein gelangt gewesen sein oder nicht.

So erhob sich hinsichtlich des Reichsgesetzes über den Wucher von 1880 die Frage, ob resp. inwiefern dasselbe in privatrechtlicher Hinsicht rückwirkende Kraft habe? Die Untersuchung darüber, was der Gesetzgeber bei Schaffung des Gesetzes bezüglich der Frage gedacht habe, führte zu keinem Ziele, es ließ sich entscheidendes hierüber nicht ausmachen. Das Gleiche ist aber bezüglich der weitaus meisten Fragen der Fall, welche im Wege der Interpretation ihre Beantwortung finden sollen. Denn mag sich auch häufig bezüglich solcher Fragen feststellen lassen, was ein Berichterstatter, ein Redner, ein Mitglied der Regierung, eine Kommission darüber gedacht haben, diese alle sind nicht der Gesetzgeber. [Dieser Satz bedarf gerade jetzt gegenüber den umfangreichen Materialien zum B. besonderer Beachtung.] Als Gedanke des letzteren aber gilt alles, was die Logik als im Inhalte der gesetzlichen Bestimmungen (unter Berücksichtigung ihres Verhältnisses zu einander) enthalten und bezw. (im Sinne der §§ 105—11) von demselben als vorausgesetzt zu erweisen vermag, auch wenn es nie zuvor von jemandem wirklich gedacht worden sei.

§ 356.

Bei der gesamten Interpretation im weiteren Sinne des Wortes (§ 348) sehen sich die Gerichte auf die Hilfe der Wissenschaft angewiesen.

Zweiter Abschnitt.

Die Rechtswissenschaft.

---

§ 357.

Die Aufgabe der Wissenschaft in Bezug auf das Recht ist dreifacher Art. Es liegt ihr ob:

1. die Interpretation desselben (das Wort in seinem weiteren Sinne genommen), wobei sie unmittelbar in den Dienst der Rechtsanwendung tritt,
2. die Einkleidung seines Inhalts in die ihm angemessene geistige Form: die Form des Systems,
3. die Vermittlung des Verständnisses seiner Existenz und Wirksamkeit und der zeitlich und örtlich bestimmten Verschiedenheiten seiner Gestaltung.

ad 1 vgl. § 348 ff.

§ 358.

ad 2. Die systematische Bearbeitung des Rechtsinhalts ist darauf gerichtet, in einem einheitlichen Ganzen logisch verknüpfter, nach der Nähe ihrer Verwandtschaft und gemäß ihrem allgemeineren oder spezielleren Inhalte geordneter Begriffe und Regeln jenen Inhalt in umfassender und zugleich denkbar einfachster Weise zur Anschauung zu bringen.

Neben den zu § 348 und § 102 cit. Schriften vgl. v. Jhering in seinen Jahrbüchern I, 1. G. Rümelin, Juristische Begriffsbildung 78. R. Stintzing, Geschichte der deutschen Rechtswissenschaft, 1. Abt. 80, 2. Abt. herausg. aus d. Nachlaß 84, 3. Abt. von Landsberg 98.

§ 359.

Diese Arbeit selbst hat in ihren wichtigsten Teilen den Charakter einer Zerlegung dessen, was

a) bezüglich der Thatbestände,
b) bezüglich der Rechtsfolgen,
c) bezüglich der Verknüpfung beider

Geltung hat, in seine einfachsten Elemente.

Man vergleiche die Abschnitte über die juristischen Thatbestände und deren Rechtsfolgen im zweiten Kapitel.

§ 360.

ad 3. Hinter dem logischen Ganzen der juristischen Begriffe und Regeln stehen reale Mächte, von welchen Inhalt, Geltung und Wert jener Begriffe und Regeln letztlich abhängt. Der Wissenschaft liegt es ob, die Natur dieser Mächte, den Anteil einer jeden am Leben des Rechts und die Bedingungen zu erforschen, unter welchen sie jetzt diese, jetzt jene Begriffe und Regeln Geltung erlangen lassen, m. a. W., den psychologischen und geschichtlichen Zusammenhang aufzudecken, welchem das Recht in seiner Gesamterscheinung und in seinen besonderen Gestaltungen nach Ursachen und Wirkungen angehört, und es aus diesem Zusammenhang heraus verstehen zu lehren.

Hinsichtlich der Lösung der unterschiedenen Aufgaben besteht ein gegenseitiges Abhängigkeitsverhältnis. Die Erhebung des Rechtsinhaltes in die Form des Systems setzt die Klarstellung dieses Inhalts voraus und ist zugleich in ihrer zuverlässigen Durchführung von dem Verständnis dieses Inhalts in dem hier bestimmten Sinne des Worts abhängig. Andrerseits setzt die Gewinnung dieses Verständnisses eine klare Anschauung von dem Gesamtinhalte des Rechts, wie sie nicht ohne die systematische Bearbeitung desselben zu gewinnen ist, voraus. Die Interpretation aber schöpft einen wichtigen Teil ihrer Hilfsmittel aus den jenen anderen Aufgaben zugewendeten Arbeiten.

Merkel, Über das Verhältnis der Rechtsphilosophie zur „positiven" Rechtswissenschaft (zu § 20); derselbe, Über den Begriff der Entwicklung in seiner Anwendung auf Recht und Gesellschaft (zu § 122); derselbe, Rektoratsrede (zu § 144). Savigny, Vom Beruf unserer Zeit für Gesetzgebung und Rechtswissenschaft 14. Jhering, Geist. Arnold, Kultur und Rechtsleben. W. Dilthey, Einleitung in die Geisteswissenschaften I, 83.

§ 361.

Für die Lösung dieser Aufgabe sind vor allem rechtsgeschichtliche und rechtsvergleichende Arbeiten wichtig. Zugleich sieht sich die Rechtswissenschaft hierbei auf eine Unterstützung durch andere Wissenschaften — Volkswirthschaft, Ethik, allgemeine Völkerkunde, allgemeine Geschichte 2c. — hingewiesen.

Die hier besprochene Dreiteilung der wissenschaftlichen Aufgaben hat zu der Unterscheidung der allgemeinen Rechtslehre von den juristischen Spezialwissenschaften kein näheres Verhältnis. Die erstere umfaßt die allgemeinsten Ergebnisse sowohl der Arbeiten, welche auf die zweite, wie derjenigen, welche auf die dritte Aufgabe Bezug haben. Zugleich kommt in ihrem Bereiche der innere Zusammenhang, welcher zwischen diesen Arbeiten besteht (§ 360 Anm.) in greifbarster Weise zum Vorschein.

§ 362.

Die Arbeiten, welche unter diesen Gesichtspunkt fallen, haben zugleich eine Bedeutung für die Fortbildung des Rechts.

Die sachgemäße Entscheidung der Frage, wie das Recht zu reformieren sei, damit es den Veränderungen der gesellschaftlichen Zustände gegenüber seiner sich gleichbleibenden Aufgabe fort und fort entsprechen könne, ist davon abhängig, daß einerseits ein Verständnis des Rechts überhaupt und des zu reformierenden Rechts insbesondere nach seinen Ursachen und Wirkungen und andererseits ein Verständnis der gesellschaftlichen Zustände und der sich darin vollziehenden Veränderungen gewonnen sei. Das erstere soll uns die Rechtswissenschaft, das zweite die Gesamtheit der Wissenschaften, welche das gesellschaftliche Leben zum Gegenstande haben, verschaffen.

§ 363.

Der hier charakterisierten, dem wirklichen Rechte in Gegenwart und Vergangenheit zugewendeten Rechtswissenschaft stellt sich geschichtlich eine Disciplin zur Seite, welche nicht jenes wirkliche, sondern ein ideales Recht zum Gegenstande hat, und welche den Namen der Rechtsphilosophie für sich in Anspruch nimmt.

Dies ideale Recht (das sogen. „Naturrecht") stellt sich als ein Inbegriff von Normen dar, für welche auf Grund ihrer Übereinstimmung mit gewissen logischen oder ethischen Postulaten eine allgemeine, von positiver Satzung unabhängige (die Gerichte jedoch nach Ansicht der neueren Vertreter dieser Disciplin nichts angehende) Giltigkeit behauptet wird.

Ob, und bzw. inwiefern dieser Disciplin der Name einer Wissenschaft zukomme, sei hier dahin gestellt.

Die Mehrzahl der hierher gehörigen Arbeiten giebt uns, wenn wir sie auf ihren wirklichen Gehalt ansehen, lediglich Auskunft darüber, wie die Verhältnisse sich ordnen müßten, um den zu einer gegebenen Zeit überhaupt, oder bei einem bestimmten Volke oder Gesellschaftskreise, oder auch nur bei den Autoren selbst dominierenden ethischen Gefühlen und Anschauungen zu entsprechen: eine subjektiv gefärbte Lehre vom Gerechten.

Hierbei wird in der Regel

1. die subjektive Natur des angelegten Wertmaßes und die Abhängigkeit seiner Bedeutung von geschichtlich bestimmten Verhältnissen,
2. das Verhältnis der am Leben des Rechts teilhabenden ethischen Faktoren zu den sonstigen bestimmenden Faktoren, und was damit zusammenhängt, das Verhältnis der Lehre vom Gerechten zur Lehre vom Rechte,
3. die Kompromißnatur des Rechts verkannt.

Zur Geschichte dieser für die Entwicklung des Staats- und Rechtslebens höchst einflußreich gewordenen Rechtsphilosophie vgl. Stahl, Die Philosophie des Rechts nach geschichtlicher Ansicht, 5. A. 78. Fichte, System der Ethik I, 50. Geyer, Geschichte und System der Rechtsphilosophie, in Holtzendorffs Encyclopädie (in der 5. A. ergänzt durch Merkel). Vorländer, Geschichte der philosophischen Moral-, Rechts- und Staatslehre der Engländer und Franzosen 55. Hildenbrand, Geschichte und System der Rechts- und Staatsphilosophie I, Das klassische Altertum 60. Bluntschli, Geschichte des allgem. Staatsrechts und der Politik, 3. A. 81. Baumann, Staatslehre des hl. Thomas v. Aquino 73. Gierke, Johannes Althusius u. die Entwicklung der naturrechtl. Staatstheorien 80; derselbe, Das deutsche Genossenschaftsrecht III, 81. R. Löning, Geschichtliche und ungeschichtliche Behandlung des d. Strafrechts 83. Snell, Vorlesungen über Naturrecht 86 (dazu Merkel,

Sammlung S. 535). Bergbohm, Das Naturrecht der Gegenwart 92 (dazu Merkel im Archiv f. öffentl. R. VIII, Sammlung S. 727). Merkel, Die Zukunft der Rechtsphilosophie in Holtzendorffs Encyclop., 5. A. S. 90 ff. Rehm, Gesch. der Staatsrechtswissenschaft 96. Liepmann, Die Rechtsphilosophie Rousseaus 98. — Stintzing-Landsberg, Gesch. der d. Rechtswissenschaft l. c. S. auch Taine, Gesch. d. französ. Revolution I. v. Eötvös, Einfluß der herrschenden Ideen des 19. Jahrh. auf den Staat 54 ff.

Besonderer Teil.

Die juristischen Spezialwissenschaften.

Vorbemerkung.

§ 364.

Wir wenden uns im besonderen Teile zunächst dem Rechte der staatlichen Gemeinschaft zu. Eine Betrachtung des Kirchenrechts sowie des die civilisierten Völker verbindenden Völkerrechts wird sich anschließen.

Ein System des Rechts der staatlichen Gemeinschaft wird sich aus der Betrachtung des Staates selbst und seiner Wirksamkeit, welche hier vorangehen soll, ergeben. Hierbei hat das im Allgemeinen Teile (§ 60 ff.) hierüber Beigebrachte seine Ergänzung zu finden.

A. Das Recht der staatlichen Gemeinschaft.

Einleitung. Der Staat selbst.

§ 365.

Der Staat ist der Träger der Ordnung, in welcher die Lebensgemeinschaft eines Volkes sich verwirklicht.

Zur allgemeinen Lehre vom Staate vgl. die zu den §§ 21, 122, 363, sowie unten zu den §§ 385, 410 cit. Schriften. Außerdem Merkel, Elemente §§ 15—19 (Über Natur und Entstehung des Staats); derselbe, Fragmente zur Sozialwissenschaft (aus d. Nachlaß herausg.) 98. v. Mohl, Geschichte und Litteratur der Staatswissenschaften 55 ff. Encyclopädie der Staatswissenschaften, 2. A. 72. Staatsrecht, Völkerrecht und Politik 60 ff. Bluntschli, Lehre vom modernen Staat, I. Allgem. Staatslehre, II. Allgem. Staatsrecht, III. Politik als Wissenschaft, 6. A. 85 ff. Held,

Staat und Gesellschaft 61 ff. Dahlmann, Die Politik auf Grund und Maß der gegebenen Zustände zurückgeführt, 2. A. 47. Waitz, Grundzüge der Politik nebst einzelnen Ausführungen 62. v. Holtzendorff, Die Prinzipien der Politik 69. L. v. Stein, Geschichte der sozialen Bewegung in Frankreich 50. Die Verwaltungslehre 69 ff. C. Frantz, Die Naturlehre des Staats als Grundlage der Staatswissenschaft 70. Gumplowicz, Rechtsstaat und Sozialismus 81. Grundriß der Soziologie 85. Soziologie und Politik 93 (alle drei Schriften bespr. von Merkel, Sammlung). W. v. Humboldt, Ideen zu einem Versuche, die Grenzen der Wirksamkeit des Staats zu bestimmen 51. J. St. Mill, Über die Freiheit, deutsch von Pickford, 60. Über die Repräsentativverfassung, deutsch von Wille, 62. E. Laboulaye, L'état et ses limites. 5. A. Paris 71. F. Lieber, Über bürgerliche Freiheit und Selbstverwaltung, deutsch von Mittermaier, 60. Political ethics, 2. A., Philadelphia 76. Dupont White, L'individu et l'état, 2. A. Paris 58. Tocqueville, L'ancien régime et la revolution, 6. A. Paris 66. Perthes, Das deutsche Staatsleben vor der Revolution 45. Deutsches Staatswörterbuch, herausg. v. Bluntschli u. Brater, 11 Bde. 57—70. Handbuch des öffentlichen Rechts der Gegenwart in Monographien, begründet v. Marquardsen 87 ff. (z. T. in 2. A. herausg. v. Seydel-Piloty 96 ff.). Darin: Allgemeines Staatsrecht von Gareis 87. Rehm, Geschichte der Staatsrechtswissenschaft 96. Roscher, Politik, 2. A. 93. v. Treitschke, Politik, Vorlesungen (herausg. v. Corniceliuss) 97 f. Zeitschr. f. die gesamte Staatswissenschaft, seit 44. Archiv f. öffentl. Recht, seit 86.

§ 366.

Er kann dies sein, sofern er bei diesem Volke die höchste Macht besitzt.

Diesen Besitz bezeichnet man als „Souveränität", den Staat selbst in seiner Eigenschaft als Inhaber derselben als die „souveräne" Gemeinschaft.

Man spricht auch von „halbsouveränen" Staaten, wobei man das Wort Staat auf Gemeinwesen anwendet, welche nicht für sich allein, sondern nur im Zusammenhange mit und bezw. in Abhängigkeit von anderen Mächten das Ganze der staatlichen Aufgaben und somit den vollen Begriff des Staates erfüllen.

§ 367.

Die Souveränität läßt sich in zwei Merkmale zerlegen. Sie begreift nämlich:

1. **die Unabhängigkeit von anderen, sei es außerhalb sei es innerhalb der Gemeinschaft und ihres Gebietes existierenden, Mächten,**

2. eine beherrschende Gewalt in Bezug auf die Glieder der Gemeinschaft und alles, was innerhalb ihres Gebietes sich befindet.

§ 368.

Der Staat ist eine juristische Person (§ 189). Als solche Träger von subjektiven Rechten und Pflichten. Seinen Angehörigen und deren besonderen Verbänden gegenüber bestimmt und begrenzt er selbst diese Rechte und Pflichten.

§ 369.

Gleich jeder juristischen Person bedarf der Staat einer Organisation, mittelst welcher der in ihm herrschende Wille und die ihm anvertrauten Interessen sich bethätigen und seine Rechte zur Ausübung gelangen können.

§ 370.

Diese Organisation ist ihm in Personen und Personenverbindungen gegeben, welche in festen Verhältnissen der Über- und Unterordnung und bzw. der Koordination für ihn zu handeln berufen sind.

Die in ihrer Wirksamkeit sich kund gebende Macht heißt die Staatsgewalt.

§ 371.

Für diese Wirksamkeit ist der Wirksamkeit anderer juristischer Personen und anderer Gemeinwesen gegenüber charakteristisch:

1. ihr universeller Charakter,
2. ihr veränderlicher Charakter.

§ 372.

Ihr universeller Charakter, weil alle menschlichen Interessen in den Umkreis dieser Wirksamkeit eintreten, sofern und soweit ihre Befriedigung als von ihr abhängig betrachtet wird und sie sich als gemeinsame geltend zu machen vermögen.

§ 373.

Ihr veränderlicher Charakter, weil die angegebenen Voraussetzungen bezüglich bestimmter Interessen bald zutreffen, bald ermangeln, und bald in weiterem, bald in engerem Umfange gegeben sein können.

So hat das Verhältnis staatlicher Wirksamkeit zu Religion und Kirche, Kunst und Wissenschaft, Unterricht und gewerblicher Thätigkeit sich vielfach geändert und zeigt sich in verschiedenen Ländern verschieden bestimmt.

§ 374.

Doch lassen sich gewisse stabile Elemente in dieser Wirksamkeit erkennen und gewisse Hauptrichtungen derselben überall unterscheiden.

§ 375.

Der wichtigste bezüglich dieser Richtungen bestehende Gegensatz ist derjenige zwischen der Rechtspflege und der Wohlfahrtspflege, da es dem Staate einerseits obliegt, für die Existenz einer rechtlichen Ordnung innerhalb seines Gebietes zu sorgen und andrerseits eine über diese Sorge hinausgehende schöpferische Thätigkeit zu Gunsten gemeinsamer Interessen zu entfalten.

§ 376.

Die Rechtspflege in dem hier angenommenen weiteren Sinne des Wortes, d. i. die Sorge für den Bestand einer rechtlichen Ordnung begreift die Herstellung und Erhaltung der erforderlichen Organe (Justizverwaltung), die Schaffung der auf diese Organe und ihre Wirksamkeit bezüglichen Rechtssätze (Justizgesetzgebung) und diese Wirksamkeit selbst (Justiz im e. S.).

§ 377.

Die Wohlfahrtspflege läßt sich scheiden in

a) die dem Auslande zugewendete, d. i. die Vertretung der gemeinsamen Interessen fremden Mächten gegenüber und in fremden Machtgebieten,
b) die dem inneren Staatsleben zugewendete Wohlfahrtspflege.

In Beidem ist einbegriffen die Sorge für die Existenz der erforderlichen Organe und Gesetze und die Wirksamkeit dieser Organe.

§ 378.

Der Thätigkeit, welche unmittelbar den Begriffen der Rechtspflege und der Wohlfahrtspflege sich subsumiert, läßt sich die Sorge für die Machtmittel zur Seite stellen, deren der Staat bedarf, um die ihm in jenen beiden Richtungen gestellten Aufgaben lösen zu können.

Es gehört dahin

a) die Sorge für die Wehrkraft des Staates,

b) die Sorge für die Beschaffung, Verwaltung und Verwendung der erforderlichen Geldmittel.

§ 379.

Den verschiedenen Richtungen der Staatsthätigkeit entsprechend unterscheidet man verschiedene Seiten der in ihr sich äußernden Gewalt — Justizgewalt, Polizeigewalt, Militärgewalt, Finanzgewalt — sowie verschiedene Seiten des zur Ausübung kommenden staatlichen Herrschafts- oder Hoheitsrechtes — Justizhoheit, Polizeihoheit.

§ 380.

Den Stamm des Rechts, welches die in den bezeichneten Richtungen sich äußernde Herrschaft des Staates über Land und Leute zum Gegenstande hat, bildet das Staatsrecht i. e. S.

§ 381.

Das **Staatsrecht** (auch **Verfassungsrecht** genannt) bezeichnet die höchsten Träger und die Grenzen dieser Herrschaft, sowie die allgemeinen Formen, Richtungen und Schranken ihrer Bethätigung.

Sein hauptsächlichster Inhalt pflegt in besonderen Urkunden — den Verfassungsurkunden — dargestellt, und hinsichtlich seiner Abänderung unter besondere, ebenfalls zum Verfassungsrecht gehörige, Normen gestellt zu sein.

§ 382.

Demselben reiht sich das **Verwaltungsrecht** an. Dies umfaßt das Detail der für die Ordnung der Staatsthätigkeit und die Gestaltung ihrer Organe bestimmenden Rechtsgrundsätze mit Ausscheidung des Inhalts der Justizgesetzgebung.

Hinsichtlich des Verwaltungsrechts vgl. E. Meier, Das Verwaltungsrecht, in Holtzendorffs Encyclopädie. G. Meyer, Lehrbuch des deutschen Verwaltungsrechts, 2. A. 93 f. Löning, Lehrb. 84. Otto Mayer, Deutsches Verwaltungsrecht 95 f. v. Stengel, Wörterbuch des d. Verwaltungsrechts 90 f.

§ 383.

Zum Inhalte der Justizgesetzgebung gehört:

1. Das Civil- und Straf-Prozeßrecht, welches die für die Rechtspflege wichtigsten Organe und die Formen ihrer Thätigkeit betrifft.
2. Das materielle Civil-(Privat-)Recht und Strafrecht, welches für den Inhalt dieser Thätigkeit maßgebend ist.

§ 384.

Dem Gesagten gemäß wird im weiteren gehandelt werden:

1. vom Staatsrechte. Das Verwaltungsrecht ist seines spezielleren Inhalts wegen zu übergehen;
2. vom Privatrechte;
3. vom Strafrechte;
4. vom Civil- und Strafprozeßrechte.

Das Prozeßrecht ist hier dem materiellen Rechte nachgestellt, weil es mehr von diesem abhängt als das materielle Recht von ihm.

Alle diese Rechtsteile sind mit speziellerer Beziehung auf das in Deutschland geltende Recht zu behandeln.

Erstes Kapitel.

Das Staatsrecht.

Erster Abschnitt.

Im allgemeinen.

I. Die Organisation der Staaten.

§ 385.

Bei der wissenschaftlichen Behandlung des Staatsrechts lassen sich wie bei der Behandlung jedes Rechtsteils Lehren von allgemeinerem Inhalte, welchen zugleich eine über das Recht des einzelnen Volkes und einer gegebenen Zeit hinausgreifende Bedeutung zukommt, von spezielleren Lehren und bezw. von solchen unterscheiden, welche ausschließlich einem konkreten Rechtssysteme zugewendet sind und nur diesem gegenüber Geltung haben. Den Inbegriff der ersteren hat man häufig, in nicht glücklicher Weise, als „Allgemeines Staatsrecht" bezeichnet.

Im folgenden sind einige Hauptpunkte dieser allgemeineren Staatsrechtslehre zu berühren.

Es giebt ein allgemeines Staatsrecht so wenig, wie es ein allgemeines Recht giebt; wohl aber eine allgemeine Staatsrechtslehre in demselben Sinne, in welchem es eine allgemeine Rechtslehre giebt (Einleitung). Hinsichtlich der in das Bereich derselben fallenden Grundbegriffe des Staatsrechts vgl. v. Gerber, Grundzüge eines Systems des deutschen Staatsrechts, 2. A. 69. Held, Grundzüge des allgem. Staatsrechts 68. Seydel, Grundzüge einer allgem. Staatslehre 73. Bornhak, Allgem. Staatslehre 96. Rehm, Allgem. Staatslehre 99. Rosin, Souveränität, Staat, Gemeinde, Selbstverwaltung 83; derselbe, Grundzüge e. allgem.

Staatslehre nach den polit. Reden u. Schriftstücken Bismarcks 98. Laband, Das Staatsrecht des Deutschen Reichs, 3. A. 98. Gierke, Das deutsche Genossenschaftsrecht l. c. — Die Grundbegriffe des Staatsrechts und die neuesten Staatsrechtstheorien, Zeitschr. f. d. ges. Staatsw. XXX, 153 ff., 265 ff. — Labands Staatsrecht und die deutsche Rechtswissenschaft, in Schmollers Jahrb. f. Gesetzgebung ꝛc. VII. Juraschek, Personal- und Realunion 78. Jellinek, Lehre von den Staatenverbindungen 82. — System der subjektiven öffentlichen Rechte 92. — Über Staatsfragmente 96.

§ 386.

Unter den Organen des Staates muß zum mindestens eines sein, von welchem letzte Entscheidungen ausgehen, gegen welche es keine Berufung giebt, und dessen Willensäußerungen in gewissen Grenzen unmittelbar als Äußerungen des Staatswillens selbst gelten.

* § 387.

Möglicherweise existiert in einem Staate nur ein derartiges unmittelbares Organ des staatlichen Willens, welches neben sich nur Organe seines Willens hat, die in seinem Auftrage und nach Maßgabe seiner Befehle von ihm hergeleitete Rechte ausüben.

Eine derartige Stellung hat insbesondere der Monarch in der unbeschränkten oder absoluten Monarchie. Seine Gewalt ist hier identisch mit der Staatsgewalt.

§ 388.

Die Einheit des Staatswillens, seiner Gewalt und seines Rechts findet hier in der Einheit seines unmittelbaren Organes einen einfachen und greifbaren Ausdruck.

Eine solche Organisation entspricht indessen im allgemeinen nur einer niederen Entwicklungsstufe des staatlichen Lebens, sowie Zeiten nationalen Niedergangs, schwerer Gefährdung des Staates oder revolutionärer Neubildungen.

§ 389.

Von solchen Zeiten und Zuständen abgesehen stellt sich uns eine mehr gegliederte Organisation vor Augen. Für verschiedene Richtungen der Staatsthätigkeit sind hier verschiedene von einander unabhängige Organe vorhanden, von welchen letzte Entscheidungen ausgehen, und in Bezug auf gewisse Akte von allgemeinerer Bedeutung findet ein Zusammenwirken mehrerer Organe statt, welche in dem gleichen unmittelbaren Verhältnisse zum Verfassungsrechte und dem in ihm sich äußernden Gemeinwillen stehen.

Vgl. hierzu Elemente § 17.

*§ 390.

Eine solche Staatsform besitzt z. B. das Deutsche Reich und besitzen die sog. konstitutionellen Monarchien. Die Organe, welche dort und hier in dieser unmittelbaren Weise den Staatswillen zum Ausdruck bringen, werden in der Folge bezeichnet werden.

§ 391.

Eine solche Organisation pflegt wieder in einer Person oder Personenverbindung zu gipfeln, welche die größte Fülle der Macht besitzt und welcher es an höchster Stelle obliegt, für die Einheit und Stetigkeit in der Führung der Staatsgeschäfte Sorge zu tragen.

Eine derartige Stellung hat z. B. der Monarch in der beschränkten Monarchie (s. § 398 ff.).

Es ist indessen keineswegs „begrifflich notwendig", daß unter den Organen des Staates eines in der bezeichneten Weise alle anderen überrage. Vgl. § 500.

§ 392.

Die Person oder Personenverbindung, welche entweder das einzige (§ 387) oder das höchste (§ 391) unmittelbare Organ des staatlichen Willens darstellt, heißt „der Souverän", ihre Gewalt „die souveräne Gewalt" (zu unterscheiden von der Souveränität des Staates: § 366).

Diese Gewalt begreift im ersten Falle die gesamte Staatsgewalt, im zweiten nur die höchste unter den Gewalten, in deren einheitlicher Wirksamkeit der staatliche Wille zur Erscheinung kommt.

In der Doktrin ist eine Auffassung dieser Verhältnisse verbreitet, welche von der hier zum Ausdruck gebrachten abweicht, und welche mit den Thatsachen nicht in Einklang zu bringen ist. Man lehrt, daß die gesamte Staatsgewalt als eine an sich einheitliche und unteilbare auch nur ein unmittelbares Organ haben könne, welches Organ in dem Souverän gegeben sei. Was im Texte von der unbeschränkten Monarchie gesagt worden ist, das wird hiermit als das für alle Staaten stets und notwendig Giltige hingestellt.

Die Argumentation, auf welche diese Theorie sich stützt — Einheit der Staatsgewalt, folglich Einheit ihres Organs — ist indessen ein bloßes

Sophisma. Man könnte ebensogut aus der Einheit des tierischen Organismus die Unmöglichkeit folgern, daß derselbe mehrere Organe habe, oder aus der Einheit des individuellen Willens, daß derselbe nur ein mit ihm in unmittelbarer Beziehung stehendes Organ besitzen könne! —

Ehe man aus der Einheit des Staates, seines Willens und seiner Gewalt Folgerungen ableitet, sollte man sich bestimmtere Rechenschaft darüber geben, welche Art der Einheit auf Grund der Thatsachen jenen zuzuerkennen sei.

Unter den Schriftstellern, welche sich mit dieser Frage beschäftigt haben, sind diejenigen, auf welche diese Einheit den größten Eindruck hervorgebracht hat, dahin gelangt, den Staat als eine große, der Einzelpersönlichkeit verwandte, in sich selbst ruhende Persönlichkeit vorzustellen. Gesetzt, der Staat sei dies, eine Persönlichkeit mit eigener Seele, und besitze dieselbe Harmonie der geistigen Kräfte, dieselbe Einheitlichkeit der Zwecke und des Handelns, welche die vollkommenste Einzelpersönlichkeit charakterisieren, so stünde es um jene Theorie nicht im geringsten besser. Denn es würde damit nicht ausgeschlossen sein, daß diese Seele sich durch eine Vielheit verschiedenartiger, mit verschiedenen Leistungen betrauter, und unter sich in einem Gleichgewichtszustande erhaltener Kräfte wirksam zeigte Vgl. auch § 411 Anm., § 501

Zu den bedenklichsten Konsequenzen führt jene Theorie in ihrer Anwendung auf die modernen konstitutionellen Staaten (§ 400) Das Bild derselben wird unter ihrem Einflusse durchaus verzeichnet. Speziell kommt die Stellung der Volksvertretung zu keiner richtigen Würdigung. Da die gesamte ungeteilte Staatsgewalt bei dem Souverän, also in den Monarchien bei dem Monarchen, sein soll, so ergiebt sich bezüglich der Volksvertretung die Alternative, sie entweder als ein abhängiges Organ des königlichen (nicht unmittelbar des staatlichen) Willens zu betrachten, oder die in ihrer Wirksamkeit sich äußernde Macht als eine außerstaatliche anzusehen. Die eine Annahme aber ist so unhaltbar wie die andere. Jene Macht selbst wird unten charakterisiert werden (§§ 399, 496 ff., 518 ff) —

Die gewöhnliche Lehre von der Souveränität weist in dem hervorgehobenen Punkte auf den Ursprung zurück, welchen sie in der Zeit des absoluten Königtums gefunden hat. Dessen Verhältnissen entspricht sie. Den Formen der beschränkten Monarchie aber sucht sie durch Fiktionen gerecht zu werden.

Hancke, Bodin. Eine Studie über den Begriff der Souveränität 94. Im übrigen vgl. Laband § 7 und die dort cit. umfangreiche Litt.

§ 393.

Man teilt die Staaten nach verschiedenen Gesichtspunkten ein, welche zum Teil mit der verschiedenen Art, wie die unmittelbaren Organe des Staatswillens und bzw die höchsten dieser Organe sich bestimmen, zum Teil mit der verschiedenen Rechtsstellung dieser Organe zusammenhängen. Die wichtigsten dieser Einteilungen sind:

1. die Einteilung der Staaten in Monarchien, Aristokratien, Demokratien;
2. diejenige in Bundes- und Einheitsstaaten;
3. diejenige in Rechts- und Autoritätsstaaten.

§ 394.

1. Mit Rücksicht auf die verschiedene Weise, wie der Träger der höchsten Gewalt sich bestimmt, teilt man die Staaten in: a) Monarchien, b) Aristokratien, c) Demokratien.

Häufig unterscheidet man mit Beziehung auf denselben Einteilungsgrund Monarchien und Republiken und teilt die letzteren in aristokratische und demokratische Republiken.

§ 395.

a) Die Monarchie charakterisiert es, daß eine Person, der Monarch, die höchste Gewalt hat, das oberste Willensorgan des Staates darstellt.

§ 396.

Mit dem Besitze der obersten Gewalt verbindet der Monarch die persönliche Repräsentation des Volksganzen und seiner Einheit.

Damit hängen besondere Rechte des Monarchen — Ehrenrechte, Majestätsrechte — zusammen.

§ 397.

Man unterscheidet verschiedene Arten der Monarchie mit Rücksicht α) auf den Umfang der monarchischen Gewalt, β) die Art, wie der Monarch zu seiner Herrscherstellung berufen wird.

§ 398.

α) Dem ersten Einteilungsgrunde entspricht die Unterscheidung der unbeschränkten oder absoluten von der beschränkten Monarchie. Vgl. hinsichtlich jener § 387, hinsichtlich dieser § 391.

§ 399.

Zu den Organen, welche in den beschränkten Monarchien dem Herrscher mit eigener, nicht von ihm abgeleiteter Gewalt zur Seite stehen, gehören insbesondere gewisse politische Körperschaften: Landstände, Kammern ꝛc., welchen ein selbständiger Anteil an der Lösung bestimmter Aufgaben, speziell an der Fortbildung des objektiven Rechts und an der Ordnung des Staatshaushaltes zukommt.

§ 400.

Eine besondere Bedeutung kommt diesen politischen Körperschaften in der sog. konstitutionellen Monarchie, der für die Gegenwart wichtigsten Unterart der beschränkten Monarchie, zu. Sie stellen hier eine Volksvertretung von besonderer Natur dar, welcher in den Ministern die verantwortlichen Ratgeber des Monarchen gegenüberstehen. (Spezielleres hierüber in § 518 ff.)

Die älteste Form dieser konstitutionellen Monarchie ist im englischen Staate gegeben, dessen Grundformen bei der Einführung jener auf dem Kontinente als ein, jedoch nirgends genau kopiertes, Vorbild wirkten.

Rieker, Rechtl. Natur der modernen Volksvertretung 93. Rosin, Über Minoritätenvertretung und Proportionalwahlen 92.

§ 401.

β) Dem zweiten Einteilungsgrunde entspricht die Unterscheidung der erblichen von der Wahlmonarchie.

Bei der ersteren entscheidet über die Thronberechtigung die Verwandtschaft mit dem Vorgänger in der Herrschaft, nach Maßgabe des Verfassungsrechtes, das die Ordnung, in welcher die Verwandten zur Thronfolge berufen werden, feststellt.

Bei der Wahlmonarchie wird der Thronfolger durch Wahl bestimmt, wobei der Kreis der zum Wählen Berechtigten verschieden gezogen sein kann.

§ 402.

b) In der Aristokratie hat eine Personenverbindung, welche eine Minderheit unter den vollberechtigten Bürgern darstellt und die Häupter bestimmter vornehmer Geschlechter oder die (männlichen) Angehörigen eines bestimmten Standes begreift, die höchste Gewalt.

§ 403.

c) In der Demokratie oder Republik ist die höchste Gewalt bei der Gesamtheit der in verfassungsmäßiger Wirksamkeit geeinten vollberechtigten Bürger.

§ 404.

2. In der Gegenwart kommt der komplizierten Organisation des „Bundesstaates" eine besondere Bedeutung zu.

Der Bundesstaat ist ein gegliedertes Staatswesen, in welchem der Staatswille und die Staatsgewalt von verschiedenen Punkten aus durch eigenberechtigte Organe, nämlich einerseits durch die Centralorgane des Ganzen, andrerseits durch die Centralorgane der Glieder, in einer unmittelbaren Weise zur Bethätigung gelangen.

Vgl. die Litt. zu § 385. Sodann neustens v. Stengel, Staatenbund und Bundesstaat, in Schmollers Jahrb. f. Gesetzgebung XXII S. 707, 98. Im übrigen die bei Laband l. c. § 7 ff. cit. Litt.

§ 405.

Die Voraussetzung dieser Organisation bildet ein öffentliches Recht, welches für die Wirksamkeit der gemeinsamen Organe und der Organe der Glieder in ihrem Verhältnisse zu einander bestimmte Grenzen zieht.

Beispiele einer solchen Organisation bieten das Deutsche Reich, die Schweiz, die Nordamerikanische Union.

§ 406.

Der Bundesstaat ist durch die bezeichneten Merkmale in einen Gegensatz gestellt:

a) zu völkerrechtlichen Verbindungen selbständiger Staaten, insbesondere zu den „Schutz- und Trutzbündnissen" sowie zu den „Konföderationen" oder „Staatenbündnissen", zu welchen der ehemalige, im Jahre 1815 gegründete, Deutsche Bund gehörte.

Auch Konföderationen können eine juristische Person darstellen und eigene Organe haben. Aber die letzteren üben nur abgeleitete Rechte und keine unmittelbare Herrschaft über Land und Leute aus.

§ 407.

Der Bundesstaat bildet andrerseits einen Gegensatz

b) zum „Einheitsstaate".

Derselbe kann in Provinzen gegliedert sein, welche juristische Persönlichkeit und eigene Organe haben. Allein diese Provinzen üben nicht wie die Glieder des Bundesstaates eine staatliche Herrschaft kraft eigenen Rechtes aus.

§ 408.

Der Begriff des Staates gelangt im Bundesstaate nur einmal, nämlich durch das gegliederte Ganze zu seiner vollen Verwirklichung, da die dem Staate gesetzte Aufgabe nur durch die sich ergänzende Wirksamkeit der gemeinsamen Organe und der besonderen Organe der Glieder in ihrem ganzen Umfange erfüllt wird, während die gemeinsamen Einrichtungen sowohl wie die Einrichtungen der Glieder, für sich betrachtet, nur Bruchstücke eines Staates darstellen.

Es ist daher ein juristisch inkorrekter, obgleich eingebürgerter, Gebrauch, das Wort Staat einerseits auf das Ganze, andrerseits auf die Glieder anzuwenden.

Auch hier aber sollen die Glieder, diesem Gebrauche gemäß, „Gliedstaaten" und „Bundesstaaten" heißen.

§ 409.

3. Bei verschiedenartigster Bestimmung seiner höchsten Willensorgane kann ein Staat den Charakter eines „Rechtsstaates" in dem besonderen Sinne, welcher sich mit diesem Namen in neuester Zeit verbunden hat, oder den Charakter eines reinen „Autoritätsstaates" haben.

Mit dem Worte „Rechtsstaat" sind verschiedene Begriffe verbunden worden. Für die Gegenwart kann nur der im flg. § bestimmte eine Bedeutung (welche sich indessen nicht auf die Gegenwart beschränkt) in Anspruch nehmen.

§ 410.

Den „Rechtsstaat" charakterisiert ein materiell und formell ausgebildetes öffentliches Recht, ein öffentliches Recht, welches:

a) für die Gesamtordnung des staatlichen Lebens das oberste Maß an die Hand giebt, derart, daß Willensäußerungen der Gewalthaber nur insofern eine verpflichtende Kraft besitzen, als sie in den von diesem öffentlichen Rechte bestimmten Schranken und Formen erfolgen, und niemand eine Gewalt besitzt, welche nicht an solche Schranken und Formen gebunden wäre, und welches:

b) Organe besitzt, die im Falle von Ueberschreitungen jener Schranken angerufen werden können und die nach ihrer Zusammensetzung und Stellung Garantie für eine unparteiliche Rechtsprechung darbieten.

O. Bähr, Der Rechtsstaat 64. R. v. Gneist, Der Rechtsstaat u. die Verwaltungsgerichte in Deutschland, 2. A. 79. — Verwaltung, Justiz und Rechtsweg 69. — Das Selfgovernment und die Verwaltungsgerichte in England, 3. A. 71. — In Holtzendorffs „Rechtslexikon", Art. Verwaltungsjustiz.

§ 411.

In dem reinen Autoritätsstaate bildet dagegen der Wille eines einzelnen oder einer Mehrheit, der Wille des Souveräns, das schlechthin maßgebende Prinzip in der Ordnung des öffentlichen Lebens, derart, daß ihm gegenüber kein objektives und kein subjektives Recht existiert, dem die Bedeutung einer Schranke zuerkannt wäre.

Der speziellere Charakter dieses Staates ist von der besonderen Natur der Quellen und Stützen der Autorität des herrschenden Willens abhängig. Der geschichtlich bedeutsamste Fall ist der, wo die Herrscher diese Autorität als unmittelbare Organe des göttlichen Willens in Anspruch nehmen.

Manche betrachten den in § 410 charakterisierten „Rechtsstaat" als eine bloße Chimäre. Die mit Händen zu greifende Thatsache, daß in den höchststehenden Staaten der Vergangenheit und Gegenwart das Recht sich auch in Bezug auf die Verhältnisse zwischen den Organen des Staates selbst und zwischen diesen und den einzelnen als eine regulierende, einerseits Schranken setzende, andrerseits schützende, Macht in höherem oder geringerem Maße bewährt habe und bewähre, wird um gewisser doktrinärer Begriffe willen, mit welchen sie sich nicht verträgt, bestritten.

Es ist die oben (§ 392) charakterisierte Lehre von der souveränen Gewalt, auf welche man sich dabei stützt.

Wäre die souveräne Gewalt, z. B. die Gewalt des Königs in der beschränkten Monarchie, wie jene Lehre postuliert, überall identisch mit der gesamten unteilbaren und unbeschränkten Staatsgewalt, so hätte es freilich keinen Sinn, ihr gegenüber von einer beschränkenden staatlichen Macht — und um eine solche handelt es sich doch beim öffentlichen Rechte eines Staates — zu reden! Ist die königliche Gewalt durch den im öffentlichen Rechte sich äußernden Staatswillen beschränkt, so kann sie nicht als identisch mit der Gewalt dieses Willens gedacht werden; ist sie dagegen identisch mit dieser Gewalt, so hängt Kraft und Geltung des öffentlichen Rechts in jedem Moment seiner Existenz von ihr ab, und kann dasselbe sich folglich nicht gegen sie selbst, nicht als eine Schranke ihr gegenüber geltend machen!

Aber die Hinfälligkeit jener Lehre ist bereits dargelegt worden. In dem Rechtsstaate äußert sich der Wille und die Macht des Staates nicht bloß in e i n e r Form und an e i n e m Punkte in unmittelbarer Weise, sondern durch eine Mehrzahl von Organen und zugleich durch das diese Organe mit Schranken umgebende öffentliche Recht. Der Einheit der Staatspersönlichkeit widerstreitet die selbständige Bedeutung und beschränkende Macht dieses Faktors nicht, so gewiß als diese Persönlichkeit nicht identisch ist mit einem ihrer Organe. Sie widerstreitet der Einheit dieser Gesamtperson so wenig, wie die maßbestimmende, hier drängende, dort hemmende Wirksamkeit des individuellen Gewissens der Einheit der Einzelpersönlichkeit widerstreitet.

Es erledigt sich damit die in der Wissenschaft oft erörterte Frage, wie es begreiflich zu machen sei, daß der Staatswille durch das von ihm selbst ausgehende Recht als gebunden erscheine. Gebunden durch dieses Recht sind die abhängigen Organe und Glieder des Ganzen, nicht dieses selbst. Indem der Staatswille nicht willkürlich das von ihm geschaffene Recht und die unter dessen Einfluß entstandenen Rechtsverhältnisse ignoriert, sondern diese seine Wirksamkeit gelten läßt und so sich selbst und den ihm gestellten Aufgaben getreu bleibt, erscheint er nicht in anderem Sinne als gebunden, als in welchem der einzelne, der sich selbst und seinen dauernden Interessen treu bleibt, sich hierbei als unfrei darstellt.

§ 412.

Einen Gegensatz zu den bisher in Betracht gezogenen Organen des Staates bilden die Staats-Behörden. Dieselben haben staatliche Geschäfte kraft eines von jenen höheren Organen abgeleiteten Rechtes zu besorgen.

In den größeren Staaten sind für die verschiedenen Richtungen der Staatsthätigkeit (§ 375 ff.) besondere Systeme solcher Behörden vorhanden (s. § 526).

§ 413.

Änderungen der staatlichen Organisation, auch solche, welche sich auf den Inhaber der höchsten Gewalt beziehen — man denke an die Verdrängung der monarchischen durch die republikanische Staatsform oder an den umgekehrten Vorgang — berühren die Identität des Staates und die Fortdauer seiner Rechte und Pflichten Dritten gegenüber nicht.

II. Formen und Richtungen der Staatsthätigkeit.

§. 414.

Die Staatsgewalt bethätigt sich in allen früher genannten Richtungen (§ 375 ff.) in verschiedenen Grundformen.

Die Hauptformen sind:

1. Die Aufstellung, Änderung und Aufhebung von Rechtssätzen durch Gesetze und Verordnungen, §§ 417 f., 421,
2. die Anwendung gegebener Rechtssätze auf gegebene Verhältnisse durch die staatlichen Gerichte in den Formen der „Justiz" i. e. S. d. W. (§§ 376, 419),
3. die Erledigung konkreter Angelegenheiten in den Formen der „Regierung" oder „Verwaltung" (§ 420).

§ 415.

Mit dieser Unterscheidung steht in einem Zusammenhange, ohne jedoch mit ihr zusammenzufallen, die Unterscheidung von

a) **Gesetzgebung,**

b) **Justiz,**

c) **Regierung oder Verwaltung**

und bzw. von

gesetzgebender Gewalt,

richterlicher Gewalt,

Regierungsgewalt („ausführender", „vollziehender" Gewalt).

§ 416.

Das Besondere dieser Dreiteilung (gegenüber der in § 414 erwähnten) begründet sich in ihren Beziehungen zu den Einrichtungen des modernen Rechtsstaats und speziell desjenigen, in welchem eine Volksvertretung einen maßgebenden Anteil an der Erledigung wichtigster staatlicher Angelegenheiten hat.

Ihre Bedeutung ist hier näher darzulegen.

In neuerer Zeit hat man der hier spezieller in Betracht gezogenen Dreiteilung häufig andere Einteilungen substituiert. U. a. eine Zweiteilung, indem man der Gesetzgebung die Justiz und die Verwaltung als ein Ganzes gegenüberstellte. Dagegen ist im allgemeinen nichts zu erinnern. Je nachdem man auf den einen oder anderen Differenzpunkt das Hauptgewicht legt (und in dieser Beziehung ist es schwer, den Einfluß subjektiver Anschauungen völlig zu beseitigen), wird man zu einer verschiedenen Einteilung gelangen. Wenn nur die Eigentümlichkeiten der verschiedenen staatlichen Funktionen bei der gewählten Einteilung zu vollem Ausdruck kommen! Bei der Durchführung jener Zweiteilung hat aber meist die Eigentümlichkeit der Justiz keine volle Würdigung erfahren.

* § 417.

a) Bei dieser Dreiteilung ist das Wort „Gesetzgebung" in einem besonderen, auf ein Zusammenwirken von Regierung und Volksvertretung hinweisenden Sinne genommen, und begreift teils mehr, teils weniger als: Bildung von „Gesetzesrecht" und als: Aufstellung und Aufhebung von Rechtssätzen (§ 102 ff.).

Laband, § 54 ff. Hänel, Studien zum d. Staatsrecht II, 88. v. Martitz, Über den konstitutionellen Begriff des Gesetzes nach deutschem Staatsrecht 80. Seligmann, Begriff des Gesetzes 86. Jellinek Gesetz und Verordnung 87. Rosin, Polizeiverordnungsrecht in Preußen. 2. A. 95.

§ 418.

Die Gesetzgebung in diesem [formalen] Sinne des Wortes umfaßt nämlich nur diejenige Bildung von Rechtssätzen, zu welcher verfassungsmäßig die Zustimmung der Volksvertretung erforderlich ist, umfaßt aber andrerseits zugleich die Regelung gewisser konkreter Angelegenheiten (z. B. die Bewilligung einer Aussteuer für eine Prinzessin), derjenigen nämlich, bezüglich welcher die Verfassung ebenfalls eine Mitwirkung der Volksvertretung fordert.

§ 419.

b) Die „Justiz" begreift im Sinne dieser Dreiteilung die Funktionen des Rechts in hypothesi, d. i. die Anwendung gegebener Rechtssätze auf gegebene Verhältnisse in den Formen richterlicher Entscheidungen und Vollstreckungen von solchen.

§ 420.

c) Die Regierung (auch „Verwaltung") umfaßt im Sinne dieser Dreiteilung die gesamte Staatsthätigkeit, welche nicht von den näher bestimmten Begriffen der Gesetzgebung und Justiz umspannt ist. Es gehört dahin also auch die Aufstellung von Rechtssätzen, solcher nämlich, bezüglich welcher eine Mitwirkung der Volksvertretung nicht erfordert wird.

(§ 421.)

Rechtssätze, welche verfassungsmäßig ohne Zustimmung der Volksvertretung ergehen dürfen, nennt man Verordnungen (oder näher „Rechtsverordnungen"). Die wichtigsten Arten sind die zur Ergänzung der Gesetze dienenden Ausführungsverordnungen, die Polizeiverordnungen und die für dringende Fälle zugelassenen interimistischen Notverordnungen.

Diesen Rechtsverordnungen stellt man gegenüber die „Verwaltungsverordnungen" (oder „Instruktionen"), welche allgemeine Anweisungen des Staatsoberhauptes oder der höheren Behörden an die unteren über die zweckmäßigste Art der Verwaltung (vgl. § 414 Ziff. 3) innerhalb der Rechtsgrenzen enthalten.

§ 422.

Die Regierungs- oder Verwaltungsthätigkeit hat zum Teile den Charakter der Ausführung bestimmter Gesetze, wie z. B. der Schul-, Post-, Gewerbe-, Finanzgesetze, zum Teile bewegt sie sich dagegen innerhalb bestimmter gesetzlicher Schranken frei den gegebenen staatlichen Aufgaben gegenüber.

Letzteres gilt z. B. in der Hauptsache von der äußeren Politik.

§ 423.

Dieser Thätigkeit gegenüber lassen sich regelmäßig Zweckmäßigkeitsfragen und Rechtsfragen unterscheiden.

Die ersteren können das Ganze einer Unternehmung, oder, wo jene sich als Ausführung eines Gesetzes darstellt, die Art und Weise seiner Durchführung betreffen.

Die letzteren gehen darauf, ob die gesetzlichen Schranken nicht überschritten und nicht bestehende öffentliche oder private Rechte verletzt worden sind.

Wo das letztere behauptet wird, da ist ein Anlaß für Entscheidungen richterlicher Natur, also für ein Eingreifen der Justiz gegeben. Dem Rechtsstaate ist es wesentlich, daß für derartige Fälle ein Verfahren vorgesehen ist, welches dem Geiste der Justiz entspricht, gleichviel, welchen Namen die Organe tragen mögen, welche mit der Durchführung desselben betraut sind. S. die Litt. zu §§ 382 und 410.

§ 424.

Für das Verhältnis von Justiz und Verwaltung zu einander sind diese Fragen kennzeichnend. Für die Justiz existieren nur Rechtsfragen, während bezüglich der Verwaltung die Zweckmäßigkeitsfragen im Vordergrunde stehen.

Dieser Gegensatz hängt mit der doppelten Aufgabe des Staates zusammen: gegebene Verhältnisse in der Weise des Rechts zu ordnen und den gemeinsamen Interessen gemäß neue Verhältnisse zu schaffen, die gegebenen fortzubilden (§ 375).

§ 425.

Die erste Aufgabe fordert im allgemeinen keine schöpferische Thätigkeit (§ 241 f.). Vor allem keine im einzelnen Fall, wo irgend ein Rechtstreit durch richterlichen Spruch Erledigung sucht. Ihr ist es vielmehr gemäß, daß für solche Fälle ein objektiver, ausreichender und ausschließender Maßstab in einem Systeme von Rechtsbestimmungen gegeben sei, und ohne Zuthun und Wegnehmen seitens der mit dieser Funktion Betrauten im Wege bloßer Subsumtion der gegebenen Thatsachen unter diese Rechtsbestimmungen zur Anwendung gelange.

Das der zweiten Aufgabe entsprechende kann dagegen nur in einem beschränkten Umfange seinen Ausdruck in abstrakten Normen finden. Diese fordern hier eine Ergänzung in einer Wirksamkeit, für welche unmittelbar die staatlichen Zwecke selbst, nicht lediglich die zwischen ihnen und den Behörden stehenden Normen, bestimmend sind. So ist z. B. die Aufgabe, welche der Regierung des Reichs in Bezug auf die Beförderung von Handel und Verkehr gestellt ist, nur in einem beschränkten Maße zu einer Verkörperung in abstrakten Bestimmungen gelangt und kann im Wege bloßer Subsumtionen gegebener Thatsachen unter solche Bestimmungen ihre Erledigung nicht finden.

§ 426.

Die Verschiedenheit dieser Aufgaben und der Bedingungen ihrer Lösung hat im modernen Staate einen Ausdruck in einer Sonderung und verschiedenen Stellung der wichtigsten Justizbehörden und der Verwaltungsbehörden gefunden. Hierbei ist bezüglich der ersteren besonderes Gewicht auf die Bedingungen einer unparteilichen Anwendung der Gesetze, bei den letzteren auf die Bedingungen einer energischen und einheitlichen Verfolgung der staatlichen Zwecke gelegt.

III. Das staatliche Herrschaftsbereich.

§ 427.

Der Umfang des staatlichen Herrschaftsbereichs wird bestimmt

1. durch das Staatsgebiet,
2. durch die Staatsangehörigkeit,

und bzw. durch die Prinzipien der Territorialität und der Personalität (§§ 62 ff., 335 ff.).

Vgl. die Litt. zu § 326.

* § 428.

1. Das Territorialitätsprinzip bestimmt sich genauer dahin, daß jeder Staat als berechtigt gilt, innerhalb seines Gebietes Hoheitsrechte in freier Selbstbestimmung und mit Ausschluß jeder anderen Macht auszuüben, insoweit nicht aus besonderen Rechtsgründen Beschränkungen dieses Rechts sich ergeben.

§ 429.

Diesem Grundsatze zufolge unterliegen Ausländer, welche sich auf dem Gebiete eines Staates aufhalten, den Einwirkungen der Herrschaft desselben nach Maßgabe seiner eigenen Gesetze.

§ 430.

2. Diejenigen, welche zu einem bestimmten Staate in einem festen persönlichen Verhältnisse als dessen Glieder stehen: die „Staatsangehörigen", unterliegen den Einwirkungen seiner Herrschaft unabhängig von ihrem jeweiligen Aufenthaltsorte, sofern und soweit die Gesetze dieses Staates dies bestimmen (§ 326 ff.).

§ 431.

Begründet wird dieses Verhältnis vornehmlich durch Abstammung von einem Staatsangehörigen, Verheiratung mit einem solchen für die Frau, Verleihung; aufgehoben durch Entlassung auf Antrag, Entziehung wegen Nichterfüllung bestimmter Pflichten und unter bestimmten Voraussetzungen durch Auswanderung.

*§ 432.

Im Bundesstaate (§ 404 ff.) gestaltet sich die Staatsangehörigkeit einmal als Zugehörigkeit zum Ganzen, dann als Zugehörigkeit zu einem der Gliedstaaten, da regelmäßig niemand dem Ganzen angehören kann, ohne zugleich Bürger eines Gliedstaates zu sein und umgekehrt.

Eine Ausnahme von diesem Grundsatz ist für Deutschland durch ein Reichsgesetz von 1888 zu Gunsten der in den Schutzgebieten angestellten Ausländer begründet, welche die Reichsangehörigkeit erlangen ohne die Angehörigkeit eines Gliedstaates.

§ 433.

Vom Standpunkte des einzelnen Gliedstaates aus sind hier drei Kategorien von Personen zu unterscheiden, nämlich:

a) seine Angehörigen,
b) die Angehörigen anderer Gliedstaaten des nämlichen Bundesstaates: die „Bundesverwandten",
c) die Ausländer.

Das Verhältnis des Gliedstaates zur Kategorie b pflegt in einzelnen Beziehungen so geordnet zu sein wie sein Verhältnis zur Kategorie a, in anderen so wie zur Kategorie c.

IV. Die Rechtsstellung des Einzelnen.

§ 434.

Wo ein ausgebildetes öffentliches Recht existiert (§ 410), da sind auch die Verhältnisse der Einzelnen und der besonderen Verbände von Einzelnen zum Staate und dessen Organen in der Weise des Rechts geordnet. Dieselben erscheinen hier einerseits als Subjekte bestimmter und abgegrenzter Pflichten, andrerseits als Inhaber einer rechtlichen Macht, welche in bestimmten Beziehungen die Form des subjektiven Rechts (§ 153 ff.) angenommen hat.

§ 435.

Für die Bedeutung und den Umfang jener rechtlichen Macht ist der Inhalt und die Kraft des gesamten in einem Staate geltenden öffentlichen Rechts bestimmend.

Von besonderer Wichtigkeit aber sind bezüglich derselben die im Folgenden unterschiedenen drei Gruppen von Rechtsbestimmungen.

§ 436.

Eine rechtliche Macht erwächst den einzelnen aus denjenigen Bestimmungen des Staatsrechts und der dasselbe ergänzenden Teile des öffentlichen Rechts, welche die Schranken und Formen feststellen, in welchen die Organe des Staates die Herrschaft desselben über die Einzelnen auszuüben haben (§ 381), sowie diejenigen, welche Garantien für die Beachtung dieser Schranken und Formen darbieten.

§ 437.

Hierher gehören z. B. die gesetzlichen Bestimmungen über die Schranken und Formen, in welchen dem Einzelnen durch die staatlichen Organe die persönliche Freiheit oder Vermögensrechte im öffentlichen Interesse entzogen werden dürfen; die Bestimmungen, nach welchen demselben die freie Wahl seines Aufenthaltes innerhalb des Staatsgebietes, die freie Geltendmachung seiner religiösen und wissenschaftlichen Überzeugungen, die freie Verwertung seiner Arbeitskraft innerhalb gewisser Grenzen nicht verwehrt werden darf, überhaupt alle jene Bestimmungen, welche dem Individuum ein Gebiet sichern, in dem es das Leben nach eigenem Maße gestalten mag, und in welchen die moderne Anschauung einen Ausdruck findet, daß der Mensch nicht berufen sei, im Bürger aufzugehen.

Die rechtliche Macht, welche den Einzelnen aus derartigen Gesetzen den staatlichen Organen gegenüber erwächst, ist in der Litteratur häufig ein Gegenstand von Mißverständnissen gewesen. Man nahm an, daß in ihr individuelle Interessen den staatlichen Interessen gegenüber geschützt und in ihrer Gewährung eine Beschränkung der Willensmacht Aller zu Gunsten der Willensmacht Einzelner enthalten sei, und wußte sich damit dem mit Recht vertretenen Satze gegenüber, daß Einzelinteressen als solche den allgemeinen Interessen zu weichen hätten, nicht zurecht zu finden. In Wahrheit sind für die hier fraglichen Gesetze wie für jedes Gesetz und für die Schaffung aller Teile des objektiven Rechts öffentliche Interessen entscheidend gewesen, so gewiß das Interesse an einer der Idee des Rechts entsprechenden Ordnung der Verhältnisse, sowohl des öffentlichen wie des Privatlebens ein öffentliches ist. Und zwar ein Interesse, als dessen vornehmstes Organ der Staat erscheint.

Wenn der Staat in dieser Eigenschaft Rechte der hier in Frage stehenden Art gewährt und schützt, so liegt darin nicht eine Selbstbeschränkung im Dienste des Individuums, sondern eine Bethätigung seiner Macht im Dienste seiner eigensten Aufgabe.

§ 438.

2. Eine rechtliche Macht erwächst dem Einzelnen staatlichen Organen gegenüber durch die Bestimmungen, welche ihm in bestimmten Richtungen einen Anteil an dem, was der Staat zu Gunsten seiner Angehörigen und Schutzbefohlenen zu leisten berufen ist, zusichern.

Hierher gehört z. B. der den Einzelnen gewährte Anspruch auf Rechtshilfe.

§ 439.

3. Eine rechtliche Macht erwächst Einzelnen in ihrem Verhältnis zum Staate endlich aus Bestimmungen, welche sie zu einer unmittelbaren und aktiven Teilnahme am Leben des Staates berufen, resp. sie mit der Fähigkeit zu solcher Teilnahme ausstatten. Es gehören dahin Bestimmungen, welche Einzelne direkt zu Organen des Staates erheben, z. B. Bestimmungen, welche den männlichen Staatsangehörigen bestimmten Alters das aktive Wahlrecht in Bezug auf die Volksvertretung einräumen; ferner solche, welche Einzelnen unter bestimmten Voraussetzungen, z. B. unter Voraussetzung einer Wahl oder einer Ernennung, eine solche Stellung, z. B. die Stellung eines Abgeordneten, eines Richters gewähren.

§ 440.

Die rechtliche Macht, welche dem Einzelnen unter den bezeichneten Gesichtspunkten eingeräumt wird, nimmt die Gestalt eines subjektiven Rechts vornehmlich in Fällen an, wo dem Einzelnen die Möglichkeit eines bestimmt charakterisierten Handelns (z. B. einer bestimmt gestalteten Beteiligung an der Vornahme gewisser Wahlen) gewährleistet wird. Ferner dort, wo ihm ein Anspruch auf ein derart bestimmtes Handeln gewisser Behörden (Anspruch auf Rechtshilfe) eingeräumt ist.

Man hat dem Worte „Recht" in diesem Bereiche bisweilen eine mißbräuchliche Anwendung gegeben, insbesondere von „Grundrechten" mit Rücksicht auf Verhältnisse gesprochen, wo weder die hier bezeichneten spezielleren, noch die in den § 153 ff. bestimmten allgemeinen Merkmale gegeben sind. So z. B. mit Beziehung auf die Abschaffung der Standesvorrechte, die Existenz von Geschworenengerichten, die beschränkte Anwendung der Todesstrafe 2c. (Reichsverfassung von 1849). Es ist zu wünschen, daß dergleichen künftig vermieden werde.

§ 441.

Diese Rechte lassen sich in staatsbürgerliche und politische scheiden.

Die ersteren begreifen die Rechte, welche unter die zwei zuerst charakterisierten Gesichtspunkte (§§ 436—38), die letzteren diejenigen, welche unter den dritten Gesichtspunkt (§ 439) fallen.

Der Sprachgebrauch hat sich nicht fixiert. Die Ausdrücke „staatsbürgerlich" und „politisch" werden vielfach (auch in unserer Gesetzgebung) als gleichbedeutend gebraucht, und die Rechte, welche im Texte staatsbürgerliche genannt werden, als „bürgerliche" bezeichnet. Dieser Gebrauch hat das Bedenken gegen sich, daß „bürgerliche Rechte" auf das „bürgerliche Recht", d. i. auf das Privatrecht, hinweisen, während hier aus dem öffentlichen Rechte abgeleitete Rechte in Frage stehen. Es kann sich offenbar nicht empfehlen, die Worte „bürgerliches Recht" und „Privatrecht" auf das nämliche, die Worte „bürgerliche Rechte" und „Privatrechte" auf Gegensätze zu beziehen!

§ 442.

Politische Rechte stehen nur den Staatsangehörigen, staatsbürgerliche Rechte in gewissem Umfange auch im Inlande befindlichen Ausländern, in weiterem Umfange den „Bundesverwandten" zu.

Zweiter Abschnitt.

Das deutsche Staatsrecht.

I. Zur Vorgeschichte desselben.

§ 443.

Das alte Deutsche Reich, ehedem Einheitsstaat unter einem gewählten Monarchen, büßte im Laufe der Jahrhunderte — eine Folge und zugleich eine Ursache nationalen Mißgeschicks — allmählich den Charakter eines wirklichen Staates ein.

Seit dem Abschluß der Religionskriege gestaltete es sich dem Wesen nach zu einer Konföderation, welche an gewissen Namen und Gebräuchen des alten Gemeinwesens festhielt, und in welcher gewisse Einrichtungen aus der staatlichen Zeit ein mehr und mehr bedeutungslos werdendes Dasein fristeten.

Litt. zur Geschichte des deutschen Staatsrechts: Die Lehrbücher des d. Staatsrechts (s. § 460). Eichhorn, Deutsche Staats- u. Rechtsgeschichte, 5. A. 44 f. Walter, Deutsche Rechtsgeschichte, 2. A. 57. Zöpfl, desgl., 4. A. 72. v. Schulte, Lehrb. der d. Reichs- u. Rechtsgeschichte, 6. A. 92. Brunner, Deutsche Rechtsgeschichte I 87, II 92; derselbe in Holtzendorffs Encyclopädie. R. Schröder, D. Rechtsgeschichte, 3. A. 98. v. Amira, Grundriß des germanischen Rechts, 2. A. 97. Siegel, D. Rechtsgeschichte, 3. A. 95. Waitz, Deutsche Verfassungsgeschichte, 8 Bde., I u. II in 3 A. 80 f. Sohm, Die fränkische Reichs- u. Gerichtsverfassung 71. — Fränkisches Recht u. römisches Recht 80. Sickel, Geschichte der deutschen Staatsverfassung 79. v. Sybel, Die Begründung des Deutschen Reichs durch Wilhelm I., 4. A. 93 f. v. Bismarck, Gedanken und Erinnerungen 98.

§ 444.

Gleichzeitig mit dem Niedergang des Reichs entwickelte sich in den einzelnen Territorien die „Landeshoheit", ursprünglich nur ein Komplex einzelner Rechte, zu einer wirklichen Staatsgewalt, welche nach völliger Unabhängigkeit vom Reiche strebte und dieselbe zuletzt errang.

* § 445.

In der Kette von Ereignissen, welche die Erreichung dieses Zieles vermittelten, bildete die Gründung des „Rheinbundes" im

Juli 1806 durch Bayern, Württemberg, Baden, Hessen und eine Anzahl kleinerer deutscher Staaten das Schlußglied. Dieser Bund stellte ein Schutz- und Trutzbündniß unter dem Protektorate Napoleons im Machtinteresse des letzteren wie der beteiligten Fürsten dar. Seiner Gründung folgte die Niederlegung der Kaiserwürde durch Kaiser Franz II., sowie die förmliche Erklärung der Auflösung des Reichs am 6. August 1806.

* § 446.

Unter den Nachwirkungen der Herrschaft Napoleons und der dieselbe beseitigenden Freiheitskriege kam im Jahre 1815 eine neue Verbindung aller deutschen Staaten, der „Deutsche Bund", zu stande.

Sein Hauptzweck lag in der Wahrung der Unabhängigkeit dieser Staaten dem Auslande gegenüber und im Verhältnis zu einander und in der Sicherung der Machtstellung der herrschenden Dynastien innerhalb ihrer Staaten.

§ 447.

Die für seine Organisation bestimmenden Grundgesetze waren:

die Bundesakte vom 8. Juni 1815 und

die Wiener Schlußakte vom 15. Mai 1820.

Auf Grund derselben stellte sich dieser Bund als eine Konföderation oder ein Staatenbund (§ 406) dar.

§ 448.

Die Rechte des Bundes, nach dem angegebenen Zwecke seiner Existenz bemessen, schlossen dem Auslande gegenüber die Befugnis, Krieg zu führen und Frieden zu schließen, Verträge und Bündnisse einzugehen, Gesandte zu schicken und zu empfangen, den verbündeten Staaten gegenüber beschränkte Gewalten ein. Zu den einzelnen Deutschen stand er in keinem direkten Herrschaftsverhältnis.

§ 449.

Ein besonderes Organ hatte er in dem sog. „Bundestag", einer permanenten Vereinigung von Bevollmächtigten der verbündeten Fürsten und freien Städte unter dem Vorsitz des österreichischen Gesandten.

§ 450.

Der Bundestag ward in verschiedenen Formen wirksam, nämlich
1. in den Formen des engeren Raths,
2. in den Formen des Plenums.

§ 451.

Der engere Rath zählte 17 Stimmen. Hierbei waren die kleineren Staaten in Gruppen vereinigt, welche je eine Stimme führten.

Für seine Beschlüsse war einfache Mehrheit der Stimmen entscheidend.

§ 452.

Im Plenum hatte jedes Mitglied des Bundes mindestens eine Stimme. Die größeren Staaten verfügten über eine Mehrzahl von Stimmen (4, 3, 2).

Seine Beschlüsse setzten zumeist Einstimmigkeit voraus.

§ 453.

Der nationale Drang nach einer einheitlicheren Gestaltung der politischen Verhältnisse Deutschlands fand in den Jahren 1848 bis 1850 einen Ausdruck in ephemeren Schöpfungen.

Die unmittelbar aus dem Volke hervorgehenden Einheitsbestrebungen, welche in der Reichsverfassung vom März 1849 ihren bedeutsamsten Ausdruck fanden, scheiterten ebenso wie die von den Regierungen (speziell von der preußischen Regierung) ausgehenden, deren bemerkenswerteste Verkörperung in der Erfurter Unionsverfassung gegeben war.

§ 454.

Das hauptsächlichste Hindernis für ein Gelingen der letzteren Bestrebungen, welches in dem Verhältnis der beiden Großmächte Österreich und Preußen zu einander lag, ward durch den Krieg von 1866 beseitigt.

Derselbe führte zur Auflösung des Deutschen Bnndes und zur Errichtung eines neuen engeren Bundes von wesentlich anderem staatsrechtlichen Charakter.

† § 455.

Der neue Bund, d. i. der „Norddeutsche Bund", vereinigte unter dem Präsidium der Krone Preußens die Staaten nördlich von der Mainlinie (mit Einschluß der nördlichen Provinz des Großherzogthums Hessen).

Bayern, Württemberg, Baden und Hessen (bezüglich seiner südlich vom Main gelegenen Provinzen) gingen mit Preußen Schutz- und Trutzbündnisse ein.

§ 456.

Die Verfassung des neuen Bundes ward unter den Regierungen vereinbart, von einem speziell hierzu berufenen Reichstage gut geheißen und von den Volksvertretungen der beteiligten Länder genehmigt.

Ihre Publikation erfolgte in diesen Ländern im Juni 1867. Der 1. Juli des gleichen Jahres bezeichnet den Beginn ihrer Wirksamkeit, den Tag zugleich, an welchem die Schöpfung des neuen Staatswesens ihren Abschluß gefunden hat.

Es ist nicht ein einzelner Akt, auf welchen diese Schöpfung zurückgeführt werden kann. Die hierher gehörigen Akte lassen sich ferner nicht einfach als eine Ausübung bestimmter, schon vorher dagewesener, Rechte charakterisieren. Die Bildung eines neuen Staatswesens enthält stets ein Stück originärer, die Kontinuität der Rechtsentwicklung an einem bestimmten Punkte aufhebender, Rechtsschöpfung, für deren Bedeutung und bindende Kraft die dabei zugleich zur Ausübung kommenden subjektiven Rechte nicht allein und nicht an höchster Stelle entscheidend sind, bezüglich welcher vielmehr auf die allgemeinen Quellen des Rechts und seiner verbindlichen Kraft zurückzugehen ist. Mit einem Ignorieren dieses Sachverhalts hängt die mehrfach vertretene, irrige Ansicht zusammen, daß die Mitwirkung des konstituierenden Norddeutschen Reichstags bei der Gründung des neuen Bundes juristisch gleich Null zu setzen, der letztere im Sinne des Rechts lediglich als ein Werk der beteiligten Regierungen anzusehen sei.

§ 457.

Der Norddeutsche Bund hatte den Charakter eines Bundesstaates (§ 404 ff.).

§ 458.

Unter dem Einfluß des Krieges gegen Frankreich 1870/71 erfolgte die Erweiterung und Umgestaltung des Norddeutschen Bundes zum Deutschen Reiche.

Entscheidend hierfür waren Verträge zwischen dem Bunde und den süddeutschen Staaten, kraft deren die letzteren dem Bunde beitraten.

Dem Bundespräsidenten ward der Titel „Deutscher Kaiser" beigelegt.

§ 459.

Die Verträge traten in Wirksamkeit mit dem 1. Januar 1871. Die auf Grund derselben neu redigierte Bundesverfassung ward am 16. April dieses Jahres publiziert.

II. Das Reich in seinem Verhältnis zu den Bundesstaaten.

§ 460.

Das Wort „Reich" wird in der Regel nicht auf das Ganze des deutschen Gemeinwesens: den gegliederten Bundesstaat, sondern allein auf den Inbegriff der gemeinsamen Organe im Gegensatze zu den Organisationen der Glieder: den „Bundesstaaten", bezogen.

In diesem Sinne wird es auch in der Folge angewendet werden.

P. Laband, Das Staatsrecht des Deutschen Reichs, 2 Bde., 3. A. 98; derselbe in Marquardsens Handbuch II, 2. A. 94. G. Meyer, Lehrbuch des deutschen Staatsrechts, 5. A. 99; derselbe, Staatsrechtliche Erörterungen über die deutsche Reichsverfassung 72. O. Meier, Einleitung in d. deutsche Staatsrecht, 2. A. 89. H. Schulze, Einleitung in d. deutsche Staatsrecht, n. Ausg. 67. v. Martitz, Betrachtungen über die Verfassung des Norddeutschen Bundes 68. Thudichum, Verfassungsrecht d. Nordd. Bundes und d. deutschen Zollvereins 70. Binding, Gründung des Nordd. Bundes 89. Seydel, Kommentar zur Verfassungsurkunde f. d. D. Reich, 2. A. 97. Hänel, Studien zum d. Staatsrecht 73, 80, 88; derselbe, Deutsches Staatsrecht I, 92. Zorn, Das Reichsstaatsrecht, 2. A. I, 95, II, 97. Arndt, Verfassung des d. Reichs, Kommentar 95. v. Holtzendorff, Das deutsche Verfassungsrecht, in seiner Encyclopädie, in d. 5. A. bearb. v. Störk. Binding, Deutsche Staatsgrundgesetze 92 ff.

*§ 461.

Das Reich besitzt staatliche Gewalten und Hoheitsrechte

1. neben den Bundesstaaten,
2. den Bundesstaaten gegenüber kraft eines Beherrschungsverhältnisses, in welchem es zu denselben steht.

Es besteht also eine Teilung der Gewalten.

§ 462.

1. Das Reich besitzt neben den Bundesstaaten eine gesetzgebende, eine Regierungs- und eine richterliche Gewalt (§ 414 ff.) und übt

diese Gewalten, ebenso wie es seitens der Bundesstaaten geschieht, in eigenem Namen und kraft eigenen Rechtes aus.

† § 463.

Hinsichtlich gewisser Gebiete des staatlichen Lebens besitzt das Reich diese Gewalten in einer ausschließenden Weise.

So die gesetzgebende Gewalt in Bezug auf das Heerwesen, die Kriegsmarine, das Post- und Telegraphenwesen, die Zölle, das Konsulatwesen, den Schutz der deutschen Handelsmarine, die Organisation der Reichsbehörden.

So die Regierungsgewalt in Bezug auf die Entscheidung über Krieg und Frieden, in Bezug auf das Marinewesen, die deutschen Konsulate im Auslande, das Post- und Telegraphenwesen (abgesehen von Bayern und Württemberg)

So die richterliche Gewalt in Bezug auf die Marine-Strafrechtspflege, das Konsulargerichtswesen, die Behandlung der gegen Kaiser und Reich gerichteten Delikte.

† § 464.

Hinsichtlich der meisten Gebiete des staatlichen Lebens treffen dagegen die Gewalten des Reichs in verschiedener Weise mit denjenigen der Bundesstaaten zusammen.

So, was die gesetzgebende Gewalt betrifft, vorzüglich hinsichtlich des Privatrechts, Strafrechts und Prozeßrechts; was die Regierungsgewalt betrifft, bezüglich des Heerwesens; was die richterliche Gewalt betrifft, auf dem Gebiete der Civilrechtspflege, der Strafrechtspflege (abgesehen in Bezug auf die in § 463 i. f. erwähnten Delikte), der Militärstrafjustiz und in gewissen Zweigen der Verwaltungsgerichtsbarkeit (z. B. im Heimats-, Armen-, öffentlichen Versicherungswesen), insofern, als hier überall dem Reich die höchste Instanz zusteht.

§ 465.

Rechte, welche nicht durch die Reichsverfassung oder durch Verträge dem Reiche zugewiesen worden sind, stehen den Bundesstaaten zu.

§ 466.

Hinsichtlich derjenigen Angelegenheiten, bezüglich welcher sowohl das Reich wie die Bundesstaaten eine gesetzgebende Gewalt besitzen, gehen die vom Reiche gegebenen Gesetze den von den Bundesstaaten gegebenen — den „Landesgesetzen" — vor. „Reichsrecht bricht Landesrecht".

§ 467.

Fragen der Abgrenzung der Rechte des Reichs im Verhältnis zu den Rechten der Bundesstaaten sind durch das Reich zu entscheiden.

§ 468.

2. Das Reich stellt in der Gesamtorganisation des gegliederten Gemeinwesens den beherrschenden Teil dar. Es besitzt eine gesetzgebende, Regierungs- und richterliche Gewalt in gewissen Grenzen nicht bloß neben den Bundesstaaten, sondern zugleich ihnen gegenüber (§ 461).

§ 469.

Am ausgedehntesten ist die gesetzgebende Gewalt des Reichs den Bundesstaaten gegenüber.

Das Reich kann diesen durch seine Gesetze finanzielle und andere Lasten zu seinen Gunsten auferlegen, kann sie zu einer bestimmten Wirksamkeit z. B. im Bereiche der Rechtspflege, sowie zur Herstellung und Erhaltung bestimmter Organe hierfür, z. B. bestimmter Gerichte, durch seine Gesetze verpflichten, kann ihren Regierungen den eigenen Unterthanen und den Bundesverwandten gegenüber durch seine Gesetze Schranken ziehen, endlich die Grenzen seiner eigenen Gewalten im Verhältnis zu den Gewalten der Bundesstaaten durch seine Gesetze ändern.

§ 470.

Das Reich besitzt eine beschränkte Regierungsgewalt den Bundesstaaten gegenüber, insofern die letzteren unter seiner Oberaufsicht bezüglich der ihnen obliegenden Ausführung von Reichsgesetzen stehen, insofern es befugt ist, wegen verweigerter oder gehemmter Justiz in den Bundesstaaten einzuschreiten und Zwangsmaßregeln gegen solche Bundesstaaten, welche ihren Verpflichtungen dem Reiche gegenüber nicht nachkommen würden, zu verhängen.

§ 471.

Das Reich besitzt endlich eine beschränkte richterliche Gewalt den Bundesstaaten gegenüber, insofern es Streitigkeiten unter den Bundesstaaten sowie Verfassungsstreitigkeiten in denselben unter gewissen Voraussetzungen zu erledigen berufen ist. Auch setzt das Einschreiten wegen verweigerter Justiz, sowie die Verhängung einer Bundesexekution (§ 470) eine maßgebende richterliche Wirksamkeit voraus.

§ 472.

Diesen Herrschaftsrechten des Reichs stehen gewisse Ansprüche der Bundesstaaten gegenüber, insofern jeder von ihnen einen Anspruch darauf hat, daß das Reich ihm erforderlichenfalls diplomatischen und militärischen Schutz gewähre, und daß es ihn an den Gütern teilnehmen lasse, welche aus der Wirksamkeit des Reichs hervorgehen.

III. Das Reich in seinem Verhältnis zu den Einzelnen.

§ 473.

Das Reich steht in einem unmittelbaren staatsrechtlichen Verhältnisse zu den einzelnen Deutschen. Jeder Deutsche ist „reichsunmittelbar". Er steht

1. unmittelbar unter der Herrschaft des Reichs und leitet
2. aus den Gesetzen und der Wirksamkeit des Reichs unmittelbar eine rechtliche Macht, speziell bestimmten staatlichen Organen gegenüber, für sich her.

§ 474.

1. Die einzelnen Deutschen stehen unmittelbar unter der Herrschaft des Reichs, sind „Reichsunterthanen". Die gesetzgebende, Regierungs- und richterliche Gewalt, welche das Reich neben den Bundesstaaten besitzt, treffen in ihren Äußerungen die Einzelnen, und für diese leiten sich Verpflichtungen von mannigfacher Art und weitem Umfange in unmittelbarer Weise aus diesen Äußerungen her.

*§ 475.

Dieses Unterthanenverhältnis kommt u. a. darin zum Ausdruck, daß die Einzelnen

a) ihre Verhältnisse zu einander in weitem Umfang durch Reichsgesetze (insbesondere durch das B., z. B. dessen Bestimmungen über die Eheschließung) geordnet finden, welche eine unmittelbar verpflichtende Kraft ihnen gegenüber in Anspruch nehmen,

b) sich dem Reiche gegenüber zu Leistungen verpflichtet sehen (so in Bezug auf den Militärdienst, in Bezug auf Abgaben) kraft Reichsgesetzes,

c) in einem Treueverhältnis zum Reiche stehen, das durch Reichsgesetze (Strafbestimmungen gegen Hochverrat und Landesverrat gegen das Reich) unter besondere Garanticen gestellt ist.

§ 476.

2. Das Reich gewährt den einzelnen Deutschen ein Reichsbürgerrecht.

Dasselbe begreift das Recht des freien Aufenthaltes innerhalb des Reichs, sowie den Anspruch auf einen Anteil an den Leistungen des Reichs nach Maßgabe der Gesetze desselben in sich.

Die rechtliche Macht, welche den Reichsangehörigen aus Bestimmungen des Reichsrechts erwächst, fällt mit diesem Reichsbürgerrecht nicht zusammen. Bezüglich derselben gilt, was oben in den § 434 ff. ausgeführt worden ist. Neben den Bestimmungen, welche den Einzelnen direkt gewisse Ansprüche zuerkennen, sind hierfür solche entscheidend, welche der partikulären Staatsgewalt Schranken ziehen, z. B. die Bestimmungen über die Gleichberechtigung der Konfessionen in bürgerlicher und staatsbürgerlicher Beziehung (Gesetz vom 3. Juli 1869).

IV. Die Organe des Reichs.

§ 477.

Organe des Reichs, durch welche dessen staatliche Rechte zur Ausübung gelangen, sind:

1. der Kaiser,
2. der Bundesrat,
3. der Reichstag.

Diese drei sind Willensorgane des Reichs, kraft eigenen, unmittelbar in der Verfassung begründeten, Rechts;

4. die Reichsbehörden.

§ 478.

Als Organe des Reichs sind ferner anzusehen:

1. die Regierungen der Gliedstaaten in der Ausübung des ihnen durch die Reichsverfassung zuerkannten Rechtes, die Mitglieder des Bundesrats zu bestimmen und zu instruieren;
2. die Wähler der Mitglieder des Reichstags.

Auch diese beiden sind Organe des Reichs kraft eigenen, unmittelbar aus der Verfassung abgeleiteten, Rechts.

Im weiteren genüge es, dieser Organe bei Besprechung des Bundesrats und des Reichstags zu gedenken.

§ 479.

1. Der **Kaiser** ist Inhaber der Präsidialgewalt im Reiche und zwar kraft eigenen Rechts.

Dieses Recht ist erblich mit der Krone Preußens verbunden.

§ 480.

In der Ausübung dieser Gewalt ist der Kaiser unverantwortlich.

Die Verantwortlichkeit für sie trägt der Reichskanzler (§ 503 ff.).

§ 481.

Mit dieser Gewalt ist die persönliche Repräsentation des Reichs verknüpft.

Als Repräsentant desselben ist der Kaiser im Besitze bestimmter Ehrenrechte und eines besonderen Rechtsschutzes. Seiner Gewalt ist damit ein wesentlich monarchisches Element eingefügt, das in dem Kaisertitel seinen Ausdruck findet.

§ 482.

Die einzelnen Befugnisse, welche im übrigen zur kaiserlichen Präsidialgewalt gehören, fallen zumeist unter den Begriff der Regierungsgewalt.

Der Kaiser ist das oberste Organ der Reichsregierung.

§ 483.

Zu den Rechten, in welchen die letztere Eigenschaft sich begründet, gehört das Recht des Kaisers, dem Auslande gegenüber für das Reich zu handeln, im Namen desselben Krieg zu erklären und Frieden zu schließen, Verträge mit fremden Staaten einzugehen, Gesandte zu beglaubigen und zu empfangen.

§ 484.

Hierher gehört ferner die Stellung des Kaisers als Oberbefehlshaber der deutschen Armee im Kriege und (abgesehen von Bayern) im Frieden, sowie der Kriegsmarine. — Die Truppen verpflichten sich im Fahneneide zum Gehorsam gegen den Kaiser.

§ 485.

Hierher gehört ferner das Recht des Kaisers, die gesetzgebenden Körperschaften: Bundesrat und Reichstag zu berufen, zu eröffnen und zu schließen, die Ausführung der Reichsgesetze zu überwachen, Ausführungsverordnungen zu denselben zu erlassen (soweit er durch Verfassung oder Reichsgesetz dazu ermächtigt ist), die meisten Reichsbeamte zu ernennen; sein Begnadigungsrecht in Bezug auf die in § 463 i. f. genannten Delikte.

§ 486.

Hinsichtlich der Gesetzgebung steht dem Kaiser im allgemeinen nur die Ausfertigung und Publikation zu

Bei der Gesetzgebung über das Heer und die Kriegsmarine, sowie über Zölle und die wichtigsten Verbrauchssteuern, hat das Präsidium Beschlüssen gegenüber, welche eine Abänderung der bestehenden Verhältnisse bezwecken, ein Veto.

§ 487.

Eine besondere Stellung hat der Kaiser zu Elsaß-Lothringen.

Die souveräne Gewalt über dieses ist durch den Friedensvertrag von 1871 auf das Reich, die Ausübung derselben aber durch das Reich (Gesetz vom 9. Juni 1871) auf den Kaiser übertragen worden.

Laband, l. c. § 67 ff. Leoni, Das Staatsrecht der Reichslande Elsaß-Lothringen, in Marquardsens Handbuch II; derselbe, Das öffentl. Recht Elsaß-Lothringens: I. Verfassungsrecht 92.

§ 488.

2. Der Bundesrat ist eine Versammlung von Vertretern der deutschen Landesherren und der Senate der freien Städte.

Bei den Beschlüssen desselben können im ganzen 58 Stimmen abgegeben werden. Davon entfallen auf die Vertreter Preußens 17, auf diejenigen Bayerns 6, auf diejenigen Sachsens und Württembergs je 4 Stimmen.

§ 489.

Die Mitglieder dieser Versammlung handeln auf Grund von Instruktionen, welche sie von ihren Regierungen erhalten. Sie sind Organe dieser Regierungen und also der Bundesstaaten, während die Versammlung als Ganzes ein Organ des Reiches darstellt.

† § 490.

Der Bundesrath faßt seine Beschlüsse unter dem Vorsitz des Reichskanzlers, der zugleich Vertreter Preußens ist, nach einfacher Stimmenmehrheit, ausgenommen wenn es sich handelt um Verfassungsänderungen, gegen welche 14 Stimmen im Bundesrat ein Vetorecht haben, um Sonderrechte der Gliedstaaten, welche nicht ohne Zustimmung des berechtigten Staats geändert werden können, oder um die im § 486 bezeichneten, dem Vetorecht des Präsidiums unterworfenen Angelegenheiten.

§ 491.

Der Bundesrat ist ein Organ der gesetzgebenden, der Regierungs- und der richterlichen Gewalt des Reichs.

§ 492.

Ohne die Zustimmung des Bundesrats kann kein Reichsgesetz — mit Einschluß der Feststellung des Reichshaushaltes, zu stande kommen. Internationale Verträge können zum Teile nur mit seiner Zustimmung Giltigkeit erlangen.

§ 493.

Als ein Organ der Regierung hat der Bundesrat das Recht, Ausführungsverordnungen zu den Reichsgesetzen zu erlassen, soweit nicht anderen Faktoren eine Befugnis hierzu eingeräumt ist, ferner das Recht, einen Einfluß auf die Verwaltung des Finanz-, Bank-, Eisenbahn-, Post- und Telegraphenwesens auszuüben, Vorschläge in Bezug auf die Besetzung gewisser Reichsämter zu machen ꝛc.

Eine Kriegserklärung ist an seine Zustimmung gebunden (außer wenn ein Angriff auf das Bundesgebiet erfolgt ist), ebenso eine Bundesexekution.

§ 494.

Organ einer richterlichen Gewalt ist der Bundesrat den Bundesstaaten gegenüber, soweit dem Reich eine solche Gewalt zusteht (§ 471).

§ 495.

Der Bundesrat wird teils durch Plenarversammlungen, teils durch Vermittelung von Ausschüssen thätig.

Er besitzt eine Anzahl ständiger Ausschüsse. So einen solchen für das Heer und die Marine, einen solchen für das Zoll- und

Steuerwesen, einen für das Eisenbahn-, Post- und Telegraphenwesen, einen für die auswärtigen Angelegenheiten 2c.

Diesen Ausschüssen liegt teils die Vorbereitung der Arbeiten des Plenums, teils eine selbständige Ausübung von Befugnissen des Bundesrates ob.

§ 496.

3. Der Reichstag ist gleich dem Bundesrate ein Organ der gesetzgebenden Gewalt des Reiches.

Auch von seiner Zustimmung ist das Zustandekommen aller Reichsgesetze — mit Einschluß der Feststellung des Staatshaushalts — abhängig.

Für die Fortbildung des Rechts im Reiche ist sonach das Zusammenwirken des Bundesrats und des Reichstags und bzw. (§ 486) des Kaisers entscheidend.

§ 497.

Der Reichstag besitzt ferner das Recht der Kontrole über die Reichsregierung, das Recht, Petitionen entgegenzunehmen und dieselben dem Bundesrate, bzw. dem Reichskanzler zu überweisen.

§ 498.

Der Reichstag geht aus allgemeinen direkten Wahlen hervor.

Die Wahl erfolgt nach Wahlbezirken in geheimer Abstimmung.

Die spezielleren Grundsätze hierüber enthält das Wahlgesetz vom 31. Mai 1869.

§ 499.

Die Reichstagsmitglieder handeln als Vertreter des gesamten Volkes und sind an etwaige Aufträge und Instruktionen seitens ihrer Wähler nicht gebunden.

§ 500.

In der Bildung des Reichstags kommt die Einheit des Reichs zum Ausdruck, in derjenigen des Bundesrats das selbständige Leben der Glieder des Reichs: der Bundesstaaten.

§ 501.

Keines der bisher betrachteten unmittelbaren Organe des staatlichen Willens ist Inhaberin der gesamten Reichsgewalt. Keines

Gewalt ferner überragt in dem Maße die Gewalt der anderen, daß sie sich als die souveräne Gewalt bezeichnen ließe.

Als Souverän des Reichs läßt sich daher nur der Wille betrachten, welcher in der einheitlichen Wirksamkeit dieser Organe seinen Ausdruck findet. Die Bürgschaft für die Einheit und Stetigkeit der Äußerungen dieses Willens und seiner Gewalt liegt nicht wie in Monarchien in der Einheit eines obersten Organs, sondern lediglich in der einheitlichen Verfassung und dem Geiste, dessen Ausdruck sie ist.

Der Bundesrat hat eine gewisse centrale Stellung, insofern seine Rechte sich gleichmäßiger als die der beiden anderen Faktoren über alle Gebiete des Staatslebens erstrecken. Aber dies rechtfertigt es nicht, ihn dem Kaiser und dem Reichstag als „Souverän" gegenüber zu stellen. Vielmehr würde in solcher Bezeichnung des Bundesrates eine Verkennung der Stellung des Kaisers an der Spitze der Reichsregierung und als persönlichen Repräsentanten des Ganzen, sowie derjenigen des Reichstages als eines dem Bundesrate koordinierten Faktors der Gesetzgebung liegen.

Die meisten sehen den Souverän des Reiches in der zur Einheit verbundenen Gesamtheit der deutschen Landesherren und Senate der freien Städte

Aber diese werden als Einheit nur wirksam vermittelst des Bundesrates. Daher die Rechte des letzteren für die Rechtsstellung jener Einheit entscheidend sind. Diese Rechte aber sind, wie ausgeführt wurde, nicht von solcher Art, daß sie die Anwendung des Souveränitätsbegriffs rechtfertigten.

Wenn man, wie geschehen ist, zu diesen Rechten diejenigen des Kaisers hinzurechnet, weil der Kaiser als König von Preußen ja auch zu jenen Landesherrn gehört, so liegt darin eine weder logische noch juristische Addition ungleichartiger Größen. Denn die kaiserlichen Rechte sind nicht Rechte, welche dem Landesherrn von Preußen als Landesherrn, d. i. als einem Gliede jener Gesamtheit, zustehen. Diese und der Kaiser zusammen bilden keine juristische Einheit. Wendet man daher auf beide zusammen oder auf deren Rechte zusammen den Begriff der Souveränität an, so verliert derselbe jede Bestimmtheit und jeden juristischen Wert.

Wenn man gar, wie es auch geschieht (§ 392), unter Souveränität den Besitz der gesamten Staatsgewalt versteht, und jener Gesamtheit der Landesherren in diesem Sinne die Souveränität zuerkennt, damit aber ihr gegenüber die rechtliche Macht der deutschen Aktivbürger und des Reichstags (und von jener Addition abgesehen auch des Kaisers) entweder als etwas der Staatsgewalt Fremdes oder als Null behandelt, so verliert man sich auf das Gebiet der reinen Fiktionen.

Die abgelehnte Auffassung führt, konsequent durchgeführt, zu der (unhaltbaren) Ansicht jener, welche dem Reiche den staatlichen Charakter abstreiten, und in ihm nur einen Verein der deutschen Souveräne sehen.

§ 502.

4. Die Reichsbehörden haben Geschäfte des Reichs kraft eines von den vorgenannten Organen desselben abgeleiteten Rechtes zu besorgen.

Trotz dieser abgeleiteten Natur ihrer Rechte haben gewisse Reichsbehörden, wie z. B. das Reichsgericht, in Bezug auf bestimmte Angelegenheiten eine unabhängige, letzte Entscheidungen in sich schließende und den Gemeinwillen unmittelbar zum Ausdruck bringende Wirksamkeit zu entfalten.

§ 503.

An der Spitze der Reichsbehörden steht der Reichskanzler. Er ist der „Minister" (§ 524) des Reichs.

§ 504.

Gesetze und Verordnungen, welche vom Kaiser kraft der demselben zustehenden Rechte (§ 486) publiziert werden, bedürfen, um zu rechtlicher Wirksamkeit zu gelangen, der Gegenzeichnung seitens des Reichskanzlers.

Dieser übernimmt durch diese Gegenzeichnung die Verantwortlichkeit (§ 525) für die kaiserlichen Akte.

§ 505.

Dem Reichskanzler liegt es ob, dafür zu sorgen, daß die übrigen Reichsbehörden die ihnen aufgetragenen Geschäfte im Einklang mit den Gesetzen und Zwecken des Reiches führen.

§ 506.

Diese Reichsbehörden scheiden sich in Regierungs- (Verwaltungs-) Behörden und Justizbehörden.

† § 507.

Zu den Regierungsbehörden des Reichs gehören das Reichsamt des Innern (früher Reichskanzleramt), das auswärtige Amt, die Admiralität, das Reichsjustizamt, Reichspostamt, Reichsschatzamt, Reichseisenbahnamt, die Reichsbankbehörden (Bankkuratorium und Bankdirektorium) und die Reichsschuldenverwaltung.

An der Spitze der Reichsämter stehen Staatssekretäre, welche auch mit der Stellvertretung des Reichskanzlers einschl. der Gegenzeichnung beauftragt werden können.

† § 508.

Justizbehörden des Reichs sind, abgesehen von einer Anzahl Disziplinar- und Verwaltungsgerichte, das Reichsgericht (§ 791), die Konsulargerichte, die Marinegerichte und neuerdings das durch die Militärstrafgerichtsordnung (§ 787) geschaffene oberste Militärgericht.

V. Die Organisation der Bundesstaaten.

§ 509.

Die meisten Bundesstaaten sind Monarchien.

Ausnahmen bilden Hamburg, Bremen, Lübeck.

Die Monarchien sind sämtlich Erbmonarchien, ferner sämtlich beschränkte Monarchien und von den beiden Mecklenburg abgesehen konstitutionelle Monarchien.

Litt. zum partikulären Staatsrecht: v. Rönne, Staatsrecht d. preußischen Monarchie, 5. A., bearb. v. Zorn 99 f. H. Schulze, Das preuß. Staatsrecht auf Grundlage des deutschen, 2. A. 88 f. Bornhak, Preuß. Staatsr. 88 f. Schwartz, Die Verfassungsurkunde f. d. preuß. Staat 96. Seydel, Bayrisches Staatsrecht, 2. A. 96 f. Opitz, Staatsr. des K. Sachsen 84, 87. v. Sarwey, Staatsr. des K. Württemberg 83. Wielandt, Staatsr. des Großh. Baden 95. (In Marquardsens Handbuch Bd. II, III das Staatsr. der anderen d. Bundesstaaten; in Bd. IV dasj. der außerdeutschen Staaten.) Binding, Deutsche Staatsgrundgesetze 92 ff.

§ 510.

Den konstitutionellen Einrichtungen gingen in diesen Staaten diejenigen der unbeschränkten Monarchie voraus. Jene haben sich hier im Laufe dieses Jahrhunderts unter dem Einfluß der in Frankreich und England gegebenen Vorbilder eingebürgert und entwickelt (§ 400).

§ 511.

Diese deutschen konstitutionellen Monarchien sind durch die Stellung des Monarchen, der Minister und der in den Landständen gegebenen Volksvertretung charakterisiert.

§ 512.

Der Monarch ist als oberstes Willensorgan und höchster Repräsentant des Staates (§§ 395, 396) unverantwortlich und im Besitze bestimmter Ehren- (Majestäts-) rechte.

§ 513.

Derselbe herrscht kraft eigenen Rechtes, ist aber in der Ausübung dieser Herrschaft durch die Verfassung beschränkt. Er unterliegt auf Grund derselben materiellen und formellen Beschränkungen.

*§ 514.

Materiell beschränkt ist er hinsichtlich der Gesetzgebung (§ 417 ff.) und der richterlichen Wirksamkeit.

Jenes, insofern das Zustandekommen von Gesetzen von der Zustimmung der Volksvertretung abhängt, dieses, insofern die Gerichte hinsichtlich der von ihnen zu fällenden Entscheidungen von ihm unabhängig sind. Sie urteilen in seinem Namen, aber nicht nach seinen Weisungen.

(§ 515.)

Auch hinsichtlich der Regierung ist er materiell beschränkt, einmal durch den Grundsatz, daß die Regierung nach Maßgabe der Gesetze erfolgen muß, andrerseits dadurch, daß die Einnahmen und Ausgaben des Staates (der Staatshaushalt) im Wege der Gesetzgebung festgestellt werden müssen.

†§ 516.

Formell beschränkt ist er insofern, als die rechtliche Wirksamkeit der von ihm als Herrscher ausgehenden Akte (abgesehen von Äußerungen der militärischen Kommandogewalt) von der Beobachtung bestimmter Formen, insbesondere von der Gegenzeichnung eines die Verantwortlichkeit für diese Akte übernehmenden Ministers abhängt.

§ 517.

Hinsichtlich der Thronfolge gehen nach deutschem Rechte die männlichen Verwandten den weiblichen, die Söhne den entfernteren Verwandten und der Erstgeborene dem Spätergeborenen vor (Primogeniturordnung).

§ 518.

Die Landstände wirken einerseits als beschränkende und kontrolierende Faktoren dem Monarchen und dessen Vertretern gegenüber und sind andererseits berufen, in positiver und schöpferischer Weise sich an der Lösung staatlicher Aufgaben im Vereine mit den Vertretern der Krone zu beteiligen.

Häufig weist man den Landständen nur eine kontrolierende und beschränkende Wirksamkeit der Krone gegenüber zu. Aber dies entspricht nicht den Thatsachen, da sie einen positiven Einfluß auf den Inhalt der Gesetze zu nehmen berufen sind und allwärts wirklich ausüben. Jene Auffassung hängt historisch damit zusammen, daß die königliche Macht in Deutschland das Ursprüngliche ist, und daß die Landstände als beschränkende Faktoren, berufen, die rechtlichen Interessen der Unterthanen jener gegenüber zu wahren, sich einführten. Aber die Rechte, welche sie erlangten, gingen alsbald über das Maß dessen hinaus, was einer bloß kontrolierenden und hemmenden Wirksamkeit entsprechend wäre.

§ 519.

Die Rechte, welche ihnen, der bezeichneten Aufgabe gemäß, bezüglich der Angelegenheiten ihres Staates eingeräumt sind, entsprechen im allgemeinen denjenigen, welche der Reichstag in Bezug auf die Angelegenheiten des Reichs besitzt. (§ 496 f.)

Die Landstände sind daher in demselben Sinne Willensorgane des Gliedstaates wie jener ein Willensorgan des Reichs und haben an der partikulären Staatsgewalt in demselben Sinne Teil wie der Reichstag an der Reichsgewalt. (§ 501.)

Die Ansicht, welche den Ständen jeden Anteil an der Staatsgewalt abstreitet, erledigt sich durch diese einfache Erwägung:

die oberste Machtäußerung des Staates liegt in der Gestaltung des Rechts;

an dieser Gestaltung haben die Stände einen entscheidenden Anteil;

folglich haben sie einen entscheidenden Anteil an den Machtäußerungen des Staates.

§ 520.

In den größeren und mittleren Staaten besteht das sog. Zweikammersystem, d. h. die Landstände setzen sich aus zwei politischen Körperschaften — so in Preußen aus dem Herrenhaus und dem Abgeordnetenhaus, in anderen Ländern aus der ersten und der zweiten Kammer — zusammen.

§ 521.

Hinsichtlich ihrer Rechte sind die beiden Körperschaften im allgemeinen gleichgestellt. Nur hinsichtlich der Feststellung des Staatshaushaltes und sonstiger Finanzgesetze sind der zweiten Kammer (dem Abgeordnetenhaus) gewisse Vorrechte eingeräumt: erste Beratung und Befugnis, im einzelnen zu amendieren.

§ 522.

Die Mitglieder der ersten Kammer (des Herrenhauses) sind teils durch die Verfassung bezeichnet, teils vom Monarchen auf Lebenszeit ernannt, teils von gewissen privilegierten Körperschaften gewählt.

Die Mitglieder der zweiten Kammer (des Abgeordnetenhauses) gehen aus der nach Wahlkreisen eingeteilten Bevölkerung durch verschieden geordnete Wahlen hervor.

§ 523.

Die Mitglieder beider Kammern handeln als Vertreter der gesamten Bevölkerung des betreffenden Landes und sind gleich den Mitgliedern des Reichstages an etwa empfangene Instruktionen und Aufträge nicht gebunden.

§ 524.

Die Mitglieder der Landstände sind gleich denjenigen des Reichstages im Besitze gewisser Privilegien, welche ihnen eine freie Wirksamkeit sichern sollen.

Hierher gehört es vornehmlich, daß sie wegen ihrer Abstimmungen und der in Ausübung ihres Berufes gethanen Äußerungen nicht strafrechtlich zur Verantwortung gezogen werden dürfen.

*§ 525.

Die Verantwortlichkeit der Minister begreift folgendes:

1. Die Minister haben den Landständen auf Verlangen Rechenschaft in Bezug auf die Regierungsakte zu geben und dieselben in Bezug auf ihre Gesetzmäßigkeit und Zweckmäßigkeit zu vertreten.

2. Hinsichtlich bestimmt gearteter Pflichtverletzungen, z. B. vorsätzlicher Verfassungsänderungen, ist in den meisten Ländern durch Bestimmungen über eine von den Kammern zu erhebende Minister-Anklage eine besondere Verantwortlichkeit der Minister begründet.

*§ 526.

Von dieser besonderen Ministerverantwortlichkeit ist zu unterscheiden die Verantwortlichkeit der Minister wie anderer Beamte in Bezug auf die Gesetzmäßigkeit ihrer Handlungen nach Maßgabe der allgemeinen Gesetze.

§ 527.

Hinsichtlich der übrigen Organe staatlicher Wirksamkeit sind die in einem engeren Sinne sogenannten staatlichen von den kommunalen Organen zu unterscheiden.

§ 528.

Die ersteren bilden ein die Einheit des Staates und seiner Interessen repräsentierendes Behördensystem, das in dem, die sämtlichen Minister und deren Räte umfassenden Ministerium sein zentrales Organ besitzt und dessen Gliederung derjenigen der staatlichen Aufgaben, Gewalten und Hoheitsrechte entspricht.

§ 529.

Die kommunalen Organe -- Organe der „Selbstverwaltung" repräsentieren die Glieder des Staates: Gemeinden, Kreise, Provinzen und empfangen die Impulse und das Maß ihrer Wirksamkeit durch die in den Grenzen dieser Glieder sich geltend machenden Aufgaben und Bedürfnisse.

Schön, Das Recht der Kommunalverbände in Preußen 97.

§ 530.

Zu diesen kommunalen Organen gehören Gemeinderäte nd Bürgermeister, Kreis- und Provinzialausschüsse, Provinziallandtage ꝛc.

§ 531.

Diese kommunalen Organe werden unter der Kontrole und vielfach im Vereine mit Organen des erstgenannten Systems thätig. Bisweilen gehören die gleichen Organe dem kommunalen und zugleich, mit Rücksicht auf bestimmte Angelegenheiten, dem spezifisch staatlichen Systeme an.

§ 532.

Die Mitglieder des staatlichen Systems sind in der Regel besoldete Berufsbeamte; die Mitglieder des kommunalen Systems dagegen häufig unbesoldete Inhaber von Ehrenämtern.

Zweites Kapitel.

Das Privatrecht.

Erster Abschnitt.

Im allgemeinen.

I. Die Teile des Privatrechts.

§ 533.

Die Hauptteile des Privatrechts (bürgerlichen Rechts, Zivilrechts) sind Vermögensrecht und Familienrecht.

Jenes hat die Vermögensverhältnisse privatrechtlicher Natur (§ 85 ff.), dieses die persönlichen Verhältnisse der Familienglieder zu einander zu seinem Gegenstande.

* Vermögensrecht und Familienrecht umfassen freilich nicht alle privatrechtlichen Verhältnisse und Rechte. Das Recht der Ehre z. B. ist, sofern es im Verhältnis der Individuen zu einander einen Rechtsschutz findet, ein Privatrecht, und gehört doch weder dem Vermögensrecht noch dem Familienrecht an. Für die Existenz und die Grenzen dieses Rechts, wie für eine Reihe anderer Rechte, waren bisher wesentlich Bestimmungen der Strafgesetze entscheidend, daher sie hauptsächlich im Bereich der Strafrechtslitteratur Berücksichtigung fanden. B. schützt die Geschäftsehre (s. § 668 Abs. 3) und die weibliche Geschlechtsehre durch Aufstellung einer Ersatzpflicht für den Fall ihrer Verletzung. Desgleichen das Leben, die Gesundheit und Freiheit. Allgemein ist das Namensrecht im B. als Privatrecht anerkannt. Eine verbreitete Theorie faßt diese und ähnliche Fälle zusammen als „Persönlichkeitsrechte" oder „Individualrechte" (vgl. Gierke, Deutsches Privatrecht § 81). —

Hinsichtlich der allgemeinen Begriffe des Privatrechts s. die Citate zu den §§ 146, 185, 244.

Zeitschriften von hervorragender Bedeutung für die Privatrechtswissenschaft: Archiv für die zivilistische Praxis, seit 14. Jherings „Jahrbücher für die Dogmatik des heutigen römischen und deutschen Rechts" (jetzt „des bürgerlichen Rechts"), seit 57. Gruchots „Beiträge zur Erläuterung des deutschen Rechts, in besond. Bez. auf das Preuß. Recht", seit 57. Grünhuts „Zeitschrift für das Privat- und öffentliche Recht der Gegenwart", Wien, seit 74. „Zeitschrift für Rechtsgeschichte" seit 61 (seit 80 Zeitschr. der Savigny-Stiftung f. Rechtsgeschichte, germanistische und romanistische Abteilung). „Zeitschr. für das gesamte Handelsrecht", seit 58. „Archiv für bürgerliches Recht", seit 89. „Deutsche Juristenzeitung", seit 96.

§ 534.

Die Vermögensverhältnisse und die Rechte, welche hinsichtlich ihrer gewährt werden, haben eine direkte oder indirekte Beziehung auf Sachen, d. h. irgendwie begrenzte Teile der außermenschlichen Natur.

§ 535.

Sachen kommen im Rechte in Betracht, sofern sie geeignet sind, menschlichen Interessen zu dienen und einer ausschließenden Willensherrschaft unterworfen zu werden.

Sie kommen speziell im Vermögensrechte in Betracht, sofern der im Rechte sich äußernde Wille es als angemessen erachtet, daß sie in den Dienst der Interessen des Einzelnen gestellt und seiner privaten Willensherrschaft im Sinne der privatrechtlichen Grundsätze unterworfen seien.

Die Beziehung der Vermögensverhältnisse und Vermögensrechte zu Sachen aber kann vierfacher Art sein.

*§ 536.

1. Diese Beziehung kann in einer unmittelbaren Herrschaft über Sachen oder auch in einer solchen über Rechte, welche eine Herrschaft über Sachen gewähren, gegeben sein. Hierher gehört die Herrschaft des Eigentümers eines Grundstücks, Geldstücks 2c. über diese Sachen.

Die betreffenden Rechte heißen „Sachenrechte", „dingliche" Rechte. Sie gehören zu den „absoluten" Rechten im Sinne des § 202.

*§ 537.

2. Diese Beziehung kann ferner gegeben sein in einem Anspruch auf Leistungen andrer, welche für die Begründung, Erhaltung oder Nutzbarmachung einer Herrschaft über Sachen bedeutsam sind.

Hierher gehört der Anspruch jemandes gegen einen bestimmten anderen: ihm ein Haus zu erbauen oder ein erbautes in seine Herrschaft zu übergeben oder die Bewohnung eines solchen gestattet zu bekommen

*§ 538.

3 Ferner kommen hier Ansprüche in Betracht, welche zwar nicht selbst auf Leistungen der vorgenannten Art gerichtet sind, aber mit solchen in einem Bedingungs- bzw. Äquivalenzverhältnis stehen.

Hierher gehört es z. B., wenn jemand einen Anspruch gegen eine Sängerin hat, daß dieselbe bei einem von ihm veranstalteten Konzert mitwirke, sofern dieser Anspruch durch eine Leistung der sub 2 genannten Art erworben wurde (die Sängerin hatte im voraus Bezahlung erhalten), oder sofern die Verletzung des Anspruchs eine Verpflichtung zu einer solchen Leistung (zur Zahlung einer vereinbarten Strafe) bei der Sängerin hervorbringen würde. —

Die Rechte, welche die sub 2 oder sub 3 erwähnten Merkmale haben, heißen „Forderungsrechte“, „obligatorische“ Rechte. Sie gehören zu den persönlichen oder relativen Rechten (§ 201).

*§ 539.

4 Die Beziehung auf Sachen kann ferner gegeben sein in einer ausschließlichen Befugnis zur Erlangung einer rechtlichen Herrschaft über bestimmte Sachen, resp zur ausschließlichen Benutzung gewisser Mittel und Wege zur Erlangung derselben, oder zur ausschließlichen Begründung gewisser obligatorischer Verhältnisse (2 und 3) in Bezug auf bestimmte Sachen.

Dahin gehört die Befugnis des Jagdberechtigten, sich innerhalb eines bestimmten Reviers die jagdbaren Tiere mit Ausschluß andrer anzueignen; ferner die Befugnis des Urhebers eines Geistesprodukts, dasselbe mit Ausschluß anderer auf mechanischem Wege zu vervielfältigen und in den Handel zu bringen; nach B. die ausschließliche Befugnis des Fiskus, sich ein vom bisherigen Eigentümer aufgegebenes Grundstück anzueignen.

Solche Rechte kann man (in Ermangelung eines geeigneteren zusammenfassenden Ausdrucks) als vermögensrechtliche „Monopolrechte" bezeichnen.

Sie reihen sich gleich den Sachenrechten den absoluten Rechten (§ 202) ein.

* § 540.

Der auf die Sachenrechte bezügliche Teil des Privatrechts heißt **Sachenrecht**, der auf die Forderungsrechte bezügliche **Obligationenrecht** oder **Recht der Schuldverhältnisse**.

Die „Monopolrechte" finden ihre Behandlung teils (z. B. das Aneignungsrecht des Jagdberechtigten) im Zusammenhange mit Sachenrechten, teils im Zusammenhange mit Forderungsrechten, je nachdem ihre unmittelbare Bedeutung in der Begründung von Rechten der ersteren Art (z. B. des Eigentums) oder der letzteren Art wurzelt.

§ 541.

Gewisse Bestandteile des Sachen- und des Obligationenrechts hat man unter besonderen Gesichtspunkten von jenen ausgeschieden und einer gesonderten Behandlung unterzogen. Hierher gehören die Rechtssätze des Familiengüterrechts und diejenigen des Erbrechts.

§ 542.

Das **Familiengüterrecht** ordnet die Vermögensverhältnisse der Familienglieder, insoweit bei deren Ordnung der Familienzusammenhang sich geltend macht und dieselben nicht ihre Regelung durch das Erbrecht empfangen (insbesondere das eheliche Güterrecht).

Dieses Familiengüterrecht pflegt in engerer Verbindung mit dem die persönlichen Verhältnisse der Familienglieder ordnenden Rechtsteile zur Darstellung zu kommen. Das Wort „Familienrecht" begreift, in einem weiteren Sinne genommen, auch jenes.

§ 543.

Das **Erbrecht** ordnet die Verhältnisse, welche sich hinsichtlich des Nachlasses eines Menschen ergeben können.

† § 544.

Eine gesonderte Stellung nimmt ferner in Gesetzgebung und Litteratur das **Handelsrecht** ein, welches zum Gegenstand gewisse, in der Gesetzgebung verschieden abgegrenzte Vermögensverhältnisse hat, die aus dem Handel hervorgehen. Die Grundlage für diese Abgrenzung bilden die positiv verschieden normierten Begriffe des „Kaufmanns" (d. i. nach jetzigem Handelsgesetzbuch „wer ein Handelsgewerbe treibt") und der „Handelsgeschäfte" (das sind Geschäfte eines Kaufmanns, die zum Betriebe seines Handelsgewerbes gehören, außerdem gewisse im Gesetz aufgezählte Geschäfte, auch wenn sie nicht zu seinem Handelsgewerbe gehören).

S. § 558.

II. Die Vermögensrechte und ihre Objekte.

§ 545.

Sachen und Leistungen, sowie die Rechte, deren Gegenstand sie bilden, besitzen einen bestimmten Wert, der sich in ihrem Verhältnis zu den Interessen begründet, denen sie zu dienen bestimmt sind.

*§ 546.

Der Wert einer Sache kann solcher Art sein, daß kein anderer Träger desselben außer ihr vorhanden ist, derart, daß bei Verlust der Sache kein Ersatz für diesen Wert geboten werden kann (individueller Sachwert).

Dieser Wert kann zugleich ausschließlich in den Beziehungen der Sache zu einer bestimmten Persönlichkeit wurzeln, derart, daß er nur für diese vorhanden ist (höchstpersönlicher oder Affektionswert der Sache). Ein solcher kommt jedoch für das Recht regelmäßig nicht in Betracht.

Einen solchen individuellen und zugleich höchstpersönlichen Wert würde z. B. ein von einem Verstorbenen herrührender Brief besitzen, welcher dem Adressaten als Andenken an den Verstorbenen teuer ist.

§ 547.

Der Wert einer Sache kann aber auch in ihrem Verhältnis zu Interessen wurzeln, für welche andere Sachen eine gleiche oder ähnliche Bedeutung haben (genereller Wert).

Die betreffenden Interessen können allgemeiner Natur, und der Wert der Sache für dieselben kann im Verhältnis zu dem Werte anderer Sachen für die gleichen Interessen Gegenstand einer gesellschaftlichen Schätzung sein.

Für diese Schätzung ist ein Maßstab im Gelde gegeben. Betreffende Sachen repräsentieren einen in Geld ausdrückbaren Wert.

§ 548.

Was bezüglich des Wertes der Sachen, das gilt auch bezüglich der Leistungen und sonstigen Gegenstände von Vermögensrechten und von diesen Rechten selbst.

§ 549.

Hinsichtlich des in Geld ausdrückbaren Wertes besteht im allgemeinen eine Ersetzbarkeit der Gegenstände. An die Stelle einer Sache oder Leistung kann gegebenenfalls der Geldbetrag treten, der diesem Werte entspricht, oder eine andere Sache oder Leistung, welche den gleichen Wert repräsentiert.

§ 550.

Die bezeichnete Ersetzbarkeit ist für die Gestaltung der vermögensrechtlichen Verhältnisse von weitreichendster Bedeutung. Zwar hängt von ihr die Existenz weder der Sachenrechte noch der Forderungsrechte ab, wohl aber die Anwendbarkeit zahlreicher Bestimmungen des Vermögensrechts und die Möglichkeit, jenen Rechten einen ausreichenden privatrechtlichen Schutz zuzusichern.

*§ 551.

Jemandes Sachenrechte, Forderungsrechte und etwaige Monopolrechte bilden im Zusammenhange mit seinen obligatorischen Verpflichtungen (seinen „Schulden") sein „Vermögen" im juristischen Sinne des Worts.

Das Vermögen jemandes repräsentiert als Ganzes einen bestimmten (positiven oder negativen) Geldwert.

Dasselbe kann ferner als Ganzes einen Gegenstand von Rechtsansprüchen (insbesondere von Erbansprüchen) bilden.

§ 552.

Bei der Ordnung der Vermögensverhältnisse erweisen sich mancherlei Verschiedenheiten der Sachen als einflußreich.

Insbesondere hat der Unterschied zwischen beweglichen und unbeweglichen Sachen eine große Bedeutung im Bereiche des Vermögensrechts, wie auch im Bereiche anderer Teile des Rechts erlangt.

Es bestehen aber bezüglich dieser Bedeutung Verschiedenheiten zwischen verschiedenen Rechtssystemen.

*§ 553.

Im modernen Recht kommt diesem Unterschiede zwischen beweglichen und unbeweglichen Sachen eine größere Bedeutung zu als im römischen Rechte, welches grundsätzlich beide den gleichen Regeln unterwarf, dagegen eine geringere als im älteren deutschen Rechte.

Nach dem letzteren war die Rechtsstellung des Mannes in privatrechtlicher und öffentlich-rechtlicher Hinsicht davon abhängig, ob er Rechte an Grund und Boden hatte oder nicht, und bzw. davon, welcherlei Rechte er an demselben hatte. Diese Rechte waren demgemäß in wichtigen Punkten anders als die Rechte an beweglichen Sachen und in einer der centralen Bedeutung des Grundbesitzes für das gesamte Rechtsleben entsprechenden Weise geordnet.

Auch B. stellt in vielen Beziehungen verschiedene Regeln für beide Klassen von Sachen auf, insbesondere hinsichtlich des Eigentumserwerbs (§ 593 f) und im Pfandrecht (§ 635 f.)

§ 554.

Die Grenzen zwischen beweglichen und unbeweglichen Sachen werden übrigens in den verschiedenen Gesetzgebungen in einer positiven, von den allgemeinen Begriffen der Beweglichkeit und der Unbeweglichkeit mehrfach abweichenden Weise geordnet.

Zweiter Abschnitt.

Das deutsche Privatrecht hinsichtlich seiner Quellen.

I. Übersicht.

†§ 555.

Die Reichsverfassung (Art. 4 Al. 13 in der Fassung, welche diese Bestimmung durch ein besonderes Reichsgesetz von 1873 erhalten), ermächtigte das Reich, die gesamten Privatrechtsverhältnisse von sich aus zu ordnen.

Lange Zeit hindurch war jedoch von dieser Ermächtigung nur in bescheidenem Umfang durch einzelne Reichsgesetze Gebrauch gemacht.

Unter diesen älteren Reichsgesetzen privatrechtlichen Inhalts seine hervorgehoben: Das Reichsges. betr. das Urheberrecht an Schriftwerken rc. 70. Das Haftpflichtgesetz 71 (über die Haftung der Eisenbahn- u. anderer Betriebs-Unternehmer, s. § 691). Das Personenstandsgesetz 75, s. § 700. Gesetz betr. Anfechtung von Rechtshandlungen eines Schuldners außerhalb des Konkurses 79. Bestimmungen des Wuchergesetzes 80.

In der Hauptsache aber war das Privatrecht, abgesehen vom Handelsrecht (s. § 558), bis zum 1. Januar 1900 partikuläres Recht geblieben.

Mandry-Geib, Der zivilrechtliche Inhalt der Reichsgesetze, 4. A. 98.

(§ 556.)

Dieser Rechtszustand hat sich geändert mit dem Inkrafttreten des B. am 1. Januar 1900. Dasselbe ist seinem Grundgedanken nach eine Kodifikation des Privatrechts, sodaß seitdem das Privatrecht im wesentlichen „gemeines" (s. § 83) deutsches Recht bildet, dagegen das Landesrecht privatrechtlichen Inhalts grundsätzlich beseitigt ist.

Jedoch will diese Kodifikation keine erschöpfende sein; nicht bloß ist das bisher schon geltende Reichscivilrecht (s. vor. §) grundsätzlich daneben aufrecht erhalten, sondern es ist eine Reihe von Materien auch künftig dem Landesrecht überlassen geblieben (im Reichs-Einführungsgesetz zum B. z. B. Berg-, Jagd-, Fischerei-, Wasserrecht rc.), und hinsichtlich anderer Materien ist dem Landesrecht die Ausgestaltung oder Ergänzung vorbehalten (Grundbuchwesen — Beschränkungen des Grundeigentums).

Dieses verbleibende partikuläre Privatrecht ist z. T. in älteren Landesgesetzen, z. T. in den Ausführungsgesetzen enthalten, welche die einzelnen Bundesstaaten zum B. erlassen haben.

(§ 557.)

Im Jahre 1874 in Angriff genommen, wurde der erste Entwurf des B. 1888 veröffentlicht. Der von einer anderen Kommission umgearbeitete zweite Entwurf wurde Ende 1895 dem Bundesrat und mit einigen Veränderungen im Januar 1896 dem Reichstag vorgelegt, welcher denselben nach vorheriger Kommissionsberatung mit gewaltiger Mehrheit annahm, worauf am 18. August 1896 die Publikation erfolgte.

Das B zerfällt in fünf Bücher: Allgemeiner Teil, Recht der Schuldverhältnisse, Sachenrecht, Familienrecht, Erbrecht. Das umfangreiche Reichs-Einführungsgesetz enthält die Regelung des „internationalen Privatrechts“ (s. § 326), des Verhältnisses des B zum sonstigen Reichs- und zum Landesrecht (s. vor. §) sowie Übergangsbestimmungen (s. § 317 f.).

„Motive“ zum 1 Entwurf in 5 Bänden. „Protokolle“ zur 2. Lesung. Die „Denkschrift“, welche die Vorlage an den Reichstag begleitete. Lehrbücher von Cosack und Endemann. Von Dernburg bisher „Sachenrecht“ und „die Schuldverhältnisse“ Kürzere Einführung von Enneccerus-Lehmann. Kommentare u. a. von Planck, Rehbein, Staudinger, Hölder-Schollmeyer u. a., Biermann-Fromhold-Örtmann u. a. Textausgaben mit Anmerkungen von Fischer-Henle, Achilles ꝛc.

† § 558.

Schon früher bildete das Handels- und Wechselrecht (s. § 544) gemeines deutsches Recht.

Die Deutsche Wechselordnung und das ursprüngliche Deutsche Handelsgesetzbuch sind bereits auf Initiative der Organe des Deutschen Bundes (§ 446) zunächst als (sachlich zwar übereinstimmendes, aber) formell partikuläres Recht der Einzelstaaten geschaffen worden. Inhaltlich aber war damit auf diesem Gebiete zuerst eine deutsche Rechtseinheit verwirklicht. Durch Gesetz des Norddeutschen Bundes (§ 455) vom 5. Juni 1869 (das später zum Reichsgesetz erhoben wurde) ist der Inhalt beider Gesetze auch formell gemeines Recht geworden.

Mit dem 1. Januar 1900 trat ein neues, im Jahre 1897 fertiggestelltes Handelsgesetzbuch in Kraft, welches jedoch nicht an den wohlbewährten Grundlagen seines Vorgängers rüttelt, sondern veranlaßt wurde durch die Notwendigkeit, das Handelsrecht in Einklang zu setzen mit dem neuen bürgerlichen Recht, bei welcher Gelegenheit man zugleich einige weitere Änderungen und Ergänzungen auf Grund der gesammelten Erfahrungen vornahm.

Das Handelsgesetzbuch ist keine erschöpfende Kodifikation des Handelsrecht, sondern neben ihm bestehen eine Reihe anderer Reichsgesetze handelsrechtlichen Inhalts (so über verschiedene Gesellschaftsformen: Erwerbs- und Wirtschaftsgenossenschaften, Gesellschaften mit beschränkter Haftung; sodann das Börsengesetz von 96 u. s. f.) und subsidiär greift das B ein. Ferner sind manche Materien (wie Versicherungsrecht, Verlagsrecht, Checkwesen) vorläufig noch der landesrechtlichen Regelung unterworfen.

Goldschmidt, Handbuch des Handelsrechts I, 3. A. 91, II, 2. A. 83; derselbe, System des Handelsr Grundriß, 4. A. 92. Thöl, Handelsrecht, 3 Bde., 6 A. 79 f. Behrend, Lehrb. des H. I, 80 f. Handbuch des Handels-, See- und Wechselrechts, herausg. von W. Endemann 81 f. Cosack Lehrb. des H., 4. A. (auf Grundlage des neuen H.G.B.) 98. Gareis, H., 6. A. 99. Kommentare u. a. von Makower, v. Hahn, Staub (6. A., enth. das neue H.G.B, 99 f.).

Speziell Wechselrecht: Kuntze 62. Renaud, 3. A. 68. Lehmann 86. Grünhut 97. Rehbein, 6. A. 1900. Staub, 2. A. 96.

Seerecht: Lewis 83 f. Boyens 97.

* § 559.

Bezüglich des vor Inkrafttreten des B in Deutschland geltenden partikulären Privatrechts sind drei Hauptgebiete zu unterscheiden, nämlich:

I. die Gebiete, in welchen das ehemalige gemeine deutsche Privatrecht in Geltung stand,

II. die Gebiete der deutschen Kodifikationen,

III. die Gebiete, in welchen französisches Privatrecht galt.

Bluhme, Übersicht der in Deutschland geltenden Rechtsquellen 3. A. 63. Stobbe, Geschichte der deutschen Rechtsquellen 60 ff.

§ 560.

I. Zu den Gebieten des ehemals gemeinen Rechts gehörten alle nicht unter II und III zu nennenden Länder, so das rechtsrheinische Bayern, Württemberg, Hessen, die beiden Mecklenburg, von preußischen Landesteilen Schleswig-Holstein, Hannover, Hessen-Nassau, Frankfurt a. M., und einige kleinere Bezirke, 2c.

§ 561.

Dieses vormals gemeine Privatrecht setzte sich aus ursprünglich deutschem und aus ursprünglich fremdem, seit dem 15. Jahrhundert in Deutschland auf gewohnheitsrechtlichem Wege zur Rezeption gelangtem Recht zusammen.

§ 562.

1. Das ursprünglich deutsche Recht ist als Gewohnheitsrecht theils entstanden, theils zu höherer Ausbildung gelangt; seit dem 13. Jahrhundert in privaten Rechtsbüchern aufgezeichnet worden, welche zum Teil (wie insbesondere der um 1230 entstandene „Sachsenspiegel") gesetzliches Ansehen gewannen; weiterhin in den einzelnen Territorien seinem hauptsächlichsten Gehalte nach in zahllosen partikulären Gesetzen von verschiedenstem Umfang und Geltungsgebiete zu einem vielgestaltigen Ausdrucke gelangt. In den

hier fraglichen Gebieten hatte es neben dem fremden Rechte zumeist in dieser Form eines partikulären Gesetzesrechts ein mehr oder minder ausgedehntes Herrschaftsgebiet behauptet.

In betreff dieses ursprünglich deutschen Rechts und seiner Geschichte vgl. die Lehrbücher der deutschen Rechtsgeschichte (s. die Citate bei § 443), sowie diejenigen des deutschen Privatrechts: v. Gerber, System des d. Privatr., 17. A. bearb. v. Cosack 95. Stobbe, Handbuch d. d. Privatr., 5 Bde., 2. A. 82 ff., 3. A. bearb. v. Lehmann 96 f. Beseler, System d. d. P. 4. A. 85. Gengler, D. P, 4. A. 92. v. Roth, System 80 ff. Gierke, Deutsches Privatrecht I, 95. Heusler, Institutionen des d. Privatrechts 85 f. Kraut, Grundriß zu Vorlesungen über d. Privatr., 6. A. 86. Abriß von Behrend in Holtzendorffs Encyclopädie.

§ 563.

2. Das rezipierte fremde Recht bestand aus römischem, kanonischem, d. i. durch Organe der Kirche zur Ausbildung und durch geistliche Gerichte zuerst zur Anwendung gelangtem, Rechte und aus lombardischem Rechte.

§ 564.

Das römische Recht, welches den Kern des gesamten vormals gemeinen Rechts bildete, ward in der Gestalt rezipiert, welche es durch die Gesetzgebung des Kaisers Justinian im 6. Jahrhundert nach Christus erhalten hatte. Doch gelangte der Inhalt dieser Gesetzgebung nur soweit zur Geltung, als er von der Rechtsschule zu Bologna im 12. und 13. Jahrhundert wissenschaftlich bearbeitet und in dem von Accursius aus den Schriften dieser Schule hergestellten **Kommentare** berücksichtigt worden war.

Zur Geschichte des römischen Rechts vgl. Puchta, Kursus der Institutionen, 9. A., bes. v. Krüger 81. Walter, Geschichte des r. R., 3. A. 60. Rudorff, römische Rechtsgeschichte 57 f. Karlowa, desgl., 85 f. Krüger, Gesch. der Quellen u. Litt. d. r. R. 88. Schulin, Lehrb. d. Gesch. d. r. R. 89. Voigt, Röm. R.geschichte 92, 99. Jhering, Geist des r. R. auf den versch. Stufen s. Entwicklung (s. zu § 21). Arnold, Kultur und Rechtsleben der Römer (eodem l.). v. Keller, Der römische Zivilprozeß und die Aktionen, 6. A. bearb. v. Wach 83. v. Savigny, Geschichte des römischen Rechts im Mittelalter, 7. Bde., 2. A. 34—51.

§ 565.

Das Justinianeische Recht ist in vier Rechtsbüchern enthalten. Es sind dies:

1. die Institutionen, ein für Anfänger entworfener, jedoch mit gesetzlicher Sanktion versehener, Auszug aus den

Hauptteilen des römischen Privatrechts (publiziert im November 533);

2. die Pandekten oder Digesten, das wichtigste unter diesen Rechtsbüchern, eine als Gesetz publizierte Sammlung von Auszügen aus den rechtswissenschaftlichen Schriften der hervorragendsten römischen Juristen (publiziert im Dez. 533);
3. der Kodex (constitutionum), eine Sammlung von kaiserlichen Verordnungen aus der Zeit von Hadrian bis Justinian (publ. im Dez. 534);
4. die Novellen, eine Sammlung von kaiserlichen Verordnungen, welche nach der Publikation der vorgenannten Rechtsbücher erlassen worden sind (publ. in den Jahren 535—65).

Die Gesamtheit dieser Rechtsbücher bezeichnet man als das corpus juris civilis (romani).

1. Institutionenlehrbücher (Darstellungen des „reinen" römischen Privatrechts zur Zeit Justinians): Puchta, s. zu § 564. Müller, Lehrb. 58. Sohm, Institutionen, 8. u. 9. A. unter dem Titel „Ein Lehrbuch der Geschichte und des Systems d. röm. Privatrechts", 1900. Salkowski, Lehrb., 7. A. 98. Hölder, 2. A. 83. v. Scheurl, 8. A. 83. v. Czyhlarz, Lehrb., 4. A. 98. Leonhard, Institutionen 94.

2. Pandektenlehrbücher (Darstellungen des röm. Privatrechts in seiner späteren fortgebildeten Gestalt, oder anders ausgedrückt: des „gemeinen deutschen Privatrechts", soweit es römischen Ursprungs ist): Puchta, Lehrb. d. Pand., 12. A. 77. v. Vangerow, Leitfaden f. Pand.-Vorlesungen, 2. A. 63 ff. v. Wächter, Pand. 80 f. Arndts, Lehrb. d. Pand., 14. A. 89. v. Brinz, Lehrb., 2.—3 A. 73—92. Baron, Pand., 9. A. 96. Bekker, System des heut. Pand.R. 86, 89. Regelsberger I, 93. Hölder, Pand., allgem. Lehren 91. Die weiteste Verbreitung fanden in neuerer Zeit: Windscheid, Lehrb., 3 Bde., 7. A 91 und Dernburg, 3 Bde., 5. A. 96. Dazu noch Savigny, System des heut. römischen Rechts (s. zu § 102). Guter Überblick von Bruns in Holtzendorffs Encyclopädie.

§ 566.

Die rezipierten Bestimmungen des kanonischen Rechts sind in dem corpus juris canonici enthalten. Dasselbe besteht aus dem decretum Gratiani, einer Privatarbeit, welche im Jahre 1151 erschien und neben Konzilbeschlüssen, päpstlichen Verordnungen und Entscheidungen (Dekretalen) auch römisch- und deutsch-rechtliche Bestimmungen, Aussprüche der Kirchenväter u. a. enthält, sowie aus mehreren Sammlungen päpstlicher Dekretalen aus den Jahren 1234, 1298 und 1317.

Maaßen, Geschichte der Quellen u. der Litteratur des kanonischen Rechts 70 f. v. Schulte, Geschichte der Quellen u. d. L. d. k. R. 75—80. Muther, Römisches u. kanon. Recht im Mittelalter 71. Hinschius, Geschichte und Quellen des kanon. Rechts, in Holtzendorffs Encyclopädie.

§ 567.

Die rezipierten Bestimmungen des lombardischen Rechts sind in den „libri feudorum" enthalten. Sie betreffen das Lehenswesen.

Über die Entstehung und älteste Bearbeitung der libri feudorum, 1830.

§ 568.

II. Das fremde Recht war in Preußen bezüglich der altländischen Provinzen (von Neuvorpommern und Rügen abgesehen) und Westfalen und gewisser Teile von Hannover durch ein umfassendes Gesetzeswerk außer Geltung gesetzt worden. Es geschah dies durch das „Allgemeine Landrecht für die preußischen Staaten" vom 1. Juni 1794.

Dernburg, Lehrbuch des preuß. Privatrechts u. der Privatrechtsnormen des Reichs, 5. bezw. 4. A. 94 ff. Förster, Theorie und Praxis des heutigen gemeinen preußischen Privatrechts, 7. A., bearb. von Eccius 96 f. Übersicht über die gesamten „neueren Privatrechtskodifikationen" in Deutschland u. Österreich von Behrend in Holtzendorffs Encyclopädie.

§ 569.

Neben dem Allgemeinen Landrecht galt in den einzelnen Provinzen vielfach besonderes Recht zumeist einheimischen Ursprungs. Dasselbe stand zu jenem in einem ähnlichen Verhältnisse wie in den oben sub 1 genannten Gebieten das gesamte ursprünglich deutsche zum fremden Rechte.

§ 570.

Auch im Königreich Sachsen war das fremde Recht durch ein bürgerliches Gesetzbuch verdrängt worden, welches in Wirksamkeit war seit dem März 1865.

J. Unger, Der revidierte Entwurf eines bürgerlichen Gesetzbuchs für das K. Sachsen 68. Grützmann, Lehrbuch 87.

Aus der Litt. zum partikulären Privatrecht der deutschen Staaten sind noch hervorzuheben: Wächter, Handbuch des im K. Württemberg geltenden Privatrechts 39, 42. P. Roth, Bayrisches Zivilrecht 71 ff., 2. A. bearb. v. Becher. Roth und v. Meibom, Kurhessisches Privatrecht 58. Böhlau, Das Mecklenburgische Landrecht 71 ff.

* § 571.

III. Das französische Civilrecht hatte in Gestalt des Code civil oder C. Napoléon vom Jahre 1804 infolge der Napoleonischen Eroberungen in mehreren deutschen Ländern Eingang gefunden und seine Geltung in dem linksrheinischen Deutschland, in Baden (mit Modifikationen als „Badisches Landrecht"), in der preußischen Rheinprovinz und in einigen kleineren Bezirken behauptet.

Zachariä, Handbuch des französischen Zivilrechts, 8. A. bearb. von Crome. Behaghel, Das badische bürgerliche Recht und der code Napoléon, 3. A. 92. Stabel, Institutionen des französ. Zivilrechts 71. f. Demolombe, Cours de c. c. Marcadé, Elements du dr. fr. Laurent, Principes de dr. c. Aubry et Rau, Cours de dr. c. d'après la méthode de Zachariä.

§ 572.

Neben den genannten umfassenden Gesetzbüchern verdient das österreichische allgemeine bürgerliche Gesetzbuch hervorgehoben zu werden. Dasselbe trat am 1. Januar 1812 in Wirksamkeit und gilt gegenwärtig in dem gesamten cisleithanischen Oesterreich.

J. Unger, System des österreich. allgemeinen Privatrechts 56 ff., Bd. 1 u. 2 in 5. A. 92. Pfaff u. Hofmann, Kommentar zum österreich. allgem. bürgerl. Gesetzbuch 77 ff. Schiffner, Syst. Lehrbuch des österr. allg. Civilr. 82.

II. Die Rezeption des römischen Rechts insbesondere.

§ 573.

Die bemerkenswerteste und auffallendste Thatsache in der Geschichte des Privatrechts in Deutschland ist die Rezeption des römischen Rechts.

Ihre Bedeutung für die Entwicklung unseres Rechtslebens läßt sich der Bedeutung vergleichen, welche die Annahme einer fremden Sprache seitens eines Volkes für die Entwicklung seines geistigen Lebens haben würde.

Speziell zur Geschichte der Rezeption des römischen Rechts in Deutschland: Stobbe, Geschichte der deutschen Rechtsquellen 60 ff. K. A. Schmidt, Die Rezeption des römischen Rechts in Deutschland 68. Franklin, Beiträge zur Gesch. der Rezeption in D. 63. R. Stintzing, Ulrich Zasius, ein Beitrag zur Gesch. der Rechtswissenschaft im Zeitalter der Reformation 57; derselbe, Geschichte der populären Litt. des röm.-kanon. R. in D. am Ende des 15. u. im Anfang des 16. Jahrhunderts 67.

Stölzel, Entwicklung des gelehrten Richterthums in d. deutschen Territorien 72. Modderman, Die Rezeption des röm. R., deutsch von Schulz 75. Sohm, Die deutsche Rechtsentwicklung und die Kodifikationsfrage in Grünhuts Zeitschr. I, 245. Boretius, Die Rezeption, Rektoratsrede.

§ 574.

Für die Rezeption war entscheidend die Vielgestaltigkeit und vielfache Unbestimmtheit des heimischen Rechts, die Unfähigkeit der Organe dieses Rechts, der Schöffen, dasselbe in einer den Bedürfnissen eines entwickelteren Rechtslebens entsprechenden Weise zu handhaben und fortzubilden, die Schwäche des deutschen Gemeinwesens, welches dem heimischen Rechte den an der Aufnahme des fremden Rechts interessierten Elementen, speziell einem mit höfischen Interessen vielfach verbündeten gelehrten Juristentume gegenüber keine Stütze zu bieten vermochte, und die technischen Vorzüge (§§ 38, 138 ff.) des fremden Rechts.

§ 575.

Begünstigt ward die Rezeption in Deutschland durch die Vorstellung, daß „das Römische Reich Deutscher Nation" dem Rechte nach eine Fortsetzung des alten Römischen Reichs bilde, und daß daher die Gesetze der römischen Kaiser auch in Deutschland als giltig zu betrachten seien; ferner durch die Meinung, daß im römischen Rechte im Grunde nicht ein positives Recht neben anderen positiven Rechten, sondern im wesentlichen das Richtige in Bezug auf die Fragen des Rechtslebens, die „ratio scripta" einer rechtlichen Lebensordnung gegeben sei; endlich durch die Anwendung römischer Rechtsbestimmungen seitens der einflußreichen kirchlichen Gerichte und überhaupt die Anlehnung des von der Kirche ausgehenden Rechtes an das römische.

§ 576.

Auch das Recht anderer abendländischer Völker nahm in weiterem oder engerem Umfange Bestandteile des römischen Rechts in sich auf. Die Rezeption stellt, obgleich nicht überall in gleichem Maße und in gleicher Weise durchgeführt, einen Vorgang von universalgeschichtlicher Bedeutung dar. Sie gehört zu der Kette von Ereignissen, durch welche die geistige Macht des Altertums das Kulturleben der modernen Völker ihrem Einfluß unterworfen hat.

*§ 577.

Der unvergleichliche Wert des römischen Rechts in betreff logischer Durchbildung und sachgemäßer Behandlung zahlreicher Gruppen von Lebensverhältnissen läßt dasselbe in der Entwicklungsgeschichte des modernen Rechts im ganzen als ein Ferment des Fortschritts erscheinen und sichert ihm eine dauernde Bedeutung auch in Gebieten, wo es seine praktische Geltung verloren hat, wie seit Inkrafttreten des B. in Deutschland.

Speziell für Deutschland bezeichnete die Rezeption einen Fortschritt in Bezug auf die Gewinnung eines einheitlichen und nach seiner technischen Seite ausgebildeten Rechts.

§ 578.

Die Rezeption war jedoch in Deutschland zugleich mit tiefgreifenden Schädigungen des nationalen Lebens verbunden.

Dahin gehörte die mit der Rezeption verknüpfte Beseitigung mancher wertvollen Bestandteile des einheimischen Rechts; eine häufig verständnislose und zu Ungerechtigkeiten führende Anwendung römischer Rechtssätze auf Verhältnisse, auf welche sie nicht paßten, insbesondere eine derartige Anwendung zu Gunsten der in Staat und Gesellschaft Mächtigen auf Kosten der Schwachen; die Begünstigung einer Entwicklung der Rechtspflege in einer Richtung, in welcher sie mehr und mehr einen volkstümlichen Charakter einbüßte.

Dritter Abschnitt.

Das Sachenrecht.

I. Das Eigentum.

§ 579.

Unter den aus dem Sachenrechte (§ 536) abgeleiteten, eine unmittelbare Herrschaft über Sachen gewährleistenden Rechten ist das Eigentum das wichtigste. Es ist das typische Sachenrecht.

Die übrigen Sachenrechte gruppieren sich um dasselbe. Sie lassen sich zum Teil als Herrschaftsverhältnisse betrachten, welche in ihrer Entwicklung den im Eigentum erreichten Höhepunkt nicht erreicht haben (§ 601 ff.), zum Teil als Herrschaftsverhältnisse, welche, normaler Weise in der rechtlichen Macht des Eigentümers eingeschlossen, von dieser auf Grund besonderer Verhältnisse abgezweigt und ihr gegenüber zu einer selbständigen Existenz gelangt sind (§ 612 ff.).

Pagenstecher, Die römische Lehre vom Eigentum in ihrer modernen Anwendbarkeit 57 ff. Randa, Eigentumsrecht, 2. A. 93.

† § 580.

Das Eigentum an einer Sache enthält
innerhalb bestimmter gesetzlicher Grenzen,
im Zweifel und seiner Tendenz nach
eine (zeitlich und inhaltlich) umfassende, ausschließende und unbedingte rechtliche Macht über die Sache.

Betrachten wir diese Macht zunächst mit Abstraktion von den Schranken, auf welche die Definition hinweist.

Bisweilen, zumal in der romanistischen Litteratur, wird das Eigentum als „begrifflich unbeschränkte Macht über die Sache" definiert und behauptet, das Eigentum „als solches" sei „schrankenlos". Wenn man dann aber von den Beschränkungen handelt, welchen die Macht des Eigentümers über seine Sache unterliegt, und zwar nach allen Rechtsordnungen, wenn auch in verschiedenem Grade (speziell nach römischem Recht ist seine Macht besonders stark ausgeprägt), so gelangt man damit zu einem Eigentum, welches seinem Begriff widerstreitet — einem Nonsense. Der letztere wird nicht dadurch vermieden, daß man sagt, die fraglichen Schranken seien nur Schranken der Ausübung, nicht Schranken des Rechts selbst. Denn jenseits dieser Schranken ist dem Eigentümer eine rechtliche Macht überall nicht zuerkannt, der Begriff seines Rechts würde daher, wenn man ihn in der angegebenen Weise bestimmte, jenseits dieser Schranken ein bloßes Nichts umfassen.

B. zieht dem Eigentum mannigfache Schranken. Zum Teil aber bringt es in seiner Fassung die eben zurückgewiesene Auffassung zum Ausdruck, als ob es sich lediglich um Schranken der Ausübung handle, z. B. wenn es bestimmt, daß „die Ausübung eines Rechts unzulässig ist, wenn sie nur den Zweck haben kann, einem anderen Schaden zuzufügen". Die „Ausübung eines Rechts" kann doch nicht Unrecht sein! In Wahrheit handelt es sich auch hierbei um Schranken des Rechts (insbesondere des Eigentums) selber.

* § 581.

Die rechtliche Macht des Eigentümers ist eine umfassende, insofern sie die Befugnis einschließt die Sache zu besitzen, zu benutzen und zu genießen, sie nach Belieben faktischen Einwirkungen zu unterwerfen und rechtliche Verfügungen über sie zu treffen, und zwar ohne zeitliche Beschränkung.

* § 582.

Diese Macht ist eine ausschließende, insofern sie die Befugnis in sich begreift, alle anderen von der Sache in allen hervorgehobenen Beziehungen auszuschließen.

Gegen jeden, der sein Eigentum beeinträchtigt, steht dem Eigentümer eine Klage zu auf Beseitigung der Beeinträchtigung und Unterlassung weiterer Störung (actio negatoria, Eigentumsfreiheitsklage).

§ 583.

Diese Macht ist eine unbedingte, d. h. sie ist unabhängig von bestehenden faktischen Verhältnissen, speziell von thatsächlicher Innehabung der Sache, und es ist kein stärkeres Recht vorhanden, dem das Eigentum weichen müßte.

Gegen den Besitzer, der ihm seine Sache vorenthält, steht dem Eigentümer eine Klage auf deren Herausgabe zu (rei vindicatio „ordentliche Eigentumsklage). Vgl. jedoch § 599 f.

§ 584.

Dem Eigentümer ist die bezeichnete Macht jedoch nur innerhalb der durch allgemeine Rechtsregeln gezogenen Grenzen gewährt (§ 580).

Diese Grenzen sind nicht bei allen Sachen die nämlichen. Insbesondere gelten bezüglich des Eigentums an Grund und Boden Grenzbestimmungen, welche auf das Eigentum an beweglichen Sachen keine Anwendung finden.

§ 585.

Bei der Ziehung dieser Grenzen machen sich

1. in einer unmittelbaren Weise allgemeinere staatliche und gesellschaftliche Interessen,
2. Nachbarinteressen,
3. Familieninteressen bestimmter Art geltend.

† § 586.

1. In allgemeineren Interessen findet es z. B. seine Begründung, daß der Eigentümer bestimmter Grundstücke sich unter gewissen

Voraussetzungen Nachgrabungen nach Mineralien auf seinem Grunde gefallen lassen, bei städtischen Grundstücken Beerdigungen im Bereich derselben unterlassen, bei Errichtung eines Gebäudes auf solchen sich nach den Bestimmungen einer etwaigen Bauordnung richten, der an einen öffentlichen Fluß angrenzende Eigentümer den Leinpfad dulden muß.

Im allgemeinen gesellschaftlichen Interesse liegt es auch, daß ein nach der sozialen Wertung höheres Interesse im Fall eines Notstands, d. h. bei einer Gefährdung, der gegenüber es sich anders nicht behaupten kann, auf Kosten eines geringer gewerteten Interesses sich soll erhalten dürfen (so das Interesse an Erhaltung des Lebens auf Kosten fremden Vermögens). Dieser Gedanke hat im B. einen Ausdruck dahin gefunden, daß der Eigentümer „die Einwirkung eines andern auf seine Sache nicht verbieten darf, wenn dieselbe zur Abwendung einer gegenwärtigen Gefahr notwendig und der drohende Schaden gegenüber dem dem Eigentümer entstehenden unverhältnismäßig groß ist". Vgl. § 695.

† § 587.

2. Die Nachbarinteressen finden beim Grundeigentum einen Ausdruck darin, daß der Eigentümer nicht durch eine ungewöhnliche Benutzung seines Bodens die Nachbarn schädigen noch überhaupt ihnen die Benutzung ihrer eigenen Grundstücke wesentlich beeinträchtigen darf.

* § 588.

3. Mit dem Interesse an der Erhaltung einer glänzenden sozialen Stellung für bestimmte Familien hängen die Beschränkungen zusammen, welchen das Grundeigentum in Gestalt der Familienfideikommisse und Stammgüter unterliegt.

Dieses nämlich sind Güter, welchen mit Rücksicht auf das bezeichnete Interesse die im Rechte anerkannte Bestimmung gegeben ist, unveräußerlich auf alle Geschlechtsfolger eines bestimmten Individuums überzugehen.

Ihre Regelung überläßt B. dem Landesrecht. Zur Neuerrichtung bedarf es regelmäßig staatlicher Genehmigung.

§ 589.

Der Eigentümer hat die oben bezeichnete rechtliche Macht über die Sache ferner nur insoweit, als sich nicht im einzelnen Fall aus Verträgen oder anderen rechtlich bedeutsamen Vorgängen oder Verhältnissen Beschränkungen derselben herleiten.

Durch solche Vorgänge kann insbesondere ein Teil jener Macht auf andere in der Form beschränkter dinglicher Rechte (§ 612) übertragen sein.

Unberücksichtigt bleiben hier die Fälle, wo Recht und Ausübung des Rechts auseinanderfallen, und die Beschränkungen, welchen hierbei diese Ausübung unterliegt. Hinsichtlich derselben § 171 ff.

*§ 590.

Die beschränkenden Thatsachen müssen jedoch im allgemeinen von denjenigen, welche sie geltend machen, bewiesen werden. Und die rechtliche Macht des Eigentümers vervollständigt sich von selbst wieder, sobald die beschränkenden Rechte wegfallen. Sie ist daher „im Zweifel" und „ihrer Tendenz nach" (§ 580) von solchen Beschränkungen frei.

Der erste Satz erleidet freilich im B. eine praktisch erhebliche Modifikation durch die mit dem Besitz bei Mobilien und mit der Eintragung im Grundbuch bei Grundstücken verbundene Vermutung der Berechtigung, worüber § 611.

Eine, übrigens mehr formelle, Modifikation des Satzes von der elastischen Natur des Eigentums, vermöge deren es sich bei Wegfall des beschränkenden Rechts ipso iure wieder konsolidiert, wird bewirkt durch die Rechte an eigener Sache im neueren Recht, worüber § 612.

(§ 591.)

Der Eigentümer kann auch dadurch beschränkt sein, daß ihm die Sache nur gemeinschaftlich mit anderen gehört (Miteigentum). Hier kann er nur über seinen Eigentumsanteil (über seinen „Bruchteil" im Sprachgebrauch des B.) frei verfügen, während er in Bezug auf die Sache im ganzen an die Mitwirkung der anderen gebunden ist. Dafür steht ihm das Recht zu, stets die Auflösung der Gemeinschaft zu verlangen.

Das deutsche Recht hat für bestimmte Verhältnisse eine andere Gestaltung der Gemeinschaft herausgebildet, wonach der einzelne Teilhaber auch nicht über einen bestimmten Anteil verfügen kann, auch eine Teilungsklage ausgeschlossen ist. B. nimmt diese Gemeinschaft „zur gesamten Hand" (im Gegensatz zur römisch gestalteten Gemeinschaft „nach Bruchteilen") bei dem Rechtsverhältnis der Gesellschafter am Vermögen einer vertragsmäßigen Gesellschaft, der Eheleute am Gemeinschaftsgut bei den Systemen der Gütergemeinschaft (§ 712) und modifiziert bei dem Verhältnis von Miterben (§ 726) an.

§ 592.

Das Eigentum an einer Sache kann für eine bestimmte Person erworben werden:

1. im Wege der Succession (§ 205) in das bisher bestandene Eigentum eines anderen — abgeleiteter (derivativer) Eigentumserwerb. Das Eigentum geht hier auf den Erwerber in der Gestalt über, in welcher es bei dem Vorgänger (dem Autor) existiert hatte;
2. ohne Succession in das Recht eines anderen — ursprünglicher (originärer) Erwerb.

*§ 593.

1. Die Hauptarten des abgeleiteten Erwerbs sind:
 a) Erwerb inter vivos durch die vertragsmäßige Hingabe (Tradition) der Sache von dem bisherigen Eigentümer in die Herrschaft des Erwerbers, mit dem Willen auf der Seite des ersteren: Eigentum zu übertragen, auf der Seite des letzteren: Eigentum zu erwerben.
 b) Erwerb im Wege der Erbfolge (s. das Erbrecht).

Exner, Die Lehre vom Rechtserwerb durch Tradition nach gemeinem und österreichischem Recht 67.

† § 594.

Bei unbeweglichen Sachen tritt an die Stelle der Tradition nach B. — wie schon vorher nach manchen Partikularrechten, insbesondere nach dem Preuß. Gesetz über den Eigentumserwerb 2c. der Grundstücke vom 5. Mai 1872 — die Überschreibung des Eigentums auf den Namen des Erwerbers in öffentlichen Büchern, den „Grundbüchern", welche zu der Einigung der Parteien über die Eigentumsübertragung (der „Auflassung" vor dem Grundbuchamt) notwendig hinzutreten muß, um den Eigentumsübergang zu bewirken.

Dieses „Eintragungsprinzip" ist im B. grundsätzlich für alle Änderungen im dinglichen Rechtszustand von Grundstücken (Begründung, Veränderung, Aufhebung dinglicher Rechte, § 536) durchgeführt. Neben B. greift hier die Reichsgrundbuchordnung v. 24. März 97 ein.

§ 595.

2. Originärer Erwerb des Eigentums kann stattfinden:
 a) an bisher eigentumsfreien Sachen,

b) an erst entstehenden Sachen,
c) mit Verdrängung des bisher an den Sachen bestandenen Eigentums.

*§ 596.

a) An eigentumsfreien Sachen wird Eigentum im allgemeinen dadurch erlangt, daß man sie mit dem auf solchen Erwerb gerichteten Willen in seine faktische Herrschaft bringt (Aneignung).

Vorausgesetzt ist hierbei, daß nicht ein ausschließliches Aneignungsrecht eines anderen hinsichtlich der Sache besteht (ob. § 539) oder die Aneignung gesetzlich verboten ist. Zur Aneignung eines Grundstücks durch den Fiskus (§ 539) muß ebenfalls die Eintragung hinzutreten.

*§ 597.

b) Der Eigentümer einer fruchttragenden Sache erwirbt an den sich von derselben lösenden Früchten von selbst kraft gesetzlicher Bestimmung das Eigentum. Befindet sich die fruchttragende Sache jedoch im Besitze eines Dritten, der Eigentum an derselben erworben zu haben glaubt (bonae fidei possessor), so erwirbt dieser das Eigentum an den Früchten mit ihrer Trennung.

†§ 598.

c) Mit Verdrängung des bisherigen Eigentums kann unter gewissen Voraussetzungen Eigentum erworben werden durch gutgläubigen mehrjährigen Besitz der Sache d. i. durch Ersitzung (worüber § 608 f.); ferner durch die Verarbeitung eines fremden Stoffes zu einer neuen beweglichen Sache (Spezifikation), oder durch eine solche Verbindung einer fremden Sache mit einer eigenen, daß jene sich fortan als wesentlicher Bestandteil der letzteren darstellt.

(§ 599.)

Nach römischem Recht konnte durch Tradition (gemäß 593) das Eigentum einer Sache nur erworben werden, wenn die Übertragung durch ihren wahren Eigentümer erfolgte, andernfalls konnte dieser sie stets kraft seines Eigentums vom Besitzer herausverlangen. Im Gegensatz hierzu gewährte das altdeutsche Recht zwar bei unfreiwilligem Besitzverlust dem früheren Besitzer eine Klage gegen jeden Dritten, bei freiwilliger Aufgabe des Besitzes aber verwies es ihn auf denjenigen, dem er die Sache anvertraut hatte, verweigerte ihm dagegen ihre Verfolgung gegenüber einem redlichen späteren

Erwerber („Wo man seinen Glauben gelassen hat, da muß man ihn suchen" — „Hand muß Hand wahren").

Im Einklang mit dieser älteren deutschen Rechtsanschauung erwarb schon nach dem früheren deutschen Handelsgesetzbuch der redliche Erwerber, dem eine bewegliche Sache von einem Kaufmann in dessen Handelsbetrieb veräußert und übergeben war, deren Eigentum, auch wenn der Veräußerer gar nicht Eigentümer war, vorausgesetzt, daß die Sache dem wahren Eigentümer nicht gestohlen oder von ihm verloren war.

B. hat diesen deutschrechtlichen Grundsatz zur allgemeinen Regel erhoben, indem es jeden gutgläubigen Erwerber beweglicher Sachen mit deren Übergabe das Eigentum erlangen läßt auch bei Veräußerung seitens eines Nichteigentümers, wenn die Sache nur nicht dem Eigentümer ohne seinen Willen abhanden gekommen war (B. 932, 35). Mit der Erlangung des Eigentums durch den gutgläubigen Erwerber wird auch hier das bisherige Eigentum verdrängt.

In diesen Fällen liegt kein „abgeleiteter" Erwerb vor, denn auch heute gilt: nemo plus iuris transferre potest quam ipse habet, vielmehr ein originärer Erwerb auf Grund gutgläubig erlangten Besitzes. Deshalb geht hier das Eigentum auf den Erwerber auch nicht in der Gestalt über, wie es beim früheren Eigentümer existiert hatte (s. § 592 Z. 1), sondern er erwirbt die Sache in der Rechtslage, welche ihm bei seinem Erwerb bekannt war. (Deshalb erlischt z. B. ein ihm unbekanntes Pfandrecht eines Dritten an der Sache.)

Nun durfte das Gesetz aber denjenigen, der eine Sache vom Nichteigentümer erlangt, offenbar nicht günstiger stellen als denjenigen, der sie vom wirklichen Eigentümer erwirbt; deshalb mußte es auch im letzteren normalen Falle das Erlöschen der dem Erwerber unbekannten Rechte Dritter an der Sache anordnen. Insofern kann man sagen, daß nach B. bei beweglichen Sachen, streng genommen, überhaupt kein abgeleiteter Eigentumserwerb gemäß § 592 Z. 1 mehr vorkomme.

(§ 600.)

In ähnlicher Weise ist im B. auch der Eigentumserwerb an Grundstücken seitens eines gutgläubigen Erwerbers unabhängig gestellt vom Eigentum des Veräußerers, nur daß hier der gute Glaube sich stützen muß auf den Inhalt des Grundbuchs: Hat jemand im Vertrauen hierauf sich ein Grundstück von dem im Grundbuch als Eigentümer Eingetragenen übertragen lassen, so läßt das Gesetz zu seinem Schutz den Buchinhalt als richtig gelten, weil im Interesse der Verkehrssicherheit das Publikum sich auf die

Richtigkeit des Grundbuchs soll verlassen dürfen. (Grundsatz des „öffentlichen Glaubens“ des Grundbuchs, B. 892.)

Folglich wird der gutgläubige Erwerber (der auch seine eigene Eintragung bewirkt hat gemäß § 594) Eigentümer, auch wenn der Veräußerer zu Unrecht eingetragen, in Wahrheit aber (weil seine Eintragung nur versehentlich erfolgt ist oder die ihr zu Grunde liegende Auflassung unwirksam ist) überhaupt nicht Eigentümer war; das bisherige Eigentum aber wird damit auch hier verdrängt.

Es bleibt dem bisherigen Eigentümer als unvollkommener Ausgleich für sein verlorenes Eigentum lediglich ein persönliches Forderungsrecht (§ 638 ff.) auf Herausgabe der ungerechtfertigten Bereicherung oder (bei Vorliegen seiner Voraussetzungen) auf Schadensersatz.

II. Der Besitz.

*§ 601.

Die Herrschaft einer Person über eine Sache kann eine rechtliche Bedeutung auch in Verhältnissen gewinnen, wo jene sich nicht als Eigentümer der Sache legitimieren, ja überhaupt zu Gunsten dieser Herrschaft nichts geltend machen kann, als die Thatsache ihres Bestandes zu einer gegebenen Zeit.

Ein Beispiel: Es hat jemand eine Sache im Besitz, die er kürzlich gefunden oder die ein anderer, unbekannt wer, bei ihm liegen gelassen hat. Hier kann zu Gunsten der Herrschaft über die Sache nicht auf deren Entstehung hingewiesen werden, da diese ihr einen rechtlichen Charakter nicht zu verleihen vermag; nur die nackte Thatsache ihres Bestandes läßt sich für sie geltend machen. Gleichwohl kann zu ihren Gunsten das Recht angerufen werden.

v. Savigny, Das Recht des Besitzes 1803, 7. A. bes. v. Rudorff 65. Bruns, Das Recht des Besitzes im Mittelalter u. in d. Gegenwart 48; derselbe, Die Besitzklagen des römischen u. heut. Rechts 74. Albrecht, Die Gewere als Grundlage des älteren deutschen Sachenrechts. Huber, Bedeutung der Gewere im d. Sachenrecht 94. Randa, Besitz nach österreich. Recht, 4. A. 95. v. Canstein, Das Recht des B. in Grünhuts Zeitschr. V 719, VI 122. v. Jhering, Über den Grund des Besitzesschutzes, eine Revision der Lehre vom Besitz, 2. A. 69; derselbe, Der Besitzwille 89; derselbe in seinen Jahrb. XXXII S. 41. Meischeider, Besitz u. Besitzesschutz 76. J. J. Becker, Das Recht des Besitzes bei den Römern 80; derselbe in Jherings Jahrb XXX, XXXIV. Goldschmidt in der Festgabe der Berliner Fakultät für Gneist 88. Gierke, Bedeutung des Fahrnisbesitzes für streitiges Recht nach B. 97. Strohal, Der Sachbesitz nach B. 97.

* § 602.

Das Recht legt Dritten unter gewissen Voraussetzungen die Pflicht auf, eine solche Herrschaft zu respektieren, gewährt für ihre Verteidigung eigenmächtigen Störungen gegenüber und für ihre Wiedergewinnung eigentümliche Schutzmittel (ein Selbsthilferecht über den im § 170 bezeichneten Rahmen hinaus sowie besondere „Besitzklagen"); es beantwortet die Frage, wann eine solche zu respektierende Herrschaft in seinem Sinne als gegeben, wann als aufgehoben zu betrachten sei, und unterwirft dieselbe so einer individualisierenden Behandlung der in den §§ 151 ff. bezeichneten Art, wodurch diese Herrschaft die Merkmale eines (wenn auch unvollkommenen) subjektiven Rechts gewinnt.

Ob der Besitz ein „Recht" sei, ist eine alte Streitfrage, welche zusammenhängt mit dem Streit über die Abgrenzung des subjektiven Rechts überhaupt, worüber § 158. Daß er kein „bloßes factum" ist, beweist besonders deutlich seine im B. ausgesprochene Vererblichkeit, ohne daß es der Erlangung thatsächlicher Gewalt seitens des Erben bedarf.

* § 603.

Unterschieden vom Besitz werden Verhältnisse einer unselbständigen Innehabung der Sache, welche das Recht zum Gegenstande eines selbständigen Schutzes und individualisierender privatrechtlicher Behandlung zu machen keinen Anlaß gefunden hat.

Im Sinne des römischen Rechts spricht man hier von einer bloßen „detentio" (alieno nomine) im Gegensatz zu der „possessio" oder (in der gemeinrechtlichen Doktrin) dem „juristischen Besitz".

Die Grenzen, welche sich im römischen Recht zwischen possessio und bloßer detentio gezogen finden, sind in manchen Beziehungen überhaupt nicht prinzipiell zu begründen, sondern nur geschichtlich aus den sozialen Verhältnissen zu erklären. So insbesondere die Erscheinung, daß bei dem Pächter eines Grundstücks, dem Mieter einer Wohnung, nur eine detentio angenommen wurde. Schon die meisten Partikularrechte sprachen dagegen ihnen (wie anderen „selbstnützigen" Inhabern, im Gegensatz zu den bloß „prokuratorischen") Besitz zu.

(§ 604.)

B. erkennt überhaupt jede selbständige Innehabung einer Sache als „Besitz" an. Den Gegensatz bilden solche Verhältnisse, in denen jemand die thatsächliche Gewalt für einen anderen in Abhängigkeit von dessen Weisungen hinsichtlich der Sache ausübt.

In der Litteratur zum B. hat sich für solche unselbständigen Inhaber die Bezeichnung als bloße „Besitzdiener" oder „Besitzgehülfen" eingebürgert, während Besitzer hier lediglich derjenige ist, dessen auf die Sache bezüglichen Weisungen der andere Folge zu leisten hat.

Dahin gehört es, wenn Dienstboten oder das Ladenpersonal bei Ausführung der ihnen aufgetragenen Geschäfte Sachen der Dienstherrschaft oder des Geschäftsherrn in Händen haben; wenn Bücher vom Buchhändler dem Austräger zur Überbringung an die Kunden übergeben sind.

(§ 605.)

Der Besitzer kann den Besitz an einer Sache als an seiner eigenen ausüben, mit dem „animus domini", als „Eigenbesitzer" (wobei es auf seine Redlichkeit nicht ankommt, auch der Dieb ist Eigenbesitzer) — oder als an einer fremden, an welcher er aber doch zugleich auch für sich eine gewisse Herrschaft beansprucht (als „Fremdbesitzer"): so als Pfandgläubiger, Nießbraucher, unter Voraussetzung einer gewissen Selbständigkeit auch als Mieter, Entleiher, Verwahrer.

Während der Besitzzeit eines solchen Fremdbesitzers ist aber dem Verpfänder rc. der Besitz nicht verloren, weil und sofern jener über seiner eigenen Herrschaft eine fremde thatsächlich anerkennt. Folglich besteht hier ein mehrfacher Besitz an derselben Sache: Der Pfandgläubiger rc. hat ihren „unmittelbaren" Besitz und vermittelt zugleich dem Verpfänder rc. als „mittelbarem" Besitzer (oder Oberbesitzer) den Besitz.

§ 606.

Die rechtliche Macht, welche der Besitz einschließt, ist nur beschränkt. Im allgemeinen bleibt sie abhängig von dem thatsächlichen Bestand der Herrschaft und muß besser fundirten Rechten an der Sache weichen.

Dieselbe kann sich aber erhöhen mit Rücksicht auf Thatsachen, welche der faktischen Herrschaft im Sinne des Rechts einen höheren Wert verleihen.

† § 607.

So gewährte das römische Recht einen umfassenderen Schutz, wenn der Besitzer zu Gunsten seiner Herrschaft geltend machen konnte, daß er die Sache in gutem Glauben und auf Grund eines zum Eigentumserwerb an sich geeigneten Titels (etwa durch Kauf vom vermeintlichen Eigentümer) erworben habe. Hier wurde das Recht des Besitzers unabhängiger vom Fortbestand des thatsächlichen Machtverhältnisses: Geriet die Sache in die Herrschaft eines anderen, so konnte es sich diesem gegenüber mit Erfolg geltend machen (mittelst der a. Publiciana), es sei denn, daß der andere Thatsachen von gleichem Gewicht zu Gunsten seiner Herrschaft zu beweisen vermochte.

Nach B. wird im bezeichneten Fall der Erwerber regelmäßig Eigentümer (§ 599 f.) und hat folglich die Eigentumsklage. Unabhängig aber von der Eigentumsfrage gewährt B. bei Mobilien dem bisherigen Besitzer im Fall ihres unfreiwilligen Verlustes eine Klage gegen den schlechteren Besitzer, welche (anders wie die a. Publiciana) jedem gutgläubigen früheren Besitzer ohne Rücksicht auf seinen Besitztitel zusteht.

† § 608.

Wenn sich ein gemäß § 607 Abs. 1 begründeter Besitz während bestimmter Zeit behauptete, so wuchs er nach römischem Recht zu Eigentum empor (Eigentumserwerb durch Ersitzung, § 598). Eine solche fand in gleicher Weise bei Mobilien wie bei Immobilien statt, nur die für diesen Erwerb maßgebenden Zeiträume waren verschieden bestimmt.

Konnte der Besitzer bloß seinen guten Glauben, Eigentum erworben zu haben, darthun, nicht aber (wie in dem oben vorausgesetzten Fall) Thatsachen, aus welchen er füglich einen solchen Erwerb herleiten konnte, so mußte eine längere Dauer seines Besitzes diesen Mangel eines „Titels" ausgleichen („außerordentliche" Ersitzung im Gegensatz zur „ordentlichen").

(§ 609.)

Unter der Herrschaft des B. spielt die Ersitzung nur noch eine geringe Rolle.

Für eine solche an Grundstücken ist neben dem Grundbuchsystem und dem Grundsatz des öffentlichen Glaubens des Grundbuchs im allgemeinen kein Raum mehr. Nur wenn sich der Besitz des Grundstücks mit der Eintragung des Besitzers als Eigentümers im Grundbuch 30 Jahre lang verbindet, dann führt diese „Tabular-Ersitzung" zum Eigentumserwerb, und zwar ohne daß es hier auf guten Glauben des Ersitzenden ankommt.

Auch in Ansehung von Mobilien hat die Ersitzung nur noch ein engeres Anwendungsgebiet, weil B. zu Gunsten des gutgläubigen Erwerbers in der Regel ja unmittelbar mit der Übergabe Eigentum entstehen läßt trotz fehlenden Eigentums des Veräußerers. Ein Bedürfnis für die Möglichkeit einer Ersitzung bleibt somit hauptsächlich für solche Fälle, wo die Sache dem Eigentümer ohne seinen Willen abhanden gekommen war und deshalb der sofortige Eigentumserwerb trotz guten Glaubens des Erwerbers ausgeschlossen ist (§ 599). Soweit danach eine Ersitzung an Mobilien noch vorkommt, erfordert sie keinen Nachweis eines Titels mehr, sondern lediglich guten Glauben des Ersitzenden und zehnjährige Dauer seines Eigenbesitzes.

* § 610.

Innerhalb eines befestigten Rechtszustandes spricht die Wahrscheinlichkeit dafür, daß die faktische Herrschaft, wenn nicht alsbald eine rechtswidrige Begründung derselben nachgewiesen werden kann, in wohlerworbenem Rechte wurzele. Der Schutz, welcher dieser Herrschaft eigenmächtigen Störungen gegenüber gewährt wird, kommt hier daher in der Regel der Fälle dem Berechtigten (insbesondere dem Eigentümer) selbst zu gut. Er überhebt denselben solchen Störungen gegenüber der Notwendigkeit, den häufig schwierigen und kostspieligen, häufig wegen Verlustes der Beweismittel sogar unmöglich gewordenen Eigentumsbeweis zu führen.

Das Besitzesrecht stellt sich in diesem Zusammenhange, um ein Bild zu gebrauchen, als ein Element in der Befestigung des Eigentums, als ein vorgeschobenes Werk dar, welches den Angreifer hindert, sich in bedrohlicher Nähe zu entwickeln. Daß die Bedeutung desselben indessen hierin nicht erschöpft ist, ergiebt sich aus dem in den §§ 221 ff. Bemerkten.

(§ 611.)

B. hat diese faktische Vermutung in Bezug auf Mobilien zu einer Rechtsvermutung erhoben, indem ihr Besitzer bis zum Beweis des Gegenteils als ihr Eigentümer gilt bzw. als Inhaber des von ihm beanspruchten Rechts der in § 612 bezeichneten Art. (Jedoch versagt diese Vermutung gegenüber einem früheren Besitzer, der seinen unfreiwilligen Besitzverlust nachweist.)

Dagegen ist bei Grundstücken die Bedeutung des Besitzes jetzt abgeschwächt durch die Tragweite, welche der Eintragung in das Grundbuch zukommt. Ist im Grundbuch ein Recht für jemand ein=

getragen, so wird bis zum Gegenbeweis vermutet, daß es ihm wirklich zusteht. An diese Eintragung knüpft sich also die entsprechende Vermutung der Übereinstimmung mit der wahren Rechtslage, welche bei Mobilien mit deren Besitz verknüpft ist.

III. Die beschränkten dinglichen Rechte.

† § 612.

Dem Eigentum stellen sich Rechte zur Seite, welche nur eine beschränkte, aber gleichfalls allseitig und unbedingt geschützte, Herrschaft an einer Sache gewähren.

Nach römischer Rechtsanschauung waren solche Rechte nur an einer fremden, d. h. im Eigentum eines anderen stehenden Sache möglich — daher ihre Bezeichnung als „**iura in re aliena**" — und mußten sie deshalb bei Vereinigung mit dem Eigentum notwendig untergehen.

Die neuere Rechtsentwicklung hat im B. zu dem umgekehrten Satze geführt, daß diese Rechte trotz ihrer Vereinigung mit dem Eigentum in derselben Person bestehen bleiben können. Vom Standpunkt des B. kann man deshalb nur von „beschränkten dinglichen Rechten" sprechen. Dieselben scheiden sich in Nutzungsrechte im e. S. und Sicherungsrechte, technisch Pfandrechte.

Speziell über die Bedeutung der „Eigentümerhypothek" § 637.
Über das Eintragungsprinzip, soweit diese Rechte Grundstücke zum Gegenstande haben, § 594. Der gutgläubige Erwerber findet bei diesen Rechten grundsätzlich den entsprechenden Schutz wie beim Eigentum, § 599 f.

1. Die Nutzungsrechte.

§ 613.

Die N u t z u n g s r e c h t e i. e. S. haben den Gebrauch oder den Genuß der Sache (die Fruchtziehung) oder beides zum Gegenstande. Zum Teile schließen sie in diesen Beziehungen den Eigentümer aus, zum Teile beschränken sie ihn bloß.

Die für die Gegenwart wichtigste Art dieser Nutzungsrechte ist in den Servituten oder Dienstbarkeiten gegeben.

S c h ö n e m a n n, Die Servituten 66. K o h l e r, Beiträge zum Servitutenrecht, Archiv f. zivil. Praxis Bd. 87.

§ 614.

Die Servituten sind dingliche Nutzungsrechte, welche unlösbar mit einem bestimmten Subjekte verbunden sind, also weder durch Veräußerung noch im Wege der Erbfolge auf andere Subjekte übertragen werden können.

§ 615.

Das Subjekt, mit welchem die Servitut verbunden ist, kann ein individuell bestimmter Mensch sein. (Personal-Servituten.)

Bei anderen Servituten ist das berechtigte Subjekt in dem Eigentümer eines bestimmten Grundstücks als solchem gegeben. (Real-Servituten oder Grunddienstbarkeiten.)

*§ 616.

Unter den Personalservituten steht der Nießbrauch (ususfructus) an Bedeutung voran. Er umfaßt den gesamten Gebrauch und Genuß der beweglichen oder unbeweglichen Sache, wobei nur die Substanz und die Bestimmung derselben gewahrt bleiben müssen. Er ist übrigens auch auf andere Vermögensobjekte als Sachen, (z. B. Forderungsrechte) ausgedehnt. Ein wichtiges Anwendungsgebiet hat er im Bereich der Familienverhältnisse.

Ein Beispiel: Eine überlebende Frau erhält durch letztwillige Verfügung (§ 735) den Nießbrauch an einem Gute des verstorbenen Mannes, während das Eigentum an dem Gute nach gesetzlichem Erbrechte (§ 731) auf die Kinder des Verstorbenen übergeht.

§ 617.

Personalservituten können auch auf einzelne Nutzungen oder auf das Maß des persönlichen Bedürfnisses des Berechtigten beschränkt sein.

†§ 618.

Die Grunddienstbarkeiten haben auf die Verhältnisse benachbarter Grundstücke zu einander Bezug. Sie beschränken den Eigentümer eines (des „dienenden") Grundstücks zu Gunsten eines anderen (des „herrschenden") Grundstücks mit Rücksicht auf die volle Auswertung des letzteren.

Die Beschränkung des Eigentümers des dienenden Grundstücks besteht entweder darin, daß er gewisse Handlungen des Eigentümers des herrschenden dulden, oder darin, daß er selbst gewisse Handlungen unterlassen muß, zu denen er an und für sich als Eigentümer befugt wäre. Dagegen „servitus in faciendo (scil. seitens des Eigentümers des dienenden zu Gunsten des herrschenden Grundstücks) consistere nequit".

* § 619.

Hierher gehört die Servitut eines Grundeigentümers, über den Acker eines Nachbars zu gehen, zu reiten oder zu fahren; die Servitut eines Hauseigentümers, die Mauer eines Nachbars als Stütze zu benutzen; die Servitut, kraft deren er dem Nachbar das Höherbauen verbieten darf (serv. altius non tollendi).

* § 620.

Nutzungsrechte, welche im Gegensatz zu den Servituten von dem ursprünglich Berechtigten auf andere, sei es nur im Wege der Erbfolge oder auch in dem der Veräußerung unter Lebenden, übertragen werden können, sind wesentlich in Bezug auf Grundstücke und in dem Sinne, daß sie meist ähnlich dem Nießbrauche Genuß und Gebrauch vollständig umfassen, zur Ausbildung gelangt.

* § 621.

Es gehört dahin die Erbpacht, welche sowohl dem einheimischen Rechte, und dies in vielerlei Formen, wie dem römischen Rechte (als Emphyteusis) bekannt ist.

Sie beschränkt den Eigentümer auf eine indirekte, durch bestimmte Leistungen des Erbpächters vermittelte Nutzung seines Eigentums.

In das B. ist sie — als unseren wirtschaftlichen Verhältnissen nicht mehr entsprechend — nicht aufgenommen; landesrechtliche Bestimmungen über sie sind jedoch aufrecht erhalten.

(§ 622.)

Dagegen ist das Erbbaurecht (die römische superficies) im B. normiert: d. i. ein vererbliches und veräußerliches Recht, auf fremdem Boden ein Bauwerk zu haben. Auch der Erbbauberechtigte vereinigt wirthschaftlich die Machtbefugnisse eines Eigentümers in sich.

Ein bekanntes Beispiel bietet das Erbbaurecht an dem Krollschen Etablissement im Berliner Tiergarten.

* § 623.

Ein erbliches Nutzungsrecht ist ferner das Lehn.

Der Umfang, in welchem dasselbe den praktischen Gehalt des

Eigentums geradezu absorbierte, hat dasselbe ehedem vielfach (in der Litteratur wie z. T. auch in der Gesetzgebung) selbst als eine Art des Eigentums betrachten lassen (als „Untereigentum", dominium utile, im Gegensatz zum „Obereigentum", d. directum; Theorie vom „geteilten" Eigentum).

Charakteristisch anderen erblichen Nutzungsrechten gegenüber ist vornehmlich das persönliche Treueverhältnis, welches zwischen den Beteiligten: dem Eigentümer als „Lehnsherrn" und dem Nutzungsberechtigten als „Vasallen" besteht. Die inhaltvollere Treuepflicht des letzteren schloß ursprünglich die Leistung von Ritter- und Kriegsdiensten ein, was für die rechtliche Gestaltung des Instituts bedeutsam wurde.

§ 624.

Das Lehnrecht hat abweichend von anderen erblichen Nutzungsrechten nicht notwendig Grundstücke, überhaupt nicht notwendig Sachen zum Gegenstande; vielmehr können auch Rechte privatrechtlicher oder öffentlich-rechtlicher Natur zu Lehen gegeben sein.

§ 625.

Dieses Recht gehört seiner Ausbildung und geschichtlichen Bedeutung nach einer Zeit an, in welcher öffentlich-rechtliche und privatrechtliche Verhältnisse in der Volksauffassung und in der Praxis des Rechtslebens nicht scharf geschieden erscheinen, und zeigt auch dort, wo es nicht schon seinem Gegenstande nach dem öffentlichen Rechte angehört, in der Gestaltung des Verhältnisses zwischen Lehnsherrn und Vasallen eine öffentlich-rechtliche Seite.

In der Blütezeit des Lehnwesens bethätigt sich die Herrschaft des Staates über Land und Leute vornehmlich in dessen Formen.

† § 626.

In der Gegenwart hat das Lehnrecht seine praktische Bedeutung wesentlich eingebüßt. Die moderne Gesetzgebung hat die Neuerrichtung von Lehen im allgemeinen verboten, und die bestehenden meist „allodifiziert", d. h. den Nutzungsberechtigten zum Eigentümer gemacht.

Die landesrechtlichen Reste des Lehnswesen werden durch B. nicht berührt.

(§ 627.)

Eine besondere Stellung nimmt das deutsch-rechtliche Institut der Reallast ein, deren Inhalt (im Gegensatz zur Grunddienstbarkeit § 618) wiederkehrende, positive Leistungen aus dem belasteten Grundstück bilden: im heutigen Recht meist Geldzahlungen (Geldrenten), früher vorzugsweise Lieferung von Naturalien („Zehnt") oder Arbeitsleistungen („Frohnden"). Bei ihnen verbindet sich in eigentümlicher Weise mit der dinglichen Belastung des Grundstücks eine persönliche Verpflichtung des jeweiligen Eigentümers für die während seiner Eigentumszeit fällig werdenden Leistungen.

Im deutschen Mittelalter spielten sie eine große Rolle sowohl im privaten Verkehr wie ganz besonders auch in öffentlichen Verhältnissen. Dagegen hat man sie im 19. Jahrhundert zur Entlastung des bäuerlichen Grundbesitzes abzulösen gestrebt (Preuß. Ges. vom 2. März 1850). Eine neuste Entwicklung sucht sie freilich zur Beförderung eines mittleren Bauernstandes in bestimmten Formen wieder zu beleben (Preuß. Rentengüter-Gesetzgebung 1890 f.). B. regelt sie zwar, läßt es aber bei etwaigen landesgesetzlichen Verboten (z. B. in Baden) bewenden.

Stobbe-Lehmann, Handb. d. d. Privatr. II, § 137 ff., 195 ff.

† § 628.

Bei der Mehrzahl der Nutzungsrechte kannte das ältere gemeine und partikuläre Recht ein Analogon zum Besitze, indem die thatsächliche Ausübung einer diesen Rechten entsprechenden Herrschaft (als sogen. „Rechtsbesitz", iuris quasi possessio) in ähnlicher Weise wie jener „Sachbesitz" mit beschränkten rechtlichen Wirkungen ausgestattet war.

Nach der Regelung des B. ist für einen besonderen Rechtsbesitz Raum wesentlich nur noch in Bezug auf die Ausübung von (eingetragenen) Grunddienstbarkeiten, da die Ausübung solcher Rechte an einer Sache, welche mit deren Besitz verbunden sind (des Nießbrauchs, des Erbbaurechts, auch des Pfandrechts, s. u.) unter seinen allgemeinen weiten Besitzbegriff (§ 605) fällt.

2. Das Pfandrecht.

§ 629.

Sachen können einem Gläubiger in verschiedener Weise Sicherheit bezüglich seiner Befriedigung bieten. Der Hauptfall ist, daß demselben eine fremde Sache zu seiner Sicherheit „verpfändet", d. i., daß ein „Pfandrecht" an ihr für seine Forderung bestellt ist.

Dernburg, Das Pfandrecht nach den Grundsätzen des heutigen römischen Rechts 60, 64. Sohm, Lehre vom subpignus 64. Bremer, Das Pfandrecht und die Pfandobjekte 67. Exner, Kritik des Pfandrechtsbegriffs nach röm. Recht 73. Pfaff, Kritik des Pfandrechtsbegriffs, in Grünhuts Zeitschr. I, 41. Deutsches Hypothekenrecht, nach den Landesgesetzen der größeren deutschen Staaten system. dargestell, herausg. von Meibom seit 71. Kohler, Pfandrechtl. Forschungen 82. Hachenburg, Beitr. zum Hypothekenrecht (des 2. Entw. des B.) 95. Mittelstein, Hypothekenrecht 98. Demelius, Pfandrecht an bewegl. Sachen nach österr. Recht unter Berücks. des B. 98. v. Schwind, Wesen u. Inhalt des Pfandrechts 99.

*§ 630.

Das Pfandrecht ist ein dingliches Recht auf die Verwertung eines Vermögensobjektes (den Sachen sind hier wie beim Nießbrauch andere Vermögensobjekte gleichgestellt) zu Gunsten einer Forderung.

Hierbei ist, sofern es sich um Sachen handelt, vornehmlich an den Verkauf derselben zum Zweck der Befriedigung des Gläubigers aus dem Erlöse zu denken, wenn dessen Forderung nicht rechtzeitig vom Schuldner berichtigt wird.

§ 631.

Der Übergang des Eigentums an der gepfändeten Sache vom Schuldner auf einen anderen berührt die Existenz und Wirksamkeit des Pfandrechts als eines dinglichen Rechts nicht.

†§ 632.

Nach römischem Recht existirete das Pfandrecht lediglich der Forderung zu liebe, zu welcher es als Sicherungsmittel hinzutrat, und war deshalb in Entstehung und Fortbestand abhängig von dieser. Insbesondere ging es notwendig unter, sobald der Gläubiger Befriedigung für seine Forderung erlangte.

In Bezug auf Mobilien hat das moderne Recht an diesem accessorischen Verhältnis des Pfandrechts zu einer Forderung festgehalten.

(§ 633.)

An Grundstücken dagegen kannten manche Partikularrechte (Mecklenburg, d. cit. preuß. Ges. v. 1872) im Anschluß an älteres deutsches Recht neben einem solchen accessorischen Pfandrecht (der „Hypothek") eine selbständige pfandrechtliche Belastung ohne jenes Abhängigkeitsverhältnis von einer Forderung: die Grundschuld.

B. hat beide Formen des Grundstückspfandrechts aufgenommen. Es hat jedoch auch bei der Hypothek den Zusammenhang mit der zu sichernden Forderung erheblich gelockert. So läßt es bei Befriedigung oder sonstigem Erlöschen der Forderung die Hypothek nicht mehr mit dieser untergehen, sondern vom Gläubiger auf den Grundeigentümer übergehen, sie zur „Eigentümerhypothek" werden (s. § 637).

*§ 634.

Zu Gunsten mancher Forderungen ist unmittelbar durch die Gesetze ein Pfandrecht an bestimmten Gegenständen begründet.

So haften nach römischem Recht wie nach B. dem Vermiether einer Wohnung die eingebrachten Möbel des Mieters kraft Gesetzes für die richtige Zahlung des Mietzinses; ebenso dem Gastwirt für seine Forderungen die eingebrachten Sachen des Gastes.

Wichtige gesetzliche Pfandrechte verleiht auch das Handelsgesetzbuch (z. B. zu Gunsten des Frachtführers).

† § 635.

Unter den sonstigen Begründungsarten steht die vertragsmäßige voran. Hierbei treten aber im modernen Recht für bewegliche und für unbewegliche Sachen in analoger Weise verschiedene Grundsätze ein wie beim Eigentumserwerb.

An beweglichen Sachen kennt das heutige Recht (im Gegensatz zum römischen) bloß ein „Faustpfand", bei welchem das Pfandobjekt in den Besitz des Gläubigers (in seine „Faust") übergeben und dadurch zugleich die Verpfändung erkennbar gemacht ist.

† § 636.

Dagegen die Entstehung eines Pfandrechts an Grundstücken ist nach der modernen Rechtsentwicklung abhängig von seiner Eintragung in bestimmte öffentliche Bücher: partikularrechtlich z. T. in besondere „Hypothekenbücher", jetzt nach B. in die „Grundbücher", in welche auch der Eigentumswechsel und grundsätzlich alle dinglichen Rechtsänderungen aufgenommen werden (§§ 594, 612).

Hierdurch ist die Möglichkeit geboten, stets zuverlässig festzustellen, ob und in welchem Umfang ein Grundstück (welches man kaufen oder gegen dessen Verpfändung man ein Darlehn geben will) bereits mit Pfandrechten belastet ist.

Beim Erwerb eines Pfandrechts hat also gerade so wie beim Eigentumserwerb die Besitzübergabe bei Mobilien eine parallele Bedeutung wie bei Grundstücken die Eintragung.

† § 637.

An demselben Grundstück können mehrere Pfandrechte bestellt sein, unter denen dann eine Rangordnung besteht. Und zwar geht im allgemeinen das früher eingetragene dem später eingetragenen vor (prior tempore potior iure), derart, daß das letztere nur denjenigen Wert der Sache ergreift, welchen das erstere frei läßt.

Aus dieser Rangordnung folgt, daß der Wegfall eines vorgehenden Pfandrechts den nachstehenden zu gute kommen müßte. Darin liegt nun gerade die praktische Bedeutung der „Eigentümerhypothek" (§ 633), daß durch die Erhaltung des Pfandrechts in der Hand des Eigentümers trotz Erlöschens der Forderung ein Vorrücken der nachstehenden Pfandrechte verhindert wird, und der Eigentümer dieses vorgehende Pfandrecht einem neuen Gläubiger übertragen bezw. im Falle der Zwangsversteigerung des Grundstücks den nach seinem Rang auf dasselbe entfallenden Wertbetrag für sich in Anspruch nehmen kann.

Vierter Abschnitt.

Das Recht der Schuldverhältnisse oder Obligationenrecht.

I. Im allgemeinen.

* § 638.

Die obligatorischen Verhältnisse oder Schuldverhältnisse, welche in diesem Rechtsteile ihre Ordnung empfangen, sind Verhältnisse zwischen zwei Parteien, von welchen die eine der anderen zu einer (positiven oder negativen) Leistung von vermögensrechtlichem Charakter verbunden ist. (§ 537 ff.)

Der zur Leistung Verpflichtete heißt der Schuldner, der zur Forderung der Leistung Berechtigte der Gläubiger.

Aus § 538 ergiebt sich, in welchem Sinne die Leistung einen „vermögensrechtlichen Charakter" haben muß, um ein klagbares Schuldverhältnis zu begründen: Eine an sich nicht geldwerte Leistung (s. das Beispiel § 538) bekommt einen vermögensrechtlichen Charakter dadurch, daß ihr im gegebenen Fall eine Vermögensleistung als Äquivalent gegenübersteht, mit welcher sie (von der einen oder der anderen Partei) in ein Bedingungsverhältnis gesetzt ist.

Unterholzner, Lehre des röm. Rechts von den Schuldverhältnissen 40. Savigny, Das Obligationenrecht als Teil des heut. röm. Rechts 51, 53 (unvoll.). Koch, Das Recht der Forderungen nach gem. u. preuß. R., 2. A. 59. Brinz, Der Begriff obligatio in Grünhuts Zeitschr. I, 11. Sohm, Der Begriff des Forderungsrechts eod. l. IV, 57. G. Hartmann, Die Obligation, Untersuchungen über ihren Zweck und Bau 75. Ryck, Lehre v. d. Schuldverhältnissen 83. Laband im Archiv f. civ. Pr. Bd. 74. Stammler, R. der Schuldverhältnisse in s. allgem. Lehren 97. — Vgl. auch Pothier, Traité des obligations 1781.

* § 639.

In der Regel stehen sich in einem obligatorischen Verhältnisse nur zwei Subjekte gegenüber. So bei einem Darlehnsverhältnis derjenige, der das Darlehen gegeben und derjenige, der es empfangen, zu verzinsen und demnächst zurückzuzahlen hat.

Möglicherweise ist in einem solchen Verhältnisse jedes der beiden Subjekte sowohl Gläubiger wie Schuldner, z. B. beim Mietverhältnis (§ 148).

† § 640.

Ausnahmsweise stehen sich in dem nämlichen obligatorischen Verhältnisse mehr als zwei Subjekte gegenüber, indem mehrere Gläubiger oder mehrere Schuldner vorhanden sind.

Ist die Leistung ohne Beeinträchtigung ihres Wesens und Wertes teilbar, so spaltet sich grundsätzlich die Forderung bzw. Schuld in mehrere Teile. Die Beteiligten können aber auch vereinbaren, daß jeder der mehreren Schuldner für die ganze Schuld soll haften müssen, bzw. jeder der mehreren Gläubiger die ganze Leistung soll fordern können, obgleich die Leistung im ganzen nur einmal zu bewirken ist (aktive bzw. passive „Solidarobligation", oder im B. „Gesamtschuldverhältnis"). Dann befreit die Leistung eines Schuldners auch die anderen, bzw. die Leistung an einen Gläubiger auch gegenüber den anderen.

Für manche Verhältnisse findet sich kraft Gesetzes ein solches (passives) Gesamtschuldverhältnis angeordnet: so schon nach röm. R. bei gemeinschaftlichen unerlaubten Handlungen mehrerer in Bezug auf den Ersatz des angerichteten Schadens; nach B. auch bei rechtsgeschäftlicher Verpflichtung in weitem Umfang, so im Zweifel bei jeder gemeinschaftlichen vertragsmäßigen Verpflichtung. Dieselbe Rechtslage ergiebt sich, wenn mehrere eine unteilbare Leistung schulden.

Als weitere Form der Mitberechtigung oder Mitverpflichtung kommt die im § 591 erwähnte Gemeinschaft „zur gesamten Hand" hinzu, bei welcher kein Gläubiger (z. B. Gesellschafter) für sich allein die Leistung einfordern darf, bezw. der Gläubiger gegen alle Schuldner (alle Gesellschafter) gemeinsam vorgehen muß.

* § 641.

Die beteiligten Subjekte sind in der Regel persönlich bestimmte Menschen oder individuell bestimmte juristische Personen. Sie können aber auch in anderer Weise charakterisiert sein.

So kann eine Leistung demjenigen geschuldet sein, der sich, gleichviel wer er im übrigen sei, als verfügungsberechtigter Besitzer einer bestimmten Urkunde (einer auf den Inhaber lautenden Schuldverschreibung) zu legitimieren vermag.

So kann ferner eine Leistung von demjenigen geschuldet sein, dem ein bestimmtes Grundstück gehört (so bei der Reallast, (ob. § 627).

* § 642.

Bei den meisten obligatorischen Verhältnissen kann eine Übertragung des Forderungsrechts durch Rechtsgeschäft unter Lebenden — eine „Cession" desselben — auf andere Subjekte stattfinden.

So kann ein Gläubiger seinen Anspruch auf Rückzahlung eines Darlehns oder auf Zahlung eines geschuldeten Kaufpreises auf einen anderen übertragen.

(§ 643.)

Zuweilen gewährt das Gesetz einer Person das Recht, von bisherigen Gläubiger eine solche Cession zu verlangen, oder aber das Gesetz bestimmt direkt von sich aus unter bestimmten Voraussetzungen den Übergang eines Forderungsrechts vom ursprünglich Berechtigten auf ein anderes Subjekt (cessio legis).

So konnte nach römischem Recht der Bürge, welcher den Gläubiger befriedigt hatte, von diesem die Übertragung der Forderung gegen den Hauptschuldner verlangen; B. läßt im gleichen Fall die Forderung des Gläubigers ohne weiteres von Rechts wegen auf den Bürgen übergehen. — Durch Erbgang gehen grundsätzlich alle Forderungsrechte auf den Erben über (§ 721) mit Ausnahme bestimmter, einen höchstpersönlichen Charakter tragender (z. B. des im B. der deflorierten Braut gewährten Entschädigungsanspruchs).

(§ 644.)

Andererseits kann auch ein Übergang der obligatorischen Verpflichtung vom ursprünglichen auf einen neuen Schuldner durch Rechtsgeschäft herbeigeführt werden. Das römische R. ließ einen solchen freilich nur auf dem Umweg zu, daß an Stelle der getilgten alten Schuld eine neue mit dem gleichen Inhalt begründet wurde (novatio).

Dagegen hat die moderne Rechtsentwicklung (im Anschluß an altdeutsches Recht) im B. zur allgemeinen Anerkennung eines „Schuldübernahmevertrags" geführt, welcher den direkten Eintritt eines neuen Schuldners in die ursprüngliche Verbindlichkeit bewirkt. Derselbe wird vom neuen Schuldner entweder mit dem Gläubiger oder mit dem alten Schuldner abgeschlossen, letzteren Falls bedarf er aber zur Wirksamkeit der Genehmigung des Gläubigers.

Bezüglich des Übergangs der Schulden durch Erbgang § 726.

† § 645.

Der nächste Zweck der Obligationen liegt in der Herbeiführung bestimmter Wirkungen resp. eines bestimmten Zustandes in der Rechtssphäre der einen Partei oder, ausnahmsweise („Vertrag zu Gunsten Dritter") eines bestimmten Dritten.

Dem Endzweck nach kann es dabei abgesehen sein:

1. auf die Vermittlung eines Austausches von Gütern oder Leistungen (Austausch von Ware gegen Preis beim Kauf § 661),
2. auf einseitige Zuwendungen, Zuwendungen, welche sich weder als Äquivalente eines erlittenen Schadens, noch einer erfolgten oder in Aussicht gestellten Gegenleistung darstellen (Schenkung),
3. auf die Ausgleichung oder die Verhütung von Rechtsstörungen (Obligation auf Schadensersatz § 679 — Versprechen einer Strafe für den Fall der Verletzung einer bestehenden Verbindlichkeit).

Bei demselben obligatorischen Verhältnisse können mehrere dieser Zwecke in Betracht kommen.

§ 646.

Die Obligationen tragen ihre Bedeutung im allgemeinen nicht in sich und sind demgemäß nicht zu einer dauernden Existenz bestimmt. Der Regel nach erfüllen sie ihren Zweck, indem sie untergehen.

So geht die Forderung des Verkäufers einer Sache auf den ausbedungenen Kaufpreis unter, sobald die Zahlung erfolgt ist. Die Handlung, auf deren Herbeiführung sie gerichtet war, zerstört ihre Existenz.

§ 647.

Die Obligationen bilden in dieser Hinsicht einen Gegensatz zu den Sachenrechten (von dem Pfandrechte abgesehen). Diese sind ihrer Natur nach auf eine relative Dauer angelegt, und sind wertvoll durch das, was sie dem Berechtigten während ihres Bestandes gewähren.

Doch giebt es gewisse obligatorische Verhältnisse, welche darin den sachenrechtlichen Verhältnissen verwandt sind, daß sie auf eine relative und bzw. eine unbegrenzte Dauer angelegt sind. Hierher gehören Obligationen, welche auf periodische Leistungen bestimmter Art, z. B. auf die jährliche Zahlung einer bestimmten Unterhaltssumme, gerichtet sind.

In den letzteren Fällen gelangt das obligatorische Verhältnis zur Wirksamkeit in der Form periodisch hervortretender Ansprüche, von welchen keiner den Inhalt des Verhältnisses erschöpft. Der einzelne Anspruch erfüllt seine Bestimmung, indem er untergeht, aber das zu Grund liegende Verhältnis besteht fort wie der Baum, nachdem die Früchte eines Jahres gebrochen worden sind.

* § 648.

Mit dem erwähnten Gegensatze zwischen Sachenrechten und Obligationen hängt ein weiterer zusammen.

Bei den Sachenrechten wendet sich das Interesse in erster Linie dem **Inhalte** des Rechts zu, der seinen Zweck in sich trägt (§ 536), der sich ohne jede Bezugnahme auf die Entstehungsgründe des Rechts bestimmen läßt und welcher der nämliche ist, mögen auch diese Entstehungsgründe Verschiedenheiten zeigen; in zweiter Linie erst diesen Entstehungsgründen.

Bei den Obligationen dagegen haftet das Interesse vor allem an den für ihre **Entstehung** entscheidenden Thatsachen, an den Vorgängen, welche das ephemere Dasein der Obligationen hervorrufen, und welche, selbst von unendlicher Mannigfaltigkeit, für einen ebenso mannigfaltigen Inhalt und Zweck der Obligationen bestimmend sind (alia causa, alia est obligatio).

§ 649.

Mit diesem Gegensatze wieder hängt es zusammen, daß für das System des Sachenrechts überall der Inhalt der Rechte entscheidend ist (§ 579 ff.), während bei dem Aufbau des Obligationenrechts in Lehrsystemen und Gesetzgebungen den Entstehungsgründen die Hauptrolle zufällt. Dort haben wir ein System der Rechtswirkungen, hier der Thatbestände vor uns.

† § 650.

Die Entstehungsgründe der Obligationen sind ebenso mannigfaltig, wie die Entstehungsgründe von Rechtsverhältnissen überhaupt (§ 206 ff.), daher als solche sowohl Handlungen der Beteiligten — Rechtsgeschäfte, Rechtsverletzungen und andere Handlungen —, wie auch obrigkeitliche Handlungen und anderweitige Thatsachen in Betracht kommen.

Die größte Bedeutung nehmen darunter die zweiseitigen Rechtsgeschäfte — die „obligatorischen Verträge" oder „Schuldverträge" — und die Rechtsverletzungen in Anspruch.

Von dem obligatorischen Vertrag als Entstehungsgrund der Obligation (z. B. dem Kaufvertrag als Entstehungsgrund der obligatorischen Verpflichtung des Verkäufers zur Bewirkung des Eigentumsübergangs s. § 672) unterscheidet B. scharf den dinglichen Vertrag, welcher erst die dingliche Rechtsänderung bewirkt (z. B. die Auflassung, welche — in Verbindung mit der Eintragung des Erwerbers im Grundbuch — erst den Eigentumsübergang am Grundstück herbeiführt, § 594).

Den gerade entgegengesetzten Standpunkt nimmt das französische Recht ein, in welchem obligatorischer und dinglicher Vertrag zusammenfallen: der perfekte Kaufvertrag (§ 669) nicht bloß obligatorische Verpflichtungen, sondern zugleich sofort die dingliche Rechtsänderung (z. B. den Eigentumsübergang) bewirkt.

† § 651.

Zu den obligatorischen Verträgen gehört ein, auf eine Leistung von vermögensrechtlichem Charakter gerichtetes, Versprechen von einer Seite und dessen Annahme von der anderen Seite (z. B. ein Schenkungsversprechen und dessen Annahme), resp. ein Versprechen von beiden Seiten und die Annahme jedes dieser Versprechen von der anderen Seite: einseitige — zweiseitige obligatorische Verträge.

Unter letzteren nehmen eine besondere Stellung die synallagmatischen oder (im B.) „gegenseitigen" Verträge ein, bei denen jede der versprochenen Leistungen das Äquivalent der Gegenleistung bildet: jede Partei ihr Versprechen gerade deshalb abgiebt, um das Versprechen der anderen zu erhalten (so der Käufer das Versprechen, einen bestimmten Preis zu zahlen, um das Versprechen der Lieferung der Waare zu erhalten, und umgekehrt, § 661). Hier kann regelmäßig jede Partei die versprochene Leistung zurückhalten bis zum Empfang der Gegenleistung, und wenn sie auf ihre Leistung verklagt wird mittelst der Einrede „des nicht erfüllten Vertrags“ verlangen, daß sie nur zur Erfüllung „Zug um Zug“ verurteilt wird.

† § 652.

Man unterscheidet die obligatorischen Verträge in kausale (oder materielle), deren Wirksamkeit abhängt von der Erreichung eines rechtlich zulässigen Zwecks, welcher für den Schuldner den Verpflichtungsgrund (die causa debendi) bildet — und abstrakte (oder formale), deren Wirksamkeit in gewissem Maße vom Verpflichtungsgrund losgelöst und von der Erreichung eines (natürlich auch hier verfolgten) Zweckes unabhängig ist, so daß dem Gläubiger die Beweislast hinsichtlich desselben erspart ist.

Musterfall für einen abstrakten Vertrag bildet im römischen Recht die stipulatio (centum dare spondes? spondeo); im modernen Recht der Wechselvertrag.

Vor B. war es eine lebhafte Streitfrage, ob die Parteien beliebig durch ein nacktes, auf keinen Verpflichtungsgrund hinweisendes (von der anderen Seite angenommenes) Schuldversprechen oder Schuldanerkenntnis eine klagbare Verpflichtung ins Leben rufen können. Im Anschluß an die Schrift von Bähr, „Die Anerkennung als (scil. selbständiger) Verpflichtungsgrund“ (55), neigten Theorie und Praxis in zunehmender Weise zur Bejahung der Frage. B. sanktioniert diese Entwicklung (s. § 655). —

Die dinglichen Verträge des B. (§ 650 A.) können ebenfalls abstrakt sein, ja die Auflassung eines Grundstücks ist dies sogar notwendig, weil sie von der Erreichung irgend eines rechtlichen Zweckes überhaupt nicht abhängig gemacht werden kann.

* § 653.

Man unterscheidet ferner förmliche obligatorische Verträge, welche ein klagbares Forderungsrecht nur erzeugen, sofern gewisse gesetzlich vorgeschriebene Formen beobachtet sind, und formlose, bei welchen es hierauf nicht ankommt.

* § 654.

Nach römischem Recht erzeugte der formlose Vertrag, sofern nicht bestimmte Leistungen von einer Seite hinzukamen, nur ausnahmsweise ein klagbares Forderungsrecht.

Die vier „Konsensualkontrakte": Kauf, Miete, Sozietät, Mandat; grundsätzlich aber: ex nudo pacto actio non nascitur.

Nach modernem Recht gilt die entgegengesetzte Regel: daß durch formlose Willensübereinstimmung (nudo consensu) beliebige Schuldverpflichtungen begründet werden können.

(§ 655.)

Jedoch knüpft auch das heutige Recht manche Verträge an bestimmte Formen.

So ist der abstrakte (§ 652) Wechselvertrag zugleich ein streng förmlicher. B. enthält sogar recht zahlreiche Formvorschriften, wesentlich mit der Tendenz, die Parteien vor übereiltem Abschluß bedeutungsvoller Geschäfte zu behüten (s. § 249). So verlangt es öfters die Schriftform (z. B. für eine Bürgschaftserklärung; in der Regel für ein abstraktes Schuldversprechen (§ 652 A.); für andere Geschäfte eine gerichtliche oder notarielle Beurkundung (so für Verkauf eines Grundstücks, für das Schenkungsversprechen) 2c.

Die besprochene Einteilung gilt auch für dingliche Verträge. So ist die Auflassung ein förmlicher Vertrag, da sie der mündlichen Erklärung bei gleichzeitiger Anwesenheit beider Parteien vor dem Grundbuchamt bedarf.

(§ 656.)

Nach römischem Recht erzeugte der formlose Vertrag zwar regelmäßig keine klagbare Obligation (§ 654), wohl aber eine „naturalis obligatio", die in beschränkterer Weise eine rechtliche Berücksichtigung fand, indem es bei der aus freien Stücken erfolgten Erfüllung sein Bewenden hatte.

Diese Erscheinung einer zwar nicht klagbaren Obligation, deren freiwillige Erfüllung aber nicht zurückverlangt werden kann, kennt auch das moderne Recht, wenngleich in geringerem Umfang.

So läßt B. aus Spiel und Wette zwar keine Klage zu, dagegen das auf Grund derselben Geleistete kann nicht zurückgefordert werden mit der Begründung, es habe keine Verpflichtung zur Leistung bestanden.

(§ 657.)

Das einseitige, nicht von der anderen Seite angenommene Versprechen erzeugt nur ausnahmsweise in gesetzlich bestimmten Fällen eine obligatorische Verpflichtung des Versprechenden. So die Auslobung (d. i. eine öffentliche Bekanntmachung einer Belohnung für Vornahme einer bestimmten Handlung); die Ausstellung einer Schuldverschreibung auf den Inhaber (§ 641).

§ 658.

Hinsichtlich der Rechtsverletzungen ist zu unterscheiden, ob sie in bestehenden obligatorischen Verhältnissen vorkommen und sich nach den hierzu gehörigen Verpflichtungen beurteilen oder ob dies nicht der Fall ist.

Die ersteren modifizieren lediglich die bereits bestehenden Schuldverhältnisse, die letzteren bringen neue hervor.

(§ 659.)

Der normale Erlöschungsgrund der Obligation, wie er sich aus ihrer Bestimmung (§ 646) ergiebt, ist ihre Erfüllung (solutio), d. h. die Leistung dessen, was nach ihrem Inhalt geschuldet wird. Eine andere als die geschuldete Leistung tilgt dagegen die Obligation nur, wenn der Gläubiger sich mit ihr zufrieden giebt („Leistung an Erfüllungsstatt", datio in solutum). Weigert sich der Gläubiger ungerechtfertigt, die angebotene Erfüllung entgegenzunehmen, so kann der Schuldner sich durch Hinterlegung der Leistung befreien. Steht dem Schuldner eine gleichartige Gegenforderung gegen seinen Gläubiger zu, so kann er die sich gegenüberstehenden Forderungen zum Erlöschen bringen durch ihre Aufrechnung (Kompensation). Stets hat der Gläubiger es in der Hand, durch Verzicht auf seine Forderung (Erlaß) die Obligation zu beseitigen. Notwendig geht die Obligation zu Grunde, wenn das berechtigte und das verpflichtete Subjekt sich in derselben Person vereinigen, indem z. B. der Gläubiger den Schuldner beerbt (confusio). Auch die nachträgliche Unmöglichkeit der Erfüllung kann das Erlöschen bewirken, jedoch kommt es hier in erster Linie darauf an, ob eine Partei (und bzw. welche) die Verantwortlichkeit für diese Unmöglichkeit trifft, in welchem Fall ihre Verpflichtung bestehen bleibt bzw. sich in eine Entschädigungspflicht umwandelt.

II. Das Kaufgeschäft.

§ 660.

Es soll am Kauf als einer Art der obligatorischen Verträge die Natur der letzteren spezieller zur Anschauung gebracht werden.

A. will mit dem Weinhändler B. einen Kaufvertrag über Wein abschließen.

Betrachten wir 1. die Voraussetzungen, unter welchen hier ein rechtswirksamer Vertrag zu stande kommt, oder, was dasselbe ist, die Elemente seines Thatbestandes (§ 206);

2. die Wirkungen desselben.

*§ 661.

1. Voraussetzungen sind:

a) ein Versprechen des Verkäufers, Wein von bestimmter Art und Quantität zu liefern;

b) ein Versprechen des Käufers, einen in Geld bestimmten Preis für den Wein zu zahlen;

c) die Annahme jedes dieser Versprechen durch die andere Partei.

Eine bestimmte Form ist für diese Willenserklärungen im allgemeinen nicht vorgeschrieben; jedoch für den Verkauf eines Grundstücks verlangt B. gerichtliche oder notarielle Beurkundung.

*§ 662.

Der Gegenstand des Kaufs kann individuell bestimmt sein — z. B. „dieses Faß Geisenheimer" (Spezieskauf) —, oder bloß nach Art und Maß — z. B. „ein Hektoliter Geisenheimer 1874er" (Genuskauf).

Derselbe braucht nicht im Eigentum des Verkäufers zu stehen. Auch braucht er im Momente des Vertragsabschlusses noch nicht zu existieren (der nächstjährige Ertrag des Weingutes N.).

† § 663.

Der Preis muß in Geld bestehen. Die Festsetzung seiner Höhe ist im allgemeinen dem Belieben der Parteien überlassen, wenn sie nur nicht den Thatbestand des „Wuchers" darstellt.

Er kann auch in der Art vereinbart sein, daß die von einem bestimmten Dritten als angemessen erachtete Summe gezahlt werden soll.

Ältere Gesetzgebungen versuchten in verschiedener Weise auf ein „pretium justum" hinzuwirken; so durch Gewährung des Rechts, die Aufhebung des Vertrags zu verlangen bei „übermäßiger Verletzung", welche das römische Recht als vorliegend ansah, wenn der festgesetzte Preis nicht einmal die Hälfte des wahren Wertes der Sache erreichte oder das Doppelte ihres Wertes überstieg.

B. sieht von solchen, praktisch nicht bewährten, Versuchen ab, kennt insbesondere auch keine Anfechtung wegen laesio enormis mehr. Hat dagegen eine arglistige Täuschung hinsichtlich des Wertes der Sache stattgefunden, so ist aus diesem Grunde der Vertrag anfechtbar (s. § 665 A.).

† § 664.

Versprechen und Annahme desselben müssen zusammenstimmen. Ein Mißverständnis, welches die Übereinstimmung des beiderseits erklärten Willens ausschließt, läßt daher einen gültigen Vertrag nicht zu stande kommen.

Die beiderseitigen Erklärungen dürfen auch nicht auf einem nach Auffassung des Gesetzes wesentlichen Irrtum beruhen. Ein solcher liegt nach B. vor, wenn eine Partei ihre Erklärung in dieser Form überhaupt nicht abgeben wollte (z. B. sich verschrieben hat in Bezug auf den Kaufpreis) oder über Sinn und Bedeutung ihrer Erklärung im Irrtum war (der Käufer verspricht „quatre-vingts francs“ in der Meinung, quatre-vingt bedeute 24) oder über eine nach der Verkehrsanschauung wesentliche Eigenschaft der Gegenpartei oder der Sache sich täuschte (der Käufer hält den angebotenen Kunstwein für Naturwein). Hier überall kann der Irrende das Geschäft anfechten und damit dessen Wirkungen zerstören, wenn sein Irrtum so erheblich ist, daß er ohne denselben und bei verständiger Würdigung der Sachlage seine Erklärung nicht abgegeben hätte.

Unter den gleichen Voraussetzungen, wie die auf Irrtum beruhende, ist die durch Boten oder Telegraphenamt unrichtig übermittelte Erklärung anfechtbar (wenn z. B. statt „verkaufen“ übermittelt wird „kaufen“). — Über die Ersatzpflicht des Irrenden im Falle der Anfechtung § 692.

† § 665.

Ein Irrtum dagegen, der eine nach der Verkehrsanschauung unwesentliche Eigenschaft von Sache oder Person oder sonstige Voraussetzungen des Geschäfts betrifft, hat keinen Einfluß auf dessen Bestand, mag er auch bei einer Partei den entscheidenden Beweggrund zum Abschluß gebildet haben. Z. B. der Käufer nimmt irrtümlich an, daß der betreffende Jahrgang durch besondere Güte ausgezeichnet sei oder daß er den Wein günstig weiterverkaufen werde und schließt deshalb den Vertrag ab, ohne jedoch bezüglich dieser Umstände besondere Bedingungen in denselben aufzunehmen.

Ist jedoch der Irrtum, welcher eine Partei zum Geschäftsabschluß bestimmte, arglistig hervorgerufen worden, dann kann der Getäuschte ohne Rücksicht auf die Art seines Irrtums den Vertrag anfechten. Ebenso wenn eine Partei widerrechtlich durch Drohung zum Geschäftsabschluß bestimmt worden ist.

† § 666.

Wenn die vom Verkäufer versprochene Leistung von Anfang an unmöglich war — es stellt sich heraus, daß der Wein bereits zur Zeit der Vertragsberedung ausgelaufen war — so kommt ein bindendes Geschäft überhaupt nicht zu stande, der Kauf ist „nichtig".

Es erhebt sich hier aber die Frage, ob nicht diejenige Partei, welche die Unmöglichkeit der Leistung hätte kennen sollen, den Schaden ersetzen muß, den die andere durch ihr Vertrauen auf die Gültigkeit des Geschäfts erleidet. Eine solche Haftung für das „negative Vertragsinteresse" wegen „culpa in contrahendo" ist im B. für diesen Fall ausdrücklich ausgesprochen, s. § 684.

† § 667.

Das Zustandekommen eines gültigen Kaufs kann durch die Beteiligten an besondere Bedingungen geknüpft sein. So an die Bedingung, daß der Käufer nach einer Probe den Wein seinem Geschmack zusagend finden werde (Kauf „auf Probe").

So lange solche Bedingungen nicht erfüllt sind, bleibt der Vertrag in der Schwebe; erst mit ihrer Erfüllung wird er vollendet und äußert seine Wirkungen dann im allgemeinen so, als wäre er jetzt als unbedingter abgeschlossen; es sei denn, daß die Parteien der Erfüllung „rückwirkende Kraft" (auf den Zeitpunkt des Abschlusses des bedingten Vertrags) verleihen wollten.

† § 668.

Eine der Parteien kann gebunden sein, ehe noch ein gültiger Vertrag vorliegt. So der Verkäufer bei dem Kauf auf Probe.

So ist vor allem jede Partei, welche der anderen einen „Antrag" (eine „Offerte") zu einem Vertrag macht, gemäß der modernen Rechtsentwicklung (im Gegensatz zu dessen Widerruflichkeit nach röm. Recht) an denselben so lange gebunden, bis unter normalen Verhältnissen eine Antwort des Empfängers bei ihr einlaufen kann, obgleich ein Vertragsschluß meist erst mit dem rechtzeitigen Eintreffen einer Annahmeerklärung zu stande kommt.

Vielfach bedarf es nach der Verkehrssitte zum Zustandekommen eines Vertrags keiner solchen Annahmeerklärung gegenüber dem Antragsteller, sondern der Annahmewille kann sich in anderer Weise äußern. So liegt in dem Aufschneiden des vom Buchhändler zur Ansicht zugesandten Buches ohne weiteres die Annahme seines Verkaufsantrags.

† § 669.

2. Nach römischem Recht äußerte der zum Abschluß gebrachte, „perfekte" Vertrag sofort Wirkungen bezüglich der Frage, wer die Gefahr zufälligen Untergangs und zufälliger Beschädigung des Gegenstandes zu tragen habe, indem diese Gefahr beim Spezieskauf schon mit diesem Moment auf den Käufer überging.

B. dagegen läßt die Gefahr regelmäßig erst mit Übergabe des Gegenstandes übergehen. Bei Grundstücken jedoch schon mit der etwa vorhergehenden Umschreibung im Grundbuch, und bei Mobilien, welche der Verkäufer dem Käufer zuzusenden sich verpflichtet hat, mit deren Absendung bzw. Auslieferung an Spediteur oder Frachtführer.

Wenn also der abgesandte Wein unterwegs infolge unvorhersehbarer Zufälle liegen bleibt und unter der Einwirkung der Hitze verdirbt, so hat der Käufer diese „Transportgefahr" zu tragen, d. h. er muß trotzdem den vereinbarten Kaufpreis zahlen.

† § 670.

War der Gegenstand des Kaufs nur nach Art und Maß bestimmt, so ist eine nachträgliche Individualisierung desselben notwendig. Diese vollzieht sich aber gerade durch die in § 669 Abs. 2 bezeichneten Akte, sodaß nach B. beim Genuskauf die Gefahr im gleichen Zeitpunkt übergeht wie beim Spezieskauf.

(§ 671.)

Von dem gleichen Zeitpunkt ab hat der Käufer die Lasten des Kaufgegenstandes zu tragen, wie ihm andrerseits jetzt dessen Nutzungen gebühren.

(§ 672.)

Das Eigentum am Kaufgegenstand ging auch nach römischem Recht noch nicht mit dem Vertragsschlusse über, sondern frühstens mit der Tradition.

Nach B. erwächst aus dem perfekten Kaufvertrag für den Verkäufer die Verpflichtung zur Verschaffung des Eigentums und also zur Teilnahme an den hierzu erforderlichen Übereignungsakten (Auflassung und Umschreibung im Grundbuch bei Grundstücken § 594,

Tradition bei Mobilien § 593, s. § 650 A.). Den unmittelbaren Besitz hat er in allen Fällen dem Käufer zu übertragen.

Nach römischem Recht mußte zur Tradition die Zahlung oder Kreditierung des Preises hinzukommen, damit das Eigentum überging. Nach B. ist ein Eigentumsvorbehalt des Verkäufers trotz Übergabe der Sache bis zur Zahlung des Preises bei Mobilien zwar zulässig, muß aber besonders ausbedungen werden; bei der Auflassung ist ein solcher ausgeschlossen.

(§ 673.)

Der Verkäufer hat dem Käufer das Eigentum auch frei von Lasten (wie Pfandrechten, Servituten) zu verschaffen und haftet deshalb grundsätzlich, so oft ein Dritter an der Sache ein Recht gegen den Käufer geltend machen kann.

Desgleichen ist er haftbar, wenn dem Käufer der Gebrauch der Sache durch Mängel ihrer physischen Beschaffenheit erheblich beeinträchtigt wird, außer wenn der Käufer dieselben beim Vertragsabschlusse kannte oder nur aus grober Unachtsamkeit übersah.

† § 674.

Der Käufer hat den Kaufpreis zu zahlen und von dem Zeitpunkt an, wo ihm die Nutzungen des Kaufgegenstandes gebühren, den noch nicht gezahlten zu verzinsen.

Ferner kann er nach B. auf Abnahme der vertragsmäßig beschaffenen Sache verklagt werden, woran der Verkäufer unter Umständen erhebliches Interesse hat, z. B. wegen der Kostspieligkeit der Aufbewahrung oder der Gefährlichkeit der Sache (man denke an Sprengstoffe).

† § 675.

Die bezeichneten Wirkungen des Vertrags können infolge besonderer Abmachungen mannigfache Modifikationen erleiden.

So kann ausgemacht werden, daß der Verkäufer während des Transportes der Sache die Gefahr tragen soll, oder daß der Preis erst bestimmte Zeit nach Übergabe der Sache und dann ohne Zinsberechnung zu zahlen sei, oder daß der Käufer die auf dem Grundstück lastenden Hypotheken übernehmen soll.

† § 676.

Die bezeichneten Wirkungen können ferner durch das Verhalten eines Beteiligten nach dem Vertragsschlusse modifiziert werden.

Wenn der Verkäufer den Wein zur vereinbarten Zeit oder trotz erfolgter Mahnung nicht liefert (mora solvendi, Erfüllungsverzug), so hat der Käufer — nach der gegenüber dem gemeinen Recht strengeren Behandlung des in Verzug geratenen Schuldners im B. — ein dreifaches Wahlrecht: Er kann neben der nachträglichen Lieferung Schadensersatz wegen der Verspätung verlangen, oder die verspätete Lieferung zurückweisen und statt ihrer Schadensersatz wegen Nichterfüllung fordern (dies aber erst nach Ablauf einer dem Schuldner gewährten Nachfrist), oder schließlich (gleichfalls nach Gewährung einer Nachfrist) vom Vertrag zurücktreten, womit die beiderseitigen Verpflichtungen aufgelöst werden.

(§ 677.)

Verweigert umgekehrt der Käufer die Annahme der rechtzeitig in vertragsmäßiger Beschaffenheit angebotenen Sache (mora accipiendi), so wird die Diligenzpflicht des Verkäufers gemildert zur Haftung für dolus und lata culpa, die Gefahr zufälligen Verderbs geht auf den Käufer über und der Verkäufer darf den Wein für Rechnung des Käufers öffentlich versteigern lassen, ein Grundstück im gleichen Fall nach vorheriger Ankündigung preisgeben.

Mit dem Annahmeverzug des Käufers verbindet sich regelmäßig ein Erfüllungsverzug desselben (§ 674): dann erhält der Verkäufer zugleich das entsprechende Wahlrecht wie nach § 676 der Käufer.

* § 678.

Ist der Käufer etwa ein Wirt, der den Wein zum Zweck des Weiterverkaufs erwirbt, so kommen die in mancher Richtung eigentümlichen Bestimmungen des Handelsgesetzbuchs über den „Handelskauf" zur Anwendung.

III. Die Verpflichtung zum Schadensersatz.

* § 679.

Jemand kann verpflichtet sein, den Schaden, den ein andrer erlitten hat, zu ersetzen,

I. weil er dies vertragsmäßig übernommen hat (wie dies bei Abschluß eines Versicherungsvertrags geschieht),

II. unter gewissen Voraussetzungen, weil er den Schaden verursacht hat.

Die letzteren Fälle sind ihrer Bedeutung und der Schwierigkeiten wegen, die sich bei ihnen ergeben, hier näher zu betrachten.

* § 680.

Derjenige, der den Schaden *verursacht* hat, kann zur Ersatzleistung verpflichtet sein:

1. weil er in schuldhafter Verletzung von Rechtsvorschriften gehandelt, m. a. W. den Schaden *verschuldet* hat,
2. weil die Unternehmung, welche die Schädigung herbeiführte, *seine* Unternehmung war, deren Kosten (gleichviel bei wem sie zunächst zur Erscheinung kommen) im Ergebnis billiger Weise auf seine Rechnung zu setzen sind.

* § 681.

1. Bei der Frage, ob eine Schädigung verschuldet sei, kommt im allgemeinen sowohl Vorsatz wie Fahrlässigkeit in Betracht (§ 262 ff.).

Es giebt jedoch Fälle, wo nur die vorsätzliche, nicht auch die fahrlässige Herbeiführung des Schadens verantwortlich macht.

* § 682.

Wenn z. B. jemand, in geschäftlichen Angelegenheiten um Rat gefragt, fahrlässiger Weise einen schlechten Rat giebt und hierdurch den Fragenden in Schaden bringt, so entsteht hieraus in der Regel keine Ersatzpflicht. Eine derartige Fahrlässigkeit schließt kein Verschulden im Sinne des Rechts (keine Rechtsverletzung im Sinne von § 260) in sich. Der Fragende mochte prüfen, welcher Wert dem Rate beizumessen sei.

Anders, wenn der Befragte vorsätzlich den anderen irreführte und in Schaden brachte (etwa durch arglistige Empfehlung eines bankrotten Menschen zum Kassierer).

Auch für fahrlässig gegebenen schädlichen Rat kann sich jedoch eine Verantwortlichkeit aus dem zwischen den Beteiligten bestehenden Vertragsverhältnis ergeben, so wenn ein Rechtsanwalt oder ein Auskunftsbureau gegen Entgelt Rat oder Empfehlung erteilen. Hier erscheint eine Ersatzpflicht sachlich als wohl gerechtfertigt, weil Fragender und Ratgeber sich nicht in gleicher Lage befinden, sondern der erstere in einer geistigen Abhängigkeit erscheint, welche die Verantwortlichkeit des letzteren erhöht (s. § 686).

* § 683.

Wer dagegen eine fremde Sache beschädigt oder zerstört, der haftet sowohl für Vorsatz wie für Fahrlässigkeit.

Ebenso derjenige, der die Gesundheit eines anderen beschädigt in Bezug auf die demselben hieraus erwachsenden Vermögensnachteile.

Ebenso derjenige, der durch die Verbreitung falscher Thatsachen den Kredit eines anderen schädigt. Er hat den nachweislich verursachten Schaden zu ersetzen, mag er die Unwahrheit wissend (vorsätzlich) oder in gutem Glauben (welcher Fahrlässigkeit nicht ausschließt) behauptet haben.

Bei bloßer Fahrlässigkeit nach B. freilich nicht unbedingt, nämlich dann nicht, wenn an der unrichtigen Mitteilung er oder der Empfänger ein „berechtigtes Interesse" hatte. Es fordert hier eben eine Berücksichtigung einerseits das Interesse, welches der Verkehr speziell an der Lebensfähigkeit der Auskunftsbureaus hat, andererseits das Interesse des Einzelnen an einem Schutze gegen Schädigung durch unwahre Mitteilungen; vgl. darüber R. Merkel in der zu § 688 cit. Schrift S. 223 ff.

* § 684.

Das Gleiche (Haftung für Fahrlässigkeit) gilt im allgemeinen in Vertragsverhältnissen, sowie bei der Begründung von solchen.

Wer in Vertragsverhältnissen steht, der soll zusehen, daß er nicht, sei es durch Nichterfüllung seiner Verbindlichkeiten, sei es durch die Art und Weise ihrer Erfüllung die Interessen der anderen Partei verletze; wer Verträge eingeht, daß nicht aus unbedachten Anerbietungen oder Aufforderungen oder aus einer mangelhaften Formulierung derselben Verletzungen des anderen hervorgehen. Wer dies vorsätzlicher oder fahrlässiger Weise versäumt, der haftet für den dadurch verursachten Schaden.

Die Fälle einer Fahrlässigkeit bei Eingehung von Verträgen (culpa in contrahendo) waren speziell dem römischen Recht gegenüber Gegenstand von Kontroversen. Weder bezüglich des Umfangs der Haftbarkeit noch hinsichtlich der Haftbarkeit selbst bestand Übereinstimmung. Auch B. enthält hierüber keine allgemeinen Vorschriften; über einen hierher gehörigen Fall s. § 666. Daß eine Haftung hier sachlich gerechtfertigt sei, wird sich nicht bestreiten lassen. — Jhering, culpa in contrahendo, in seinen Jahrb. f. Dogm. IV, 1.

§ 685.

In verschiedenen Vertragsverhältnissen ist jedoch Aufmerksamkeit und geistige Anspannung zu Gunsten der Interessen des anderen in einem verschiedenen Umfange gefordert, und demgemäß der Maßstab, nach welchem zu entscheiden ist, ob eine verantwortlich machende Fahrlässigkeit vorliege, ein verschiedener.

Ein höheres Maß von Aufmerksamkeit ist u. a. gefordert in Kauf- und Mietverhältnissen, bei demjenigen, der die Besorgung fremder Angelegenheiten übernommen, oder eine fremde Sache geliehen hat. Ein geringeres Maß bei demjenigen, der aus Gefälligkeit unentgeltlich die Aufbewahrung einer fremden Sache übernommen hat.

§ 686.

Bei der Abgrenzung dieses Maßes durch das objektive Recht machen sich die folgenden Gesichtspunkte geltend:

a) das Recht fordert eine größere Aufmerksamkeit dort, wo bei dem Handelnden ein eigenes Interesse an dem Geschäfte vorauszusetzen ist, sei es nach der allgemeinen Natur des Geschäfts — Kauf, Miete ꝛc. —, sei es nach den Umständen des einzelnen Falls — der Betreffende hat sich z. B. zu dem Geschäfte gedrängt;

b) das Recht fordert eine größere Aufmerksamkeit dort, wo dieselbe nach der allgemeinen Natur des Geschäfts oder nach den Umständen des einzelnen Falls konkludenter Weise in Aussicht gestellt ist. Ersteres ist z. B. bei demjenigen anzunehmen, der einen Auftrag zur Besorgung fremder Geschäfte übernimmt (Mandatar).

Derjenige, der ohne Auftrag fremde Geschäfte führt (negotiorum gestor), ist in gleichem Umfange verpflichtet. Er verspricht zwar nichts, aber in seiner Handlung finden wir gleichwohl konkludenter Weise den Willen zum Ausdruck gebracht, die der Natur des Geschäfts entsprechende Sorgfalt anzuwenden.

Bei der Frage, was in solchem Sinne in geschäftlichen Verhältnissen als stillschweigend zugesagt anzusehen sei, macht das in dem § 693 entwickelte Prinzip sich geltend. Es übernimmt z. B. jemand die Pflege eines Kranken, ohne daß speziellere Beredungen über die von ihm geforderte diligentia erfolgten. Hier kommt bezüglich der letzteren der Umfang in Betracht, in welchem der Handelnde das Wohl des Kranken erkennbarer Weise von seiner diligentia abhängig gemacht hat. Als stillschweigend zugesagt gilt hier daher alle Sorgfalt, welche die Natur der Krankheit erfordert, und welche, wenn jener nicht als Pfleger eingetreten wäre, von andern prästiert werden würde. Der entscheidende Grund seiner Verpflichtung zu dieser Sorgfalt liegt freilich nicht in dieser angenommenen (fingierten) Zusage, sondern in der realen Bedeutung der Handlung mit Rücksicht auf welche wir eine solche Zusage annehmen.

§ 687.

2. Das Recht kann nicht alle Handlungen und Unternehmungen verbieten, welche mit Gefahren oder Nachteilen für andere verbunden sind. Häufig überwiegt die positive Bedeutung jener für menschliche Interessen diese Übel.

An Stelle des Verbotes solcher Handlungen und Unternehmungen läßt das Recht in solchen Fällen vielfach ein Gebot nachträglicher Ausgleichung des etwa durch sie verursachten Schadens treten.

§ 688.

Der Verschiedenheit der in Betracht kommenden Fälle entsprechend zeigen die einschlagenden gesetzlichen Bestimmungen mannigfache Verschiedenheiten, sowohl hinsichtlich der spezielleren Voraussetzungen, wie hinsichtlich des Umfangs der Ersatzverbindlichkeit.

Zugleich aber macht das Recht in dieser Richtung in ungewöhnlichem Maße den Eindruck des Unfertigen. Und nicht minder gilt dies von der Wissenschaft in ihrer Beziehung auf diese Materie. Der einheitliche Gesichtspunkt, welcher allen jenen Fällen gegenüber trotz deren Verschiedenheit eine gleichmäßige Geltung in Anspruch nimmt (§ 680 sub 2, unten §§ 693 und 696), ringt in ihr noch um seine Anerkennung.

Seit Erscheinen der ersten Auflage dieses Buches (85) hat das bedeutsame Problem der Schadenersatzpflicht in der Litteratur lebhafte Beachtung gefunden. Vgl. insbes. Mataja, Recht des Schadensersatzes v. Standpunkt der Nationalökonomie 88. Steinbach, Die Grundsätze des heutigen Rechts über den Ersatz von Vermögensschäden 88. Unger, Handeln auf eigene Gefahr, 2. A. 93. Handeln auf fremde Gefahr 94. Rudolf Merkel, Die Kollision rechtmäßiger Interessen u. die Schadensersatzpflicht bei rechtmäßigen Handlungen (im Hinblick auf den 2. Entw. des B.) 95. Sjögren in Iherings Jahrb. Bd. 35, 96. Max Rümelin, Die Gründe der Schadenszurechnung u. d. Stellung des B. zur objektiven Schadensersatzpflicht 96 (dazu R. Merkel in der Zeitschr. f. d. ges. Handelsrecht Bd. 47). Jung, Delikt und Schadensverursachung 97. Endemann, Rechtswirkungen der Ablehnung einer Operation 93. Ferner die Citate bei § 695.

§ 689.

Es kommen hierbei in Betracht:

a) Handlungen und Unternehmungen, welche ihrer allgemeinen Natur nach mit bestimmten Gefahren für andere verbunden sind (§ 690 ff.) und

b) bewußte Benachteiligungen Anderer (§ 694 f.).

Beispiele sollen die Natur beider Kategorien veranschaulichen und auf den Gedanken hinführen, der bei ihrer Behandlung zur Anwendung kommt.

* § 690.

ad a) Der Betrieb von Fabriken pflegt mit Gefahren für Leib oder Leben der Arbeiter, wie häufig auch Dritter, verbunden zu sein. Gleichwohl ist dieser Betrieb erlaubt.

Es verknüpft sich jedoch mit ihm unter bestimmten Voraussetzungen eine Haftpflicht für wirklich eingetretenen Schaden, ohne daß dem Unternehmer, welchem diese Pflicht auferlegt wird, eine Verschuldung nachgewiesen zu werden braucht. (Vgl. z. B. Reichs-Gewerbeordnung § 26).

Allgemein ist dies der Fall, wo eine fahrlässige Handlung eines Angestellten die nächste Ursache des Schadens gebildet hat.

Man vergleiche die Haftpflicht des Rheders für den Schaden, welchen eine Person der Schiffsbemannung einem Dritten durch ihr Verschulden in Ausführung ihrer Dienstverrichtungen zufügt. Ferner die Haftung des Eigentümers eines Tieres oder des Reiters für den Schaden, welchen das Tier jemandem zufügt, wie solche im B. (wie schon vorher im französ. R.) allgemein ausgesprochen ist. Der Haftpflicht in diesen Fällen ist ihrer Begründung nach verwandt diejenige der Eltern, Lehrherrn, Erzieher für Handlungen der unter ihrer Gewalt stehenden Personen im französ. R. (während B. dieselben durch den Beweis gehöriger Aufsichtsführung von ihrer Haftbarkeit sich befreien läßt). Ebenso die im B. anerkannte Haftung juristischer Personen für Schädigungen Dritter durch ihre Vertreter in Ausführung der diesen zustehenden Verrichtungen. Speziell auch die in manchen Gesetzgebungen statuierte Haftpflicht des Staates in Bezug auf eine durch seine Beamten rechtswidrig verhängte Gefangenschaft oder Beschlagnahme von Preßerzeugnissen oder sonstige Fälle einer rechtswidrigen Anwendung der vom Staate anvertrauten Machtmittel unter Verhältnissen, wo die betroffenen Personen durch die staatlichen Einrichtungen selbst sich außer Stand gesetzt sehen, die Verletzung ihrer Rechte abzuwehren. Diese Frage der Haftung des Staates für den durch seine Beamten in Ausübung einer ihnen anvertrauten öffentlichen Gewalt verursachten Schaden hat B. dem Landesrecht überlassen. Manche Ausführungsgesetze zum B. haben eine solche Haftung des Staates z. T. primär — so in Baden — z. T. subsidiär hinter dem verantwortlichen Beamten — so in Elsaß-Lothringen — ausgesprochen.

§ 691.

Ähnliches gilt von dem Betrieb einer Eisenbahn.

Wird bei dem Betrieb jemand verletzt, so haftet der Unternehmer für den daraus entstandenen Schaden, auch wenn weder ihm selbst noch einem Untergebenen ein Verschulden nachgewiesen werden kann; der Unternehmer beweise denn, daß „höhere Gewalt“ oder eigenes Verschulden des Verletzten dessen Schädigung herbeigeführt habe. (Haftpflichtgesetz von 1871).

In demselben Sinne haftet die Post für den Verlust von rekommandierten Sendungen, von Briefen mit Wertangabe und von Paketen unabhängig von einer nachweisbaren Verschuldung (sofern nicht „höhere Gewalt“ oder Fahrlässigkeit des Absenders nachgewiesen werden kann). — Über „höhere Gewalt“ (vis maior) u. a.: Exner, Begriff der h. G. im röm. u. heut. Verkehrsrecht 83. M. Rümelin, Der Zufall im Recht 97. — Über die unsichere Abgrenzung u. praktische Unbrauchbarkeit des Begriffs: „Verhandlungen des 22. deutschen Juristentages“ IV, 93. R. Merkel, l. cit. 208 ff. — Vgl. § 266.

† § 692.

Wer andere beauftragt, bestimmte Geschäfte für ihn zu besorgen, der müßte nach dem gleichen Gedanken den Schaden ersetzen, welchen jene durch die Ausführung des Auftrags erleiden, auch wenn die Schädigung nicht von ihm vorhergesehen wurde noch werden konnte, eine Verschuldung also nicht bei ihm vorliegt.

Gegenüber dem älteren Recht wie auch gegenüber dem B. macht die Begründung der hier geforderten und sachlich zweifellos gerechtfertigten Ersatzpflicht freilich Schwierigkeiten, worüber vgl. R. Merkel, l. cit. 160 ff.

Dagegen hat für eine Reihe anderweitiger Fälle im Bereiche des geschäftlichen Verkehrs eine Haftung von dem nämlichen Charakter Anerkennung gefunden. So bei dem Verkäufer eine Haftpflicht für verborgene Mängel des verkauften Gegenstandes (§ 673) in Fällen, wo ihm keinerlei Fahrlässigkeit nachgewiesen werden und auch eine vertragsmäßig übernommene Haftung nicht angenommen werden kann. So in analoger Weise bei dem Vermieter, z. B. schadhafter Weinfässer.

So ist ferner im B. demjenigen, der wegen seines Irrtums ein Geschäft anficht (§ 664) eine Ersatzpflicht auferlegt unabhängig von einem Verschulden. Ebenso demjenigen, dessen Erklärung durch Versehen von Boten, Telegraphenbeamten oder anderen Mittelspersonen oder aus sonstigen Ursachen unrichtig übermittelt wurde, auch wenn ihn keinerlei Vorwurf dabei trifft. Bei allen derartigen Irrungen, bezüglich welcher eine Verschuldung nicht erwiesen werden kann, ergiebt sich die Frage, wer das Risiko derselben zu tragen habe, eine Frage, welche eine prinzipiell begründbare Antwort nur in dem Sinne finden kann, daß es derjenige sei, von welchem, was geschah, überhaupt und hinsichtlich der benutzten Vehikel und etwaigen Gehilfen abhängig war.

§ 693.

In den hervorgehobenen Fällen bringt das Recht den Gedanken zum Ausdruck, daß derjenige, von welchem eine bestimmte Wirksamkeit ausgeht, und von dessen Willen und bzw. Interesse deren Gestaltung abhängt, dafür aufkommen soll, daß dieselbe sich mit dem Wohle der anderen vertrage, sei es durch Verwirklichung der Bedingungen, unter welchen eine Schädigung anderer als ausgeschlossen erscheint, sei es, wo dies nicht ausführbar ist, durch nachträgliche Ausgleichung eines entstandenen Schadens (vgl. § 243).

* Derjenige, von dem die Existenz eines Unternehmens, sowie der Geist und die Formen desselben abhängen, ist, soweit dies der Fall, naturgemäß dafür verantwortlich, daß dasselbe sich mit den legitimen Interessen andrer vertrage, so gewiß jeder für seine Wirksamkeit und deren Einklang mit den vom Rechte geschützten Interessen einzustehen hat. Darin liegt, daß er einerseits auf die Vermeidung von Schädigungen Dritter durch das Unternehmen, und andrerseits auf eine Ausgleichung dennoch eintretender Schädigungen bedacht sein soll. Vorbeugende und ausgleichende Maßregeln fallen hier durchaus unter den gleichen Gesichtspunkt, den Gesichtspunkt der Herstellung von Bedingungen, unter welchen das Unternehmen mit dem Wohle der anderen verträglich ist. Wem unter solchen Umständen das Risiko eines Unternehmens als zu hoch erscheint, der mag von demselben abstehen. Keinesfalls kann er die Gerechtigkeit dafür anrufen, daß dies mit seinem Unternehmen verknüpfte Risiko ihm von andern abgenommen und ihm so die Möglichkeit gesichert werde, seine Interessen auf Kosten anderer zur Geltung zu bringen.

Wir bedürfen hiernach, um die Ersatzpflicht in den hervorgehobenen Fällen prinzipiell begründen zu können, weder einer wirklichen noch einer fingierten Verschuldung, genau so wenig wie für die Begründung der Forderung, daß als notwendig erkannte Vorsichtsmaßregeln von dem Unternehmer zur Ausführung gebracht und aus seiner Kasse bestritten werden. —

In der Wissenschaft hat man meist bezüglich dieser Ersatzpflicht den Gesichtspunkt einer Verschuldung festhalten zu müssen geglaubt und geradezu den Satz aufgestellt: „ohne Schuld keine civilrechtliche Verantwortlichkeit", sich damit aber um die Möglichkeit gebracht, einerseits ein volles Verständnis der einschlagenden Rechtsbestimmungen zu gewinnen, andrerseits auf die Fortbildung dieser Seite des Rechts einen fördernden Einfluß auszuüben. Denn von diesem Gesichtspunkt aus ist ein richtiger Maßstab für die Feststellung der Voraussetzungen, sowie des Umfangs der Haftpflicht und überhaupt für eine richtige Normierung derselben nicht zu gewinnen. Und was hier die Annahme einer wirklichen Verschuldung nicht leistet, das ist selbstverständlich auch nicht mit der Krücke einer bloßen Schuldfiktion zu erreichen, „einer unwiderleglichen praesumtio culpae", mit welcher die Praxis sich häufig zu helfen gesucht hat.

In den betreffenden Fällen ist nicht darauf zu achten, ob im einzelnen Falle die Schädigung des andern vorhergesehen und abgewendet werden konnte, sondern darauf, ob sie aus dem Unternehmen hervorging und darauf, inwieweit das Unternehmen durch und für die betreffende Person existiere. —

In den betreffenden Fällen ist ferner mit der einfachen Bestimmung, daß die Haftpflicht den ganzen Schaden (das „Interesse") umfasse, nicht durchzukommen. Vielmehr sind hier wegen der Vielartigkeit und Kompliziertheit der in Betracht kommenden Kausalverhältnisse mannigfache Beschränkungen, Abstufungen und Teilungen der Haftpflicht gefordert. So haftet der Rheder in dem erwähnten Falle (§ 690) nur mit Schiff und Ladung. So ist die Haftpflicht der Post (§ 691) eine begrenzte.

Ferner entspricht dem hier vertretenen Gesichtspunkte in manchen Verhältnissen eine bloß subsidiäre Haftbarkeit, wo von dem Gesichtspunkte der Verschuldung aus auch eine solche nicht zu begründen sein würde.

Als völlig unhaltbar hat sich die herrschende Auffassung insbesondere bezüglich der Frage der Haftpflicht juristischer Personen für schuldhafte Handlungen ihrer Vertreter erwiesen. Da bei diesen juristischen Personen die Möglichkeit einer Verschuldung verneint wird, so ergiebt sich aus jener Ansicht die Konsequenz, daß eine Haftpflicht derselben hier überall zu verneinen sei, eine Konsequenz, deren man sich einerseits vergeblich zu erwehren gesucht hat, und welche man doch andrerseits als schlechthin unannehmbar erkennen mußte (s. § 690 A.).

Wenn die Haftpflicht des Fabrikanten, Rheders 2c. von einer Verschuldung in der Person eines Dritten abhängig gemacht wird (wie im Haftpflichtgesetz § 2 vom Verschulden einer Aufsichtsperson), so tritt darin das Bedürfnis nach einem für die Abgrenzung der Haftfälle brauchbaren bestimmten und allgemein verständlichen Merkmal hervor. Aber es sind damit keineswegs alle Fälle umfaßt, wo eine Haftpflicht sich nach dem hier aufgestellten Gesichtspunkte begründen läßt. Daher spielt denn auch bei den Erörterungen der Frage, inwieweit die Unternehmer als haftpflichtig in Bezug auf die Unfälle in Fabriken zu behandeln seien, dies Merkmal gegenwärtig keine Rolle. (Vgl. die in den deutschen Arbeiterversicherungsgesetzen den Unternehmern auferlegten Leistungspflichten.) Dagegen ist hierbei vielfach im Einklang mit dem im Texte entwickelten Gedanken die Ansicht vertreten worden, daß „das Risiko für die Unfälle .. die Industrie, d. i. der Unternehmer tragen" müsse, da der Arbeiter hier nur als abhängiges Glied eines großen Ganzen, „fast nur als ein Teil einer Maschine" erscheine. Und es bricht sich die Überzeugung Bahn, daß diese Haftpflicht völlig zu sondern sei von der auf eine Verschuldung sich gründenden, und neben dieser eine selbständige Behandlung zu finden habe.

Man hat das Prinzip, auf welches in den betrachteten Fällen die Haftpflicht zu gründen sei, in dem öffentlichen Interesse finden wollen und also der Haftung „aus Schuld" die Haftung „aus dem Gesamtinteresse" an die Seite gestellt. Darin aber liegt ein Mißverständnis. Ohne Zweifel ist hier das öffentliche Interesse im Spiele, aber nicht in andrer Weise als bei der auf eine Verschuldung gegründeten Haftpflicht. Das öffentliche Interesse steht hinter allen Rechtsbestimmungen. Die Frage ist, welche besonderen Gesichtspunkte den allgemeinen Interessen gemäß bei der Statuierung und Abgrenzung der Haftpflicht zur Anwendung kommen. Dies aber sind einerseits der Gesichtspunkt der Verschuldung, andrerseits der hier vertretene, den wir in Ermangelung einer besseren Bezeichnung den Gesichtspunkt der Kausalität nennen können.

§ 694.

ad b) Eine wissentliche, gleichwohl aber erlaubte Schädigung fremder Güter liegt vor, wenn ein Schiffer in einer Seegefahr einen Teil der Schiffsladung über Bord wirft, um das Schiff und den Rest der Ladung zu retten.

Aber mit der Handlung verknüpft sich eine (beschränkte) Ersatzpflicht auf der Seite derjenigen, als deren Vertreter der Schiffer gehandelt hat und deren Güter durch die Handlung gerettet worden sind.

* Diesen Bestimmungen des Seerechts sind ihrer Begründung nach verwandt die Landesgesetze über die Entziehung von Privateigentum im öffentlichen Interesse im Wege der „Expropriation" gegen Entschädigung des Expropriierten.

Auch die Haftpflicht für Benachteiligungen von Grundeigentümern durch Benutzung ihrer Grundstücke zu Truppenübungen gehört hierher.

† § 695.

Wer in einer Lebensgefahr (man denke an eine Überschwemmung oder eine Feuersbrunst) sich durch Handlungen rettet, welche eine Schädigung fremden Eigentums enthalten, begeht kein Unrecht. Das Recht kann uns vernünftigerweise nicht gebieten, den Tod einer Beschädigung fremder Sachen vorzuziehen. Aber die Umstände, welche hier eine Schuld ausschließen, sprechen keineswegs gegen die Entstehung einer Ersatzpflicht des Handelnden.

Dem römischen Recht gegenüber macht die Begründung einer Ersatzpflicht in Fällen eines solchen Notstands allerdings Schwierigkeiten. Daß aber ein Ausschluß der Ersatzpflicht hier sachlich ungerechtfertigt sein würde, darüber kann wohl kein Zweifel sein.

Im Einklang mit dieser Auffassung erklärt jetzt B. einen in derartiger Notlage erfolgenden Eingriff in eine fremde Vermögenssphäre für erlaubt, legt aber gleichwohl (wenigstens in gewissem Umfang in § 904, anders schon wieder in § 228) dem Handelnden eine Ersatzpflicht auf.

v. Tuhr, Notstand im Civilrecht 88. Moriaud, De la justification du délit par l'état de nécessité, Genève 89. R. Merkel, l. cit. Titze, Die Notstandsrechte im B. und ihre geschichtliche Entwicklung, 97 (dazu R. Merkel in der krit. Vierteljahrsschr. 41).

* § 696.

In diesen sub b) erwähnten Fällen liegen Interessenkollisionen vor, bezüglich welcher sich diese zwei Erwägungen geltend machen:

1. Es erscheint vom Standpunkte des Ganzen aus betrachtet als wünschenswert, daß das bedeutsamere Interesse triumphiere Handlungen, durch welche dies bewirkt wird, können daher vernünftigerweise nicht im Namen dieses Ganzen verboten werden. [Dieser gleiche Gedanke liegt aber doch auch den Fällen sub a) in §§ 690, 91 zu Grunde, während die Fälle in § 692 lediglich unter den Gesichtspunkt der Ziff. 2 fallen. Man kann diesen Gedanken wohl formulieren als den Gesichtspunkt des „überwiegenden Interesses“, R. Merkel l. cit. 49 ff.]

2. Es entspricht der Gerechtigkeit, daß derjenige, dessen Interesse in solchen Fällen triumphiert, denjenigen, auf dessen Kosten es geschieht, so weit möglich schadlos halte. Geben wir dieser Erwägung die allgemeinere Fassung, daß jeder die Kosten der Geltendmachung seiner Interessen tragen soll, so springt es in die Augen, daß sich ihr auch der in § 693 formulierte Gedanke und somit die Gesamtheit der in den §§ 689—695 in Betracht gezogenen Bestimmungen subsumiere (s. § 680 sub 2). [Haftungsprinzip des „aktiven Interesses“, R. Merkel l. cit. 144 ff.]

Der aufgestellte Gesichtspunkt hat eine Bedeutung für zahlreiche gesetzgeberische Probleme. Hier sei eines derselben hervorgehoben. Es betrifft die Entschädigung unschuldig verurteilter und bestrafter, sowie unschuldig während längerer Zeit in Untersuchungshaft gehaltener Personen. Daß eine solche Entschädigung dem Gerechtigkeitsgefühle des deutschen Volkes in der Gegenwart entspricht, und zwar auch in solchen Fällen, wo niemandem eine Verschuldung nachgewiesen werden kann, darüber ist wohl kein Zweifel möglich. Daß man gleichwohl so lange gezögert hat, die Forderungen dieses Gefühles in Reichsgesetzen zu praktischem Ausdruck zu bringen, das hat seinen Grund teilweise (wenn auch keineswegs allein) darin, daß man dieselben dogmatisch-juristisch nicht zu begründen wußte. In der That ist von der bisher herrschend gewesenen Meinung aus, daß eine Entschädigungspflicht überall nur auf eine Verschuldung gegründet werden könne (§ 693 A.), zu keiner Rechtfertigung und zu keinem Verständnis jener Forderungen zu gelangen, während auf dem hier vertretenen Standpunkte beides uns von selbst zufällt. Der Staat kann die ihm in Bezug auf Bestrafung der Verbrecher gestellte Aufgabe nicht lösen, ohne daß vielfach die gegen diese gewendeten Waffen Schuldlose treffen. Die letzteren tragen hier unfreiwillig einen Teil der Unkosten, von deren Bestreitung die Erreichung der staatlichen Zwecke abhängt. Ganz ähnlich wie derjenige, der sein Gut hergeben muß, weil der Staat es für seine Zwecke braucht (§ 694 A.). Nur daß im letzteren Falle der Eigentümer sofort schadlos gehalten werden kann, während dem unschuldig Verurteilten nur hinterdrein, nachdem eine günstige Fügung die Wahrheit ans Licht gebracht hat, eine Ausgleichung gewährt werden kann, welche überdies die wichtigeren unter den in Betracht kommenden Gütern (Gesundheit, Freiheit, Ehre) außer Ansatz lassen muß. In dieser ungünstigeren Lage des unschuldig Verurteilten ist aber doch wahrlich kein Grund dafür zu finden, ihn nicht in den Grenzen des Möglichen nach dem gleichen Maße zu behandeln, wie jenen Eigentümer und nicht auch ihn für die Güter, welche er den staatlichen Interessen opfern mußte (soweit sie einen Ausdruck in Vermögenswerten finden können), zu entschädigen. Vgl. jetzt Reichsgesetz betr. die Entschädigung der im Wiederaufnahmeverfahren (s. § 808) des Strafprozesses freigesprochenen Personen v. 20. Mai 98.

Vgl. bezüglich der sub III. behandelten Fragen außer der zu § 688 und 695 cit. Litt.: E. Löning, Die Haftung des Staates aus rechtswidrigen Handlungen seiner Beamten nach deutschem Privat- und Staatsrecht 79. Rupp, Modernes Recht und Verschuldung 80. Pfaff, Zur Lehre von Schadensersatz und Genugthuung nach österreichischem Recht 80. Eine Ergänzung dazu 81. — G. Meyer, Das Recht der Expropriation 68. Grünhut, Das Enteignungsrecht 73. — Geyer, Über die den unschuldig Angeklagten oder Verurteilten gebührende Entschädigung 82. Verhandlungen des 16. d. Juristentags. A. Merkel, Referat auf dem 22. d. Juristentag (Sammlung 759).

Fünfter Abschnitt.

Das Familienrecht (Familienrecht im e. S. und Familiengüterrecht).

§ 697.

Das Familienrecht enthält zahlreiche Rechtssätze von schlechthin zwingender Natur. Davon sind die Gründe zum Teil

a) in den Interessen der Familienglieder, zum Teil
b) in öffentlichen Interessen, welche bei der Ordnung der Familienverhältnisse als unmittelbar beteiligt erscheinen zu suchen.

R. Schröder, Geschichte des ehelichen Güterrechts in Deutschland, 2 Bde. 63—74. Schulte, Handb. des katholischen Eherechts 54

R. Sohm, Das Recht der Eheschließung 75; derselbe, Trauung und Verlobung 76. Friedberg, Verlobung und Trauung 76. v. Scheurl, Entwicklung des kirchlichen Eheschließungsrechts 77. R. Schröder, Das eheliche Güterrecht nach dem B., 2. A. 99.

§ 698.

ad a) Die Interessen der Beteiligten werden in diesen Verhältnissen in so umfassender und intensiver Weise berührt, die Personen selbst erscheinen hierbei iu so großer Abhängigkeit von einander und sind zugleich in so verschiedenem Maße befähigt, ihre Interessen im Verhältnis zu einander zu wahren, daß ein schützendes Eingreifen mittelst unbedingt zwingender Normen den Aufgaben entspricht, welche dem modernen Staate in Bezug auf seine Angehörigen gestellt sind.

* Manche Bestimmungen dieses Rechtsteils bezwecken teils allein, teils zugleich den Schutz der Schwächeren unter den Beteiligten, d. i. der Frauen und vornehmlich der Kinder. Indem das Recht dem Familienhaupte jenen gegenüber gemäß den natürlichen Verhältnissen eine gewisse Macht zuerkennt, sorgt es zugleich durch zwingende Normen dafür, daß diese Macht nicht mißbraucht werde.

Das moderne Recht bildet in diesem Punkte einen Gegensatz zu dem älteren, zumal dem römischen Rechte. Dies gewährte dem Familienhaupte eine nahezu unumschränkte Gewalt über seine Hausgenossen.

Während der moderne Staat sich zu allen in das gleiche unmittelbare Verhältnis setzt, alle gleichmäßig unter seine Gewalt und Obsorge stellt, ist in dem älteren Staate ein Teil dieser jetzt staatlichen Gewalt und Obsorge bei der Familie und ihrem Haupte. Will man den hier bestehenden Gegensatz zu einem scharfen und freilich übertreibenden Ausdruck bringen, so kann man sagen, daß der moderne Staat sich aus Individuen, jener ältere Staat aus Familien und bezw. Familienverbänden zusammensetze.

§ 699.

ad b) Die Art, wie die Familienverhältnisse sich gestalten, berührt die Grundlagen des staatlichen Lebens. Kraft und Einheit desselben sind davon abhängig, daß ihre Ordnung im Einklang mit den sittlichen Volksanschauungen und den Bedürfnissen des Staates stehe.

Mit dem Rechte konkurrieren in diesem Bereiche in besonders bedeutsamer Weise die übrigen ethischen Mächte, und die Grenzen, in welchen es sich diesen gegenüber hier bewegt, und bezw. in welchen es Sitte, Moral und Religion überläßt, ihre Macht bezüglich der Gestaltung dieser Verhältnisse ohne Gewähr und ohne Kontrole von seiner Seite zu bethätigen, sind charakteristisch für die allgemeine Stellung des Rechts zu diesen Mächten. Speziell gilt dies für das Verhältnis des Rechts zur Religion und zu den kirchlichen Einrichtungen.

*§ 700.

Das Familienrecht war in Deutschland in manchen Beziehungen schon vor dem B. einheitlich geregelt (insbes. durch das Reichsgesetz über die Beurkundung des Personenstandes und die Eheschließung vom 6. Februar 1875), während es zum größeren Teil dem Partikularrechte angehörte. Mit Inkrafttreten des B. ist es grundsätzlich gemeines Recht geworden.

*§ 701.

Dasselbe hat zu Gegenständen:

1. die Ehe,
2. die Verhältnisse zwischen Eltern und Kindern,
3. diejenigen zwischen Vormündern und Bevormundeten,
4. die Verhältnisse auf Grund von Verwandtschaft und bezw. Schwägerschaft als solcher.

*§ 702.

1. Das Eherecht hat die Begründung und die Auflösung der Ehe, sowie die Gestaltung der persönlichen und der Vermögensverhältnisse der Gatten während ihres Bestandes zum Gegenstande.

Die Ehe ist im Sinne des modernen Rechts eine Verbindung zweier Personen verschiedenen Geschlechts von ausschließendem Charakter, bei welcher die erklärte Absicht auf eine dauernde Lebensgemeinschaft gerichtet und welche der staatlichen Anerkennung teilhaftig ist.

Ein Verhältnis kann die übrigen Merkmale haben, aber der staatlichen Anerkennung entbehren. Man denke z. B. an ein Konkubinat, oder an eine nach dem staatlichen Rechte nichtige, von den Beteiligten aber für gültig angesehene Ehe.

(§ 703.)

Vorbereitet wird die Ehe durch das Verlöbnis, welches den künftigen Abschluß einer Ehe zum Inhalt hat. Nach B. ebenso wie nach römischem Recht kann aus demselben nicht auf Eingehung der Ehe geklagt werden, seine Erfüllung auch nicht durch das Versprechen einer Strafe indirekt erzwungen werden. Dagegen trifft denjenigen Verlobten, der ohne erweislich triftigen Grund das Verlöbnis löst, eine Ersatzpflicht.

*§ 704.

Vormals war die staatliche Anerkennung der Ehe von der Mitwirkung kirchlicher Organe bei deren Begründung abhängig (kirchliche Trauung, im Gegensatz zur Civiltrauung). Bei Katholiken war (seit dem Tridentiner Konzil, 1545—63) die Erklärung des Eheschließungswillens vor dem zuständigen Pfarrer und zwei Zeugen, bei Protestanten die Zusammensprechung der Ehegatten durch einen Geistlichen ihrer Konfession für die Entstehung der Ehe entscheidend.

Gegenwärtig ist in Deutschland die Mitwirkung der Kirche bei der Begründung der Ehe, einer fortschreitenden Auseinandersetzung zwischen dem staatlichen Rechte und der Kirche gemäß, auf eine bloß kirchliche Bedeutung zurückgeführt.

† § 705.

Jetzt muß die Erklärung des beiderseitigen Eheschließungswillens notwendig persönlich und bei gleichzeitiger Anwesenheit der Verlobten vor einem staatlichen Beamten, dem „Standesbeamten", erfolgen. (Grundsatz der „obligatorischen Civilehe", durchgeführt durch das cit. Reichsgesetz von 75, aufrechterhalten im B.)

Nach dem Personenstandsgesetz wurde die Ehe abgeschlossen durch den an die Erklärung der Verlobten sich anschließenden Ausspruch des Standesbeamten, daß sie nunmehr kraft Gesetzes rechtmäßig verbundene Eheleute seien. Nach Auffassung des B. dagegen kommt die Ehe bereits durch die Erklärungen der Verlobten selbst zu Stande, nur daß diese Erklärungen wesentlich „vor" einem Standesbeamten abgegeben werden müssen und dieser zu ihrer Entgegennahme „bereit" sein muß. Es genügt sonach nicht seine bloß passive Assistenz, wie nach dem Tridentiner Konzil (s. vor. §) diejenige des Geistlichen.

† § 706.

Die Wirksamkeit der Eheschließung ist an besondere Bedingungen gebunden.

Die „Ehehindernisse" zerfallen ihrer rechtlichen Bedeutung nach in impedimenta „dirimentia", „trennende", welche die Unwirksamkeit der geschlossenen Ehe herbeiführen und impedimenta „impedientia tantum", bei deren Vorliegen zwar eine Ehe nicht geschlossen werden soll, die trotzdem geschlossene aber gleichwohl wirksam ist.

Beispiele von imp. dirimentia: nahe Verwandtschaft, Bestehen einer älteren Ehe — Irrtum über gewisse nach dem Wesen der Ehe erhebliche persönliche Eigenschaften des anderen Teils.

Übrigens hat die Auffassung der Bedeutung einzelner Ehehindernisse in der Gesetzgebung gewechselt. So bildete Eheunmündigkeit der Eheschließenden — welche beim männlichen Geschlecht jetzt bis zur Volljährigkeit (s. § 716), beim weiblichen bis zum vollendeten 16. Lebensjahr dauert — früher ein imp. dirimens, nach B. nur noch ein imp. impediens.

† § 707.

Der Bestand der Ehe ist der Willkür der Ehegatten entzogen, vielmehr eine Auflösung derselben nur aus gewissen, objektiv bestimmten Gründen zugelassen.

Diese Auflösungsgründe sind erst durch B. gemeinrechtlich geregelt worden.

(§ 708.)

B. sieht neben der aus bestimmten, eng abgegrenzten Gründen zulässigen eigentlichen „Scheidung" der Ehe dem rechtlichen Bande nach aus den gleichen Gründen eine bloße Aufhebung der ehelichen Gemeinschaft ohne gleichzeitige Lösung des rechtlichen Bandes vor, eine „Trennung von Tisch und Bett", während welcher die Eingehung einer neuen Ehe ausgeschlossen ist.

Hierin liegt ein Entgegenkommen gegenüber der Lehre der katholischen Kirche, welche eine Scheidung vom Bande der Ehe (wegen ihrer Sakramentsnatur) nicht zuläßt.

Die Trennung von Tisch und Bett darf aber nur mit beiderseitigem Einverständnis der Gatten an die Stelle der Scheidung treten und kann auch nachträglich auf Verlangen jedes Teiles in eine Scheidung umgewandelt werden.

(§ 709.)

Scheidung wie Trennung von Tisch und Bett können nach B. nur auf Klage eines Gatten gegen den anderen hin durch gerichtliches Urteil ausgesprochen werden.

Dagegen eine Scheidung auf Grund gegenseitiger Einwilligung der Gatten, wie sie die früheren Partikularrechte in verschiedenem Umfang zuließen, hat die Mehrheit der beim B. mitwirkenden Gesetzgebungsfaktoren ausschließen zu sollen geglaubt.

† § 710.

Bei der Ordnung der persönlichen Verhältnisse der Ehegatten geht das moderne Recht aus vom Grundsatz der Gleichberechtigung. Die Frau steht unter keiner „Geschlechtsvormundschaft" oder eheherrlichen Gewalt mehr und wird in ihrer Geschäftsfähigkeit durch die Verheiratung nicht mehr eingeschränkt. Andererseits ist aber auch die Frau gegenüber dem bedürftigen Mann nach B. unterhaltspflichtig.

Jedoch steht dem Mann in den Angelegenheiten des gemeinschaftlichen ehelichen Lebens, z. B. bei Bestimmung des Wohnortes, die ausschlaggebende Stimme zu, sofern sich seine Entscheidung nur nicht als Mißbrauch seines Rechtes darstellt.

Eine allgemeine Vertretungsmacht ist im B. für keinen Gatten anerkannt, aber innerhalb ihres häuslichen Wirkungskreises hat die Frau das Recht, den Mann zu vertreten.

* § 711.

Die Rechtsbestimmungen, welche die Vermögensverhältnisse der Ehegatten betreffen, sind im Gegensatze zu den die persönlichen Verhältnisse regelnden bloß ergänzender (dispositiver) Natur, d. i. sie bestimmen lediglich, was in Ermangelung vertragsmäßiger Bestimmungen gelten soll, und wie die in einem etwaigen Ehevertrag getroffenen Vereinbarungen im Zweifel auszulegen und zu ergänzen sind.

In solchem Sinne kommen in Deutschland verschiedene Systeme eines ehelichen Güterrechts zur Anwendung.

† § 712.

Die wichtigsten unter diesen Systemen sind:

1. Das System der bloßen „Verwaltungsgemeinschaft", nach welchem das Vermögen der Gatten dem Rechte nach getrennt bleibt, aber der Verwaltung und Nutznießung des Mannes unterstellt wird, welcher dafür den ehelichen Aufwand zu tragen hat. Nach ihrer Beendigung hat der Mann die Substanz des Frauenguts herauszugeben und ist für dessen Verwaltung verantwortlich. Der Überschuß der ehelichen Wirtschaft gebührt dem Mann, wie er andererseits die Gefahr eines Defizits trägt, denn das Frauengut soll hier „weder wachsen noch schwinden".

2. Nach dem System der **allgemeinen Gütergemeinschaft** wird das Vermögen der Ehegatten in allen Teilen gemeinschaftlich. Dieses „Gesamtgut" steht unter Verwaltung des Mannes, welcher daraus den ehelichen Aufwand bestreitet. Nach ihrer Beendigung wird der etwaige Überschuß des Gesamtguts, welcher nach Bezahlung der gemeinschaftlichen Schulden verbleibt, hälftlich verteilt zwischen den Ehegatten (bezw. dem überlebenden Gatten und den Erben des Verstorbenen).

   Bei Vorhandensein gemeinschaftlicher Abkömmlinge besteht jedoch nach B. regelmäßig die Gemeinschaft zwischen diesen und dem überlebenden Gatten fort („fortgesetzte Gütergemeinschaft").

3. Die Systeme der **teilweisen** Gütergemeinschaft, nach welchen nur gewisse Güter gemeinsam werden, entweder nur die während der Ehe erworbenen — „Errungenschaftsgemeinschaft" — oder nur die beweglichen (die Fahrnis) — „Fahrnisgemeinschaft".

4. Bei dem System der **Gütertrennung** bleibt das Vermögen beider Gatten nicht nur dem Rechte nach getrennt, sondern die Frau behält auch die freie Verwaltung und den Genuß des ihrigen; ihre Anteilnahme am ehelichen Aufwand beschränkt sich auf einen angemessenen Beitrag, den sie dem Mann aus ihren Einkünften und ihrem Arbeitsertrag zu leisten hat.

   Dieses System entspricht im Grundgedanken dem römisch-rechtlichen Dotalsystem (dos = das von der Frau zur Bestreitung der Ehelasten dem Mann zugebrachte Gut), ohne jedoch dessen Eigentümlichkeiten übernommen zu haben.

B. hat die „Verwaltungsgemeinschaft" als „gesetzliches Güterrecht" angenommen in dem Sinne, daß, wenn die Gatten nicht in einem Ehevertrag ein anderes System gewählt haben, dieses für die Regelung ihrer Güterverhältnisse eintritt. Dabei sind jedoch wichtige Bestandteile des Vermögens der Frau — insbesondere ihr selbständiger Erwerb — von der Verwaltung und Nutznießung des Mannes ausgeschlossen (ihr „Vorbehaltsgut"), und zu Verfügungen über das seiner Verwaltung unterliegende übrige Frauengut (ihr „Eingebrachtes") bedarf der Mann meist ihrer Zustimmung.

† § 713.

2. Die Eltern stehen zu den Kindern in einem Verhältnis rechtlicher Überordnung. Hierbei hat der Vater die überwiegende Stellung.

Nach römischem Recht ist er im Besitz einer weitreichenden Gewalt über dieselben (der patria potestas). B. dagegen geht zwar von einer gemeinschaftlichen „elterlichen Gewalt" aus, deren Ausübung aber steht während der Ehe normaler Weise dem Vater zu.

† § 714.

Während die patria potestas wesentlich im Interesse des Hausvaters begründet war, liegen nach moderner Auffassung (§ 698 A.) Grund und Maß der elterlichen Gewalt vorzugsweise in den Interessen der Kinder.

Demgemäß haben die in ihr enthaltenen Rechte zur Kehrseite entsprechende Pflichten. Der Vater macht sich verantwortlich, wenn er in den Angelegenheiten seines Kindes nicht die gleiche Sorgfalt anwendet, wie in seinen eigenen. Er steht unter Aufsicht des „Vormundschaftsgerichts" und bedarf dessen Genehmigung zu gewissen wichtigeren Rechtsgeschäften für das Kind.

(§ 715.)

Diese elterliche Gewalt umfaßt die Sorge für die Person des Kindes — insbesondere dessen Erziehung — wie die Verwaltung und Nutznießung des etwaigen besonderen Kindesvermögens, ferner die Vertretung des Kindes nach außen.

† § 716.

Die verschiedene Auffassung dieser Gewalt hat zu einer verschiedenen Abgrenzung ihrer Dauer geführt: Die patria potestas erstreckt sich auf die ganze Lebenszeit des Vaters, wenn er das Kind nicht vorher aus dem Gewaltverhältnis zu entlassen (emancipatio) beliebte. Nach deutschrechtlicher Anschauung wird sie durch solche Thatsachen in Wegfall gebracht, welche ein Interesse an ihrem Bestand seitens der Kinder nicht mehr als vorhanden erscheinen lassen. (Anlegung eigenen Hausstands, Verheiratung der Töchter, Volljährigkeit.)

Nach B. dauert sie bis zur Volljährigkeit des Kindes, welche mit vollendetem 21. Jahre eintritt, falls nicht vorher eine „Volljährigkeitserklärung" durch das Vormundschaftsgericht erfolgt.

† § 717.

Von den vermögensrechtlichen Beziehungen zwischen Eltern und Kindern, welche unabhängig von der elterlichen Gewalt sind, seien hervorgehoben die gegenseitigen Unterhaltsansprüche, das Recht der heiratenden Töchter auf eine angemessene Aussteuer und die gegenseitigen erbrechtlichen Ansprüche.

(§ 718.)

Ein uneheliches Kind hat gegenüber der Mutter im allgemeinen die gleiche Rechtsstellung wie ein eheliches. Gegen den Vater hat es lediglich einen Unterhaltsanspruch, wobei für die Frage der Vaterschaft eine gesetzliche Vermutung aufgestellt ist auf Grund der erfahrungsgemäßen Dauer der Empfängniszeit.

Der Kreis der ehelichen Kinder ist positiv verschieden abgegrenzt; so zieht B. in denselben unter gewissen Voraussetzungen auch bereits vor der Eheschließung empfangene, wenn nur in der Ehe geborene Kinder hinein.

Das unehelich geborene Kind kann nachträglich durch Verheiratung seiner Eltern oder Ehelichkeitserklärung seitens der Staatsgewalt die Rechtsstellung eines ehelichen erlangen (Legitimation).

Auch ein beliebiges fremdes Kind kann die Rechtsstellung eines ehelichen Kindes einer bestimmten Person rechtsgeschäftlich erhalten durch die „Annahme an Kindesstatt" (Adoption), welche jedoch (um Mißbräuchen vorzubeugen), an mannigfache erschwerende Voraussetzungen geknüpft ist.

† § 719.

3. Der elterlichen Gewalt ist, insoweit dieselbe Grund und Maß in den Interessen der ihr Unterworfenen hat, die vormundschaftliche verwandt. Diese wird für unselbständige, nicht bzw. nicht mehr unter elterlicher Gewalt stehende Personen eingerichtet: für eheliche Minderjährige insbesondere nach dem Tode beider Eltern, und für Volljährige im Fall ihrer Entmündigung (welche wegen Geisteskrankheit, Verschwendung und Trunksucht vom Gericht ausgesprochen werden kann).

* § 720.

4. Verhältnisse zwischen anderen Verwandten kommen im Rechte in Betracht teils als Gründe von Ansprüchen (Unterhaltsansprüchen, erbrechtlichen), teils als solche von Beschränkungen (z. B. bezüglich der Eingehung einer Ehe), teils endlich als Gründe von Begünstigungen in Bezug auf prozeßrechtliche Verpflichtungen (z. B. die Pflicht, Zeugnis zu geben) und in Bezug auf gewisse

Strafgesetze (z. B. diejenigen über die Begünstigung von Verbrechern der Strafjustiz gegenüber).

Eine ähnliche Berücksichtigung findet, jedoch in geringerem Umfange, die Schwägerschaft (d. i. das Verhältnis eines Ehegatten zu den Verwandten des anderen).

Sechster Abschnitt.

Das Erbrecht.

* § 721.

Wenn der Eigentümer eines Grundstücks stirbt, so wird das letztere nicht etwa herrenloses Gut. Vielmehr tritt ein anderer, bestimmten Rechtsgrundsätzen gemäß, an die Stelle des Verstorbenen, „succediert" in dessen Recht, und das letztere besteht in seiner Person in der bisherigen Weise fort.

Gleicherweise werden weitaus die meisten Vermögensrechte und ebenso die meisten vermögensrechtlichen Verpflichtungen durch den Tod des Berechtigten bzw. Verpflichteten, nicht zerstört, vielmehr durch das geregelte Einrücken anderer an des Verstorbenen Stelle unverändert aufrecht erhalten.

Hierdurch werden Ordnung und Kontinuität im Bereiche der Vermögensverhältnisse und des wirtschaftlichen Lebens begründet.

Köppen, System des heutigen römischen Erbrechts 62, 64; derselbe, Lehrbuch des heut. Erbrechts 86 ff. Tewes, System des Erbrechts 63 f. Schirmer, Handb. des röm. Erbrechts 63. Gans, Das Erbrecht in weltgeschichtl. Entwicklung 24 ff. Siegel, Das deutsche Erbrecht nach den Rechtsquellen des Mittelalters 53. Unger, System des österreich. allgem. Privatr. Bd. 6, 4. A. 94. Strohal, Das deutsche Erbrecht auf Grundlage des bürgerl. Gesetzbuchs, 2. A. 1900. Lassalle, System der erworbenen Rechte. v. Miaskowski, Das Erbrecht und die Grundeigentumsverteilung im Deutschen Reich 82, 84.

§ 722.

Bei Beantwortung der Frage, welche Personen in die Rechte Verstorbener succedieren sollen, zieht das Recht die Konsequenzen:

1. aus der Rechtsstellung, welche es dem Lebenden im Bereiche der Vermögensverhältnisse einräumt,
2. aus der von ihm vorausgesetzten und sanktionierten Gestaltung der Familienverhältnisse.

§ 723.

ad 1. Der Rechtsstellung, welche das moderne Recht dem Individuum einräumt, entspricht es, daß es ihm eine Dispositionsgewalt über seine Vermögensrechte, die ihm unter Lebenden in weitestem Umfange gewährt ist, auch für den Todesfall nicht versagt, ihm vielmehr einen maßgebenden Einfluß auf das Schicksal dieser Rechte für diesen Fall zuerkennt (§ 733 ff.).

Für die in Betracht kommenden Interessen besteht hier kein Gegensatz. Dieselben Gründe, welche dem Individuum unter Lebenden eine Herrschaft über Vermögensobjekte im Sinne unseres Privatrechts einräumen lassen, sprechen für die Erstreckung dieser Herrschaft auf den Todesfall. Das Interesse, das ich habe, für ein mir näher stehendes Individuum Sorge tragen, eine Dankesschuld abtragen, von mir errungenes Vermögen in den Dienst bestimmter humaner Interessen stellen zu können, bleibt das nämliche, mag es dabei auf eine schon jetzt eintretende oder eine erst später beginnende Wirksamkeit abgesehen sein, und mag im letzteren Fall der Termin hierfür nach dem Kalender fixiert oder mit dem Zeitpunkte meines Todes in Verbindung gebracht sein. Und die Gründe, welche dafür sprechen, daß derartigen Interessen die Möglichkeit der Befriedigung zugesichert werde, sind bezüglich dieser Fälle durchaus die gleichen. — Man hat bezüglich der Begründung des Rechts, letztwillige Verfügungen zu treffen, viel Mühe an selbstgeschaffene Schwierigkeiten verschwendet, und sich mit „Konstruktionen" geplagt, für welche nur ein imaginäres Bedürfnis vorliegt.

§ 724.

ad 2. In den erbrechtlichen Bestimmungen finden ferner die Bedeutung, welche unter gegebenen Kulturverhältnissen dem die Glieder einer Familie und resp. die Verwandten verknüpfenden Bande zukommt, und die rechtlichen und moralischen Verpflichtungen des Lebenden gegen seine Angehörigen ihren Ausdruck.

Die Verbindlichkeit, welche in der gegebenen Gesellschaft und den sie beherrschenden sittlichen Anschauungen gemäß den Eltern zufällt, mit ihren Mitteln und ihren Verhältnissen entsprechend für das Wohl ihrer Kinder zu sorgen, wird in ihrer Tragweite nicht durch den Tod der Eltern begrenzt. Die Form, in welcher die Interessen der Kinder diesen Mitteln gegenüber zur Geltung gelangen, wird durch dies Ereignis verändert, aber die Gründe dafür, daß sie zur Geltung gelangen, bleiben dieselben.

In ähnlichem Sinne treten bei anderen Angehörigen an die Stelle von Ansprüchen rechtlicher oder auch nur moralischer Natur, welche sie unter gegebenen Voraussetzungen gegen die Lebenden erheben können, in gewissen Fällen erbrechtliche Ansprüche dem Vermögen der Verstorbenen gegenüber.

† § 725.

Unter denjenigen, welche im Todesfalle in die Rechte des Verstorbenen succedieren, ist der „Erbe" von den etwaigen „Vermächtnisnehmern" zu unterscheiden.

† § 726.

Der „Erbe" ist „Universalsuccessor", d. h. er tritt in allgemeinerer Weise an die Stelle des Verstorbenen im Bereiche der Vermögensverhältnisse, indem auf Grund einer einzigen Erwerbsthatsache sowohl die Rechte wie die Schulden im ganzen auf ihn übergehen, sofern nicht bezüglich einzelner derselben anderweitige gültige Bestimmungen getroffen sind.

Mit dem Begriff der Universalsuccession steht eine Mehrheit von Erben in Bezug auf dieselbe Erbschaft nicht im Widerspruch und bildet thatsächlich die Regel. Hier wird der Nachlaß als ein zunächst ungeteiltes Ganzes den „Miterben" gemeinschaftlich „zur gesamten Hand" und jeder kann nur über eine Quote des Gesammtnachlasses allein verfügen (s. aber § 728 A.).

(§ 727.)

Dieser Übergang des Vermögens als Ganzem auf den Erben vollzieht sich entweder erst auf Grund eines Willensaktes desselben, durch seine „Antretung" der Erbschaft (in welchem Falle sich ein Zwischenstadium zwischen dem Tode des Erblassers und dem Eintritt des Erben ergiebt, die Zeit der „ruhenden Erbschaft" (hereditas jacens) — so in der Regel nach römischem Recht — oder auf Grund des Erbfalls als solchem ohne weiteres mit dem Tode des Erblassers, jedoch vorbehaltlich des Rechts des Erben, sich dieser von Rechtswegen erworbenen Erbschaft wieder zu entledigen im Weg ihrer „Ausschlagung" — so nach deutschem Recht und B.

(§ 728.)

Der Übergang der Schulden des Erblassers auf den Erben würde für diesen eine Härte sein, wenn er für sie, gleichwie für die von ihm selbst eingegangenen, stets mit seinem eigenen (nicht zum Nachlaß gehörigen) Vermögen haften müßte. Deshalb hat schon das römische Recht und ähnlich die meisten neueren Partikularrechte dem Erben die Möglichkeit gewährt, durch rechtzeitige Errichtung eines getreuen Inventars über den Nachlaß seine Haftung zu beschränken auf den Aktivbestand desselben bzw. dessen Wert.

Nach B. beschränkt zwar die bloße Errichtung eines Inventars seine Haftung noch nicht, wohl aber hat B. ihm verschiedene andere Wege eröffnet, um zum gleichen Ergebnis einer auf den Nachlaß beschränkten Haftung zu gelangen.

Von Miterben haftet grundsätzlich jeder für die gemeinschaftlichen Nachlaßschulden als Gesamtschuldner (§ 640).

† § 729.

Der Vermächtnisnehmer ist bloßer „Singularsuccessor": er succediert lediglich in einzelne Rechte des Verstorbenen.

Er erwirbt entweder den Gegenstand des Vermächtnisses (z. B. das Eigentum der vermachten Sache) unmittelbar mit dem Erbfall — so bei dem legatum per vindicationem des römischen Rechts — oder seine Succession ist nur eine mittelbare, indem er zunächst bloß ein Forderungsrecht gegen den mit dem Vermächtnis Belasteten erwirbt auf Leistung dieses Gegenstandes (z. B. auf Verschaffung des Eigentums an der vermachten Sache) — so stets nach B.

Für die Schulden des Erblassers haftet er nicht.

* § 730.

Der Erbe wird entweder unmittelbar durch das Gesetz bestimmt: gesetzliche Erbfolge, oder durch den im Leben in rechtswirksamer Weise in der Form einer „Verfügung von Todeswegen" ausgesprochenen Willen des Erblassers: gewillkürte Erbfolge.

† § 731.

Wo die gesetzliche Erbfolge Platz greift, da werden die nächsten Angehörigen des Erblassers nach einer bestimmten Rangordnung zur Erbschaft berufen. Hierbei gehen stets die Abkömmlinge den anderen Verwandten vor. Im übrigen besteht keine Übereinstimmung.

Die Erbfolgeordnung des B. beruht auf der Einteilung der Verwandten in „Ordnungen" (Parentelen), wobei unter einer Ordnung die durch einen gemeinsamen Stammvater verbundenen Personen verstanden sind. Auf die 1. Ordnung der Abkömmlinge folgen demnach als 2. Ordnung die Eltern des Erblassers und deren Abkömmlinge, als 3. seine Großeltern und deren Abkömmlinge u. s. f. ohne Abgrenzung. Innerhalb der drei ersten Ordnungen treten die entfernteren Abkömmlinge an die Stelle ihres nicht zur Erbschaft gelangenden Vorfahren („Eintrittsrecht") und erhalten insgesamt den Anteil, der diesem zugekommen wäre (Erbfolge nach Stämmen). Dagegen innerhalb der späteren Ordnungen entscheidet schlechthin die Nähe des Grades der Verwandtschaft mit dem Erblasser.

(§ 732.)

Sehr verschieden war früher die Behandlung des überlebenden Ehegatten bei der Erbfolge. Nach römischem (wie nach französischem) Recht trat er hinter alle erbfähigen Verwandten des verstorbenen Gatten zurück.

B. dagegen gewährt ihm ein Erbrecht auch neben den nächsten Verwandten und läßt ihn entferntere Verwandte ausschließen.

† § 733.

Der gesetzlichen Erbfolge geht in gewissen Grenzen die gewillkürte vor: Jene tritt im allgemeinen nur ein, sofern nicht seitens des Erblassers durch Testament oder Vertrag über die Erbschaft verfügt ist.

Das ältere germanische Recht kannte die gewillkürte Erbfolge überhaupt nicht (deus solus heredes facit). Sie vertrug sich nicht mit der Stellung, welche der Einzelne in seiner Familie und Sippe einnahm. Das römische Recht stellte umgekehrt die testamentarische in den Vordergrund und ließ nur subsidiär die gesetzliche eintreten. Es schloß die letztere sogar schon dann aus, wenn testamentarisch nur über einen Teil des Nachlasses verfügt war, indem es hier den übrigen Nachlaß gleichfalls auf den testamentarisch Berufenen übergehen ließ. Nach B. dagegen vertragen sich testamentarische und gesetzliche Erbfolge, je auf einen Teil des Nachlasses, sehr wohl neben einander, wenn dieses Resultat dem Willen des Testators entspricht.

† § 734.

Das Verfügungsrecht des Erblassers ist indessen kein unbeschränktes. Er kann nämlich die nächsten Angehörigen nicht völlig von der Erbschaft ausschließen.

Ihre von der Willkür des Erblassers unabhängigen Ansprüche sind entweder auf den Eintritt als Erben gerichtet („Noterbrecht" des röm. R.) oder lediglich auf Zuwendung eines Mindestanteils am Nachlaß, ohne daß diese gerade in Form einer Erbeinsetzung zu erfolgen braucht („Pflichtteilsrecht" des B.).

B. sichert den Abkömmlingen, den Eltern und dem Ehegatten die Hälfte des Wertes ihres gesetzlichen Erbteils (§ 731) als Pflichtteil, auf dessen Auszahlung sie ein nur aus gesetzlich bestimmten Gründen entziehbares Forderungsrecht gegen die Erben haben, während sie von der Erbfolge selbst ausgeschlossen werden dürfen.

† § 735.

Das Testament ist eine einseitige, letztwillige, d. h. vom Erblasser bis zu seinem Tode widerrufliche Verfügung.

Nach römischem Recht mußte dasselbe inhaltlich wesentlich eine Erbeseinsetzung enthalten. Dagegen nach deutschem Sprachgebrauch wurden Verfügungen dieser Art, auch wenn sie lediglich Vermächtnisse oder familienrechtliche Anordnungen enthielten, Testamente genannt. B. sanktioniert diesen Sprachgebrauch und unterstellt alle letztwilligen Verfügungen ohne Rücksicht auf ihren Inhalt den gleichen Regeln.

† § 736.

Die Gültigkeit eines Testaments ist in allen Rechtsordnungen grundsätzlich von der Beobachtung bestimmter Formen abhängig gemacht (Zuziehung von Zeugen, oder Mitwirkung des Gerichts bzw. Notars durch protokollarische Aufzeichnung des letzten Willens oder Entgegennahme der vom Testator übergebenen Urkunde, die zuweilen von ihm selbst unterschrieben oder verschlossen übergeben werden muß).

B. hat neben dem öffentlichen, d. h. dem gerichtlichen oder notariellen Testament aus dem französischen Recht das eigenhändige Privattestament übernommen, zu dessen Gültigkeit die eigenhändige Niederschrift, Datierung und Unterschrift seitens des Testators genügt.

† § 737.

Im Gegensatz zum römischen Recht läßt das deutsche Recht und ihm folgend B. auch eine Regelung der Erbfolge durch einen bei Lebzeiten des Erblassers geschlossenen Vertrag zu, in welchem der andere Kontrahent oder ein Dritter in grundsätzlich unwiderruflicher Weise zum Erben eingesetzt oder als Vermächtnisnehmer bedacht wird (Erbvertrag).

Daneben kennt B. auch einen Erbverzichtsvertrag, in welchem ein Erbberechtigter gegenüber dem künftigen Erblasser auf sein Recht verzichtet.

Drittes Kapitel.

Das Strafrecht.

Erster Abschnitt.

Im allgemeinen.

§ 738.

Das Strafrecht ist derjenige Zweig des materiellen Rechts (§ 383), welcher strafbare Handlungen und deren Ahndung zum Gegenstande hat.

Merkel, Lehrbuch des deutschen Strafrechts (Stuttgart, Enke) 89 (dazu O. Friedmann in Grünhuts Zeitschr. XXI, 675). — Die zu § 144 und 776 cit. Schriften Merkels. — Kriminalistische Abhandlungen, Leipzig 67. Liepmann, Bedeutung A. Merkels für Strafrecht u. Rechtsphilosophie, in d. Zeitschr. f. d. ges. Strafrechtswissenschaft XVII, 638. Handbuch des d. Strafr. in Einzelbeiträgen (wovon mehrere von Merkel) herausg. von Holtzendorff 71 ff. Berner, Lehrb., 18 A. 98. Schütze, Lehrb., 2. A. 74. H. Meyer, Lehrb., 5. A. 95 (dazu Merkel, Sammlung 361). v. Wächter, Vorlesungen 81. Hälschner, Das gem. d. Strafr., I, 81, II, 84, 87. Merkel, Uber d. gem. d. Strafr. v. Hälschner u. den Idealismus in der Strafrechtswissenschaft (Sammlung 429). v. Liszt, Das d. Reichsstrafrecht, 9. A. 99. Binding, Handbuch des Strafr., I, 85 (dazu Merkel, Sammlung 509); derselbe, Grundriß zu Vorlesungen: Allgem. Teil. 5. A. 97. Besonderer Teil („Lehrbuch") 96; derselbe, Die Normen l. c. Geyer, in Holtzendorffs Encyclopädie (in der 5. A. ergänzt von Merkel). — Kommentare: Olshausen, 5. A. 97. Oppenhof, 13. A. 96. v. Schwarze, 5. A. 83. Rüdorff-Stenglein, 4. A. 92. Frank 97. — Zeitschr.: Goltdammers „Archiv für preuß. (seit 71 f. gem. deutsches u. preuß.) Strafr.", seit 53. — „Der Gerichtssaal", seit 49.

— „Zeitschr. für die gesamte Strafrechtswissenschaft“, seit 81. — Entscheidungen des Reichsgerichts in Strafsachen. Stenglein, Lexikon d. d. Strafr., nach den Entsch. d. Reichsgerichts 1900. — Außerdeutsche Strafgesetzgebung: D. Strafgesetzgebung der Gegenwart in rechtsvergleichender Darstellung, herausg. v. der Internationalen kriminalist. Vereinigung 94, 98. Oesterreich: Lehrb. v. Herbst 82, Janka 94, Finger 91, Lammasch (Grundriß) 99. — Vorentwurf zu einem schweizerischen Strafgesetzbuch (von Stoos) 93. Stoos, Grundzüge des Schweizer Strafr. 92 f. — Frankreich: Ortolan, Elem. d. dr. pénal 86. Garraud, Précis d. dr. crim. 87 und Traité th. et pr. 97. — Schuster, Strafr. Englands 94. Wharton, Treatise on the Crim. law of the United States, Phil. 96.

§ 739.

Dasselbe gehört seinem heutigen Inhalte nach zum öffentlichen Recht (§ 289).

§ 740.

Die wichtigsten Bestandteile des in Deutschland geltenden Strafrechts sind in Reichsgesetzen enthalten, also gemeines Recht.

Unter den Reichsgesetzen ist das bedeutendste das Strafgesetzbuch für das Deutsche Reich, welches im Gesamtgebiete desselben in Geltung ist seit Januar 1872. Letzteres gilt auch von dem Einführungsgesetze, welches dem Strafgesetzbuch beigefügt ist.

Das Strafgesetzbuch wurde publiziert am 31. Mai 1870, trat in Wirksamkeit im Bereiche des Norddeutschen Bundes und in Hessen mit dem 1. Januar 1871, in Elsaß-Lothringen mit dem 1. Oktober 1871, in Bayern, Württemberg und Baden mit dem 1. Januar 1872.

Merkel, Gutachten über den Entwurf eines Strafgesetzbuchs für Nordd. (s. d. 9. Juristentag, Sammlung 162) 71.

§ 741.

Neben dem genannten Hauptgesetze ist vor allem wichtig das Militärstrafgesetzbuch für das Deutsche Reich, welches „militärische Verbrechen und Vergehen“ betrifft, und seit dem 1. Oktober 1872 Geltung hat. Auch diesem steht ein Einführungsgesetz zur Seite.

Außerdem enthalten zahlreiche speziellere Reichsgesetze (z. B. das Reichspreßgesetz von 1874) mehr oder minder bedeutsame strafrechtliche Bestimmungen.

Hecker, Lehrbuch des d. Militärstrafrechts 87.

§ 742.

Dem gemeinen Rechte steht ergänzend partikuläres, „Landesstrafrecht“, zur Seite.

Dasselbe kann sich auf alle Rechtsverletzungen erstrecken, auf welche das Reichsstrafrecht zu einer gegebenen Zeit sich nicht bezieht.

Doch ist es hinsichtlich der Strafmittel beschränkt.

Lehrbuch § 3.

§ 743.

Vor Schaffung des neuen gemeinen Rechts galten in den meisten deutschen Ländern besondere Strafgesetzbücher.

Der Inhalt dieser letzteren war vornehmlich einem älteren gemeinen Strafrecht entnommen.

Die Hauptquellen dieses ehemaligen gemeinen Rechts waren das römische Recht und die peinliche Gerichtsordnung Kaiser Karls V. vom Jahre 1532 (die „Karolina").

Das letztere Gesetz enthielt eine Verbindung von Elementen des einheimischen mit Elementen des rezipierten fremden Rechts, und hat durch dieselbe eine entscheidende Bedeutung für die Entwicklung dieses Rechtsteils gewonnen.

Berner, Strafgesetzgebung in Deutschland von 1755 bis zur Gegenwart 67. v. Wächter, Gemeines Recht Deutschlands, insb. gem. d. Strafr. 44. Feuerbach, Lehrb. des gemeinen in Deutschland gültigen peinl. Rechts 1801, 14. A. v. Mittermaier 47. Köstlin, Neue Revision der Grundbegriffe d. Crim. R. 45. — Abhandlungen 58. Geib, Lehrb. des d. Strafr. 61 f. Hälschner, Geschichte des brandenb.-preuß. Strafr. 55. v. Wächter, Das sächsische u. thüringische Strafrecht 57. v. Bar, Handbuch d. Strafr.: I. Geschichte 82. Wilda, Strafr. d. Germanen. John, Strafr. in Norddeutschland z. Z. der Rechtsbücher 58. Mommsen, Römisches Strafrecht 99.

§ 744.

Wir betrachten im folgenden

1. die strafbaren Handlungen oder „Delikte",
2. deren Bestrafung.

Das Wort Handlung wird hier und im folgenden, wo nicht der Unterlassungen speziell gedacht ist, in dem weiteren Sinne genommen, in welchem es auch die letzteren begreift. — Für „strafbare Handlungen" haben wir, von dem Fremdworte Delikte abgesehen, keinen zusammenfassenden Ausdruck, der sich, nachdem die Worte „Verbrechen", „Vergehen", „Übertretungen" eine speziellere Verwendung im deutschen Strafrechte gefunden haben (§ 752), unbedenklich verwenden ließe.

Zweiter Abschnitt.

Die strafbaren Handlungen.

§ 745.

Für die Frage, welche Handlungen als strafbar zu betrachten seien, ist im modernen Staate nur der Inhalt der Gesetze (§ 102 ff.) maßgebend.

Ausgeschlossen ist hiernach u. a. die Bestrafung einer Handlung auf Grund eines Gewohnheitsrechts (§ 115), oder auf Grund analoger Anwendung eines Strafgesetzes (§ 105 ff.). „Nulla poena sine lege poenali."

§ 746.

An den Handlungen, welche die Gesetze für strafbar erklären, können wir die allen gemeinsamen Merkmale von solchen, welche einer bestimmten Art dieser Handlungen eigentümlich sind, unterscheiden.

Jene bilden den „allgemeinen Thatbestand" der strafbaren Handlungen, diese den „besonderen Thatbestand" der betreffenden Art.

Lehrbuch § 4 ff. Merkel, Kriminalistische Abhandlungen I (Zur Lehre v. d. Grundeinteilungen des Unrechts und seiner Rechtsfolgen). J. Bekker, Theorie des d. Strafr. 59. Glaser, Abhandlungen aus d. österr. Strafr. 58. Kleine Schriften über Strafr. u. Strafprozeß, 2. A. 83. Lucas, Die subjektive Verschuldung im heut. d. Strafr. 84. v. Bar, Lehre v. Kausalzusammenhang 71. — Die culpa in Grünhuts Zeitschr. IV, 1. v. Buri, Über Kausalität und deren Verantwortung 73. Die Kausalität und deren strafrechtl. Beziehungen 85. Lammasch, Handlung u. Erfolg in Grünhuts Zeitschr. IX, 82. Birkmeyer, Ursachenbegriff u. Kausalzusammenhang 85. J. v. Kries, Über den Begriff der objektiven Möglichkeit 88. v. Rohland, Die Gefahr im Strafr., 2. A. 88. Kohler, Studien aus d. Strafr. 90 f. Oppenheim, Die Objekte des Verbrechens 94. Löffler, Die Schuldformen des Strafrechts I, 95. Liepmann, Einleitung in das Strafrecht (Kritik d. kriminal. Grundbegriffe) 1900.

§ 747.

Gemeinsam sind allen strafbaren Handlungen die im allgemeinen Teil besprochenen Merkmale der Rechtsverletzungen (§§ 260 ff., 237).

Diese also bilden den allgemeinen Thatbestand der strafbaren Handlungen.

Der Begriff der Rechtsverletzungen bildet das Band, das die strafbaren Handlungen verknüpft, insofern dieselben einerseits sich sämtlich diesem Begriff subsumieren und andrerseits keinerlei Thatmerkmale gemeinsam haben, welche nicht zu diesem Begriff gehören. Z. B. haben Hochverrat, fahrlässige Verletzung der Gesundheit jemandes, Nachdruck, Unterlassung polizeilich gebotenen Raupens die Merkmale dieses Begriffs und lediglich sie gemeinsam.

Zwar decken sich die Begriffe der Rechtsverletzungen und der strafbaren Handlungen nicht, da zahlreiche Rechtsverletzungen keine Strafen, manche überhaupt keine Rechtsfolgen, nach sich ziehen. Aber der Grund, weshalb der Gesetzgeber bei ihnen von Strafen absieht, liegt nicht darin, daß er bei ihnen Thatmerkmale nicht gegeben fände, welche ihm bei allen strafbaren Handlungen als wesentlich erscheinen würden, sondern in außerhalb der That selbst liegenden Umständen. Es gehören dahin die bereits in Betracht gezogenen Umstände: 1. daß mit einer betreffenden Art von Rechtsverletzungen sich regelmäßig anderweitige Rechtsfolgen verbinden oder erforderlichenfalls verbinden können, welche nach ihrer unmittelbaren und mittelbaren Bedeutung die Anwendung weiterer Maßregeln, speziell des ultimum remedium der Strafe, als überflüssig erscheinen lassen (§§ 287, 305); und 2. daß die Verhängung von Strafen nach den gegebenen Verhältnissen mit überwiegenden Nachteilen verbunden sein würde, oder als undurchführbar erachtet wird (§ 306).

§ 748.

Bei der Unterscheidung der verschiedenen Arten strafbarer Handlungen macht sich in erster Linie die Natur der unter rechtlichem Schutze stehenden Interessen oder Güter geltend, auf welche diese Handlungen unmittelbar Bezug haben (§§ 268 ff., 280 ff.), sowie die Beschaffenheit dieser Beziehung: ob nämlich ein mit diesen Interessen oder Gütern unverträgliches aktives Verhalten oder lediglich die Unterlassung einer gebotenen Förderung derselben für diese Handlungen charakteristisch ist (§ 261), und im ersteren Falle, ob ein erfolgreicher oder erfolgloser Angriff gegen diese Interessen oder Güter oder nur eine Gefährdung derselben vorliegt (§ 734).

In zweiter Linie finden Verschiedenheiten der inneren Thatseite eine Berücksichtigung, und hier vornehmlich die Verschiedenheit zwischen Vorsatz und Fahrlässigkeit (§§ 262 ff., 758), sowie Verschiedenheiten von Grund und Zweck der Begehung betreffender Handlungen.

So werden im übrigen gleichgeartete Handlungen mehrfach mit

Rücksicht darauf unterschieden, ob sie um eigenen Vorteils willen begangen werden oder nicht. Vgl. noch § 759.

Lehrb. § 13. Merkel, Lehre vom strafbaren Betrug, kriminalist Abhandlungen II, 68 ff.

§ 749.

Diese Gruppierung der strafbaren Handlungen und die Ausbildung der entsprechenden Artbegriffe war zu einem guten Teile durch das Volksurteil ausgeführt und in ihren Ergebnissen sprachlich fixiert, ehe eine Strafgesetzgebung existierte. Der letzteren lag und liegt noch immer eine Bearbeitung und Ergänzung dieser Ergebnisse im Sinne einer konsequenten Durchführung der bezeichneten Gesichtspunkte und überhaupt einer Hervorhebung und thunlichst scharfen Bestimmung solcher Thatmerkmale ob, welche für die rechtliche Bedeutung betreffender Handlungen bestimmend sind und sich zugleich einer richterlichen Feststellung ihrer Natur nach nicht entziehen.

Diese geschichtliche Arbeit der Sonderung des Verschiedenartigen und der Zusammenfassung des Gleichartigen in einem Systeme scharf bestimmter Artbegriffe hat in bestimmten Richtungen früh zu relativ abgeschlossenen und nur geringen Änderungen noch unterliegenden Ergebnissen geführt, während in anderen Richtungen die Ergebnisse lange im Fluß geblieben sind und erst in neuester Zeit eine Form gewonnen haben, welche den aufgestellten Gesichtspunkten im wesentlichen entspricht. Das erstere gilt z. B. in Deutschland bezüglich des Diebstahls, das letztere in Bezug auf Betrug, Unterschlagung, Urkundenfälschung. —

Die gesetzlichen Definitionen der verschiedenen Deliktsarten haben eine Bedeutung 1. in Bezug auf die Abgrenzung der strafbaren von nicht strafbaren Handlungen, indem sie die Formen bezeichnen, in welchen gewisse allgemeine Deliktsmerkmale zur Erscheinung kommen; 2. in Bezug auf die relative Bedeutung der betreffenden Deliktsarten und also die Frage nach Art und Maß der erforderlichen Gegenwirkungen; 3. in Bezug auf die Abgrenzung der „vollendeten" Delikte von bloßen „Deliktsversuchen", s. § 760.

§ 750.

Die schwerste Deliktsart, der Mord, mag uns bei der näheren Betrachtung sowohl der allgemeinen Deliktsmerkmale, wie der Gliederung der Delikte in Arten und Unterarten zum Ausgangspunkte dienen.

§ 211 unseres Strafgesetzbuchs definiert denselben als vorsätzliche, mit Überlegung ausgeführte Tötung eines Menschen.

§ 751.

Diese Definition findet gleich den Definitionen der anderen Delikte eine Ergänzung in Bezug auf die gemeinsamen Merkmale aller strafbaren Handlungen (§ 747) in allgemeinen Bestimmungen des Strafgesetzbuchs und in anderen Gesetzen.

Hiernach liegt ein Mord trotz des Vorhandenseins der in jener Definition bezeichneten Merkmale nicht vor, wenn die Handlung den Charakter einer Pflichterfüllung (wie etwa bei dem Soldaten im Felde), oder der Ausübung eines Rechts (wie im Falle der Notwehr § 170) hatte, oder auf Grund von Umständen (z. B. zur Rettung aus einer sonst nicht abwendbaren Lebensgefahr — im „Notstande") begangen wurde, welche sie entschuldigen und ihr den Charakter einer Rechtsverletzung nehmen.

Lehrb. § 58 ff. Dazu: v. Calker, Strafrechtl. Verantwortlichkeit für auf Befehl begangene Handlungen 91. Oppenheim, Das ärztliche Recht zum körperl. Eingriff 92. Stoos, Chirurg. Operation u. ärztl. Behandlung 98. Richard Schmidt, Strafrechtl. Verantwortlichkeit des Arztes 2c. 1900. Keßler, Einwilligung des Verletzten in ihrer strafrechtl. Bedeutung 84.

§ 752.

Der Mord gehört im Systeme unseres Strafrechts zu den „Verbrechen" im e. S., d. h. den Deliktsarten, welche mit den strengsten Strafen (Todesstrafe, Zuchthaus, mehr als fünfjährige Festungshaft) bedroht sind.

Diesen reihen sich die „Vergehen" im e. S., d. h. die mit Strafen von mittlerer Schwere (Gefängnis, höhere Geldstrafen, minder ausgedehnte Festungshaft) bedrohten Delikte an.

Auf der untersten Stufe stehen die „Übertretungen" im e. S., d. i. die mit leichten Strafen (Haft, Geldstrafe bis zu 150 Mark) bedrohten Delikte.

Eine Dreiteilung solcher Art hat in der modernen Strafgesetzgebung nach dem Vorgang des französischen Strafrechts („crimes" — „délits" — „contraventions") eine große Verbreitung gefunden. (Kritik dieser Dreiteilung bei Merkel, Gutachten f. d. 9. Juristentag [§ 740] und in den „Bemerkungen über den österreich. Entw. e. Strafgesetzes", Sammlung 16.)

§ 753.

Seinem unmittelbaren Angriffsobjekte nach gehört der Mord zu den gegen das Leben gerichteten Delikten. Diesen reihen sich andere gegen Güter und Interessen der Einzelpersönlichkeit gerichtete Delikte, und zwar Delikte gegen die körperliche Integrität, gegen die Freiheit, gegen die Ehre und gegen das Vermögen, an.

Allen diesen stellen sich gegenüber Delikte, welche in öffentlichen Interessen oder Einrichtungen ihr unmittelbares Angriffsobjekt haben, und welche sich wieder in zwei Gruppen scheiden, nämlich in Delikte, die unmittelbar gegen staatliche Interessen oder Einrichtungen gerichtet sind, wie Hochverrat, Landesverrat, Bestechung von Beamten, gewaltsame Widerstandleistung gegen rechtmäßige Amtsausübung rc., und Delikte, welche eine unmittelbare Beziehung auf allgemeinere, jedoch nicht spezifisch staatliche Interessen haben, wie Gotteslästerung, Doppelehe, Sodomie, Urkundenfälschung.

§ 754.

Der Mord gehört zu denjenigen Delikten, bei welchen entweder eine Verletzung bestimmter Güter, oder ein Angriff gegen solche vorausgesetzt ist.

Einen Gegensatz zu diesen bilden Handlungen, welche vom Gesetzgeber als gefährlich für solche Güter erachtet und um dieser Eigenschaft willen, unabhängig von einem wirklichen Eintritte und von einer Beabsichtigung schädlicher Folgen, verboten sind. Dahin gehört z. B. ein, polizeilichen Verordnungen widerstreitendes, im Einzelfalle nicht von schädlichen Folgen begleitetes, Gebahren mit Gift, explodierenden Stoffen oder Waffen.

Man pflegt bei der ersten Gruppe von „kriminellem Unrecht", bei der zweiten von „polizeilichem Unrecht" zu sprechen.

§ 755.

Der Mord gehört zu den sogenannten „Kommissivdelikten" (Begehungsdelikten). Dieselben kennzeichnet eine vom Rechte verpönte Wirksamkeit.

Den Gegensatz hierzu bilden die „Omissivdelikte" (Unterlassungsdelikte), welche darin sich begründen, daß eine vom Rechte geforderte Wirksamkeit nicht ausgeübt wird.

Ein solches Omissivdelikt liegt nach unserem Strafgesetzbuch z. B. bei demjenigen vor, der die von anderen beabsichtigte Begehung eines Mordes nicht wie er könnte durch rechtzeitige Anzeige verhindert.

Das Kommissivdelikt widerstreitet, das Gleiche anders ausgedrückt, einem Verbote, das Omissivdelikt einem Gebote.

Von den hier charakterisierten Omissivdelikten im eigentlichen Sinne unterscheiden sich die sog. „uneigentlichen Omissivdelikte", d. i. Kommissivdelikte, bei welchen Unterlassungen, die ihre Bedeutung von einem vorausgehenden Handeln herleiten, eine Rolle spielen. Mancherlei Handlungen (man denke etwa an die Übernahme der Pflege eines Kranken, oder der Obsorge für ein Kind) vertragen sich mit der Rechtsordnung und den von ihr geschützten Interessen nur unter der Voraussetzung, daß ihnen ein bestimmt geartetes weiteres Handeln (die wirkliche Besorgung des Kranken oder Kindes) nachfolgt. Unterbleibt das letztere, so können sich mit dem vorausgehenden Handeln schädliche Folgen (z. B. der Tod des Kranken oder des Kindes) verbinden, welche unter bestimmten Voraussetzungen dem Handelnden im Sinne einer schuldhaften Verursachung derselben (Kommissivdelikt) zur Last zu legen sind. Jene Voraussetzungen sind: 1. daß die faktische und rechtliche Bedeutung und Tragweite der vorausgehenden Handlung erkennbar gewesen ist, 2. daß die Unterlassung vorsätzlich oder fahrlässig erfolgt ist.

Kriminalistische Abhandlungen I. Lehrbuch § 14, 36, 41. Dazu: v. Rohland, Strafbare Unterlassung 87. Landsberg, Kommissivdelikte durch Unterlassung 90.

§ 756.

Beim Morde ist wie bei zahlreichen Kommissivdelikten ein nachweislich durch die Handlung bewirkter schädlicher Erfolg vorausgesetzt.

Man spricht hier von „Erfolgsdelikten".

Einen Gegensatz dazu bilden Delikte, bezüglich welcher die gesetzliche Definition nur eine bestimmte Art des Handelns, nicht auch einen aus diesem Handeln hervorgegangenen Erfolg voraussetzt. Dahin gehört z. B. der Meineid.

§ 757.

Bei den Erfolgsdelikten ist im Einzelfalle der Beweis zu erbringen, daß in dem Verhalten des Schuldigen eine der Bedingungen gegeben war, von welchen der Eintritt des Übels unter den gegebenen Umständen abhängig war; es muß m. a. W. ein kausaler Zusammenhang zwischen diesem Übel und jenem Verhalten erweislich sein.

Von der Frage des Kausalzusammenhangs zwischen That und Erfolg ist die Frage nach den Bedingungen zu unterscheiden, unter welchen sich mit dem Erfolge psychische Wirkungen der für die Bestrafung maßgebenden Art verbinden (§ 302). Zu diesen letzteren gehört u. a. die Abwesenheit der in § 751 hervorgehobenen Momente (Pflichterfüllung, Notwehr, Notstand).

§ 758.

Zur inneren Thatseite beim Morde gehört Wissen und Wollen in Bezug auf die Verwirklichung der äußeren (allgemeinen und besonderen) Merkmale — dolus, Vorsatz.

Ein Irrtum, welcher nicht erkennen ließe, daß die Handlung eine Richtung gegen das Leben des andern habe, oder welcher einen rechtfertigenden Umstand (§ 751) als vorliegend annehmen ließe, würde den Vorsatz ausschließen, aber die Möglichkeit einer fahrlässigen Tötung bestehen lassen.

Die Fälle der Fahrlässigkeit sind hier wie in der Regel bei schwereren Rechtsverletzungen (falls die culpa nicht etwa straflos gelassen ist) als eine besondere Deliktsart behandelt.

Lehrbuch § 29 ff.

§ 759.

Zur inneren Thatseite gehört bei diesem Delikte ferner die „Überlegung", und zwar muß die Ausführung desselben mit Überlegung (hier so viel wie: bei völliger Besinnung oder: nicht auf Grund eines ungewöhnlichen Erregungszustandes) erfolgt sein.

Dies Moment unterscheidet den Mord vom Totschlag.

Bei anderen Delikten kommt dasselbe nur bei der Strafbemessung, nicht als ein artunterscheidendes Merkmal in Betracht.

§ 760.

Sind die sämtlichen gesetzlichen Merkmale verwirklicht, so liegt ein „vollendeter" Mord vor.

Ob die Zwecke des Handelnden vollständig erreicht sind, ob von dessen Standpunkte aus das verbrecherische Unternehmen sich als ein vollendetes darstellt, ist hierfür gleichgiltig.

Der Begriff der Vollendung der Delikte ist technisch-juristischer Natur und bezieht sich lediglich auf die gesetzlichen Abgrenzungen der Thatbestände.

Das Maß dessen, was zu einem vollendeten Delikte gehört, wird bei verschiedenen Deliktsarten nicht gleichmäßig bestimmt. Im Verhältnis zu den rechtswidrigen Absichten der Schuldigen, sowie zu dem Gesamtumfange der mit der rechtswidrigen Handlung sich verknüpfenden und für die Rechtsordnung in Betracht kommenden Wirkungen wird bald mehr, bald weniger in die gesetzlichen Definitionen aufgenommen und damit zu einer Voraussetzung der „Vollendung" des Delikts gemacht. Hierbei kommt dem Gesichtspunkte eine entscheidende Bedeutung zu, daß in die

Deliktsdefinitionen nur solche Merkmale aufzunehmen seien, welche in Bezug auf den prozessualischen Beweis und die sichere und gleichmäßige Anwendung des Gesetzes ihrer Natur nach keine allzugroßen Schwierigkeiten bereiten, und welche zugleich der That, bei welcher sie vorliegen, ein charakteristisches Gepräge und eine zweifellose Bedeutung für die Rechtsordnung verleihen. Hier einige Beispiele. Die Bestechung ist vollendet, sobald dem Beamten ein Geschenk, wenn auch erfolglos, angeboten wurde; der Hochverrat alsbald mit dem Beginn des auf gewaltsame Verfassungs- oder Territorialänderungen gerichteten Unternehmens; die Brandstiftung, sobald das fremde Gut von dem Feuer ergriffen ward, mag auch ein Schaden hieraus nicht entstanden sein; der Meineid, sobald die eidliche Bekräftigung der Lüge vorhanden ist. Dagegen gehört zur vollendeten „Untreue" der Eintritt eines Schadens bei anderen, zur Gotteslästerung, daß anderen Ärgernis gegeben ward, zur strafbaren Verletzung der auf künftige Verbrechen bezüglichen Anzeigepflicht, daß das Verbrechen oder ein Versuch desselben wirklich nachfolgte.

Diejenigen Elemente und Seiten der schuldhaften Wirksamkeit, auf welche die Strafe unmittelbar Bezug hat, sind in den gesetzlichen Definitionen regelmäßig garnicht genannt. So bei der Beleidigung nicht die Wirkungen der Handlung auf das Gefühl des Beleidigten und die mit ihr verknüpfte Friedensgefährdung. So beim Meineid nicht der Einfluß solcher Handlungen auf die Beweiskraft der Eidesform und damit auf eine Grundlage der Rechtspflege. Statt dessen werden Merkmale bezeichnet, mit welchen sich diese Wirkungen erfahrungsgemäß und bezw. nach der Natur der menschlichen Dinge verbinden.

Diese Beschaffenheit der gesetzlichen Definitionen ist in der Litteratur nicht überall erkannt und bezw. richtig gewürdigt worden und es haben im Zusammenhange damit verschiedene Lehren (u. a. diejenige vom Deliktsversuche) ihren Abschluß nicht finden können.

§ 761.

Handlungen, welche unmittelbar auf die Verwirklichung dieser Merkmale gerichtet sind, ohne jedoch die Vollendung herbeizuführen, enthalten einen Mordversuch. So das in mörderischer Absicht erfolgende, den Tod des Verletzten jedoch nicht herbeiführende, Beibringen von Gift.

§ 762.

Den Versuch der Delikte kennzeichnet also erstlich ein negatives Moment: daß nicht alle Merkmale eines beabsichtigten Delikts zur Verwirklichung gelangt sind, zweitens ein positives Moment: die unmittelbare Richtung einer Handlung auf diese Verwirklichung resp. auf die Verwirklichung zunächst wenigstens eines Merkmals, oder, was dasselbe: der Beginn der „Ausführung" des beabsichtigten Deliktes.

S. Anm. zu § 765. Lehrb. § 42 ff. u. dort. Cit. Dazu Meyer, Anfang der Ausführung 92.

§ 763.

Bei schwereren Deliktsarten — nach unserem deutschen Strafrecht bei den „Verbrechen" und einer Anzahl von „Vergehen" — ist auch der Versuch, sofern er nicht freiwillig aufgegeben oder durch die Bemühungen des Schuldigen selbst unschädlich gemacht worden ist, mit Strafe bedroht.

Er wird jedoch in diesen Fällen, entsprechend seiner geringeren Bedeutung für die Herrschaft des Rechts und deren Zwecke, milder als das im übrigen gleichgeartete vollendete Delikt bestraft.

§ 764.

Einen Gegensatz zum Versuch bilden Handlungen bloß vorbereitender Natur, welche noch keine unmittelbare Richtung auf die Verwirklichung eines Deliktsmerkmals haben.

Hierher gehört es, wenn jemand sich Gift oder andere Mittel zur Ausführung eines Mordes verschafft.

§ 765.

Die Vorbereitungshandlungen enthalten an sich noch keinen Angriff gegen die Güter oder Interessen, welche bei der betreffenden Deliktsart das Angriffsobjekt bilden, während der Versuch regelmäßig bereits einen solchen Angriff in sich schließt.

So enthält der Kauf von Gift zum Behufe eines Mordes an sich noch keinen Angriff gegen das Leben des andern, wohl aber das, wenn auch erfolglose, Beibringen des Gifts.

Damit hängt es zusammen, daß die bloß vorbereitenden Handlungen als solche nicht mit Strafe bedroht zu sein pflegen.

Bei Handlungen, welche eine Verletzung fremder Interessen und Rechte lediglich vorbereiten, nicht selbst enthalten, fehlen die Wirkungen, welche für die Strafen als für ihre Gegenwirkungen bestimmend sind. Sie rechtfertigen Maßregeln rein vorbeugender Natur, welche, soweit thunlich, verschieden von den Strafen zu gestalten sind (§ 276).

Beim Versuche liegt dies anders. Mit dem Beginn der Ausführung eines beabsichtigten Delikts ist in der Regel bereits ein erkennbarer Angriff gegen das Objekt der betreffenden Deliktsart, und, was hierin liegt, ein Angriff gegen die Rechtsordnung, welche dieses Objekt unter ihren Schutz nimmt, sowie ein erkennbarer Ausdruck von Mißachtung des etwa in Betracht kommenden subjektiven und des seine Quelle bildenden objektiven Rechts vorhanden. Damit aber verknüpfen sich Wirkungen der für die Strafen maßgebenden Art, Wirkungen derselben Art, wie sie bei den vollendeten Delikten für die Bestrafung bestimmend sind. Der Unterschied zwischen Versuch und Vollendung ist nur in Bezug auf den Umfang, nicht in Bezug auf die Art dieser Wirkungen relevant. So ist die Bedeutung des Mordversuchs, Raubversuchs 2c. für die Rechtsordnung zwar im allgemeinen geringer als diejenige des vollendeten Mords, Raubs 2c.) aber von gleicher Art. Selbst hinsichtlich des Maßes dieser Bedeutung besteht kein absoluter Unterschied zwischen den Versuchshandlungen einerseits, den vollendeten Delikten andrerseits. Ein Deliktsversuch bestimmter Art kann weitaus bedeutsamer und strafbarer sein als ein vollendetes Delikt von andrer Art, oder auch als ein solches von gleicher Art, bei welchem gewichtige Milderungsgründe vorliegen. Ein Mordversuch ist z. B. strafbarer als eine vollendete Beleidigung, der Versuch eines schweren Diebstahls häufig strafbarer als ein vollendeter leichter Diebstahl 2c. —

Mit dem hier Gesagten sind zwei extreme Ansichten über das Verhältnis von Versuch und Vollendung, welchen gleichmäßig eine Verkennung der allgemeinen Prinzipien des Strafrechts zu Grund liegt, abgelehnt. Sie seien hier in Kürze charakterisiert.

1. Die eine von diesen Ansichten betrachtet den Versuch und das im übrigen gleichgeartete vollendete Delikt den allgemeinen Prinzipien des Strafrechts gegenüber als gleichwertig. Die im deutschen Strafrecht durchgeführte mildere Behandlung des ersteren führt sie demgemäß auf außerhalb der Prinzipien des Strafrechts liegende, gleichviel wie bestimmte, Zweckmäßigkeitsrücksichten zurück. Sie geht hierbei davon aus, daß das Maß der Strafbarkeit überall in der Gesinnung oder dem bösen Willen liege, bezüglich welcher freilich Gleichheit zwischen Versuch und Vollendung existiert. Dabei verkennt sie den Standpunkt des Rechts, für welchen überall nicht an sich die Gesinnung, sondern das praktische Verhalten des Menschen mit seinen in die Lebenssphäre der anderen übergreifenden Wirkungen entscheidend ist (§ 71 ff.). Diese Wirkungen aber sind bei dem Versuche regelmäßig geringer als bei dem sonst gleichgearteten vollendeten Delikte. Vgl. bezüglich der fraglichen Ansicht § 310 Anm. sub 2.

2. Die zweite Ansicht statuiert einen Gegensatz zwischen Versuch und Vollendung, welchen sie nicht zu überbrücken weiß. Sie findet den Strafgrund für das vollendete Delikt in der schuldhaften Wirksamkeit, während sie beim Versuche nur ein schuldhaftes Wollen gegeben findet. Verkannt ist hierbei u. a. die oben besprochene technische Natur des Begriffs eines vollendeten Delikts, und im Zusammenhange damit die Beschaffenheit der Grenzlinie zwischen Vollendung und Versuch. Diese Beschaffenheit schließt jede Möglichkeit aus, das Ganze der Versuchshandlungen in irgend einen prinzipiellen Gegensatz zu stellen zu dem Ganzen der vollendeten Delikte. Es giebt kein sachliches Merkmal, welches allen vollendeten Delikten im Gegensatz zu sämtlichen Deliktsversuchen zukäme! — Diese zweite Ansicht hängt letztlich mit der in § 310 Anm. sub 3 charakterisierten Auffassung zusammen, d. i. mit einer Verwechslung der

in die Sinne fallenden nächsten Wirkungen schuldhafter Handlungen, welche nach deren gesetzlichen Definitionen vielfach zum vollendeten Delikte gehören, mit denjenigen Seiten der schuldhaften Wirksamkeit, welche den Gegenstand und das Maß der strafrechtlichen Gegenwirkung bilden. Weil bei Deliktsversuchen meist Wirkungen jener ersteren Art fehlen (was aber auch bei vollendeten Delikten häufig der Fall ist!), so fand man bei ihnen überhaupt nichts von einer die Rechtsordnung berührenden Kausalität, und wußte daher eine Bestrafung derselben nur auf die innere Thatseite zu beziehen.

§ 766.

Bei dem Morde kann wie bei jedem Delikte ein schuldhaftes Zusammenwirken mehrerer Personen stattfinden.

Ein Beispiel: A führt den Mord aus, B hat ihm die Mittel zur Ausführung (Gift, Waffen, die Kenntnis von wichtigen Umständen) geliefert, C hat den A durch Geldversprechungen zur Ausführung des Verbrechens vorsätzlich bestimmt.

A ist hier der „Thäter“ im e. S. d. W., B „Gehilfe“, C „Anstifter“.

Lehrb. § 48 u. dort Cit. Auch Bemerkungen zum Entw. eines Strafgesetzb. f. Rußland (Sammlung 485). Ferner Birkmeyer, L. v. d. Teilnahme 90 (dazu Merkel, D. Litt.ztg. 91, 709). Kohler, Studien I, 92.

§ 767.

Der „Thäter“ repräsentiert die wichtigste unter den möglichen Beteiligungsformen.

Er nimmt die Handlung vor, welche nach dem Begriff der Deliktsart vorausgesetzt ist, während Beihilfe und Anstiftung diesem Begriff gegenüber als zufällig erscheinen.

Es giebt daher kein Delikt ohne einen Thäter, wohl aber Delikte aller Art ohne Gehilfen und Anstifter.

§ 768.

Der „Anstifter“ wird unter sonst gleichen Voraussetzungen ebenso bestraft wie der Thäter.

Der „Gehilfe“ dagegen, weil sein Anteil an der Verletzung der in Betracht kommenden Interessen ein minder selbständiger und im allgemeinen ein geringerer ist, unter sonst gleichen Voraussetzungen milder und nur in engeren Grenzen (bei Übertretungen wird er nach deutschem Strafrecht nicht bestraft).

Die Handlung des Gehilfen hat für die in Betracht kommenden Interessen eine Bedeutung nur unter der Voraussetzung der von ihm unabhängigen Handlung des Thäters. So hat eine Lieferung von Mitteln zur Begehung eines Mords (§ 766) eine Bedeutung für das bedrohte Leben nur unter der Voraussetzung, daß sie bei einem Angriff gegen dieses Leben durch einen „Thäter" zur Verwendung kommen. Auch ist die Gestalt, in welcher die Rechtsverletzung ins Leben tritt, in ihren (nach dem Gesetze) wesentlichen Momenten nicht durch den Gehilfen bestimmt, sondern durch den Thäter, aus dessen Willen sie unmittelbar hervorgeht, und bzw. durch den Anstifter, der sich des Thäters als eines geistigen Werkzeugs bedient. —

Ob übrigens eine bestimmte Handlung nach geltendem Strafrechte als Beihilfe zum Delikt eines Andern oder als Ausführung eines selbständigen Delikts zu betrachten sei, das hängt von den gesetzlichen Definitionen ab. So läßt sich z. B. von der Beförderung der Desertion eines Soldaten, oder von dem Verkaufe von Abortivmitteln, oder der Beihilfe zur Befreiung eines Gefangenen nicht ohne Beziehung auf die gesetzlichen Definitionen angeben, ob sie als Beihilfe zum Delikt eines andern, oder als Ausführung eines selbständigen Delikts (dies ist nach unseren Gesetzen der Fall) zu behandeln seien. —

Einige haben das Unterscheidungsmerkmal zwischen Thäterschaft und Beihilfe ausschließlich auf der äußeren Thatseite, andere ausschließlich auf der inneren Thatseite finden zu können gemeint. Nach dem Gesagten gehört es ebenso wie dasjenige zwischen Thäterschaft und Anstiftung beiden Thatseiten gleichmäßig an. —

§ 769.

Von den bei der Begehung eines Delikts Beteiligten unterscheidet sich der „Begünstiger", welcher jenen nach Begehung des Delikts Beistand leistet, um sie der Bestrafung zu entziehen oder ihnen die Vorteile aus dem Delikte zu sichern, und auf diese Weise der rechtlichen Ausgleichung der That entgegenwirkt.

Lehrb. § 57.

Dritter Abschnitt.

Die Bestrafung.

---

§ 770.

Eine Handlung, bei welcher die Merkmale des allgemeinen und eines besonderen Thatbestandes gegeben sind, bringt regelmäßig ein Rechtsverhältnis zwischen dem Schuldigen und dem Staate hervor, kraft dessen der letztere als Subjekt eines Rechts auf Verhängung einer bestimmten Strafe gegen den Schuldigen, dieser als Subjekt einer Pflicht zur Erduldung jener Strafe erscheint.

Lehrb. § 64 „über den staatlichen Strafanspruch".

§ 771.

Die Entstehung dieses Rechtsverhältnisses kann jedoch an besondere, außerhalb der That selbst liegende, Bedingungen, z. B. an die Stellung eines Antrags auf Bestrafung seitens des durch die That verletzten Privaten, geknüpft sein.

Das Deutsche Strafgesetzbuch stellt die bezeichnete Bedingung bei einer größeren Anzahl von Delikten (Beleidigungen, leichten Körperverletzungen, Ehebruch 2c.) auf. Der Gesetzgeber nimmt bei diesen Deliktsarten (den sog. „Antragsdelikten") das Vorhandensein eines zureichenden Grundes zur Bestrafung nur an, sofern von der Seite des nächstbeteiligten Privaten ein Zeugnis für die Bedeutsamkeit des Geschehenen und resp. für die Unbedenklichkeit der Strafverfolgung in der Form eines Antrags auf diese Verfolgung vorliegt. — Lehrb. § 86.

§ 772.

Das zur Entstehung gelangte Rechtsverhältnis kann, ehe der Staat sein Recht auf Bestrafung zur Ausübung zu bringen vermochte, durch den Tod des Schuldigen oder durch Verjährung wieder aufgehoben worden sein.

Über diese Verjährung der Strafverfolgung Lehrb. § 89 f. Über die Verjährung rechtskräftig erkannter Strafen (der „Strafvollstreckung") § 91.

§ 773.

Der Staat kann ferner auf sein Recht in der Form der Begnadigung des Schuldigen verzichten.

Lehrb. § 92. — Lüder, das Souveränitätsrecht der Begnadigung 60. v. Mohl, Staatsrecht, Völkerrecht u. Politik II, 60.

§ 774.

Die zur Anwendung kommenden Strafen scheiden sich mit Rücksicht auf die Güter, welche unmittelbar und der Voraussetzung des Rechts gemäß von ihnen getroffen werden, in Lebens-, Freiheits-, Vermögens- und Ehrenstrafen.

Lehrb. § 73 ff. — Gutachten f. d. 9. Juristentag, s. § 740. — Einige Bedenken gegen das Strafensystem des d. Strafgesetzbuchs (Sammlung 247)

72. Wahlberg, in Holtzendorffs Handbuch II, 424 und in s. „Kleineren Abhdlgen" II. — Das Prinzip der Individualisierung 69. Hetzel, Die Todesstrafe in ihrer kulturgeschichtl. Entwicklung 70 Holtzendorff, Das Verbrechen des Mords u. die Todesstrafe 75. — Das irische Gefängnißsystem. Füßlin, Die Einzelhaft 55. Sontag, Festungshaft 72. Stoos, Zur Natur der Vermögensstrafe 78. Wahlberg, Ehrenfolgen d. strafgerichtl. Verurteilung 64. Groß, desgl. 74. Holtzendorff, Deportation als Strafmittel 59. Valentini, Das Verbrechertum im preuß. Staate 69. Krohne, Lehrb. der Gefängniskunde 89.

§ 775.

Die überwiegende Bedeutung kommt nach unserm deutschen und überhaupt nach modernem Rechte bei schwereren Delikten den Freiheitsstrafen, bei leichteren neben jenen den Geldstrafen zu.

* Freiheitsstrafen und Geldstrafen sind durch ihre Teilbarkeit und die damit gegebene Fähigkeit, sich verschiedensten Schuldgrößen anzupassen, ausgezeichnet. Die Freiheitsstrafen zugleich dadurch, daß sie sich auch in Bezug auf die durch das Delikt nicht geschaffenen, sondern nur erkennbar gemachten Übelstande nutzbar machen lassen (§ 276 Anm.). Ein Mangel der Freiheitsstrafen ist ihre Kostspieligkeit [und bei kurzzeitigen ihr überwiegend verderblicher Einfluß, zumal auf jugendliche Delinquenten], ein Mangel der Geldstrafen die Abhängigkeit ihrer Durchführbarkeit von den Besitzverhältnissen des Schuldigen.

Das Hervortreten der Freiheitsstrafen im modernen Strafrecht will übrigens in einem allgemeineren Zusammenhang betrachtet sein. In dem Strafensystem prägt sich der Gesamtcharakter der Strafjustiz einer Zeit am deutlichsten aus. Dieser aber entspricht einerseits der durchschnittlichen Beschaffenheit der Elemente, welche die Gesellschaft mittelst der Strafjustiz bekämpft, andrerseits der Art und Macht der Affekte, welche die Delikte hervorrufen, und dem Maße der Unabhängigkeit, welche Gesetzgebung und Justiz diesen Affekten gegenüber gewonnen haben. Der Stand der Dinge in den hervorgehobenen Beziehungen, welcher einer niederen gesellschaftlichen Entwicklungsstufe entspricht, prägt sich u. a. in einem sinnlichen und brutalen Charakter der Strafjustiz aus und zu diesem gehört die Vorherrschaft solcher Strafen, welche an „Hals und Hand", „Haut und Haar" gehen, sowie die öffentliche, auf eine sinnliche Wirkung auf zuschauende Massen berechnete, Vollziehung solcher Strafen. Dem gegenüber erscheint das geschichtliche Hervortreten der Freiheitsstrafen als Element einer Vergeistigung der Strafjustiz, welche ihrerseits die Erhöhung der Besonnenheit, mit welcher der Staat dem Verbrechertume entgegenwirkt, und eine allseitigere Erfassung der dem letzteren gegenüber zu lösenden Aufgaben teils verheißt, teils als erreicht erscheinen läßt. — S. die zu § 144 cit. Schriften Merkels.

(§ 776.)

Gegenüber gewissen in der Strafrechtspflege, insbesondere im Vollzug der Freiheitsstrafen, hervorgetretenen Mißständen hat sich in neuerer Zeit eine lebhafte Reformbewegung geltend gemacht. Insoweit dieselbe darauf gerichtet ist, die praktische Ausgestaltung des Strafensystems zu einer zweckmäßigeren zu gestalten, ist ihr an sich zuzustimmen. Zu betonen ist hierbei jedoch, daß diese Bestrebungen vielfach insoweit über das Ziel hinausgehen, als sie in Widerspruch zu treten drohen zu den die Grundlagen des Strafrechts bildenden Begriffen Schuld, Zurechnungsfähigkeit, Vergeltung (s. § 782 i. f.).

Reformfragen: Lehrb. § 79. Merkel, Sind Änderungen des geltenden Rechts erwünscht in Betreff des Verhältnisses zwischen Geld- und Freiheitsstrafen? (Referat auf d 22. Juristentag, Sammlung 772) 93. — Empfiehlt sich hinsichtlich der Geldstrafen die Zulassung des freiwilligen Abverdienens bzw. die Androhung des erzwungenen Abverdienens in einer Anstalt? (Referat auf d. 23 Juristentag, Sammlung 848) 95. — Reformbestrebungen auf strafrechtlichem Gebiet (Preuß. Jahrbücher, Sammlung 829) 94. — Über Thurneysens Kritik des Vorentwurfs zu einem schweizerischen Strafgesetzbuch (Zeitschr. f. Schweizer Strafr., Sammlung 815) 94.

v. Schwarze, Die Freiheitsstrafe 80. Mittelstädt, Gegen die Freiheitsstrafen 82 Wach, Reform der Freiheitsstrafen 90. Sichart, Über Rückfälligkeit der Verbrecher 81 Aschrott, Zur Reform des d. Straf- u. Gefängniswesens, in Liszts Zeitschr. 8, 1 — Ersatz kurzzeitiger Freiheitsstr. 89 Rosenfeld, Kurzzeitige Freiheitsstr. 89. Appelius, Bedingte Verurteilung 4. A. 91 — Behandlung jugendl. Verbrecher 92. Fuhr, Polizeiaufsicht 88 v Hippel, Korrektionelle Nachhaft 89. — Bekämpfung von Bettel, Landstreicherei u. Arbeitsscheu 95. Zucker, Einige dringende Reformen d Strafrechtspflege 96. Korn, Deportation 98. Verhandlungen des 24. Juristentags über Deportation 98

Im übrigen vgl. hins der Forderungen der „Kriminalpolitik“ Liszts Lehrb. § 16, zahlr Aufsätze in der „Zeitschr. f d ges. Strafrechtsw“, und die „Mitteilungen“ der 1889 von Liszt u a begründeten „Internationalen kriminalistischen Vereinigung“, seit 89

§ 777.

In Bezug auf die Form ihrer Zuerkennung unterscheidet man **Hauptstrafen** und **Nebenstrafen**. Jene können selbständig, diese nur in Verbindung mit einer Hauptstrafe auferlegt werden.

§ 778.

Die wichtigsten Hauptstrafen unseres deutschen Strafrechts sind oben (§ 752) genannt worden. Unter den von ihm angewendeten Nebenstrafen seien hervorgehoben:

die Aberkennung der bürgerlichen Ehrenrechte, welche zahlreiche Rechtsbeschränkungen (den Verlust der öffentlichen Ämter und Würden und der aus öffentlichen Wahlen hervorgegangenen Rechte, die Suspension der Fähigkeit, jene und diese zu erwerben, sowie der Fähigkeit, in das deutsche Heer oder die kaiserliche Marine einzutreten ꝛc.) mit sich führt;

die beschränktere und wieder verschieden gestaltete Ehrenstrafe der Entziehung des Rechts, öffentliche Ämter zu bekleiden;

die Zulässigkeit polizeilicher Aufsicht nach Verbüßung der Hauptstrafe;

die Einziehung der Mittel und Produkte des Delikts.

§ 779.

Das staatliche Recht auf Verhängung einer Strafe, und bezw. das gesamte Rechtsverhältnis, dem dasselbe angehört, erhält seine bestimmte Gestalt regelmäßig erst durch ein richterliches Urteil.

S. § 317 f. Die strafrechtlichen Folgen der Delikte unterscheiden sich in diesem Punkte von anderen Deliktsfolgen. Eine Entschädigung kann in Anspruch genommen und geleistet werden ohne richterliche Intervention. Dagegen kann eine Geldstrafe (von gewissen besonderen Verhältnissen abgesehen) nicht in Anspruch genommen und nicht gezahlt werden, ehe sie durch richterliches Urteil zuerkannt worden ist.

§ 780.

Die hierbei zur Anwendung kommenden gesetzlichen Strafdrohungen sind meist nur relativ bestimmt, d. h. sie bezeichnen nur die höchste und die geringste der bei einer Deliktsart zulässigen Strafen und gewähren so dem Richter einen Spielraum für die Berücksichtigung der Umstände, von welchen die größere oder geringere rechtliche Bedeutung eines gegebenen, zu der betreffenden Art gehörigen, Deliktes abhängt.

So bezeichnet das Deutsche Strafgb. bei dem einfachen Diebstahle als Minimum einen Tag Gefängnisstrafe, als Maximum fünfjährige Gefängnisstrafe, mit welcher noch die Entziehung der bürgerlichen Ehrenrechte verbunden werden kann und bietet so dem Richter die Möglichkeit, unter vielen hunderten von Strafgrößen die mit dem einzelnen Fall zu verknüpfende auszuwählen.

Hinsichtlich der Bestimmung der Strafe in Bezug auf ein einzelnes Delikt wie bei einem Zusammentreffen mehrerer Delikte: Merkel, Zur Lehre vom fortgesetzten Verbrechen, Darmstadt 62 — Strafausmessung u. Strafminderung, in Holtzendorffs „Strafrechtszeitung“ 64 S. 345, 65 S. 129 und in dessen „Handbuch“ II, 545 IV, 207. — Lehrb. § 94 ff.

§ 781.

Die leitenden Grundsätze für die Würdigung der Besonderheiten des einzelnen Falls sind im Wege der analogen Anwendung des Inhalts der Strafgesetze zu gewinnen (§ 105 ff.).

§ 782.

Da das staatliche Recht auf Bestrafung eines Schuldigen öffentlich-rechtlicher Natur ist, so ist die Ausübung desselben durch bindende Rechtsnormen (jus cogens § 99) geregelt.

Vgl. hinsichtlich derselben die § 819 ff.

---

* Hinsichtlich der Grundprobleme der Strafrechtswissenschaft, speziell der Frage nach Grund und Maß und Zweck der Strafen ist auf den allgemeinen Teil zurückzuverweisen, wo sie ihre Erledigung gefunden haben. Man hat dieselben meist zu sehr isoliert, sie so behandelt, als sei das Strafrecht etwas toto genere von allem sonstigen Recht Verschiedenes und nicht eine bloße Anwendung der allgemeinen Prinzipien des Rechts besonderen Verhältnissen gegenüber. Dies gilt von der Mehrzahl der sogenannten „Strafrechtstheorien", welche jene Probleme zum Gegenstande haben.

In Wahrheit steht die Verknüpfung von Thatbeständen und Rechtsfolgen in diesem Bereiche durchaus unter den nämlichen beherrschenden Gesichtspunkten wie überall sonst (s. § 239 ff.). Der Thatbestand der Delikte hat für die Rechtsfolgen derselben, für die strafrechtlichen wie für alle andren, die gleiche Bedeutung, wie der Thatbestand der Rechtsgeschäfte für die Rechtsfolgen der letzteren, und der Einfluß des objektiven Rechts auf die Gestaltung dieser Folgen steht in beiden Gebieten in dem nämlichen Verhältnis zu den beteiligten sozialen Kräften. Auch hat die Verknüpfung von Thatbeständen und Rechtsfolgen im ganzen Bereiche des Rechts das nämliche Verhältnis zu den Fragen der Zweckmäßigkeit und Gerechtigkeit. Dieselbe ist zweckmäßig, sofern sie der gemeinsamen Bestimmung aller Rechtsfolgen, die Integrität der dem Rechte anvertrauten Interessen und die Herrschaft des Rechts zu wahren, dienlich ist; sie gilt uns als gerecht, sofern die Bemessung der Rechtsfolgen, und bezw. die zu Grund liegende Beurteilung und Abschätzung des Thatbestandes, im Einklang mit unseren ethischen Werturteilen erfolgt ist.

Unter den Strafrechtstheorien heben sich zwei Gruppen hervor, von welchen die eine (die Gruppe der „absoluten" Strafrechtstheorien) Grund und Maß der Strafe in dem begangenen Delikte, also in einem Vergangenen, die andre (die Gruppe der „relativen" Strafrechtstheorien) in dem, was Nützliches nach Ansicht der betreffenden Autoren durch die Strafe bewirkt werden soll, also in einem Künftigen, gegeben findet. Was würde man sagen, wenn Grund und Maß der Zahlungsverbindlichkeit eines Schuldners von dem einen in dem der Vergangenheit angehörigen Abschluß des Rechtsgeschäfts, von dem anderen in der der Zukunft angehörigen Befriedigung des Gläubigers gefunden würde! Oder, um analoge Verhältnisse anzuziehen, wenn Mediziner sich darüber streiten würden, ob Grund und Maß der Behandlung eines Patienten in der erfolgten Erkrankung desselben oder in der zu bewirkenden Heilung zu suchen sei! [Hiermit ist auch die Stellungnahme gegeben gegenüber den Angriffen der Vertreter der „Zweckstrafe" gegen die „Vergeltungsidee". Vergeltungsidee und Zweckgedanke bilden richtig verstanden keine Gegensätze, sondern es entspricht eine zweckmäßige Gestaltung des Strafensystems durchaus dem Gedanken der Vergeltungsidee, nur darf die Verwirklichung des Zweckgedankens nicht dazu führen, die Grundlagen des Strafrechts (wie des Rechts überhaupt) in Frage zu stellen. S. § 776.].

Lehrb. § 69 f., 72 i. f. Merkel, Rektoratsrede (§ 144). Vergeltungsidee und Zweckgedanke im Strafrecht 92. Rechtliche Verantwortlichkeit 95. Binding, Grundriß § 80 ff. v. Bar, Geschichte des Strafr. und der Strafrechtstheorien 82 (dazu Merkel, Sammlung 478). Laistner, Das Recht in der Strafe 72. Pfenninger, Begriff der Strafe 77. Binding, Problem der Strafe in Grünhuts Zeitschr. IV. v. Liszt, Zweckgedanke im Strafr., in s. Zeitschr. III, 1. Kriminalist. Aufgaben IX, 717. Die deterministischen Gegner der Zweckstrafe (gegen Merkel und Mittelstädt) XIII. Psycholog. Grundlagen d. Kriminalpolitik XVI, 477. Lammasch, Zwecke u. Mittel der Strafe eod. IX, 423. Liepmann, Ethische Grundlagen d. Schuldbegriffs XIV, 446. Mittelstädt, Schuld u. Strafe im „Gerichtssaal" 46. Janka, Grundlagen d. Strafschuld 85. Seuffert, Einige Grundfragen d. Strafr. 86. Finger, Begründung d. Strafr. v. determinist. Standpunkt 87. Lombroso, Der verbrecherische Mensch, 2. A. 87. Löning, Begründung des Strafr. 89. Günther, Idee der Wiedervergeltung in Geschichte u. Philos. des Strafr. 89 (dazu Merkel, Sammlung 684). Richard Schmidt, Die Aufgaben der Strafrechtspflege 95. Vargha, Abschaffung der Schuldknechtschaft 96. v. Bar, Problem des Strafrechts 97. v. Calker, Strafrecht u. Ethik 97. Vergeltungsidee und Zweckgedanke im System d. Freiheitsstrafen 99. — Die Litt. zu § 236.

Viertes Kapitel.

Das Prozeßrecht.

Erster Abschnitt.

Im allgemeinen.

---

*§ 783.

Die Personen und Einrichtungen, durch welche die prozessualische Aufgabe von Fall zu Fall zur Lösung gebracht werden soll und das hierbei zu beobachtende Verfahren werden durch das Prozeßrecht bestimmt.

Dasselbe gehört jetzt in Deutschland, soweit nicht vereinzelte Vorbehalte für das Landesrecht eingreifen, dem Reichsrechte, also dem gemeinen Rechte an.

Die allgemeine Charakterisierung der prozessualischen Aufgabe s. in den §§ 342—347.

§ 784.

Dieses gemeine Prozeßrecht ist der Hauptsache nach in drei großen Gesetzeswerken und den dazu gehörigen Einführungsgesetzen enthalten. Jenes sind:

die Gerichtsverfassung für das Deutsche Reich,
die Civilprozeßordnung für das Deutsche Reich,
die Strafprozeßordnung für das Deutsche Reich.

Das erstgenannte Gesetz hat die Personen und Einrichtungen, die beiden anderen haben das Verfahren zum Gegenstande, wodurch die prozessualische Aufgabe ihre Lösung finden soll.

In Kraft sind diese Gesetze seit dem 1. Oktober 1879.

(§ 785.)

Ihnen reiht sich die gleichzeitig in Kraft getretene Reichskonkursordnung an für den besonderen Fall des Vermögensverfalls (Zahlungsunfähigkeit bzw. Überschuldung) eines Schuldners, wo wegen der Schwierigkeit der Verwirklichung der prozessualischen Aufgabe ein eigentümliches Verfahren eintritt.

Ergänzend treten zu den Reichsjustizgesetzen hinzu die Rechtsanwaltsordnung für das Deutsche Reich zur Organisation der Rechtsanwaltschaft, das Gerichtskostengesetz und die verschiedenen Gebührenordnungen für Zeugen ꝛc. — Hahn, Die gesamten Materialien zu den Reichsjustizgesetzen.

(§ 786.)

Gleichzeitig mit dem B. ist die Civilprozeßordnung in einer neuen, durch Gesetz vom 17. Mai 1898 angeordneten Fassung in Wirksamkeit getreten.

Gewisse Änderungen ergaben sich mit Notwendigkeit aus der Neugestaltung und Vereinheitlichung des Privatrechts; zugleich hat man aber (ähnlich wie bei dem neuen Handelsgesetzbuch, s. § 558) diese Gelegenheit benutzt, um auch einige Änderungen im Verfahren auf Grund der bisherigen Erfahrungen in der Praxis zu treffen, ohne dabei jedoch die Grundlagen der älteren Civilprozeßordnung zu verlassen. Auch die Konkursordnung hat gleichzeitig eine neue Fassung erhalten.

Die bisher dem Landesrecht überlassen gebliebene Zwangsvollstreckung in Grundstücke ist jetzt gleichfalls — z. T. in der neuen Civilprozeßordnung, z. T. in einem besonderen Reichsgesetz vom 24. März 1897 über die „Zwangsversteigerung und Zwangsverwaltung" — einheitlich geregelt.

Die Materialien zur neuen C.P.O. sind als 8. Band von Hahns ob. cit. Sammlung von Mugdan herausgegeben. —

Eine bedeutsame Stellung in der Civilprozeßgesetzgebung nimmt die neue österreichische Civilprozeßordnung vom 1. August 1895 ein, welche in einer Reihe prinzipieller Fragen von der deutschen abweicht.

Litt. zum Civilprozeßrecht. Älterer gemeiner Prozeß: Wetzell, System d. ordentl. C.P., 3. A. 78. Heffter, desgl., 2. A. 43. Linde,

Lehrb., 7. A. 50. Bethmann-Hollweg, D. C.P. des gem. Rechts in geschichtl. Entwicklung, 6 Bde., 64 ff. Planck, D. deutsche Gerichtsverfahren d. Mittelalters 79 f. Siegel, Gesch. des d. Gerichtsverfahrens 57.

Neuer gem. Prozeß: Wach, Handbuch I, 85. Vorträge zur C.P.O. 2. A. 96. Planck, Lehrb. I, 87, II, 95. Engelmann, Der C.P. 89. Richard Schmidt, Lehrb. (mit umfass. histor. Darstellung) 98; als Ergänzung: Die Änderungen d. Civilprozeßrechts nach d. Novellen v. 98. Fitting, Reichscivilpr., 9. A. 98. Übersicht v. Bar in Holtzendorffs Encyclop. Stein, Aktenstücke z. Einführung in den C.P., 4. A. 99. — Kommentare von: Gaupp-Stein, 4. A. 99. Struckmann-Koch, 7. A. 1900. Seuffert, 95. Wilmowski-Levy 91. Petersen, 4. A. 99. — Stölzel, Schulung f. d. civilist. Praxis, 3. A. 98. — Laband, Staatsrecht, Kap. 13: Gerichtswesen. A. S. Schultze, Privatrecht u. Prozeß in ihrer Wechselbeziehung 83. Schwarz, 400 Jahre deutscher Civilprozeßgesetzgebung 98. — Bethmann-Hollweg, Versuche z. Theorie des C.P. 27. Bülow, Lehre v. den Prozeßeinreden u. die Prozeßvoraussetzungen 68. Degenkolb, Einlassungszwang u. Urteilsnorm 77. v. Bar, Recht u. Beweis im C.P. 67. Maxen, Über Beweislast ꝛc. 61. Zink, Ermittlung des Sachverhalts im französ. C.P. 60. Heusler, Grundlagen des Beweisrechts, Arch. f. civ. Pr., Bd. 62. Wendt, eod. l. 63. Bülow, Civilprozess. Fiktionen und Wahrheiten, eod. l. 62. Geständnisrecht 99. Wach, Das gerichtl. Geständnis, Civ.Arch. 64. Die civilprozess. Enquete, Z. f. C.P. Bd. 11. Glaser, Kl. Schriften II, 83. Kohler, Prozessual. Forschungen 89. R. Schmidt, Außergerichtliche Wahrnehmungen d. Prozeßrichters 92. Stein, Das private Wissen d. Richters 93. Über die bindende Kraft der richterl. Entscheidung 97. — Planck, Mehrheit der Rechtsstreitigkeiten 44. — Briegleb, Einleitung in d. Theorie d. summarischen Prozesse 59. Stein, Urkundenprozeß 87. — Klein, Pro futuro, Betr. über Probleme d. C.P.Reform 90. Die österr. C.P.gesetzentwürfe, Z. f. C.P. 19. Wach, Die Mündlichkeit im österr. C.P.Entwurf 95. —

Konkursrecht: A. S. Schultze 80. Kohler, Lehrb. 91. Ötker, K.rechtl. Grundbegriffe 91. L. Seuffert, D. K.prozeßrecht 99. Jäger, K.Ordnung 99. Fitting 98. Kommentare u. a. von Petersen-Kleinfeller, Wilmowski ꝛc.

Zeitschrift f. deutschen Civilprozeß, begr. v. Busch, seit 79.

(§ 787.)

Am 1. Oktober 1900 tritt auch ein einheitliches Militär-Strafprozeßrecht für das ganze Reich ins Leben auf Grund der nach langen Verhandlungen zu stande gekommenen Militärstrafgerichtsordnung vom 1. Dezember 1898.

Weiffenbach, Einführung in d. Militärstrafgerichtsordnung 1900.

§ 788.

Den Kern der prozessualischen Einrichtungen bilden die Gerichte.

Sie sind die Träger der „Gerichtsbarkeit“, d. i. des Rechts zur maßgebenden Feststellung der Thatbestände und ihrer Rechtsfolgen.

Diese Feststellung erfolgt in der Form gerichtlicher Entscheidungen.

* § 789.

Mit dieser Feststellung kann die Sorge für die praktische Durchführung der festgestellten Rechtsfolgen, das ist für die zwangsweise Vollstreckung der gerichtlichen Entscheidungen (wo eine solche notwendig wird) verbunden sein.

Diese Zwangsvollstreckung (Exekution) kann aber auch besonderen Organen übertragen sein und ist nach dem geltenden Reichsrecht der Hauptsache nach besonderen Vollzugsbehörden, den Gerichtsvollziehern, anvertraut.

§ 790.

Die den Gerichten gestellte Aufgabe verlangt Unabhängigkeit derselben (s. § 426). Diese ist ihnen in zweifacher Form gewährleistet:

erstlich als sachliche Unabhängigkeit, indem sie bezüglich ihrer Entscheidungen lediglich an die Gesetze (nicht an etwaige von dem Staatsoberhaupte oder dem Ministerium ausgehende Weisungen gebunden sind;

zweitens eine persönliche Unabhängigkeit, indem ihre Mitglieder, damit jene sachliche Unabhängigkeit eine Wahrheit werden könne, nicht willkürlich ihres Amtes enthoben oder versetzt werden können.

* § 791.

Die deutschen Gerichte sind zum Teil Organe des Reichs, der Mehrzahl nach aber Organe der Gliedstaaten.

Zu jenen gehört das im e. S. sog. Reichsgericht in Leipzig, welches im allgemeinen die Spitze der Gerichtsorganisation bildet, und das durch die neue Militärstrafgerichtsordnung geschaffene oberste Militärgericht in Berlin als Spitze der Militärstrafjustiz.

Zu diesen gehören die nächst dem Reichsgerichte wichtigsten Justizorgane: die Amtsgerichte, Landgerichte und Oberlandesgerichte; ebenso die unteren Militärstrafgerichte.

* § 792.

Die Gerichte stehen zum Teil im Verhältnisse der Koordination, zum Teil im Verhältnisse der Über- und Unterordnung zu einander. (Verhältnis mehrerer „Instanzen", Instanzenzug.)

Jenes gilt von den gleichbenannten und mit derselben Art von Geschäften betrauten Gerichten, welche in verschiedenen Gerichtssprengeln neben einander thätig werden.

Dieses gilt von verschieden benannten Gerichten, von welchen das eine unter bestimmten Voraussetzungen berechtigt ist, eine Entscheidung des anderen aufzuheben oder abzuändern.

* § 793.

Die Frage, welches Gericht in einer bestimmten Sache zu fungieren habe, wird durch die Regeln über die sachliche und diejenigen über die örtliche Zuständigkeit der Gerichte entschieden.

Die ersteren geben an die Hand, welche Art von Gerichten, die letzteren, welches unter den koordinierten Gerichten der betreffenden Art hinsichtlich des konkreten Falls in Betracht kommt.

Es handle sich z. B. um einen in S. begangenen Mord. Sachlich zuständig in Bezug auf die Aburteilung des Schuldigen würden hier die Geschworenengerichte sein, örtlich zuständig das Geschworenengericht desjenigen Sprengels, in welchem das Verbrechen begangen wurde, sowie das G.-Gericht des Sprengels, in welchem der Schuldige seinen Wohnsitz hat. Für die sachliche Zuständigkeit ist im allgemeinen entscheidend die Schwere des Delikts (und bei Civilprozessen der Wert des Streitgegenstandes); für die örtliche sind Beziehungen der konkreten Prozeßsache zu dem Sprengel eines bestimmten Gerichts, und zwar Beziehungen der in den §§ 327 ff. besprochenen Arten (territoriale und persönliche Beziehungen) maßgebend.

* § 794.

Bei jeder Rechtssache kommen zum mindesten zwei beteiligte Subjekte in Betracht, ein angeblich berechtigtes, zu dessen Gunsten, und ein angeblich verpflichtetes, zu dessen Ungunsten ein bestimmter Thatbestand behauptet und bestimmte Rechtsfolgen geltend gemacht werden.

Diese Subjekte heißen mit Beziehung auf das prozessualische Verfahren über die Rechtssache: Prozeßparteien.

Dieselben stehen sich, wenn es sich um Civilsachen handelt, als „Kläger" und „Beklagter", wenn es sich um Strafsachen handelt, als „Ankläger" und „Angeklagter" gegenüber.

Im Strafprozeß ist dieses Parteiverhältnis jedoch ein mehr äußerlich-formelles, da das öffentliche Interesse, welches der Ankläger vertritt, nicht einseitig auf Verurteilung dieses Angeklagten gerichtet ist — wie im Civilprozeß das Interesse des Klägers auf Verurteilung des Beklagten — sondern auf Ermittlung von dessen Schuld oder Unschuld und je nachdem auf seine Verurteilung oder aber auf seine Freisprechung (vgl. § 822).

† § 795.

Die Prozeßparteien sind Träger bestimmter prozessualischer Rechte, und es ist ihnen ein mehr oder minder weitgehender gesetzlich geregelter Einfluß auf das Verfahren eingeräumt.

Zu diesen Rechten gehört es insbesondere, daß den Parteien vom Richter gleichmäßig Gelegenheit gegeben werden muß, sich Gehör zu verschaffen (audiatur et altera pars; Grundsatz der „kontradiktorischen" Verhandlung). Der ihnen gewährte Einfluß fällt unter einen doppelten Gesichtspunkt. Erstlich erscheint es als geboten, denjenigen, um deren Interessen es sich handelt, die Möglichkeit zu gewähren, für dieselben einzutreten, und die ihnen etwa zur Verfügung stehenden Beweismittel dafür, daß das Recht auf ihrer Seite stehe, zur Anwendung zu bringen. Zweitens erscheint es in Beziehung auf eine wahrheitsgemäße Lösung der prozessualischen Aufgabe als nützlich, die Parteien unter dem Antrieb ihrer Interessen für die Klarlegung des Sachverhalts thätig werden zu lassen. Die von den entgegengesetzten Standpunkten der Parteien ausgehenden Bemühungen erhöhen die Wahrscheinlichkeit einer allseitigen Erhellung der Thatsachen, und entlasten zugleich den Richter, welcher im allgemeinen um so leichter die ihm zukommende überparteiliche Stellung wahren und zu einer unbefangenen, von Einseitigkeit freien, Beurteilung der Prozeßsache gelangen wird, je mehr die Parteien in Vertretung der einander widerstreitenden Interessen leisten.

Trotz der Berücksichtigung dieser Gesichtspunkte kann die Rechtsstellung der Parteien im Prozeß und ihr Verhältnis zum Richter sehr verschieden normiert sein und ist in Deutschland speziell anders bestimmt im Civilprozeßrecht als im Strafprozeßrecht. Wenn z. B. im Civilprozeß eine Partei von der gebotenen Gelegenheit, sich Gehör zu verschaffen, keinen Gebrauch macht, indem sie zu dem anberaumten Termin nicht vor Gericht erscheint, so findet zu ihren Ungunsten ein einseitiges „Versäumnis-(Kontumazial-)verfahren" statt und kann gegen sie ein „Versäumnisurteil" ergehen. Dagegen im Strafprozeß ist bei Ausbleiben des Angeklagten nur ausnahmsweise eine Verhandlung und Entscheidung zulässig, dafür kann sein Erscheinen aber erzwungen werden. S. wegen der weiteren Verschiedenheiten in der Stellung der Parteien § 812 ff.

§ 796.

Das gerichtliche Verfahren wird nach dem geltenden deutschen Rechte durch die Erhebung der Klage bezw. der Anklage, also durch eine Parteihandlung, in Gang gebracht.

Die Initiative fällt hier naturgemäß derjenigen Partei zu, welche ein vermeintliches Recht zur Geltung bringen will. Die richterliche Entscheidung ist Antwort auf eine gestellte Frage. Die Stellung der letzteren und damit die Bestimmung des Gegenstandes der Entscheidung ist keine richterliche Funktion. Gleichwohl hatte das ehemalige gemeine deutsche Recht bei Strafsachen die Gerichte mit dieser Funktion betraut.

§ 797.

Als wichtigste Elemente des Verfahrens selbst erscheinen im allgemeinen:

Handlungen der Prozeßparteien, welche auf den Fortgang des Verfahrens Bezug haben,
prozeßleitende Handlungen des Gerichts,
Handlungen der Prozeßparteien und bezw. (im Strafprozeß) des Gerichts, welche auf die Klarstellung des Sachverhalts gerichtet sind: Beweisführung — Untersuchung,
gerichtliche Entscheidungen,
Vollstreckungshandlungen.

† § 798.

Die Hauptmittel zur Klarstellung des Sachverhalts, also die hauptsächlichen „Beweismittel" sind:

der „richterliche Augenschein", d. i. eine Handlung des Richters, wodurch derselbe sich kraft eigener Sinneswahrnehmung von der Beschaffenheit gewisser für seine Entscheidung erheblicher Verhältnisse oder Gegenstände Kenntnis verschafft;
Zeugen, d. s. dritte, welche am Prozeß nicht als Partei (noch als deren gesetzliche Vertreter) beteiligt sind und welche dem Richter ihre sinnlichen Wahrnehmungen über bestimmte Thatsachen bekunden sollen;
Sachverständige;
Urkunden;
im Civilprozeß außerdem der Eid einer Partei, und zwar nach deutschem Prozeßrecht entweder in der Form eines von einer Partei der andren „zugeschobenen" (oder von letzterer zurückgeschobenen) Eides oder als ein vom Richter einer Partei „auferlegter" Eid.

Hinsichtlich der über die Wirkung anderer Beweismittel hinausgehenden Bedeutung der Eidesleistung § 803 A.

Über die verschiedene Tragweite eines Geständnisses einer Partei im Civil- und im Strafprozeß §§ 816 und 826.

§ 799.

Die Benutzung dieser Beweismittel ist durch Rechtsgrundsätze geregelt — Beweisrecht.

Die Wahrheitserforschung kann im Prozesse nicht einfach, wie es bei wissenschaftlichen Aufgaben der Fall ist, in das Ermessen der Beteiligten gestellt sein. Es bedarf dort einer Regelung, weil der Richter notwendig zu Entscheidungen gelangen muß, und zwar zu Entscheidungen, welche nicht die eigenen, sondern fremde Interessen treffen, und welchen eine positive Giltigkeit zukommt. Jene Regelung soll hier den Gang der Wahrheitserforschung in gewissem Maße kontrolierbar machen und Garantieen gegen gewisse Irrtümer, Einseitigkeiten und Willkürlichkeiten darbieten. Es kommt hinzu, daß, um das vorgesetzte Ziel zu erreichen, vielfach die Mitwirkung Unbeteiligter (insbes. als Zeugen) in Anspruch genommen und mannigfache Freiheitsbeschränkungen auferlegt werden müssen. Hierfür bedarf es einer rechtlichen Normierung. — Eine hiervon ganz verschiedene Frage ist die, ob nicht nur die Beschaffung und Anwendung der Beweismittel, sondern auch die Würdigung ihrer Ergebnisse seitens des Richters durch Rechtsvorschriften zu regeln sei; hierüber vgl. § 803.

† § 800.

Unter den gerichtlichen Entscheidungen nimmt das „Endurteil“ die meiste Bedeutung in Anspruch.

Es ist die Entscheidung, durch welche der Prozeß in der Hauptsache (ganz oder doch bezüglich eines Teils ihres Umfangs) für diese Instanz seine endgültige Erledigung finden soll.

* § 801.

Der Findung und Verkündigung des Endurteils geht nach unserem heutigen Rechte notwendig eine mündliche und (mit einigen im Gesetz genau abgegrenzten Ausnahmen) öffentliche Verhandlung vor dem zu jener berufenen Gerichte voraus.

* § 802.

Für die Bedeutung derselben gilt der Grundsatz, daß das Urteil unmittelbar auf das thatsächliche Vorbringen und die Beweisführung bezw. Untersuchung in dieser Verhandlung zu gründen ist — Prinzip der Unmittelbarkeit.

† § 803.

Das Gericht urteilt grundsätzlich nach seiner aus dem gesamten Inhalt der mündlichen Verhandlung geschöpften freien Überzeugung.

Den Gegensatz zu diesem Grundsatz der „freien Beweiswürdigung“ bildet die Gebundenheit des Richters an gesetzliche Beweisregeln. Der Richter ist hier genötigt, Thatsachen als erwiesen, und resp. als nicht erwiesen zu betrachten, wenn bestimmte im Gesetze näher bezeichnete Beweisgründe (z. B. die übereinstimmende Aussage zweier glaubwürdiger Zeugen) bezüglich dieser Thatsachen erbracht, und bzw. nicht erbracht sind.

Nach dem älteren gemeinen Rechte war das Verfahren im Gegensatze zum heutigen ein schriftliches und heimliches und das Urteil des Richters im Zusammenhang damit allgemein an derartige gesetzliche Beweisregeln gebunden.

Unser Recht kennt solche, als Ausnahmen von obigem Grundsatz, wesentlich nur noch im Civilprozeß für einige (freilich wichtige) Fälle: in Bezug auf Urkunden- und Eidesbeweis. Z. B. wird durch Leistung eines Parteieides voller Beweis der beschworenen Thatsache begründet, sodaß dieselbe nicht mehr der freien richterlichen Würdigung auf ihre Glaubwürdigkeit hin unterliegt.

*§ 804.

Richterliche Entscheidungen können meist unter bestimmten Voraussetzungen und innerhalb gewisser Fristen von den Parteien (und zuweilen auch von dadurch betroffenen dritten Personen, s. Beisp. § 806 i. f.) angefochten werden mit der Wirkung, daß eine erneute Prüfung und Entscheidung der betreffenden Fragen seitens eines übergeordneten Gerichts eintritt.

Eine solche Anfechtung erfolgt durch „die Einlegung eines Rechtsmittels“.

§ 805.

Unser Reichsrecht kennt als solche Rechtsmittel:

die Berufung,
die Revision,
die Beschwerde.

*§ 806.

Berufung und Revision beziehen sich auf gewisse Endurteile.

Mittelst der Revision kann ein Endurteil nur angefochten werden wegen angeblicher Gesetzesverletzung, d. h. sofern die Nichtanwendung oder fehlerhafte Anwendung eines Rechtssatzes behauptet wird.

Mittelst der Berufung dagegen auch wegen angeblich falscher Beurteilung der dem Urteil zu Grund liegenden Thatsachen (der quaestio facti § 345).

Die Beschwerde ist gegen gewisse andere Entscheidungen als Endurteile gegeben (z. B. gegen den Beschluß, durch welchen ein Zeuge wegen Verweigerung der Aussage zu Strafe verurteilt ist).

*§ 807.

Das nicht mehr anfechtbare Endurteil heißt „rechtskräftig“. Dessen Feststellungen haben in Bezug auf die konkrete Prozeßsache für die Parteien und deren Rechtsnachfolger (ausnahmsweise in Statutsprozessen, z. B. über die Wirksamkeit einer Ehe, auch für am Prozesse unbeteiligte Dritte) positive, von ihrem Einklang mit den Thatsachen und den Rechtssätzen unabhängige Gültigkeit „res judicata pro veritate habetur“, „jus facit inter partes“ — sie schaffen „formelle Wahrheit“ (s. § 347).

*§ 808.

Unter besonderen Umständen kann jedoch eine Wiederaufnahme des bereits durch rechtskräftiges Endurteil abgeschlossenen Verfahrens erfolgen. So z. B., wenn das Urteil auf einem beschworenen falschen Zeugnis beruht und der Zeuge deshalb wegen Meineids rechtskräftig zu Strafe verurteilt worden ist.

*§ 809.

Mit gewissen Verschiedenheiten der zu erledigenden Rechtssachen hängen Verschiedenheiten in der Gestaltung des prozessualischen Verfahrens sowie der prozessualischen Einrichtungen zusammen.

So zeigt das Verfahren vor dem Amtsgericht, vor welches geringfügigere Sachen gehören, Besonderheiten gegenüber demjenigen vor den anderen Gerichten. So sind neben dem gewöhnlichen „ordentlichen Verfahren“ für bestimmte Ansprüche im Interesse ihrer schnelleren Vollstreckbarkeit beschleunigte, aber deshalb auch nur zu provisorischen Entscheidungen führende („summarische“) Prozeßarten vorgesehen.

Insbesondere aber finden die zwischen Civil- und Strafsachen bestehenden Verschiedenheiten ihren Ausdruck in grundsätzlichen Differenzen zwischen Civilprozeßrecht und Strafprozeßrecht.

Zweiter Abschnitt.

Civilprozeß und Strafprozeß im Verhältnis zu einander.

§ 810.

Der verschiedenen Natur der Civilsachen und der Strafsachen entsprechend, stehen sich im Civilprozeß andere Parteien gegenüber als im Strafprozeß und ist die Rechtsstellung dieser Parteien dort eine andere wie hier.

Litt. zum Strafprozeßrecht: Älterer gemeiner St.P.: Planck, System. Darstellung 57. Zachariä, Handb. 61 ff. — Reichsstrafprozeß: Handb. des d. Strafp. in Einzelbeiträgen, hrsg. v. Holtzendorff 77 ff. Glaser, Handb. 83, 86. Geyer, Lehrb. 81. John, Strafprozeßordn. f. d. d. R., 3 Bde., 84 ff. (unvoll.), derselbe, Übersicht in Holtzendorffs Encyclopädie. Dochow-Hellweg, d. R.St.P., 4. A. 90. Stenglein, Lehrb. 87. v. Kries, desgl. 92. Ullmann, desgl. 93. Bennecke, desgl. 95. Birkmeyer, Das Strafprozeßrecht 98. Binding, Grundriß, 4. A. 1900. Kommentare insbes. von Löwe, 9. A. 98. v. Schwarze, 78. Stenglein, 3. A. 98 f. R. Schmidt, Aktenstücke z. Einf. in d. St.P., 2. A. 97. v. Hippel, desgl. 98. —

Mommsen, Römisches Strafr. 99. München, Kanonisches Gerichtsverfahren u. Strafr. 74. Kries, Der Beweis im St.P. des Mittelalters 78. R. Löning, Der Reinigungseid bei Ungerichtsklagen im M. 80. Lindner, Die Veme 88. Brunnenmeister, Quellen der Bambergensis 78. Stölzel, Entwicklung des gelehrten Richtertums 72. — Glaser, Das engl.-schottische Strafverfahren 50. — Anklage, Wahrspruch, Rechtsmittel im engl. Schwurgerichtsverfahren 56. Heinze, Parallele zw. der engl. Jury und dem französisch-deutschen Geschworenengericht. v. Schwarze, Das Schwurgericht u. dessen Reform. Brunner, Entstehung der Schwurgerichte 72 (und seine „d. Rechtsgeschichte", s. ob.). — Glaser, Beitr. zur Lehre v. Beweis 83. Rupp, Der Beweis im Strafverf. 84. Binding, Die 3 Grundfragen zur Organisation des Strafgerichts 76. Friedmann, Handb. der Verteidigung 78. Vargha, V. in Strafsachen 79. R. Schmidt, Staatsanwalt und Privatkläger 91. Kries, Die Rechtsmittel 80. H. Meyer, Die Parteien im St.P. 89.

§ 811.

I. Im Civilprozeß handelt es sich um die Feststellung privatrechtlicher Thatbestände und Rechtsfolgen (§§ 91, 192, 284 ff., 294 ff.).

Als Prozeßparteien stehen sich hier daher die Träger angeblicher oder wirklicher Rechte und Pflichten privatrechtlichen Charakters gegenüber.

*§ 812.

Für das Privatrecht aber ist es charakteristisch, daß es den Einzelnen die Wahrung ihrer rechtlichen Interessen in gewissem Umfange selbst überläßt, und ihnen zugleich gestattet, über ihre Rechte und deren Ausübung in gewissen Grenzen nach Belieben zu verfügen.

Diese Stellung der Rechtssubjekte in der Sphäre des Privatrechts findet einen Ausdruck in einer Reihe von civilprozessualischen Grundsätzen, welche man mit den Worten „Dispositionsprinzip" (nämlich Disposition der Parteien über ihr Privatrecht auch innerhalb des Prozesses) oder auch „Verhandlungsprinzip" zu umfassen pflegt.

§ 813.

Hierher gehört es, daß die Erhebung der Klage in das Ermessen des Privatberechtigten gestellt ist und daß die Organe des Staates nur durch die Klage desselben in Thätigkeit versetzt werden.

„Nemo invitus agere cogitur". — Die in diesem Zusammenhange öfters auch citierte Regel: „nemo judex sine actore" enthält nichts für den Civilprozeß Charakteristisches, da sie nach geltendem Rechte auch für den Strafprozeß gilt (§ 796), nur daß hier an die Stelle der actio privata die actio publica (die öffentliche Anklage) tritt.

*§ 814.

Hierher gehört es ferner, daß der Richter auch während des Verfahrens, von prozeßleitenden Handlungen abgesehen, im allgemeinen nicht aus eigener Initiative, sondern nur auf Grund von Parteianträgen thätig wird („ne procedat judex ex officio");

sowie daß er über die von den Parteien in ihren Anträgen erhobenen Ansprüche nicht hinausgehen darf („ne eat judex ultra petita partium").

† § 815.

Hierher gehört es ferner, daß die richterlichen Entscheidungen nur auf solche Thatsachen gegründet werden dürfen, welche von den Parteien geltend gemacht worden sind („quod non est in actis, non est in mundo" hieß es im schriftlichen älteren gemeinen Prozeß, während jetzt analog das Vorbringen in der mündlichen Verhandlung entscheidet, § 802);

sowie daß den Parteien die Sorge für den Beweis dieser Thatsachen überlassen ist.

Eine Partei kann ebenso auf die Benutzung bestimmter Beweismittel für den Beweis bestimmter Thatsachen verzichten wie auf die Geltendmachung dieser Thatsachen überhaupt und schließlich auf die Ansprüche selbst, welche sich auf diese Thatsachen gründen lassen.

Dagegen die ihre Ansprüche stützenden Rechtssätze braucht die Partei nicht geltend zu machen, denn „jura novit curia". — Wegen der Folgen des Nichterscheinens einer Partei vor Gericht s. ob. § 795 A.

(§ 816.)

Aus dem Dispositionsprinzip erklärt sich auch die Bedeutung des gerichtlichen Geständnisses einer Partei im Civilprozesse, d. i. des Zugeständnisses einer dem Gestehenden prozessualisch nachteiligen Thatsache, womit dieselbe für diesen Prozeß als feststehend behandelt und somit der richterlichen Prüfung auf ihre Wahrheit entzogen wird.

Seine Wirkung ist also entsprechend derjenigen einer Eidesleistung der Partei, ob. § 803 A.

† § 817.

Gegenstand eines Beweisverfahrens sind demnach nur zwischen den Parteien streitige Thatsachen, welche auch nicht etwa bei dem Gericht offenkundig sind.

† § 818.

Hierbei liegt es dem Kläger ob, diejenigen Thatsachen zu beweisen, auf welche er seine Klage gründet, und welche infolge ihrer Bestreitung durch den Gegner und ihrer Erheblichkeit für die Entscheidung als beweisbedürftig erscheinen.

Bezüglich dieser Thatsachen trägt er die „Beweislast".

* § 819.

Dem Beklagten fällt dagegen die Beweislast hinsichtlich der von ihm etwa geltend gemachten „Einreden" zu.

Dieses sind Behauptungen, welche mit der Wahrheit der zur Begründung der Klage vorgebrachten Thatsachen zwar verträglich, gleichwohl aber geeignet sind, die Abweisung der Klage herbeizuführen.

Als Beispiel diene der Fall, daß der Beklagte gegenüber einer Klage auf Schadensersatz wegen Sachbeschädigung (§ 683) zwar die behauptete Schadenszufügung einräumt, aber zugleich geltend macht:

daß es an einem allgemeinen Erfordernis eines rechtlich verantwortlich machenden Verhaltens gefehlt habe, indem er in Notwehr (Abwehr eines rechtswidrigen Angriffs, § 170) gehandelt, oder sich in einem Zustande aufgehobener Zurechnungsfähigkeit befunden habe, weshalb der vom Kläger behauptete Ersatzanspruch nicht zur Entstehung gekommen sei („rechtshindernde" Einrede);

oder daß er bereits hinreichende Entschädigung geleistet habe, sodaß der vom Kläger behauptete Anspruch erloschen sei („rechtsvernichtende" Einrede).

§ 820.

II. Im **Strafprozeß** handelt es sich um die Feststellung **strafrechtlicher** Thatbestände und Rechtsfolgen (§§ 291 ff., 770 ff und §§ 88, 92, 198 f.).

Als Prozeßparteien stehen sich hier gegenüber der Staat als der Träger des öffentlichen Interesses an dem Eintritt dieser Folgen und des Rechts, welches sie zum Gegenstande hat, und ein der Begehung einer strafbaren Handlung Beschuldigter.

† § 821.

Da es sich also um die Geltendmachung eines öffentlichen Interesses handelt, so findet die Verfolgung strafbarer Handlungen in der Regel von Amtswegen durch ein besonderes staatliches Organ — die Staatsanwaltschaft — statt.

Dieser liegt es ob, die Anklage gegen den vermeintlich Schuldigen zu erheben und zu begründen.

Man spricht deshalb von einem den Strafprozeß beherrschenden „**Offizialprinzip**" (vgl. § 825).

Die Staatsanwaltschaft ist einerseits grundsätzlich allein berechtigt („Anklagemonopol", Ausnahme § 823), andererseits aber auch verpflichtet, bei hinreichenden thatsächlichen Anhaltspunkten einer strafbaren Handlung die öffentliche Klage gegen den Verdächtigen zu erheben, ohne Rücksicht auf Zweckmäßigkeitserwägungen („Legalitätsprinzip").

(§ 822.)

Die Staatsanwaltschaft hat jedoch nicht die Stellung einer am Ausfall des Prozesses persönlich interessierten Prozeßpartei (§ 794 A.), sondern sie hat neben den belastenden auch die für den Angeklagten sprechenden Momente zu berücksichtigen, sie kann dessen

Freisprechung beantragen sowie Rechtsmittel auch zu Gunsten des vom unteren Gericht Verurteilten einlegen.

§ 823.

Nur ausnahmsweise ist es nach unserem geltenden Rechte zugelassen, daß ein Privater, nämlich der durch die betreffende strafbare Handlung Verletzte, diese Anklagerolle übernehme.

Es ist dies bei Beleidigungen und geringeren Körperverletzungen der Fall.

Von dieser „Privatklage" unterscheidet sich der „Antrag auf Verfolgung" seitens des durch ein Delikt Verletzten, von welchem bei mehreren Arten strafbarer Handlungen (den sogenannten Antragsdelikten § 771) die Erhebung der öffentlichen Anklage seitens der Staatsanwaltschaft abhängig gemacht ist.

*§ 824.

Öffentliche Interessen sind aber nicht bloß bei Erhebung und Begründung der Anklage, sondern ebenso bei einer sachgemäßen Führung der Verteidigung beteiligt. Denn die Verurteilung und die Bestrafung eines Unschuldigen verletzt nicht bloß dessen Interessen, sondern zugleich diejenigen der Gesamtheit.

Demgemäß ist dafür gesorgt, daß der Angeklagte in Bezug auf die Geltendmachung der zu seinen Gunsten sprechenden Umstände und überhaupt die Wahrung seiner rechtlichen Interessen gegenüber der Anklage und dem gerichtlichen Verfahren nicht lediglich auf die eigenen Kräfte angewiesen sei. Vielmehr kann derselbe sich bei allen und muß sich bei schweren Anklagen durch einen rechtskundigen Verteidiger unterstützen lassen.

Die Bestrafung Schuldloser dient nicht nur denjenigen Interessen nicht, um welche es sich bei der Bestrafung von Verbrechen handelt, sondern sie verletzt diese Interessen, indem sie die Strafjustiz diskreditiert. Sie begründet zugleich in dem Maße ihres Vorkommens eine Unsicherheit der Staatsangehörigen der Strafjustiz gegenüber, welche wegen der Unwiderstehlichkeit der Wirksamkeit dieser letzteren und ihrer Bedeutung für die Ehre des Bestraften bedenklicher werden kann als die dem Verbrechertume gegenüber bestehende Unsicherheit. Es wäre daher ein Irrtum, zu meinen, daß im Strafprozeß auf der einen Seite das allgemeine Interesse, auf der andern lediglich ein individuelles Interesse im Spiele sei.

*§ 825.

Ferner findet die auf den Beweis der Schuld und bzw. Unschuld gerichtete Thätigkeit der Parteien eine Ergänzung durch eine selbständige Untersuchungsthätigkeit des Richters, damit entsprechend dem „Offizialprinzip“ (§ 821) oder „Untersuchungsprinzip“ der wahre Sachverhalt festgestellt werde.

* § 826.

Der Richter ist hier nämlich nicht wie im Civilprozeß auf die Berücksichtigung der von den Parteien geltend gemachten Thatsachen und der von ihnen beigebrachten Beweismittel beschränkt.

Auch kann er über die Anträge der Parteien hinausgehen, z. B. auf eine strengere Bestrafung, als sie vom Ankläger beantragt war, erkennen; andererseits kann er freisprechen, obgleich der Angeklagte selbst sich schuldig bekannt hat, denn dessen Geständnis hat hier lediglich die Bedeutung eines Beweismittels und unterliegt deshalb, gemäß dem allgemeinen Grundsatz (§ 803), der richterlichen Prüfung auf seine Glaubwürdigkeit hin.

Diese im Texte charakterisierte Form unseres Strafprozesses bildet einerseits einen Gegensatz zu dem vom Dispositionsprinzip beherrschten Civilprozesse, andererseits einen Gegensatz zu der „reinen Untersuchungsform“ des ehemaligen gemeinrechtlichen deutschen Strafprozesses, in welchem Anklage und Verteidigung keine selbständigen Repräsentanten hatten und nicht zu besonderen Prozeßrollen gestaltet waren, sondern als Elemente der richterlichen Untersuchungsthätigkeit ganz und gar dem Richteramte zugewiesen waren.

Mit Rücksicht auf diesen zweifachen Gegensatz oder vielmehr die Verbindung von Elementen jener beiden Typen hat man dem heutigen Strafverfahren eine „gemischte Prozeßform“ zugeschrieben.

§ 827.

Der Gegenstand des Beweisverfahrens wird hier somit nicht durch den zwischen den Parteien bestehenden Streit begrenzt. Und die Wahrheit, um welche es sich bei der Findung des Urteils im Strafprozeß handelt, liegt in der Übereinstimmung desselben nicht mit dem Vorbringen der Parteien (wie im Civilprozeß), sondern mit den relevanten Thatsachen selbst (Prinzip der „materiellen Wahrheit“).

* § 828.

Die Sorge des Staates dafür, daß nicht Unschuldige als schuldig behandelt werden, findet einen besonderen Ausdruck in gewissen Begünstigungen des Angeklagten, und bzw. (durch die Möglichkeit einer Wiederaufnahme eines bereits geschlossenen Verfahrens) des Verurteilten gegenüber der Gegenpartei.

Hierher gehört es, daß eine Verurteilung nicht auf Grund eines einfachen Mehrheitsbeschlusses erfolgen darf, sondern (nach unserem geltenden Rechte) eine Bejahung der Schuld durch zwei Drittteile der stimmenden Richter voraussetzt.

Neuerdings wird ferner dem unschuldig Verurteilten, dessen Unschuld im Wiederaufnahmeverfahren erwiesen ist, vom Staat eine Entschädigung gewährt. Vgl. § 696.

(§ 829.)

In wichtigeren Strafsachen pflegt der öffentlichen mündlichen Verhandlung vor dem erkennenden Gericht eine gerichtliche „Voruntersuchung" vorauszugehen.

*§ 830.

In Strafsachen urteilen gegenwärtig in Deutschland regelmäßig Richter-Kollegien; in Civilsachen in weiterem Umfange auch Einzelrichter: nämlich der Amtsrichter als erste Instanz in geringfügigeren (einen Wert bis zu 300 Mark repräsentierenden) und in besonders einfachen oder dringlichen Rechtssachen.

§ 831.

Ferner nehmen an der Aburteilung der Strafsachen bei den schwersten und bei den leichten Delikten Laien Teil, d. i. Personen, bei welchen keine juristische Ausbildung vorausgesetzt wird und welche nicht richterliche Beamte sind; bei den ersteren Delikten als „Geschworene", bei den letzteren als „Schöffen".

Etwas ähnliches findet, was Civilsachen betrifft, bei den „Kammern für Handelssachen" (welche bei den Landgerichten eingerichtet werden können) statt, indem hier Kaufleute an der Rechtsprechung teilnehmen und sich, wie es bei den Schöffengerichten geschieht, mit einem rechtsgelehrten Richter als Vorsitzenden zu einem Kollegium verbinden. Diese Kaufleute werden jedoch, was bei Schöffen und Geschworenen nicht der Fall ist, für bestimmte Zeiträume zu richterlichen Beamten ernannt.

§ 832.

Bei den Schöffengerichten verbinden sich zwei Schöffen mit einem richterlichen Beamten zu einem Kollegium und zu ungeteilter richterlicher Wirksamkeit.

§ 833.

Bei den Schwurgerichten steht die mit zwölf Geschworenen besetzte „Geschworenenbank" der Bank der richterlichen Beamten:

einem Dreirichterkollegium gegenüber, und die richterlichen Funktionen sind zwischen beiden geteilt. Den Geschworenen fällt die Feststellung des Thatbestandes oder, was damit hier identisch ist, die Entscheidung der „Schuldfrage" zu, den richterlichen Beamten (von der Prozeßleitung und anderem abgesehen) in der Hauptsache die Feststellung der Rechtsfolgen, oder, was hier das Gleiche besagt, die Entscheidung der „Straffrage".

Die Einführung der gemischten Gerichte, zunächst in der Gestalt der Schwurgerichte, gehört einer geschichtlichen Bewegung an, welche sich, um nur das Hauptmerkmal hervorzuheben, als eine Reaktion gegen eine zu weit getriebene, die Einheit und Gesundheit des nationalen Lebens gefährdende, Scheidung und Verteilung der staatlichen Funktionen und eine damit verbundene Ausschließung des größten Teiles der Bevölkerung von jeder aktiven Beteiligung an diesen Funktionen darstellt. —

Merkel, Gutachten über drei Gesetzgebungsfragen betr. die Schöffengerichte, Verhandlungen des 9. Juristentages 71 (Sammlung 214) — „Es empfiehlt sich die Durchführung der Schöffengerichte auch bei den Gerichten der mittleren Ordnung", Verhandlungen des 22. Juristentages 93 (Sammlung 235).

B. Das Kirchenrecht.

Erstes Kapitel.

Im allgemeinen.

§ 834.

Kirchenrecht, jus ecclesiasticum, ist das Recht der organisierten religiösen Gemeinschaften, so weit dieselben auf christlichem Grunde stehen.

Dasselbe hat die Merkmale des öffentlichen Rechts.

Hier ist nur das Recht der katholischen Kirche und dasjenige der evangelischen Kirchen Deutschlands in Betracht zu ziehen.

Man unterscheide das von der Kirche hervorgebrachte Recht und das Recht, welches die Kirche und ihr eigentümliches Gemeinleben zum Gegenstande hat. Bezüglich des ersteren mag § 563 verglichen werden. Unter „Kirchenrecht" versteht man das letztere. Dasselbe ist nur zum Teile von den betreffenden Kirchen selbst hervorgebracht, zum Teile dagegen eine Schöpfung des Staates. —

Diese Unterscheidung würde hinfällig sein, wenn diejenigen Recht hätten, welche überall nur staatliches Recht kennen und demgemäß Kirchenrecht und kanonisches Recht schlechtweg als einen Teil des von der Staatsgewalt geschaffenen Rechts betrachten. Aber diese Theorie ist durch eine logische Gewaltsamkeit charakterisiert, welche sie unannehmbar macht. (Vgl. Elemente § 2.)

Man halte diese Fragen auseinander: Haben die hier in Frage stehenden Normen den Charakter von Rechtsnormen, und, wenn dies bejaht wird: wer ist das Subjekt dieser Rechtsnormen?

1. Den fraglichen Normen — man denke z B. an diejenigen, welche die kirchliche Jurisdiktion in der katholischen Kirche zum Gegenstande haben — fehlt weder der Inhalt noch die Machtqualität der Rechtsnormen, noch das, was den letzteren in Bezug auf Anwendung und Fortbildung eigentümlich ist. Sie sind daher unbedenklich den Rechtsnormen beizuzählen.

2. Subjekt einer Rechtsnorm ist der Wille, der sich in ihr ausspricht, von welchem ihr Inhalt abhängt und dessen Äußerung für ihre verpflichtende Kraft (§ 49) entscheidend ist (s. § 43). Den Inhalt eines großen Teiles der Normen des Kirchenrechts aber stellt die kirchliche, nicht die staatliche, Autorität fest, und die verpflichtende Kraft derselben leitet sich für die Glieder der kirchlichen Gemeinschaft, deren (kirchliche) Rechte und Pflichten sie bestimmen, lediglich von der kirchlichen Autorität her. Wenn man gleichwohl die Staatsgewalt als das einzig mögliche Subjekt aller Normen des Kirchenrechts betrachtet, so kann sich hierbei geltend machen:

a) die Vorstellung, daß die machtvolle Verwirklichung des Kirchenrechts von dem Verhalten der staatlichen Gewalten abhängig sei (vgl. § 66). Hierbei sieht man den Gewinn, welcher aus einem entgegenkommenden Verhalten dieser Gewalten jenem Rechtsteile erwächst, als das juristisch allein Relevante, wodurch betreffende Normen erst zu Rechtsnormen erhoben würden, an. Abgesehen davon, daß hierbei die oben hervorgehobenen Momente die ihnen zukommende Berücksichtigung nicht finden, ist hier eine fehlerhafte Folgerung im Spiele. Aus jener Abhängigkeit folgt bezüglich unserer Frage nicht mehr als aus der Abhängigkeit eines Menschen in Bezug auf Leben und Gedeihen von dem Wirken der Staatsgewalt in Bezug auf die Frage, wer sein Erzeuger sei.

b) Die Vorstellung, daß die Bedeutung kirchlicher Satzungen für die Organe eines S t a a t e s allein durch das Recht dieses Staates bestimmt werde. Für diese Organe kann jenen Satzungen eine verpflichtende Kraft allerdings überall nur erwachsen aus Willensäußerungen ihres Staates. Allein dies hat mit der Frage, aus welchen Quellen das Kirchenrecht seine Bedeutung für das eigene Lebensbereich der Kirche schöpfe und von welchem Subjekte es hier seine Kraft herleite, nichts zu thun.

W a l t e r, Lehrbuch des Kirchenrechts aller christlichen Konfessionen, 14. A. 71. V e r i n g, L. des katholischen, orientalischen und protestantischen K., 2. A. 81. v. S c h u l t e, L. des katholischen und evangelischen K., 4. A. 86. R i c h t e r, L. des katholischen und evangelischen K., 8. A. bearb. von Dove u. Kahl 86. O. M e j e r, L. des deutschen K., 3. A. 69. H i n s c h i u s, Das K. der Katholiken und Protestanten in Deutschland, 6 Bde. (kath. K.) 69—97. D e r s e l b e in Holtzendorffs Encyclopädie. F r i e d b e r g, L. des kath. und ev K., 3. A. 89. Z o r n, L. d. K. 88. F r a n t z, L. d. K., 3. A. 99. S o h m, Kirchenrecht I (Geschichtl. Grundlagen) 92, (s auch dessen „Kirchengeschichte im Grundriß" 88). — T h u d i c h u m, Deutsches K. des 19. Jahrhunderts 77. E. L ö n i n g, Geschichte d. d. K. 78. B i e r l i n g, Das Wesen des positiven Rechts u. das K. in der Z. f. K. XIII, 256 ff. — Z e i t s c h r i f t für (protest.) Kirchenrecht, hrsg. v. Dove 61 ff.; Deutsche Zeitschr. f. K., hrsg. v. Friedberg u. Sehling, seit 91. A r c h i v für katholisches K., Innsbruck 57—61, Mainz seit 62.

§ 835.

Das Kirchenrecht zerfällt in **inneres** und **äußeres**.

Jenes hat zum Gegenstande die inneren Verhältnisse der Kirche: ihre Organe und deren Wirksamkeit, sowie die Rechtsstellung der Einzelnen;

dieses die Verhältnisse jeder Kirche zu anderen Gemeinschaften, insbesondere zum Staate.

Zweites Kapitel.

Das innere Kirchenrecht.

---

§ 836.

Die Hauptbestandteile des inneren Kirchenrechts umfaßt das kirchliche **Verfassungsrecht**.

Dasselbe bestimmt die Träger der kirchlichen Gewalt (potestas ecclesiastica), den Inhalt und die Grenzen dieser Gewalt.

§ 837.

In der **katholischen Kirche** ist die kirchliche Gewalt oder das **Kirchenregiment** nach dogmatischer Bestimmung bei den Bischöfen, welche ihr Recht hierauf von den Aposteln, als deren Nachfolger sie gelten, ableiten.

§ 838.

Träger der höchsten Gewalt aber ist der Papst, das Haupt des Episkopates, als der Nachfolger des Apostels Petrus.

§ 839.

Das Gesetzgebungsrecht in kirchlichen Dingen besitzt innerhalb der vom Dogma gezogenen Grenzen der Papst in seiner Verbindung mit dem Allgemeinen Konzile, sowie der Papst allein.

Zu dem Allgemeinen Konzil sind die sämmtlichen Bischöfe und die diesen gleichgestellten Priester zu berufen.

Daß der Papst für sich allein die gleiche rechtliche Macht besitze, wie der Papst in seiner Verbindung mit dem Konzile, ist im vatikanischen Konzil unter dem 18. Juli 1870 dogmatisch festgestellt worden.

§ 840.

Den obersten Beirat des Papstes bildet das Kollegium der Kardinäle.

Diesem liegt es zugleich ob, den erledigten päpstlichen Stuhl durch Wahl wieder zu besetzen.

§ 841.

Das katholische Kirchenrecht wird in jus divinum und jus humanum geschieden. Jenes ist durch das Dogma bestimmt, umfaßt die Fundamentalsätze und ist, als auf göttlicher Anordnung beruhend, unabänderlich. Geschöpft ist dasselbe aus der Bibel und der Tradition.

§ 842.

Der Hauptinhalt dieses Rechts ist in Konzilbeschlüssen und päpstlichen Dekretalen zum Ausdruck gebracht.

Die meisten älteren Konzilbeschlüsse und Dekretale finden sich in dem corpus juris canonici (§ 563) zusammengestellt.

§ 843.

Die Träger des **Kirchenregiments** in den **evangelischen Kirchen** sind nicht durch das Dogma bestimmt. Bezüglich der Gestaltung dieses Regimentes sind die geschichtlichen Verhältnisse maßgebend gewesen.

Unter dem Einfluß dieser Verhältnisse sind in den verschiedenen evangelischen Kirchen verschiedene Systeme eines kirchlichen Verfassungsrechts zur Ausbildung gelangt. Darunter nehmen die Konsistorial- und die Synodal- bzw. Presbyterialverfassung die größte geschichtliche Bedeutung in Anspruch.

Friedberg, Das geltende Verfassungsrecht der evang. Landeskirchen in Deutschland und Österreich 88.

§ 844.

Die Konsistorialverfassung überträgt dem Landesherrn als solchem die höchste Gewalt auch in der Kirche. Derselbe ist nach ihr deren „summus episcopus“.

Das kirchliche Regiment verwaltet er mit Hilfe von Konsistorien welche sich aus weltlichen und kirchlichen Räten zusammensetzen.

Diese Verfassung ist in dem Gebiete der lutherischen Reformation, und, was damit zusammenhängt, in Deutschland vorherrschend gewesen.

§ 845.

Die Synodal-(Presbyterial-)verfassung erkennt die oberste Gewalt der kirchlichen Gemeinde zu.

Zur Ausübung gelangt diese Gewalt durch Kollegien, welche sich aus Geistlichen und Laien (Ältesten) zusammensetzen, sowie durch, zu bestimmten Zeiten zusammentretende, Versammlungen: Synoden, in welchen sich ebenfalls Geistliche und Laien — diese hier als Vertreter der kirchlichen Kommunen — verbunden finden.

Diese Verfassung ist im Bereiche des reformierten Bekenntnisses zur Ausbildung gelangt, und ist daselbst vorherrschend geblieben.

§ 846.

In der Gegenwart findet sich in den evangelischen Kirchen Deutschlands fast überall eine gemischte Verfassungsform und zwar zumeist eine durch die Aufnahme synodaler Elemente modifizierte Konsistorialverfassung vor.

Dieselbe läßt sich der konstitutionellen Verfassungsform auf staatlichem Gebiete vergleichen.

* § 847.

Die Hauptquellen des protestantischen Kirchenrechts in Deutschland sind, wie aus dem Gesagten zu schließen ist, staatliche Gesetze.

Drittes Kapitel.

Das äußere Kirchenrecht.

---

§ 848.

In der modernen Welt fallen Staat und Kirche im allgemeinen nicht zusammen. Ebensowenig aber schlechthin auseinander. Sie erscheinen als Gemeinschaften, welche auf verschiedenen Grundlagen ruhen, und verschiedene Aufgaben mit verschiedenen Mitteln zu lösen bestrebt sind, wobei jedoch die Kirche (resp. eine Mehrzahl von Kirchen) als Repräsentantin bedeutsamer gesellschaftlicher Interessen und gesellschaftlicher Macht in ein näheres Verhältnis zum Staate gesetzt zu sein, und von diesem einerseits einen umfassenden Rechtsschutz und mannigfache Förderung zu fordern und zu finden, andrerseits in Bezug auf eine Unterstützung der staatlichen Wirksamkeit durch das geistliche Amt in Anspruch genommen zu werden pflegt.

In Bezug auf die Enge der Verbindung beider Mächte aber, und in Bezug auf die Selbständigkeit der Kirche in diesem Verhältnisse bestehen die größten Verschiedenheiten.

Der charakterisierte Sachverhalt hat einen zweifachen Gegensatz. Erstlich einen solchen in dem Zusammenfallen von Staat und Kirche in Einem allumfassenden, zugleich weltlichen und geistlichen Gemeinwesen, wobei entweder das weltliche Element, wie im klassischen Rom und in Griechenland, oder das geistliche wie im jüdischen Staate und bei zahlreichen anderen Völkern des Orients als das vorherrschende erscheinen kann. Zweitens einen solchen in der völligen Loslösung der religiösen Verbände vom Staate und der rechtlichen Gleichsetzung derselben in der staatlichen Gesetzgebung mit beliebigen Vereinen wirthschaftlicher, wissenschaftlicher, geselliger Art. Eine Annäherung an einen derartigen Stand der Dinge findet sich in der Nordamerikanischen Union. —

Geffcken, Staat und Kirche in ihrem Verhältnis geschichtlich entwickelt 75. Friedberg, Die Grenzen zwischen Staat und Kirche und die Garantieen gegen ihre Verletzung 72. O. Meier, Zur Geschichte der römisch-deutschen Frage 71. Zeller, Staat und Kirche 73. Minghetti, Staat und Kirche, deutsch 81. Maaßen, 9 Kapitel über freie Kirche und Gewissensfreiheit 76. Sohm, Verhältnis von Staat und Kirche aus dem Begriff von Staat und Kirche entwickelt 73. Moulart, Kirche und Staat 81. Hinschius, Allgem. Darstellung der Verhältnisse von Staat und Kirche, in Marquardsens Handbuch des öffentlichen Rechts I, 87. Kahl, Lehrsystem d. Kirchenrechts u. d. Kirchenpolitik 94.

§ 849.

Das Recht, dies Verhältnis und ebenso die Verhältnisse zwischen den verschiedenen Kirchen zu ordnen, legt sich im allgemeinen der Staat in einem uneingeschränkten Sinne bei.

Als Träger der höchsten Gewalt innerhalb seines Gebietes und seiner Aufgabe gemäß, eine den Frieden verbürgende und den gemeinsamen Interessen entsprechende Ordnung des nationalen Lebens zu verwirklichen, unterstellt er diese Verhältnisse seinen Hoheitsrechten.

§ 850.

Zu den Befugnissen, welche der Staat dieser Auffassung gemäß den einzelnen Kirchen gegenüber zur Ausübung bringt, („jura circa sacra“), gehört das Recht der Oberaufsicht über das äußere Leben derselben, sowie das Recht, der Anwendung kirchlicher Machtmittel zu Gunsten der Freiheit seiner Angehörigen, und den Bedingungen des öffentlichen Friedens und des Ansehens der eigenen Einrichtungen gemäß, Schranken zu ziehen.

§ 851.

Im Deutschen Reiche ist bezüglich der Rechtsstellung der kirchlichen Gemeinschaften dermalen das Landesrecht entscheidend.

Dieses giebt den in Betracht gezogenen Kirchen die Stellung öffentlich-rechtlicher Korporationen und gleichmäßig die Berechtigung zur öffentlichen Entfaltung ihres Kultus.

Im übrigen ist ihr Verhältnis zum Staate sehr verschieden gestaltet.

Zu unterscheiden von den Rechten dieser Korporationen als solcher ist das Recht der Einzelnen, ihrem Glauben nachzuleben, und denselben öffentlich zu bekennen, ohne daß damit Beschränkungen in bürgerlicher oder politischer Hinsicht von Rechts wegen verbunden werden dürfen. Auf dieses bezieht sich das Reichsgesetz vom 3. Juli 1869. S. § 476.

§ 852.

Die katholische Kirche erkennt dem Staate das Recht, einseitig die Verhältnisse zwischen ihnen zu ordnen (§ 849), nicht zu, sondern besteht auf einer Ordnung dieser Verhältnisse im Wege von Vereinbarungen zwischen Staat und Kirche.

Diesem Standpunkt haben mehrere deutsche Staaten (z. B. Bayern 1817) durch den Abschluß sogenannter „Konkordate“ mit der päpstlichen Regierung Rechnung getragen.

In Bezug auf die Ordnung dieser Verhältnisse ergeben sich Schwierigkeiten aus zweierlei Thatsachen. Erstlich daraus, daß die einheitliche Organisation der katholischen Kirche sich über das Gebiet des einzelnen Staates hinaus erstreckt und ihren Schwerpunkt außerhalb der Machtsphäre desselben hat, daß in diese letztere also nur ein unselbständiges Glied jenes Ganzen hereinragt. Während der Staat einerseits nicht umhin kann, dieses Glied seiner Gesetzgebung zu unterstellen, vermag er andererseits nicht die Abhängigkeit dieses Gliedes von den Centralorganen der Kirche aufzuheben, und findet hierin eine Anregung zur Unterhaltung unmittelbarer Beziehungen zu diesen Centralorganen. In diesen Beziehungen aber stehen sich wie in denjenigen zwischen selbständigen Staaten Macht und Macht gegenüber, und es fragt sich nach den gemeinsamen Anschauungen, welche hier einen Boden der Verständigung abzugeben vermöchten. Zweitens ergeben sich Schwierigkeiten daraus, daß solche gemeinsame Anschauungen nur in unzulänglichem Maße vorhanden sind, und daß neben ihnen Gegensätze von großer Tiefe sich allezeit geltend machen. Die Kirche legt sich im Verhältnis zum Staate das höhere Recht bei, wobei sie sich auf einen unmittelbaren göttlichen Auftrag zu ihrer Wirksamkeit und auf den erhabeneren Zweck der letzteren stützt. Damit aber ist ein Standpunkt bezeichnet, welchen der moderne Staat samt allen seinen Konsequenzen abweist. —

Was spezieller die „Konkordate" betrifft, so ist deren „rechtliche Natur" Gegenstand einer vielbehandelten Kontroverse. Die hierbei streitigen Fragen sind indessen überwiegend politischer, nicht spezifisch rechtlicher Natur. Man unterscheide: 1. die Frage, ob der Staat den Weg der Vereinbarungen bezüglich der staatlich-kirchlichen Verhältnisse betreten soll? In Bezug auf diese Zweckmäßigkeitsfrage ist hier dem oben aufgestellten Gesichtspunkte nichts beizufügen; 2. die Frage, ob der Staat, wenn er diesen Weg betritt, den Vereinbarungen die Bedeutung unkündbarer, seinen Willen dauernd bindender, Verträge beilegen soll? Da es sich hierbei um Verhältnisse seines eigenen Lebensgebietes handelt, so kann die letztere Frage nur von einem Staate bejaht werden, der auf die selbständige Durchführung seiner Aufgabe und auf eine dieser entsprechende, dem Gang der Entwicklung der Verhältnisse seines Gebietes sich jederzeit anpassende, Gesetzgebung verzichtet.

§ 853.

Die evangelischen Kirchen stehen dort, wo die Kirchengewalt auf den Landesherrn übertragen worden ist, wobei mit der Gemeinsamkeit des obersten Willensorgans eine Gemeinsamkeit anderer Organe in weiterem oder engerem Umfang sich für Kirche und Staat verband, in näherem Zusammenhange mit und in größerer Abhängigkeit von diesem.

Eine den modernen Anschauungen entsprechende Auseinandersetzung zwischen staatlichem und kirchlichem Rechte bildet hier vielfach noch ein nicht naheliegendes Ziel von Reformbestrebungen.

C. Das Völkerrecht.

---

* § 854.

Das Völkerrecht begreift diejenigen Rechtssätze, welchen die civilisierten Völker eine für sie gemeinsame Verbindlichkeit beilegen, und unter deren Anwendung viele der zwischen diesen Völkern bestehenden Verhältnisse sich zu Rechtsverhältnissen gestalten.

Ein Bewußtsein von dem Vorhandensein gemeinsamer Interessen, gemeinsame Überzeugungen und Gewohnheiten bilden sich zwischen Völkern unter dem Einfluß gleichartiger Antriebe und Erfahrungen wie zwischen Einzelnen, und diesen Interessen, Überzeugungen und Gewohnheiten wird ein neutraler für die Vermeidung und Schlichtung von Konflikten bedeutsamer Maßstab des Urteils in dem nämlichen Sinne, wenn auch unter größeren Schwierigkeiten, langsamer und nicht mit der gleichen Sicherheit bezüglich seiner Anwendung, wie im Bereiche der einzelnen Volksgemeinschaft für die Verhältnisse der Individuen zu einander, abgewonnen. Derselbe läßt in seiner Beschaffenheit, Entstehung und Anwendung in gewissen Grenzen die charakteristischen Merkmale des objektiven Rechts, freilich in weniger entwickelter Gestalt, erkennen. —

Heffter, Das europäische Völkerrecht der Gegenwart, 8. A. bes. v. Geffcken 88. Bluntschli, Das moderne Völkerrecht d. civilisierten Staaten, 3. A. 78. v. Holtzendorff, Handbuch des V., 4 Bde., 85 ff; derselbe in seiner Encyclopädie (in der 5. A. bearb. v. Störk). v. Bulmerincq, Das V., in Marquardsens Handb. I, 84. Rivier, Lehrbuch des V., 2. A. 99; derselbe, Principes du droit des gens 96. Martens, Völkerrecht, deutsch v. Bergbohm, 83, 86. Garcis, Institutionen des V. 88. Ullmann, V. 98. v. Liszt, Das V. 99. — Calvo, Le droit international théorique et pratique, 5. A., Paris 96. Laurent, Etudes sur l'histoire de l'humanité, 18 Bde., 50 ff. H. Wheaton, Elements of international Law 36, in versch. engl. und französ. Auflagen; derselbe, Histoire des progrès du droit des gens en Europe et en Amerique, 3. A. 53. Lawrence, Commentaire sur les éléments du dr. intern. et sur l'histoire des progrès du dr. des gens de Wheaton 68—80. Pradier-Fodéré, Traité de dr. intern. public, bisher 7 Bde., 85 ff. Walker, History of the law of nations, Cambridge I, 99.

Despaguet, cours de dr. intern. p. 2. éd. 99. — Lasson, Prinzip und Zukunft des V. Fricker, Problem des V., in d. Tübinger staatswissensch. Zeitschr., Bd. 28 u. 34. Bulmerincq, Praxis, Theorie und Kodifikation des V. 74. Pierantoni, Die Fortschritte des V. im 19. Jahrhundert, deutsch v. Scholz 99. — Revue de droit intern. et de législation comparée, Bruxelles 69 ff. Annuaire de l'Institut de droit intern. 77 ff.

§ 855.

Dies ist ein unvollkommener Rechtsteil, insofern die Formen seiner Fortbildung und seiner Verwirklichung und die für letztere vorhandenen Garantieen nur eine geringe Ausbildung zeigen und nur einer solchen zugänglich sind.

S. die §§ 138, 140, 143. — Viele leugnen die Existenz eines Völkerrechts überhaupt, sowie die Möglichkeit seiner Existenz, vermögen aber nur zu erweisen, daß die Annahme eines Völkerrechts mit dem von ihnen adoptierten Rechtsbegriff nicht verträglich sei, worin in Wahrheit ein Argument gegen diesen, nicht gegen jenes zu finden ist.

Welchen Namen sollen die betreffenden Normen, z. B. diejenigen, welche die Stellung der Gesandten, oder die Verhältnisse zwischen neutralen und kriegführenden Mächten zum Gegenstande haben, führen? Von reinen Moralvorschriften und von den Regeln der bloßen Sitte unterscheiden sie sich teils durch gewisse Entstehungsformen (Verträge), teils durch die Rolle, welche sie bei gerichtlichen Entscheidungen spielen, endlich dadurch, daß die beteiligten Mächte daraus beständig subjektive Rechte und bezw. Rechtspflichten herleiten. Mag im einzelnen bezüglich dieser Rechte sich Streit erheben, mag die ihnen beiwohnende Kraft sich vielfach als unzulänglich erweisen, so ist doch niemals von einer beteiligten Macht die Existenz von Rechten in dieser Sphäre: von subjektiven Rechten, welche die Existenz eines sie begründenden objektiven Rechts voraussetzen, bestritten worden. Jene theoretischen Gegner des Völkerrechts haben sich meist über die Konsequenzen ihrer Behauptungen keine deutliche Rechenschaft gegeben. Giebt es kein Völkerrecht, so giebt es auch keine Rechtsverhältnisse zwischen den Völkern, bezw. Staaten. Dann hat es keinen Sinn, wenn die Staaten, wie es beständig geschieht, sich durch Verträge gegenseitig Rechte zuerkennen, oder wenn sie im Fall eines Streites über deren Grenzen Schiedsgerichte einsetzen, damit dieser Streit dem Rechte gemäß erledigt werde. Für solche Gerichte gilt es als selbstverständlich, daß sie die Regeln des Völkerrechts als für sie verbindliche Normen ihren Urteilen zu Grund zu legen haben. Damit aber ist diese Frage erledigt (s. die Lehre von den Rechtsquellen).

Eine unbefangene Betrachtung des geschichtlichen Lebens der Völker schließt die Annahme aus, daß zwischen der Gestaltung dieses Lebens innerhalb der Grenzen eines Staates und derjenigen auf internationalem Gebiete ein absoluter Gegensatz bestehe, als wenn nur dort eine durch ethische und egoistische Faktoren getragene Ordnung möglich, nur dort eine Wirksamkeit der am Leben des Rechts teilhabenden Kräfte wahrnehmbar und denkbar, hier dagegen eine Regelung und Einschränkung des

Streites aller mit allen durch die Erhebung und den Einfluß neutraler Mächte für immer ausgeschlossen sei. Die Wahrheit ist, daß die Kräfte, auf welche die Ausbildung gemeinsamer Sitte und gemeinsamen Rechts überall zurückzuführen sind, auch auf internationalem Gebiete, wenn auch unter komplizierteren Bedingungen, sich regen und schöpferisch zeigen (s. § 122 ff.). Auch bestehen Verhältnisse der Wechselwirkung zwischen den Zuständen auf jenen beiden Gebieten, und der Ausbau einer den inneren Frieden dauernd verbürgenden Rechtsordnung innerhalb der einzelnen Staaten zeigt sich davon abhängig, daß auch auf internationalem Gebiete das moralische und rechtliche Chaos überwunden werde.

Unhaltbar sind ferner alle Theorien, welche einen anderen Gegensatz zwischen dem Völkerrechte und den anderen Rechtsteilen als dem zwischen einem auf höherer und einem auf niederer Entwicklungsstufe stehenden Rechte (§ 134 ff.) statuieren. So diejenigen, welche einen Gegensatz hinsichtlich der Quellen ihrer verpflichtenden Kraft behaupten. S. hierüber § 857 Anm. Vgl. Fricker, l. c. Merkel, Macht und Recht, l. c.

* § 856.

Die Erhebung des Völkerrechts auf eine Stufe, welche der von Privat-, Straf- und Prozeßrecht bei den Kulturvölkern eingenommenen annähernd entspräche, würde freilich die Schaffung einer gesetzgebenden und einer richterlichen Gewalt sowie einer Exekutive über den Völkern voraussetzen. Damit aber würde ein diese Völker umspannendes neues Staatswesen aufgerichtet und das Völkerrecht in internes staatliches Recht, das Recht eben dieses neuen Gemeinwesens, umgewandelt sein.

[Erscheint eine solche Umwandlung aber auch als durchaus unmöglich, so ist doch die Erhebung des Völkerrechts auf eine höhere Stufe der Entwicklung als nicht ausgeschlossen zu betrachten. Die auf Anregung des Kaisers von Rußland im Sommer 1899 im Haag zusammengetretene sogen. Friedenskonferenz hat gezeigt, daß die Staaten geneigt sind zur Einsetzung eines ständigen Schiedsgerichts, dessen Entscheidung bei Streitigkeiten angerufen werden kann. Und hervorragende Vertreter des Völkerrechts haben den Zusammentritt einer internationalen Konferenz zwecks Kodifikation gewisser Teile des Völkerrechts als wünschenswert bezeichnet.

Mit der Verwirklichung einer solchen Kodifikation einerseits und mit dem ins Leben Treten eines ständigen Schiedsgerichts andererseits wäre nicht nur eine höhere Stufe der Entwicklung des Völkerrechts erreicht, sondern es wären zugleich mächtige Faktoren zu einer noch höheren Entwicklung in Thätigkeit gesetzt.] — Zorn, Völkerrechtl. Ergebnisse der Haager Konferenz, Deutsche Rundschau 1900.

* § 857.

Zur Entstehung gelangen die Rechtssätze des Völkerrechts teils in den Formen des Gewohnheitsrechts, teils im Weg von Recht setzenden Verträgen zwischen den beteiligten Staaten.

Solche Verträge haben für das Völkerrecht dieselbe Bedeutung, wie Gesetze für das innerstaatliche Recht.

Hinsichtlich der Verträge als einer Form der Rechtsbildung s. § 121 und dort Lit. Ferner Bergbohm, Staatsverträge u. Gesetze als Quellen des V. 74. Triepel, Völkerrecht und Landesrecht 99. —

An der Fortbildung und an der Anwendung des Völkerrechts sind die einzelnen Staaten wesentlich beteiligt. Einmal als die Schöpfer des internationalen Vertragssystems, dessen Ausbildung für die Entwicklung dieses Rechtsteils von entscheidender Bedeutung ist; dann insofern durch sie die Möglichkeit gerichtlicher Anwendung dieses Rechts begründet wird, sei es, daß sie die eigenen Gerichte verpflichten, unter gegebenen Voraussetzungen die Regeln desselben zur Anwendung zu bringen, sei es, daß sie auf Grund besonderer Vereinbarungen Schiedsgerichte für einzelne Streitfälle einsetzen.

Daraus folgt jedoch nicht die Richtigkeit der von mehreren in verschiedener Einkleidung vertretenen Ansicht, daß dem einzelnen Staate im Völkerrechte nichts als sein eigener Wille entgegentrete. Verhielte es sich so, dann wäre es ein Mißbrauch der Worte, hier von (objektivem!) Recht und zumal von einem den Völkern gemeinsamen Recht zu reden. Denken wir doch bei dem Worte Recht (im objektiven Sinne) überall an eine Macht, welche denjenigen, welchen sie gebietet und erlaubt, Rechte gewährt und Pflichten auferlegt, und für deren Konflikte sie die Friedensformel darbietet, nicht als ein Ausfluß ihres eigenen individuellen Beliebens, sondern als eine aus objektiver und für die Beteiligten gemeinsamer Quelle sich erhebende Autorität gegenübersteht. Nur eine solche Macht kann Trägerin der Funktionen sein, welche für das Recht charakteristisch sind. Die gemeinsame Quelle aber, aus welcher das Völkerrecht seine Autorität herleitet, ist in den Interessen, Überzeugungen, und bezw. Gewohnheiten zu finden, welche den Kulturvölkern gemeinsam sind. Aus einer solchen Quelle leitet sich u. a. die gewohnheitsrechtlich feststehende Giltigkeit des Grundsatzes her, daß Verträge zwischen Staaten unter gewissen Voraussetzungen gehalten werden sollen.

Bei der Beurteilung dieser Verhältnisse ist im übrigen zu beachten, was über das autonome Element im Rechte (§ 129) und über die Anerkennung in ihrem Verhältnis zur verpflichtenden Kraft der Rechtsnormen (§ 49) ausgeführt worden ist.

§ 858.

Der Inhalt des Völkerrechts bezieht sich:

auf die Subjekte der völkerrechtlichen Verhältnisse und deren allgemeine Rechtsstellung,

auf die Verhältnisse zwischen denselben zur Zeit des Friedens,

auf die Verhältnisse zwischen denselben zur Zeit des Unfriedens.

† § 859.

Subjekte des Völkerrechts, d. h. direkte Träger von Rechten und Pflichten, sind grundsätzlich nur die Staaten. Und zwar sind nur die souveränen Staaten vollberechtigte Subjekte, während die sogen. halbsouveränen (§ 366 A.) nicht als vollberechtigte Subjekte gelten.

Freilich wird unter Umständen während eines Bürgerkriegs (man denke an denjenigen in der Nordamerikanischen Union) die aufständische Partei als „kriegführende Macht" und deshalb in vielen Beziehungen als Subjekt des Völkerrechts anerkannt — eine Anomalie, die dadurch entsteht, daß es hier zweifelhaft geworden ist, welche Partei als die thatsächlich im Besitz der Regierung des betreffenden Staates befindliche anzusehen ist.

Auch Konföderationen (§ 406) kommen als Subjekte völkerrechtlicher Beziehungen vor. So stand der ehemalige Deutsche Bund in solchen.

Eigenartig und viel umstritten ist die völkerrechtliche Stellung des Papstes seit der Einverleibung des Kirchenstaates in das Königreich Italien. Thatsächlich genießt derselbe die völkerrechtlichen Privilegien eines Souveräns, auch hat er das Gesandtschaftsrecht (§ 863).

Über Träger von Rechten abgeleiteter Natur s. § 862.

§ 860.

Die Staaten gelten im Völkerrechte als prinzipiell gleichberechtigt.

Eine Modifikation erleidet dies Prinzip aber durch das internationale Ceremonialrecht, welches den Staaten und ihren Repräsentanten gewisse Ehrenrechte zuerkennt, und dabei unter Berücksichtigung der Machtverschiedenheiten Rangverhältnisse unter ihnen statuiert. Hiernach gehen die im Besitze der „königlichen Ehrenrechte" befindlichen Staaten im Range denjenigen voran, welche diese Rechte nicht besitzen.

§ 861.

Bezüglich der Abgrenzung der Rechtsgebiete verschiedener Staaten gegeneinander nimmt in der modernen Welt das „Territorialitätsprinzip" (§ 428) eine beherrschende Bedeutung in Anspruch. S. hinsichtlich dieser Abgrenzung im übrigen die §§ 326 ff., 427 ff.

* § 862.

Als indirekte Träger von Rechten kommen im Völkerrecht gewisse Organe der Staaten in Betracht. Sie leiten diese Rechte ab von dem Recht des Staates, den sie vertreten.

Solche Träger von Rechten abgeleiteter Natur sind:

1. Organe, welche die Bestimmung haben, einen friedlichen internationalen Verkehr zu vermitteln und die Interessen ihres Staates oder der Angehörigen und Schutzbefohlenen desselben im Auslande zu vertreten. Die wichtigsten unter diesen sind die Gesandten und die Konsuln.

2. Die Monarchen und die Präsidenten von Republiken.

§ 863.

ad 1. **Gesandte** sind Beamte, welche zur Vertretung der Interessen ihres Staates bei einem anderen Staate von dem Oberhaupte des ersteren an die Regierung des letzteren gesendet und zu dieser Vertretung förmlich beglaubigt sind.

Das Recht, Gesandte an andere Mächte zu senden und solche von diesen zu empfangen (aktives und passives Gesandtschaftsrecht), haben in Deutschland sowohl das Reich wie die Gliedstaaten.

Alt, Handb. des europäischen Gesandtschaftsrechts 70. Martens, Guide diplomatique, 5. A. bes. v. Geffcken 66. Zorn, in „Annalen des D. R." 82. Pradier-Fodéré, cours de dr. diplomatique. 2. A. 1900. Laband, Staatsrecht § 71.

§ 864.

Dieselben zerfallen in vier Rangklassen, nämlich in 1. Botschafter, 2. Gesandte schlechtweg, 3. Ministerresidenten, 4. Geschäftsträger. Die drei erstgenannten sind unmittelbar bei dem Oberhaupte des fremden Staates, die letztgenannten bei dem Minister des Äußeren beglaubigt.

§ 865.

Das Völkerrecht erkennt den Gesandten bestimmte Privilegien zu: nämlich:

1. das Privilegium der Unverletzlichkeit, d. i. den Anspruch auf einen erhöhten Rechtsschutz;

2. das Privilegium der Exterritorialität, nach welchem die Gesandten in wichtigen Beziehungen nicht unter den Hoheitsrechten des fremden Staates, in dessen Territorium sie sich befinden, stehen, sondern so zu behandeln sind, als befänden sie sich innerhalb des eigenen Staates. Insbesondere ist ihnen gegenüber die Anwendung von Zwangsmaßregeln auf Grund jener Hoheitsrechte ausgeschlossen.

Auch die Familien, das Geschäftspersonal und die persönliche Dienerschaft der Gesandten haben an diesen Privilegien teil.

§ 866.

Die Funktionen der Konsuln betreffen den internationalen Handels- und Privatverkehr. Es liegt denselben ob, die Interessen ihres Staates, seiner Angehörigen und seiner Schutzbefohlenen im Bereiche dieses Verkehrs wahrzunehmen.

Vgl. die Reichsgesetze vom 8. Nov. 67 und hinsichtlich der Gerichtsbarkeit vom 10. Juni 79. (Entwurf eines neuen Ges. über d. Konsulargerichtsbarkeit 99.)

Für die Entwicklung des Konsulatswesens war ursprünglich das Bedürfnis der handeltreibenden Nationen, im Auslande ein gerichtliches Forum zu haben, wo das Recht ihres Staates zur Erledigung von Streitigkeiten zur Anwendung gebracht werden könnte, entscheidend. Gegenwärtig noch haben die Konsuln der christlichen Mächte eine beschränkte (Civil- und Straf-) Gerichtsbarkeit über die Angehörigen des von ihnen vertretenen Staates in manchen Ländern des Orients. Sie üben dieselbe im Namen des ersteren und unter Anwendung seines Rechtes aus. Im übrigen hat die Entwicklung des modernen Staates diese mit dem Territorialitätsprinzip nicht verträgliche Gerichtsbarkeit in Wegfall gebracht.

König, Handb. des d. Konsulatswesens, 5. A. 97. de Clerq et de Vallat, Manuel pratique des consulats, 4. A. 80. Laband, Staatsrecht § 72.

§ 867.

Die Konsuln scheiden sich in Berufskonsuln (consules missi) und Wahlkonsuln (consules electi). Jenes sind abgeordnete Unterthanen des vertretenen Staates, welche als besoldete Beamte desselben sich ausschließlich den Konsulargeschäften zu widmen haben; dieses Angehörige des Staates, in welchem sie fungieren sollen und zwar regelmäßig Kaufleute, welche an ihrem Wohnsitze mit der Führung jener Geschäfte betraut sind.

§ 868.

ad 2. Die Monarchen und die Präsidenten von Republiken haben, wenn sie sich im fremden Staatsgebiete nicht inkognito und nicht gegen den ausgesprochenen Willen der fremden Regierung aufhalten, die gleichen Privilegien wie die Gesandten.

§ 869.

Rechtsverletzungen gegenüber sehen sich die Staaten, sofern eine freiwillige Ausgleichung derselben nicht erfolgt, und bzw. sich nicht durch die Vermittlung befreundeter Mächte oder schiedsgerichtlicher Entscheidungen erreichen läßt, auf den Weg der Selbsthilfe hingewiesen.

Dahin gehört die Ergreifung von „Repressalien“, d. i. die Anwendung von Gewaltakten gegen Angehörige oder Güter des fremden Staates mit Beziehung auf die erlittene Rechtsverletzung und zum Zwecke der Herbeiführung einer Ausgleichung.

Die äußerste Form der Selbsthilfe ist der Krieg.

§ 870.

Der Krieg läßt eine rechtliche Betrachtung unter einem dreifachen Gesichtspunkt zu, nämlich

1. insofern er auf seine Begründung angesehen wird (§ 869),
2. insofern er auf seinen Abschluß und seine rechtlichen Wirkungen angesehen wird (s. §§ 143, 225),
3. insofern er selbst ein Gegenstand ordnender Bestimmungen ist.

§ 871.

Unter den letzteren Gesichtspunkt fallen Normen, welche den kriegführenden Mächten im Verhältnis zu einander und den Angehörigen der feindlichen Macht gegenüber gewisse Beschränkungen auferlegen; z. B. Normen, welche die Behandlung von Parlamentären, von Verwundeten und den Pflegern derselben (Genfer Konvention), den Ausschluß gewisser Kampfmittel und die, in gewissen Grenzen geforderte, Schonung des Lebens, der Freiheit und des Eigentums der am Kampfe nicht teilhabenden Privaten betreffen.

Während nach der Auffassung der Alten der Krieg ein Recht über Leben und Tod aller Angehörigen des feindlichen Staates gab, ist dies nach moderner Auffassung nicht der Fall. Dieser zufolge ist der Krieg ein Streit zwischen den Staaten, nicht zwischen den Privaten, und die letzteren sind nach ihr im allgemeinen nur solchen Beschränkungen zu unterwerfen, welche der Zweck des Kriegs: die Bezwingung der feindlichen Macht, als geboten erscheinen läßt.

Lüder, Genfer Konvention 76. Triepel, D. neusten Fortschritte auf d. Gebiet des Kriegsrechts 94. Moynier, la Révision de la Convention de Genève 99.

*§ 872.

Hinsichtlich des Privateigentums gelten andere Grundsätze für die Verhältnisse zur See wie für die Verhältnisse auf dem Lande.

Dort ist im allgemeinen das Privateigentum der Angehörigen des feindlichen Landes auch jetzt noch dem Beuterecht („Prisenrecht") unterworfen.

Über die Rechtmäßigkeit der Prise entscheiden Prisengerichte des wegnehmenden Staates.

Bluntschli, Beuterecht im Kriege u. Seebeuterecht insbes. 78. Bulmerincq, le dr. des prises maritimes, Rev. de dr. intern. X. (Prisenreglement des Instituts 82.) Perels, D. internationale öffentl. Seerecht 82.

*§ 873.

Es gehören hierher ferner Normen, welche das Verhältnis der kriegführenden zu den neutralen Mächten betreffen. Die Interessen der letzteren sind zu respektieren unter der Voraussetzung, daß sie keiner der kriegführenden Parteien direkte oder indirekte Kriegshilfe leisten und zugleich von keiner eine Verletzung ihrer Neutralität sich gefallen lassen.

Wichtig ist die Abgrenzung der beiderseitigen Rechte insbesondere im Bereiche des Seeverkehrs: in Bezug auf die Beachtung einer Blockade (Absperrung eines feindlichen Hafens gegen allen Verkehr), das Führen von Kriegsmaterialien (Kontrebande), in Bezug auf die Behandlung feindlichen Handelsgutes auf neutralen Schiffen und neutralen Guts auf feindlichen Schiffen. In den zuletzt hervorgehobenen Beziehungen gelten gegenwärtig die Regeln, daß (abgesehen von Kontrebande) die neutrale Flagge die feindliche Ladung decke, und daß neutrales Gut auch unter feindlicher Flagge zu respektieren sei. (Pariser Deklaration v. 16. April 56.)

Gessner, les droits des neutres sur mer, 2. A. 76.

Sachregister.

Die Zahlen verweisen auf die Paragraphen.

A.

F.

*) Von der daselbst citierten Encyclopädie von Gareis ist gegen Ende des Druckes dieses Werkes eine 2. Auflage erschienen, welche aber nicht mehr berücksichtigt werden konnte.

K.

L.

M.

P.

Q.

R.

S.

T.

U.

Druck von Otto Walter in Berlin S.

FSC
www.fsc.org
MIX
Papier | Fördert
gute Waldnutzung
FSC® C083411

Kolibri 360 GmbH
Ferdinand-Jühlke-Straße 7
99095 Erfurt, Deutschland
produktsicherheit@kolibri360.de